青海
佛教史

蒲文成　著

青海人民出版社

图书在版编目（CIP）数据

青海佛教史/蒲文成著．-- 西宁：青海人民出版
社，2019.7
ISBN 978-7-225-05788-0

Ⅰ.①青… Ⅱ.①蒲… Ⅲ.①喇嘛宗—佛教史—青海
Ⅳ.① B946.6

中国版本图书馆 CIP 数据核字 (2020) 第 168907 号

青海佛教史

蒲文成　著

出 版 人　樊原成

出版发行　青海人民出版社有限责任公司
　　　　　西宁市五四西路 71 号　邮政编码：810023　电话：（0971）6143426（总编室）

发行热线　（0971）6143516/6137730

网　　　址　http://www.qhrmcbs.com

印　　刷　青海雅丰彩色印刷有限责任公司

经　　销　新华书店

开　　本　720mm×1010mm　1/16

印　　张　26.5

字　　数　310 千

版　　次　2021 年 3 月第 2 版　2021 年 3 月第 1 次印刷

书　　号　ISBN 978-7-225-05788-0

定　　价　88.00 元

再版前言

蒲文成先生是著名的藏学专家，长期从事藏族史、藏传佛教、民族宗教理论研究。蒲先生治学，善于将文献研究和实地调查有机结合，并撰写了大量具有学术价值和实际应用价值的专著和论文。

先生的专著《青海佛教史》是他的重要著作，以翔实文献资料和扎实的调查资料为基础，运用唯物史观并通过严谨的学术论述，纵向阐述了藏传佛教和汉传佛教在青海牧区和农业区传播、流布、发展、演递的历史过程；横向论列了佛教文化艺术的种种表现及佛教对地域民族文化形成的深刻影响，梳理了青海多民族聚居、多宗教并存的历史脉络，不仅清晰地揭示出佛教在青海地区的发展演变过程及对当地风俗民情、文化艺术的影响，还全面地呈现出佛教文化与其他文化在当地的交流融合。

《青海佛教史》自 2001 年初版后，即引起学界的普遍重视，其对了解和研究青海地域史和文化史的参考价值不遑多论。此书影响长在，惜乎近二十年未再版。在先生于 2017 年驾鹤西去之际，再版此书的事宜也随之提上我社出版日程，其间虽费周章，所幸我们得到了各方人士的大力支持，于先生故去三年后顺利付梓，谨以聊慰先生在天之灵。

此次再版，我们以青海人民出版社 2001 年的版本为基础，进行了重新的排版、设计、精编精校，对原书的史料进行了进一步的核实，对个别出现的讹误、差错进行了修订，以期做到精益求精，然编者学有未逮，不足之处在所难免，尚祈读者不吝指正。

青海人民出版社

2020 年岁末

目 录

藏传佛教篇

汉传佛教篇

附　录

藏传佛教篇

第一章

导　论

　　青海地处黄河、长江、澜沧江的源头，在中国西北、青藏高原的东北部，因境内有全国最大的内陆咸水湖——青海湖而得名。全省东西长1240.6公里，南北宽844.5公里，总面积72.23万平方公里，分别与甘肃、四川、西藏、新疆四省（区）接壤，是祖国内地联结西藏、新疆的纽带，在地理上占有特殊位置。境内地貌复杂多样，4/5以上的地区为高原，东部相对海拔较低，河湟流域以农为主，自日月山以西、黄河以南，地势高寒，为辽阔草原，以牧为主。青海历史悠久，是一个多民族聚居的地区，境内除汉族外，有少数民族42个，其中世居青海的有藏、回、土、撒拉和蒙古族。2018年末统计数，全省共有常住人口603.23万人，少数民族人口1997000人，占全省总人数的42.14％。其中，藏族970300人，土族177000人，蒙古族75800人，共约 122 万人，普遍信仰藏传佛教，另外当地部分汉族群众亦信奉藏传佛教或汉传佛教。约在公元 3 世纪藏王聂赤赞普时期，藏族先民已由原始氏族公社过渡到奴隶社会。7 世纪 30 年代，藏王松赞干布统一西藏各部，建立吐蕃王朝，数次运兵青海。8 世纪后叶，藏王赤松德赞时期，吐蕃势力日盛，进一步东渐，一度奄有青海全境。进入青海的吐蕃人同土著的羌人及吐谷浑人交错杂居，长期融合，形成青海藏族，主要游牧于广大的牧区草原，在东部农区与其他民族杂居，或形成小聚居区，兼营农业。现主要分布于今果洛、玉树、黄南、海北、海南五个藏族自治州和海西蒙古族藏族自治州，另散居海东各县和西宁市的大通、湟中、湟源等县。土族自称"蒙古尔"或"察罕蒙古尔"，汉、回等族称其为"土民""土人"，藏族则称"霍尔"。对其族源，向有争论，有源于"蒙古说"和源于"吐谷浑说"两种。前者认为，现在的土族（蒙古尔）是青海历史上不同时期来到河湟及浩门河流域定居的蒙古人。后者则认为，现在的土族以吐谷浑人为主体，融合其他民族发展而来，认为唐代吐蕃灭吐谷浑政权，迫使一部分吐谷浑人东迁，定居河湟，由游牧民族转化为农耕民族，后与蒙古族等民族融合，形成青海土族。现主要聚居在互助、民和两县，另散居于大通、乐都、门源、同仁等县。蒙古族曾在青海历史舞台上活跃一时，是十分强大的民族，史称"西海蒙古"或"青海蒙古"，足迹遍及青海广袤草原和河湟谷地。13 世纪 20 年代，随着蒙古帝国的建立，蒙古人开始进入青海境内环湖地区。元亡明兴，青海蒙古族有的北迁，有的降附明朝，被安置在原牧地或迁入内地。明代中叶以后，大批漠南东蒙古和漠北喀尔喀部次第移牧西海。明末崇祯年间，漠西厄鲁特蒙古和硕特部在其首领固始汗率领下，从新疆南下，移牧青海，进而运兵康地，统一卫藏，扶持黄教（格鲁派），建立汗国，兵强人众，西裔大邦。迨至清雍正年间，发生罗卜藏丹津反清事件，势力渐微，人口锐减，直到民国时期，人口仅2万左右。现主要聚居在海西蒙古族藏族自治州的德令哈、格尔木市和都兰、乌兰县，黄南藏族自治州的河南蒙古族自治县，海北藏族自治州祁连县的默勒乡、海晏县的哈勒景乡和托勒乡、门源县的皇城乡。另在西宁市的大通、湟源县，海东市的乐都区、平安区，海南州的共和县亦有少量分布。

旧时，青海藏族社会基层组织为封建部落制，大小部落数以千计。明清以来，多数地区实行千百户统治制度。蒙古族原亦实行部落制，罗卜藏丹津事件后，划编为青海蒙古29旗，设扎萨克、王、贝勒、贝子、公、台吉等爵，均世袭，实行封建领主统治。

青海藏、蒙古、土等族人民长期生活在艰苦的社会自然环境中，培养出勤劳、勇敢、顽强、朴实、诚信、智慧、豪放、豁达等品格，具有很强的自然适应能力。他们以游牧为主的生产生活方式，表现在文化形态上，属于草原游牧文化，宗教信仰上普遍信仰藏传佛教。在这里，藏传佛教源远流长，根深蒂固，渗透于社会生活的各个层面，至今有着广泛的信仰基础和深刻的影响。可以说，藏传佛教文化是这些民族的一种文化传统，成为人们思想和行为的定式，是一种内在潜能、文化心理积淀和文化行为方式，是这些民族生存和发展的一种动力。

藏传佛教，或称"藏语系佛教"，清代以来俗称"喇嘛教"，为佛教重要流派之一。7世纪，佛教传入我国涉藏地区，至8世纪末叶赤松德赞时期，在西藏建立起正规的佛教寺院，有藏族自己的僧人，出现僧伽组织和教法传承，藏文译经活动进一步活跃，已具有相当规模，佛教在涉藏地区得到很大发展，史称"前弘期"。9世纪中叶，佛本斗争导致达磨赞普禁佛，西藏本土禁止佛教流传，佛教一度陷于灭绝的境地。10世纪，喇钦·贡巴饶赛弘法于安多，曾向卢梅·崔臣喜饶等"卫藏十弟子"（亦云"七弟子"）

传戒授法。从10世纪70年代起，卢梅等返回卫藏，在当地各封建势力支持下，分别在前、后藏、康区修建寺庙，重建僧团，使佛教再度复兴，遍布雪域藏土，史称"下路弘传"。藏传佛教后弘期的另一渠道是阿里。据布顿大师的《佛教史大宝藏论》记载，吐蕃王朝崩溃后，达磨赞普的次子奥松占据约如地方，后其次子尼玛贡西据阿里，其孙阔惹出家为僧，法名智光，尊称"天喇嘛"。智光建阿里托林寺，曾迎请印度达摩波罗王朝的法护论师及其弟子善护、德护和智护等来阿里传比丘戒，使比丘律仪得以承袭。此后，法护弟子漾绒巴胜慧往尼泊尔、迦湿弥罗等地学习律藏释论及守戒行持方法等，回藏后广事弘扬。智光还派宝贤（仁钦桑布）等21名弟子去印度学法，后宝贤、善慧学成返藏，成为著名佛经翻译师。史称由阿里复兴的藏传佛教为"上路弘传"。通过上、下路弘传，佛光复照藏土，称之为"后弘期"，并以卢梅受戒返藏的978年为后弘期始年。

藏传佛教后弘期以后，以密宗传承为主形成各种教派。各派不仅传承不同，而且各依其传承对佛典教理、流传情况乃至仪轨法门等进行不同的诠释，形成独具特点的佛学思想体系的派别。这些教派与世俗的封建领主相结合，使宗教与经济、政治的关系"二位一体"，形成一种强大的政治、经济实体，深深扎根于群众之中。早期形成的教派，较大的有宁玛派、噶丹派、萨迦派、噶举派，较小的有觉囊、希解、觉宇、夏鲁、郭扎、珀东等派。其中，噶举派派系最为复杂，总分为塔波噶举和香巴噶举两支。塔波噶举又有"四大八小"支系，即帕竹、蔡巴、巴绒、噶玛四大支和帕竹噶举的直贡、达垅、周巴、雅桑、绰浦、修赛、叶尔巴、玛仓等八小支，后来发展到青海，又有乃多、苏莽等更小的支系。噶玛噶举派内部，又有黑帽和红帽二系。明永乐年间，宗喀巴大师面对当时涉藏地区佛教的混乱式微现状，起衰救弊，立志改革，通过藏传佛教内在的自我调控机制，整顿戒律，严密学修次第，调整改革寺院组织和规章制度，最后创立了著名的格鲁派，俗称"黄教"。元代以来，萨迦、噶举派一度执掌政教大权，进行政教合一统治。明末，格鲁派在和硕特蒙古势力的支持下日趋强大。1652年，五世达赖喇嘛阿旺·罗桑嘉措进京晋见顺治皇帝，受封为"西天大善自在佛所领天下释教普通瓦赤喇怛喇达赖喇嘛"（意为"圣识一切持金刚海上师"），尊为藏传佛教领袖。从此，格鲁派跃居各派之上，处于统治地位。18世纪中叶，经西藏地方行政体制改革，确立了以七世达赖喇嘛噶桑嘉措为首的格鲁派政教合一的统治制度，一直延续到1958年西藏社会制度民主改革。

藏传佛教奉行说一切有部戒律，遵行大乘菩萨戒及密宗根本戒，但各派的持戒不尽相同。宁玛派是最古老的教派，前弘期后因遭遇禁佛的磨难，其教法传承一度在家庭中流传，后世有出家为僧常居寺院者，也多为仅受近事戒的居士，安多藏语称"宦"。他们平时居家生产，可以娶妻，定期到寺院或其他宗教活动点参加佛事活动。萨迦、噶举派早期创宗传法者多有妻室，后来亦分两种，受出家戒、近圆比丘戒者居住寺院。格鲁派自创派起，视戒律为佛教之根本，严格建立比丘僧伽制度。各派在见修方面也各有侧重和特点。如萨迦派的道果教授、宁玛派的大圆满法、噶举派的大手印、觉囊派的他空见及六支瑜伽修持等，皆为其别法。格鲁派在佛教理论方面，以龙树、提婆、佛护、月称、寂天、阿底峡尊者等师师相传以缘起性空为主旨的中观应成派之见为正宗，以藏传佛教噶丹派教义为立说之本，吸收其他各派法要，综合大小乘教法，建立起一套完整的佛教思想体系，提倡广学三藏，全修三学，先显后密，显密兼修。藏传佛教的佛事仪式，既有前弘期的传承，又全盘接受了印度晚期大乘佛教盛行的无上瑜伽部密宗，传承千差万别，仪轨极为繁复，各尊所传，情况复杂。特别密宗传法灌顶以及修法仪式种类极多，为汉地佛教所无。宗教节日活动因派别和地域的差别亦不尽相同。

藏传佛教在其发展过程中，寺院集团为解决其领袖人物的继承问题，依据佛教灵魂不灭和佛的三身说理论，实行独具特色的活佛转世制度。这一制度从噶玛噶举派黑帽系于1288年确认1284年出生于后藏贡塘地方的让迥多杰为噶玛拔希的转世灵童、迎入楚布寺坐床起，开藏传佛教活佛转世制度的先河，后来藏传佛教各派乃至涉藏地区原始的本教都竞相仿效，实行转世制度。认定的灵童藏语称"朱古""央吉"等，蒙古语则称"呼毕勒罕"。认定的方法多具有神秘色彩，常见的有：生前授记，即上辈活佛圆寂前向信徒预言自己降生的情况，如出生地、父母姓名等，有的直陈，有的梦示，有的写诗或赞誉某一地方，委婉预示；垂仲降神，指将佛教护法神的神识附在固定巫觋的身上，让其言说，认定灵童；神湖显示，察访人员前往西藏塔布地区加查宗的拉摩拉措神湖，作法事祈祷，观察湖中景象，根据所现图形或文字等，确定查找方位、灵童特点等；生辰计算，根据上辈活佛入灭的时辰推算灵童的年庚生辰；察看预兆，观察上辈活佛圆寂时的各种预兆，灵童出生前后出现的各种征兆、梦兆等，认定灵童；审查宿通，将上辈活佛用过的法器、餐具、用具等混放于其他同类物件中，让初选的灵童辨认，或辨识与上辈活佛共同生活过的人物、上辈活佛常诵的经典等，以最后确定灵童；审查相好，即查看灵童的相貌，认为佛具三十二相、八十种随形好，不同于普通人，这也是查访的内容之一；食团问卜，将初选灵童的基本情况写在纸上，揉进糌粑团中，在佛像前诵经祈祷，最后确认；金瓶掣签，从清乾隆五十七年（1792年）六月始，清廷设两个金瓶，专门用来拈定呼毕勒罕，一个置北京雍和宫，一个置拉萨大昭寺，专门认定诸如达赖喇嘛、班禅额尔德尼、哲布尊丹巴、噶丹赤巴、章嘉、第穆、济咙等在京掌印呼图克图以及蒙藏地区各大活佛的转世灵童；经典预言，根据佛教经典中的一些章句，确定灵童的出生地、生辰、父母姓名、庄园名称等；夺舍转世，藏传佛教认为，人是灵魂和躯体的结合，人的灵魂可离开自体入于其他人的尸体使之复活，谓"入舍"或"夺舍"，有的活佛也以此法转世，再生人间，这是一种特殊的转世法。各活佛系统的佛号有固定名称，其来源有第一世的出生地名、职衔或职业名、中央王朝或蒙藏首领赐赠的封号以及第一世长期居住地的地名、主要业绩名、主要职务名等等。对各活佛，常呼其佛号，并加呼敬语"仁波切"，忌直呼其法名。各寺院均有自己的活佛系统，多少不等，大寺院多至数十人或百余人。活佛的等级不一，有全寺性的大活佛，称"措钦朱古"，也有寺属各扎仓的活佛，称"扎仓朱古"，还有地位更次之的小活佛。旧时，西藏的达赖和班禅、内蒙古的章嘉、蒙古的哲布尊丹巴，是地位最高的大活佛。各活佛系统的第一世，一般是各寺院的创建者或建寺有功者，担任过西藏甘丹寺法台噶丹赤巴者，在各大寺担任过重要僧职者，有佛学造诣，获得格西学位者，学识渊博，德高望重、任过大活佛经师者等。各转世活佛在政治、经济、宗教上享有特殊的地位，一般在本寺以及所属寺院内建有自己的府邸院落，因地区不一，称"喇让""囊钦""噶尔哇"等，有一批执事人员管理活佛的起居、膳食、外事接待、财务收支、财产管理以及宗教活动等方面的各种事务。在宗教领袖的承袭方面，除了活佛转世制度外，还保留有宁玛派父子相传、萨迦派叔侄传位等世袭方法。个别寺院也有不实行活佛转世制度的，如青海玉树藏族自治州囊谦县的达那寺、玉树市的邦郭寺等，一般采用民主选举制，从谙通佛法、戒行严谨、德高望重的僧人中选出寺院住持，地位与活佛相若。

藏传佛教在长期的发展过程中，对汉、印等各种文化博采众长、兼收并蓄，形成自己丰富多彩的民族宗教文化，成为我国宗教文化的重要一支。

在丰富这种民族宗教文化的各种活动中，历代高僧大德在讲、辩、著方面，连同许多翻译大师的译经活动发挥了重大作用，为后世留下了浩如烟海般的各种佛教典籍，保存了丰富的文化遗产。清康熙十九年（1680年）刻成的北京版《大藏经》，共收入各类典籍4577部，清雍正八年刻成的德格版《大藏经》共收各类典籍4673部。同时，藏传佛教各族高僧将部分藏文经籍翻译成其他民族文字。大藏经《甘珠尔》的蒙文译本，完成于元成宗至明神宗年间。清乾隆年间，在章嘉国师若贝多杰的主持下完成《丹珠尔》的蒙文翻译。藏文大藏经的满文译本亦于乾隆末年完成。藏传佛教文化集中表现在遍布整个涉藏地区和广大蒙古族、土族等民族居住地区的各类佛教寺院中。寺院不仅是僧尼进行诵经修持等各种宗教活动以及供信徒们顶礼膜拜的场所，而且也是该地区的文化中心，是研习佛教理论和藏族语言文字、天文历算、医药卫生、工巧建筑、绘画雕塑、宗教舞蹈等多种学科的地方。一座座寺院实际上是一座座艺术宝库，各种佛像神形兼备，工艺精湛；殿宇建筑雕梁画栋，气势雄伟；各种佛经刻版，工艺精美，独具特色。至于彩绘画像、壁画堆绣、药泥油塑等，更以布局特色见长，纤细入微，形成特殊的艺术风格。各寺院都有一套较严格的寺院管理制度和僧人学经制度。较大寺院由若干扎仓（经院）组成，小型寺院只有一个扎仓。全寺的最高负责人为赤巴堪布，亦称"赤巴"，汉译"法台"或"住持"，下分行政和教务两个管理系统。行政系统设管家、吉索若干人，管理全寺的庄园、属民、经商、筹措经费等行政和财政事务，其办事机构称作"吉哇"；教务系统下设僧官、引经师等僧职，僧官称"协敖"或"格贵"，负责僧众纪律，审理僧俗的诉讼等；引经师称"翁则"，从熟悉经典的僧人中选任，负责领头诵经。现各寺均成立有民主管理委员会，负责全寺一切行政宗教事务。各大寺院，除全寺性的大经堂外，各扎仓亦有自己的经堂，另外还有若干佛殿（拉康）、护法神殿（衮康）、高僧灵塔祀殿（"却康"或"冬康"）、印经院（巴康）、佛塔、嘛呢轮房以及活佛府邸、僧舍等建筑，形成庞大的建筑群。各派的佛法传授和习经制度大同小异，以格鲁派的学经制度最为完备。格鲁派大寺一般设有参尼扎仓（显宗经院）、居巴扎仓（密宗经院）、曼巴扎仓（医明经院）、丁科扎仓（时轮经院）、欠巴扎仓（舞蹈学院）等。初入寺的学僧称"贝恰哇"，直译为"读书者"，随师（一般是其亲属僧人）学习藏文拼读、书写知识。至13岁左右，经师父推荐，进入参尼扎仓，成为正式学经僧人。参尼扎仓设13年班次，一般要学15年左右，有的长达20年。学僧每日黎明即起，先去经堂集体诵经，然后上下午各学习一次。学习方法有集体诵经、经师讲授、讲辩经文等。参尼扎仓主要学习因明、般若、中观、俱舍和戒律学等五大内容。学完因明、般若学后，可申请考取"然坚巴"；学完中观、俱舍学后，考取"噶仁巴"。噶仁巴僧人经过钻研苦学，自认为有把握，并经赤巴考察批准后，申请报考"多仁巴"学位。多仁巴候选人参加考试，每人只能有一次机会，落选者终生不再报考。考取多仁巴学位后，称为"格西"，意为善知识。拉萨三大寺系统的格西学位共分四个等级，第四等是多仁巴，意为在佛殿门前石阶上经过辩论考取的格西；第三等是林塞，意为从寺院里选拔的有才能的人；第二等是磋仁巴，意为全寺性的卓越高明人；第一等是拉仁巴，意为在拉萨正月祈愿大法会上考取的格西。居巴扎仓的学僧分两种：一种一开始入学即进入居巴扎仓专攻密宗，初学生起次第，后学圆满次第，最后按生圆次第规定的程序进行修持实证，学僧必须学会用彩色细砂绘制坛城、修供坛城、念诵密咒、具结手印以及守护我及处等、迎神、护摩、收摄、送神等各种仪轨，修学到一定程度后可外出为人念咒诵经、卜算吉凶、降神作法以及求雨、防雹、驱魔、治病等；另一种则完全按先显后密的学修程序，先学完参尼扎仓规定的显宗课程，再进入居巴扎仓，系统学习密宗教义和各种修习仪轨，学习 3～10 年后，参加密宗考试，考取的授予"俄仁巴"学位，意为密宗博士。丁科扎仓主要学习佛教关于香拔拉国内、外、别三种时轮的道理以及藏族传统天文、历算等知识，学完《时轮本续》及各种疏释本后，对考试成绩优异者，授予"孜仁巴"称号，意为"算师"。曼巴扎仓主要学习藏医采药、制药、诊断、治疗等知识，对成绩优异者授予"曼仁巴"称号，意为"医师"。在曼巴扎仓，除学医药知识，学僧还必须学习必要的显宗经典，掌握建立彩粉坛场、修供药师佛等方面的宗教仪轨。欠巴扎仓主要学习供法会上演出的各种宗教舞蹈，舞蹈的名称和内容因地因寺而异，多不一致，各有特色。

旧时，藏传佛教寺院是一个强大的经济实体，各寺院都占有一定数量的土地、牲畜、森林、草场等生产资料，部分寺院尚有大量的商业资本，有可观的宗教布施收入、土地牲畜出租收入、高利贷收入和经商收入等，具有雄厚的经济实力。1958 年宗教制度民主改革后，寺院的经济结构发生了重大的变化，现各寺走上了以寺养寺的道路，不少寺院开办藏医诊疗所、商店、酒店，购置自己的汽车等交通运输工具，发展旅游事业，封山育林、种草绿化等，逐步自食其力，走向新的生活道路。

青海是藏传佛教的重要传播区。早在东汉末年，青海东部湟水河谷地区已有僧人活动，并建有佛塔。唐代，随着文成、金城公主进藏和吐蕃势力东渐，佛教由内地和吐蕃两个渠道不断传入青海。9 世纪中叶，吐蕃达磨赞普禁佛，西藏部分僧人避居青海，延续佛教律仪，使青海成为藏传佛教后弘期的发祥地。11 世纪后，藏传佛教宁玛、噶丹、萨迦、噶举、觉囊诸派相继形成，藏传佛教进入空前的活跃时期，青海是藏传佛教再度弘传的重要基地。元代，随着帝师八思巴的活动，萨迦派大量传入青海，同时觉囊派传入果洛地区，不少宁玛派寺院亦在此时形成。明王朝沿袭元制，仍以支持藏传佛教为安藏方略，在青海兴建瞿昙寺、结古寺等，以为明朝联结青海其他地区和西藏等地的纽带。明永乐年间，宗喀巴创立格鲁派，青海为格鲁派之源。万历年间，第三世达赖喇嘛两次来青海活动，使该派迅速在青海传播，著名的塔尔寺形成，并经青海东科尔等活佛的传教活动，格鲁派从青海起步，次第传入漠南、漠北和漠西蒙古，形成后来蒙古族普遍信奉格鲁派的格局。明末和硕特蒙古首领固始汗从新疆率部入据青海，以青海为基地，击败康区格鲁派的对立势力，支持格鲁派取得宗教上的统治地位，建立噶丹颇章政权，格鲁派进一步在青海传播，佑宁、东科、广惠、德千寺等格鲁派大寺先后新建，并有不少他派寺院改宗格鲁派。雍正元年（1723年）罗卜藏丹津反清事件后，清廷根据年羹尧《青海善后事宜十三条》建议，曾限制青海藏传佛教的发展，规定各寺"房舍不得超过二百间，喇嘛多者三百人，少者十数人"，每年派遣官员稽查两次，青海藏传佛教一度出现萧条景象。但清朝镇压罗卜藏丹津，旨在削弱蒙古敌对势力，其尊崇藏传佛教的基本政策并未改变，不久有关规定即成一纸空文，湟北各被毁寺院相继修复，原有寺院继续扩建发展。乾隆年间，西藏地方经过行政体制改革，确立以七世达赖为首的格鲁派政教合一统治，再次促进了格鲁派的发展，青海又出现了拉加寺、都兰寺等一大批格鲁派寺院，原有寺院规模进一步扩大。清末，全省藏传佛教寺院的派属、类型、布局等基本定型。民国时期主要是修葺和扩建，也在偏远的牧区兴建了一些寺院，一般规模较小，最大的有兴海县赛宗寺。20世纪50年代，随着本省经济发展和各族人民生活的改善，各教派寺院一度呈发展趋势。1958年后，除塔尔寺等少数寺院外，全省绝大多数寺院关闭，僧侣还俗。1962年西北民族工作会议后，全省约80座寺院恢复开放。"文化大革命"期间多数寺院被毁。

20 世纪 70 年代末起，宗教信仰自由政策得到全面贯彻落实，绝大多数原有寺院相继修复，并新建 10 余座寺院，宗教活动转入正常。

据中共青海省委统战部和省宗教局 1996 年普查数据。全省信仰藏传佛教人数 1122745 人，约占全省总人口的 24%，占藏、蒙古、土族人口的 98%；全省现有藏传佛教寺院 652 座（其中未经批准自行开放 66 座）、本教寺院 11 座，在寺宗教职业人员 24478 人（其中转世活佛 450 人，尼姑 898 人），约占藏、土、蒙古族总人数 2.1%。[①] 青海现有藏传佛教格鲁、宁玛、噶举、萨迦、觉囊五个教派。其中格鲁派寺院 343 座，占 52.4%，各地均有分布；宁玛派寺院 170 座，占 26%，多在果洛、玉树（除治多县）、海南、黄南（除河南县）四藏族自治州各县，在海东专区的循化、化隆、互助、乐都等县和海北藏族自治州的刚察县亦有少量分布；噶举派派系复杂，有巴绒、噶玛、直贡、周巴、叶巴、乃多、苏莽等七个支系，共有寺院 105 座，占 16%，除海南藏族自治州兴海县的多合旦寺和果洛藏族自治州班玛县的吉德寺外，均分布在玉树藏族自治州的囊谦、玉树、称多、杂多四县；萨迦派寺院 28 座，占 4.3%，全部在玉树藏族自治州的囊谦、玉树、称多县；觉囊派寺院 6 座，占 1%，分布在果洛藏族自治州的班玛、甘德、久治县。本教属本土原始宗教，在其发展过程中，与外来佛教长期斗争融合，多有吸收，至今仍有广泛的信仰基础，现存本教寺院 11 座，在寺教徒 303 人，分布在海南、黄南二藏族自治州和海东的化隆、循化县。

藏传佛教的活动场所种类繁多，青海主要有：

1. **贡巴** 指正规藏传佛寺，一般有固定的法名，如塔尔寺称"衮本贤巴林"，意为"十万佛身弥勒洲"。寺院是僧团定居之地，一般远离或离开

① 以上基本数据来自青海省统计局（96）省统制字第 48 号《青海省宗教活动场所及宗教职业者手工汇总表》。该表称 1996 年青海省共有藏传佛教寺院 666 座，显然包括了本教寺院。根据藏传佛教各派寺院的分项统计，全省藏传佛寺应为 652 座。

村庄，必有一所以上扎仓，有讲经说法之制和完善的学经制度。全寺性的组织为"措钦"，即大经堂，也是全寺的活动中心。扎仓的主持人是堪布，主要扎仓的堪布，同时也是全寺的堪布，堪布下设格贵、翁则等僧职，格贵负责纪律、指导生活与督促学经，译为掌堂师，全寺性大经堂的格贵，也称"协敖"，意为僧官；翁则负责经堂中领诵经典、执行各种法事仪轨等，译为"引经师"或"经头"。格贵、翁则以下，尚有一批执事僧侣。寺院的最高权力组织，由全寺法台、各扎仓堪布、行政管理机构吉哇的负责人以及有声望的各地区或部落的僧侣等组成。

2. 拉康　意为神庙，指佛堂。多位于牧区、乡村，个别的也在市镇。多隶属某个寺院，为当地寺院的辅助活动场所。建筑规模较小，多为四合院，主房为佛堂，供奉有佛像、唐卡（藏式卷轴佛画）、经典等。平时只有数名僧人或庙祝居住，负责点灯、清扫、接待香客等事宜，在固定时间举办宗教活动，届时附近信众参加。

3. 日朝　意为"山间静房"，建筑简陋，通常修建在幽静的山谷、林间，有小佛堂，内有佛像、经典、佛塔等，多隶属于某个寺院或私人，只住一个或几个僧人，深居简出，诵经修持，不问世事，专修佛法，几乎与外界隔绝，称之为"日朝巴"。

4. 拉让　又译作"喇让""拉章"，意为喇嘛住房，牧区又多称"噶尔卡"。拉让除在大寺院外，还独立建在偏僻山林、雪山中，是专事静修的雏形寺院，有佛殿、活佛居室等建筑，僧侣比日朝较多，有自己的宗教活动形式。寺院内的拉让，既是活佛及其侍从的住处，又是他们的办事机构，总管活佛私人的经济、宗教、交往等事务，所属产业和收入由活佛委专人管理，列于寺院财产之外。拉让规模的大小，一般依活佛经济实力的大小和地位的高低等而定。

5. **扎仓**　意为"经院"或"学院",是一个较完整的寺庙组织,有活佛、僧侣,也有经堂、僧舍等建筑和一定的讲学修持制度。有些寺院因只一扎仓,故以扎仓命名。有些寺院有全寺性的大经堂和一个以上扎仓,则成寺院,即"贡巴"。大寺内的扎仓,是按主要修习的内容命名的,如参尼扎仓,是主学显宗经典经院,或叫法相学院;居巴扎仓,是主学密宗的经院,译为密院;丁科扎仓,是研习天文历算的学院,译为时轮经院;曼巴扎仓,是研习藏医药学的学院,也叫医明学院;欠巴扎仓,是演习跳神舞蹈的学院。

6. **参康**　意为修行处,类似日朝,多在山间僻静地,建有简易茅棚,或利用天然岩洞,专供藏传佛教僧人闭关修持。修持者生活简朴,毅力顽强,类于苦行,称之为"参巴"。

7. **贡扎**　亦称"珠扎""穆康"等,意为禅院或禅房,隶属于某一寺院,多独设于山间静地,以免干扰禅修,有的也与本寺其他建筑在一起。此类禅院多见于宁玛、觉囊、噶举派,一般在金刚上师指导下专修密法,修习内容和时间等,因派、因人、因层次等不一,各具特色,不尽相同。

8. **嘛呢康**　意为六字真言轮房。类似拉康,多在村庄,为该村信众的主要民间宗教活动场所。涉藏地区多观音信仰,以有观音六字明"嗡嘛呢叭咪吽"转轮而得名。主体建筑实际同于寺院经堂,内供嘛呢轮外,还供奉有佛像、佛经、佛塔。各地规模不一,有固定的活动时间和内容,届时信众参加,集体饮食,似同庙会。

9. **俄康**　为宁玛派真言堂,译为密宗真言寺。建筑类似拉康,平时有少量出家僧人住守,多数教徒居家生产,定期到俄康参加宗教活动。教徒称"俄华"或"宦",汉人称其为"本卜子"。

10. **多卡**　指前代僧人的宗教活动遗址,诸如著名喇嘛、大活佛的讲经处、出生或圆寂地等等,被视为宗教圣地,后世多在此举行宗教活动,有的多卡有少量僧人居住，有些还形成小型寺院。

11. **本康**　意为"万佛房"，多在村侧，以矮形土木建筑为主，不设门户，内装许多用胶土木模翻制的佛像，数以十万计，故称"本康"，意在压伏邪恶，征服地祇。本康周围宽阔，不连接其他建筑，为民间宗教活动点之一。

12. **擦康**　意为泥像堂。用各种佛像木模将泥巴压成泥制佛像，称之为"擦擦"，有的装入塔中，有的置专修的房内，称擦康，亦为不定时的宗教活动点。

13. **嘛呢石堆**　由雕刻或书写有六字真言的嘛呢石块垒成。青海最大的嘛呢石堆在今玉树藏族自治州州治结古镇东侧新寨村东面山坳，由结古寺嘉那活佛首倡，称"嘉那嘛呢"。该石堆因历年增添嘛呢石，体积越来越大，至1955年，嘛呢石传有25亿多块，有"世间第一大嘛呢堆"之称。

14. **俄博**　为蒙语，青海汉族亦呼俄博，藏语作"拉则"。俄博是当地山神的象征，源于涉藏地区传统本教的自然崇拜习俗，后来被藏传佛教所吸收。一般在山头（也有在平地），垒土石成堆，内埋喇嘛用辛红写有藏梵文字的柏木牌、八吉祥物、粮食等物，石堆上插挂着哈达、羊毛、红布条的木杆以及木制箭、剑等物。以往各地区、部落、村庄一般都有象征保护自己的山神的俄博，在固定时间信众去俄博处，点燃松柏树枝，烧施食品，谓之"煨桑"，并顺时针徐步绕转，谓之"转廓拉"。

青海藏传佛教寺院的类型亦较复杂。从教派来说，多为一寺信仰某一教派，也有少量为两派或三派僧人或尼姑合住在寺院。从僧源看，有分别以藏族、蒙古族、土族为主要僧源的寺院，也有各族僧人合住的寺院。全省多数藏传佛寺以藏族为主要僧源，约占95%；以蒙古族为主要僧源的寺院18座，约占2.7%；以土族为主要僧源的寺院亦有10余座，约占2.3%。除了纯藏族聚居区的寺院，东部各寺僧源一般有藏、土、蒙古族和少量汉族等多种民族成分。从宗教职业者看，以男性僧人为主的寺院居多，约占96%，也有20余座尼姑寺。另有8座僧尼混合寺院，其中6座为宁玛派寺院，2座属噶举派。从建筑看，绝大多数为土房寺院，也有18座帐房寺，占2.7%，多在边远牧区，随牧搬迁。帐房寺派属宁玛派居多，噶举、格鲁派次之。历史上，部分寺院曾是当地区域性政教合一的统治中心，寺院的主要活佛为当地部落头人，有的受到中央王朝的册封，寺院规模一般较大，在本地区影响更大。

青海藏传佛教寺院内部的学经制度、宗教活动内容和方式、管理体制等基本上同于其他涉藏地区，但一些寺院独具活动特点。贵德、玉树等地的许多宁玛派寺院和海西格鲁派寺院的教徒，多数平时居家生产，可以娶妻成家，只是定期入寺参加宗教活动。今玉树市仲达乡的阿乜寺是更具特色的宁玛派寺院，教徒称之为"阿乜"，均娶有妻室，不脱离生产，定期到寺诵经或坐禅。在寺活动时，阿乜头戴莲花生大师所传称为"班玛通卓"的修行帽，身着深灰色上衣和白色僧裙。修行帽标志普贤之明妃普贤佛母。阿乜均蓄长发，发辫粘连，状若垂柳，谓之"姜洛"。

藏传佛教寺院多在青藏高原，地处高寒，气候严酷，蔬菜等副食品种类贫乏单一，尤其牧民向以肉食为主，故寺僧信徒不主张素食，但肉食以牛、羊肉为主，禁食圆蹄动物肉，牧区寺院还忌食鸡鸭鸟类、鱼肉和大肉。青海个别寺院与内地佛寺相同，吃素忌荤。如兴海县中铁乡的俄合沙寺，建于清代，属格鲁派，以教规严明和寺僧常年闭斋闻名。寺僧一律禁止肉食，两日一餐。上师与普通僧人均在寺院集体食堂就餐，食物不得带出食堂，不准穿皮制和长袖衣服，每日集体诵经3次，禁止将肉类及葱、蒜等有味食物带入寺内，寺僧不得私自收取财物、扩建僧舍，出门不能骑马，回俗家不得超过10日，禁止妇女留宿寺内，禁止牧民在寺周15里内扎立帐房等，戒规可谓极其严格。世人公认，活佛转世制度为藏传佛教一大特色，但个别寺院并无转世制。今囊谦县吉尼赛乡的达那寺是全省仅存的一座叶巴噶举派寺院，迄今有800余年历史。该寺世代从学经优异、德高望重的寺僧中选任主持，地位与活佛相若，称作"叶巴弟子"，至今已有20多任叶巴弟子。在青海，个别寺院纯属寺院学校性质，如今同德县巴水乡的香赤寺，由该县迪干寺的第三世宗俄仓活佛桑俄建于1950年，属宁玛派，寺内仅有少量僧人修禅，称之为"参巴"，多数是招收的青少年学员，不限地区、民族，由堪布教授藏文和佛学，学制15年，毕业后少数人留寺当参巴，多数离寺自谋职业。

青海地处青藏高原东隅边缘，是连接西藏、甘川、新疆与祖国内地的重要纽带，历史上一直是内地通往西藏的主要通道和丝绸之路的南路干线。这里曾是唐蕃相争的主战场，吐谷浑王朝、唃厮啰政权等活跃一时的舞台。西藏萨迦班智达贡噶坚赞即在甘青藏蒙地区活动，使西藏纳入元朝版图，为祖国统一大业做出突出贡献。元代，大元帝师八思巴往返于西藏，多取道青海，在这里广泛传播藏传佛教，并举荐青海籍僧人胆巴、桑哥等，任职元朝，官至帝师和丞相。明代，格鲁派以青海为基地，创立发展，并迅速传播到广大蒙古族、土族地区。明末，漠西和硕特蒙古正是看到青海的重要战略位置，从新疆入据青海，支持格鲁派，平定川康，进而控制全藏。因此，历代中央王朝无不把经营青海作为安定边陲的施政方略。特别有清一代，针对藏、蒙古、土族人民普遍信仰藏传佛教的实际，采取"兴黄教，以安众蒙古"的策略，封授藏传佛教上层人物，以控制西藏，安定蒙藏地区，从而维护大一统的王朝统治，从康熙年间起，设置驻京呼图克图，在京供职者12名，其中因青海格鲁派上层在"安抚蒙蕃"中的特殊地位，竟占到7位。乾隆五十一年（1786年），乾隆帝钦定驻京喇嘛班次时，定章嘉为左翼头班，敏珠尔为右翼头班，均为青海大活佛。从文化传统来看，青海处在藏文化、汉文化和伊斯兰文化三种文化圈的交汇地带，三种文化虽相对独立，但总体上又互相吸收和渗透，互相影响和融合。特别是藏汉两种文化，因其主体在信仰上的许多共同点和一致性，这种文化上的联系和交流尤为突出，这一特点在青海东部地区因各民族杂居表现得更为明显，在文化形态上呈现出多元性，在政治上具有内向性，最能起到中央王朝联系蒙藏地方的桥梁作用。近代国土破碎，西藏亲英势力猖獗的形势下，青海成为第十四世达赖喇嘛和十世班禅大师的故乡，在很大程度上是藏传佛教界爱国力量和青海重要战略地位的一种体现。由于历代中央王朝的重视，册封任用高僧，进一步刺激了藏传佛教界人士对佛教文化的苦学和研修。青海藏传佛教界向以多出名僧享誉海内外。名大寺院学制完备，寺僧戒行严谨，潜心五明文化的学习，成为一种传统。这种传统造就出无数高僧大德，不少人苦读经论，学有所成，任职京师；有的佛学造诣高深，选任格鲁派的最高僧职噶丹赤巴，成为达赖、班禅的经师；有的博通佛典群籍，著书立说，著述等身，蜚身学林。许多人弘法讲经于祖国内地和广大蒙古地区，蒙译和满译藏文大藏经，乃至出访世界各国等，为弘扬藏传佛教文化，沟通民族文化交流等，做出过卓越贡献。可以说，青海如同江河之源，因其特殊的地理位置，在藏传佛教文化形成、发展、传播的过程中，一直起着十分重要的作用，是一个重要的文化源头。

第二章

佛教最早传入青海

公元 7 世纪，松赞干布统一西藏高原，建立了著名的吐蕃王朝，先后从唐朝和尼泊尔两个渠道引进佛教，印度佛教开始在我国涉藏地区传播。但在佛教传入吐蕃后的 100 年间，西藏尚无僧伽组织，佛教还未形成体系，扎根于民间，传统的本教仍占有相当地位。当时，不少贵族仍然信奉本教，享有很大权势，本教实际上控制着许多政治活动，在婚姻、丧葬、治病、耕种、放牧等人们生活的各个方面以及作战、会盟等各项事务中，一般都由本教参与解决，本教所谓"神的意志"决定着一切。这一时期，佛教的传播主要是迎请佛像，修建佛堂、佛塔，引进佛教有关五戒十善方面的教义，推行十善法，止恶行善，规范人们的道德观念。随着佛教的传入，有了初步的译经活动，请来印度、尼泊尔、迦湿弥逻和祖国内地的一些僧人，协同藏族学者，译出大小乘经典数十部和六字真言等陀罗尼。这一时期，佛教也同时传入青海藏族聚居区。史载早在唐贞观八年（634年），松赞干布主动与唐朝通好，始遣使入唐，太宗遣行人冯德遐前往抚慰吐蕃，松赞干布听说"突厥及吐谷浑皆尚公主，乃遣使随德遐入朝，多赍金宝，奉表求婚"。"贞观十五年，太宗以文成公主妻之，令礼部尚书、江夏郡王道宗主婚，持节送公主于吐蕃"（《新唐书·吐蕃传》）。唐文成公主于641年从长安启程，《王统世系明鉴》中说，唐王送给公主一尊觉卧释迦佛像为嫁妆，命"建造车辆，把觉卧释迦牟尼像放在车上，由汉人大力士拉噶和鲁噶二人拉车。又送了大量珍宝、绫罗、衣饰及所需物品，并赐给了马、骡、骆驼等驮畜"。关于公主入藏的路线，史有争论，但多数认为取道青海，并称青海日月山是公主因思念家乡，扔掉日月宝镜而得名的，还认为松赞干布亲迎公主的柏海，即指今青海果洛藏族自治州玛多县境内的扎陵湖和鄂陵湖，这是通往玉树地区的必经之地。据青海玉树结古寺名僧桑杰嘉措所著《大日如来佛记摩崖释》，文成公主一行途经今玉树藏族自治州玉树市巴塘乡西北约4公里处的贝沟南端，休整一月，公主命随行比丘译师智敏负责，由工匠仁泽、杰桑、华旦等在当地丹玛岩崖上雕刻出9尊佛像，中为大日如来，梵语谓"摩诃毗卢遮那"，藏语称"南巴囊则"；左右各待立四尊菩萨，分上下两层，右上为普贤、金刚手，下为文殊、除盖障；左上为弥勒、虚空藏，下为地藏、观世音，共为八大近侍弟子像。这些佛像于今犹存，大日如来像高约5米（当地通称25肘高），身着汉式圆满报身佛服饰，双手结禅定印，吉祥地端坐于莲花狮座上，身后以菩提树、宝伞和幡幢等陪衬，显得庄严肃穆，美观大方。八大菩萨像略小，足蹬莲花，手各持不同法器，结不同手印，待立于主佛两侧。佛像两侧岩崖上雕刻有许多藏文古字、汉字等，因饱经历史沧桑，许多字迹已难辨认。据桑杰嘉措多年潜心辨识、研究，认为有些是松赞干布的娶亲大臣吞米桑布扎亲手书的古藏文嘎恰字和梵字，有些是文成公主手书的汉文楷书字，另有许多佛像、佛塔、经文、六字真言等。限于原始资料匮缺，对文成公主的有关佛事活动还难以作出更准确的分析，但可以肯定随着公主进藏，佛教开始传入青海藏族聚居区。当地还传说，文成公主进藏时，在今巴塘乡东扎隆沟的仁钦楞寺下方3公里处，营造佛塔1座，取名"文巴塔"，亦名"嘉斯塔"；在今巴塘乡境内相古河对岸的邦同滩上亦建塔1座，取名"格则塔"。后来在这些佛塔附近相继建成寺院，都有与文成公主的佛事活动不无关系。唐中宗景龙四年（710年），唐蕃再次联姻，金城公主入藏又经过玉树巴塘，见文成公主原刻佛像被风雨剥蚀，遂令随从于佛像上盖一殿堂。唐开元十八年（730年），复派人摹刻佛像，修缮殿堂，并在殿门旁勒石立碑说："为祝愿万民众生及赤德祖赞父子福安昌盛，依原刻佛像精雕，修盖此殿。"此即玉树巴塘现存的大日如来佛堂，亦称"文成公主庙"，是青海最早的佛殿，也是汉藏两族人民友谊的象征，为历代各族人民所珍视。1957年12月30日，经国务院批准，该佛堂被列为青海省重点文物保护单位之一。

佛教在吐蕃不断传播，随着吐蕃奴隶主统治集团内部矛盾斗争的不断尖锐和吐蕃社会阶级矛盾的日益激化，吐蕃王室经过几次大的佛本斗争，进一步同佛教相结合，佛教的地位发生深刻变化，开始参与政治，逐渐扎根。到了赤松德赞（754—796年）时期，赤松德赞依靠一部分信佛大臣，剪除以大论那囊氏为首的信仰本教的贵族集团，摆脱了本教徒与部分贵族联合控制政权、左右王室的局面，佛教在政治上获得了胜利。由于吐蕃王室的尊崇，佛教迅速传播。约于779年，西藏历史上的第一座佛教寺院桑耶寺建成，开始有藏人出家，出现僧伽组织，佛教作为一股有自己的经济基础、有组织、有活动，并在政治上有主导优势，因而有实际能量的社会势力出现在我国涉藏地区。早在唐高宗龙朔三年（663年），吐蕃国相禄东赞率兵击溃吐谷浑，青海大部分地区纳入吐蕃辖区。以后天宝年间，吐蕃趁唐朝安史之乱，边备空虚，进一步东渐，夺取唐河西、陇右地区。随着吐蕃势力的扩张和佛教在西藏的进一步发展，青海藏族聚居地区也出现一些小型寺院。今玉树市安冲乡一带相传，吐蕃赞普赤松德赞迎请莲花生大师来西藏传教，莲花生大师曾到玉树安冲地区活动，于尕外卡滩上修建了格沙拉唐佛堂和邬金佛塔。后来朱巴则同嘉措活佛在此基础上修建了拉康寺，信奉噶玛噶举派。现该寺仍存，位于安冲乡布荣村所在的尕外卡滩上，有僧8人。今青海同仁地区传说，吐蕃时期，藏军来今吾屯一带戍边，曾建一小寺，因是这一带最古老的寺院，称之为"玛贡娘哇"，意为"古老的母寺"。明代，隆务寺的第一世夏日仓活佛噶丹嘉措的经师东科尔·多居嘉措一度扩建该寺，改为格鲁派寺院。17世纪中叶，噶丹嘉措弟子智格日俄仁巴在吾屯村下部建投毛寺，后因寺址所在的山体滑坡，上迁至吾屯村，并与玛贡娘哇寺合并，成今吾屯下庄寺。该寺是青海著名的"热贡艺术"发祥寺院之一，寺僧多擅长佛像绘画、雕塑和寺院装饰，享誉广大藏族聚居区。吾屯下庄寺被青海省人民政府公布为省级重点历史文物保护单位，每年国内外的香客、游人不绝。青海东部地区多有吐蕃军队戍边的传说，许多藏族言其族源，多称来自戍边的吐蕃人，今化隆、民和交界地带，旧称"噶玛洛"，意为"不得命令不能返回"，显然，这里的戍边兵士来自吐蕃本土。这里的藏族很多是吐蕃军士的后裔，吐蕃信佛，来此戍边的吐蕃人也一定会将佛教传播到这里。今海南藏族自治州贵德县城西北隅的乜纳塔，也叫"贵德白塔""弥勒塔"和"镇水塔"，原高30米，基座五层方形，边长18米，土筑砖包，造型如北京白塔，誉之为"青海第一塔"，颇负盛名。《安多政教史》根据当地传说记述其历史说，吐蕃赤热巴巾赞普（806—841年）北征到此，于汉藏交界处建成此塔，以其发辫装藏，至清嘉庆十一年

（1806 年），由第五世乜纳活佛重修并鎏金。赤热巴巾是否亲临青海贵德，限于资料，尚难定论，但当时这里已有佛塔建立是完全可能的。由于缺乏原始的文字记录和实物，我们还难以更清楚地说明青海早期佛教传播的轮廓，但从上述史料，可以看出在藏传佛教发展的前弘期，佛教同时传入青海藏族聚居区，已有了修建的佛塔、雕刻的佛像，并有小型佛堂、寺院出现。另从下文将述及的吐蕃禁佛，部分西藏僧人辗转阿里、南疆，逃来青海传教的情况看，在吐蕃时期青海地区已有较好的佛教信仰基础。

第三章

藏传佛教后弘期的发祥地

藏传佛教前弘期的基本特点是，佛教传播的对象主要在以王室为主的上层社会，其影响尚未及达基层社会，广大民众仍多信奉传统的本教，佛教尚未建立起牢固的社会基础。同时，在上层社会中，本教亦有强大势力，不少贵族大臣信本反佛，这对外来初传的佛教是一种严峻的考验。唐武宗会昌元年（841年），吐蕃王朝的最后一代赞普达磨在不信佛大臣韦达那坚等人支持下，杀其弟赤祖德赞（即赤热巴巾）赞普，夺取王位。藏文史书《贤者喜宴》载，达磨"赋性笨愚，不信佛法，形如黄牛，世人称之为朗达磨"，"执政两年后，鬼迷心窍"，"时值霜灾、雹灾连降，朗达磨以此为信佛不吉的征兆，遂决写灭法"。《王统世系明鉴》中记述当时灭法的情形说，达磨"勒令僧众或作屠户，或还俗，或作猎户，不服从者处死；毁坏佛寺，先从大昭寺开始，命人将两尊觉卧佛像抛入水中"。"又将大昭、桑耶等寺的门堵塞，除木鹿寺，其余小神殿全部拆毁，一切佛教经典有的抛入水中，有的焚于火中，或者埋到地下"。当时，曲水河边曲卧山精舍静修的禅僧肴格迥、藏饶赛、玛尔释迦牟尼三人尚不知佛教蒙难，一日见一位穿僧裙的僧人在追猎野兽，问其缘故，方知禁佛情形，遂驮律藏经卷一驮，白天隐蔽，夜间行走，取道阿里、尕洛，经北路今新疆南部，辗转来到青海黄河下游谷地（古称玛域），先居今尖扎县城北约 40 公里处坎布拉林区的阿琼南宗，一度活动于今该县加让乡的洛多杰扎岩等地，后移居今化隆县金源乡境内的丹斗地方，又一度活动于今乐都县中坝乡的央宗坪和今平安、互助等县的湟水谷地。藏饶赛等三人后世尊称为"智者三尊"或"三贤哲"，在上述活动地方至今留有遗迹。今互助县红崖子沟沟口的白马寺所在处山岩，人们以玛尔释迦牟尼和藏饶赛的姓氏命名，至今称"玛尔藏岩"。相传肴格迥一度修炼于离白马寺不远的一个山沟，后称之为"肴格隆哇"，意为"肴格沟"。智者三尊最后于今西宁市去世。据传到了清代，在李土司的庭院内尚有存放智者三尊遗骨的土塔。该庭院前面为大佛寺，至今犹存。1922 年，第七世夏茸尕布活佛格敦丹增诺尔布维修西宁大佛寺，曾在寺内塑立智者三尊药泥像，后毁于 1958 年。达磨在吐蕃灭佛数年后，约在唐会昌六年（846 年），僧人拉隆·贝吉多杰传说受大昭寺吉祥天女护法的指使，设计箭杀达磨赞普。至此，著名的吐蕃王朝崩溃。拉隆·贝吉多杰杀死达磨后亦逃来青海，先住洛多杰扎岩洞，后移居今丹斗寺东面登日山的一个岩洞，后世称之为"拉隆修行洞"，亦云在今循化县孟达林区有其活动遗迹。拉隆·贝吉多杰从西藏逃来青海，可能取玉树道，今玉树藏族自治州玉树市下拉秀乡龙喜滩的龙喜寺，其东北有山名"拉隆蒙郭山"，早年松柏茂密，谓之该寺"神山"，附近有一山沟，名"拉隆沟"。当地相传，拉隆·贝吉多杰去安多（今除玉树地区以外的青海藏族聚居区和甘肃、川西北藏族聚居区总名）前，一度在下拉秀的龙喜滩停留活动，拉隆蒙郭山和拉隆沟名称之来由，盖源于此。当时因吐蕃禁佛，从西藏逃来青海的不止上述几人，法尊大师在其《西藏后弘期佛教》中，引用《藏王记》和《青史》的资料说，当时逃来青海的尚有释迦胜光称、绒敦狮子幢等，亦各携所有经典，先后逃来安多，在安多也有其他佛教徒，如喇勤所亲近的浓妙吉祥、宝金刚、吉祥顶、囊具喜菩提等①。这些情况表明，唐代后期甘青藏族聚居区藏传佛教僧人活动频繁，这里由于远离吐蕃本土，灭佛浪潮波及有限，佛教的处境要比卫藏好得多。

藏饶赛等人晚年剃度了一个徒弟，后因智慧广大，称之为贡巴饶赛，关于贡巴饶赛的出生地和生卒年代说法不一，多有争论，《青史》等说他生于宗喀代堪，这是指河湟流域这个大范围，可以肯定是青海籍僧人。据当代著名藏学家才旦夏茸先生考证，贡巴饶赛出生于距丹斗寺不远黄河岸边的加吾村（今循化县境），幼名穆苏萨拔，先祖是吐蕃时期从西藏来安多戍边的将士，其父穆萨先布是一个本教徒。关于贡巴饶赛的生卒年，藏史多称生于鼠年，卒于猪年。按吐蕃王朝崩溃于846年计算，当生于892年，卒于975年，享年84岁。穆苏萨拔15岁时从藏饶赛出家，并以藏饶赛为亲教师，看格迥为阿阇梨，受沙弥戒，取法名格瓦饶赛。年满20岁将受比丘戒时，邀请拉隆·贝吉多杰等，以凑足受戒僧数。拉隆·贝吉多杰自言他杀死藏王，犯有杀戒，不能入僧数，于是从西宁附近邀请两名汉僧（一名葛文，一名蓟蓬）参加，仍以藏饶赛为亲教师于五众僧团受比丘戒。后因他聪颖过人，智慧广大，尊称为贡巴饶赛，又是因他在安多弘法，后来藏传佛教复兴，多由于他的弘传之功，故又称喇勤（大师之意）。从喇勤受戒时藏僧不足五众僧团的情况看，当时河湟流域虽有僧人活动，但真正

① 吕铁钢、胡和平编：《法尊法师佛学论文集》，中国佛教文化研究所印行，第46页。

受过 253 条大戒的比丘和高僧并不多，《青史》中载，喇勤受戒后（估计智者三尊不久年迈去世）曾北去西夏，从高僧僧格扎巴（狮子称）学习律藏。返回安多后，在拉孜布笛地方师从尼泊尔学经回来的爪温乔扎巴，学习《般若经》及属于对法藏的《大乘毗昙》等，达 12 年之久①。49 岁时，即后晋高祖天福五年（940 年），定居丹斗，广建寺塔，弘扬佛法，招收弟子授戒讲经，较有名的门徒有巴贡·波余嘉措等 10 余人。喇勤在安多弘法，声名渐传入西藏，当时桑耶地区的领主查那益西坚赞父子信仰佛教，派卢梅·崔臣喜饶（戒慧）等卫"藏十弟子"（或云"七弟子"）来青海受戒。约于公元 972 年，喇勤为卢梅等授戒。此后，卢梅等及其再传弟子弘法藏土，从而使藏传佛教再度复兴，史称"下路弘法"。藏传佛教噶丹派祖师仲敦巴·杰维迥尼以卢梅等返藏弘法的公元 978 年为藏传佛教后弘期始年，为各派所公认，并因藏传佛教复兴得力于喇勤弘传佛法，延续律仪，传递衣钵，后人尊他为后弘期鼻祖，他所在的丹斗寺被称为藏传佛教后弘期的发祥地，在整个藏传佛教史上占有重要位置。

关于卢梅等卫藏弟子的人数、姓名及受戒情况等，有关记载互有出入，布顿大师在其《佛教史大宝藏论》中说，当时从卫藏来安多受戒学法者 10 人，卫地 5 人：卢梅·崔臣喜饶（戒慧）、珍·益西云丹（智德）、惹西·崔臣迥尼（戒生）、跋·崔臣洛哲（戒慧）、松巴·益西洛（智慧）；藏地 5 人：罗敦·多杰汪秋（金刚自在）、丛宗·喜饶僧格（慧狮子）、阿里人峨杰兄弟二人和博东巴·乌巴德迦。《藏王记》说，先来卢梅等 7 人，后又来塔益胜圣等 5 人，实为 12 人。《青史》说，喇勤在安多招收弟子有坝、巴二师，嘉、觉二师，谢、萨二师，阿、鲁二师，松、楚二师，这些均为当地僧人。楚师名喜饶却，又为卫藏弟子卢梅之师。卢梅亲近喇勤并从喜饶却学律，

① 桂译师循奴贝著：《青史》，西北民院油印本，第 4—50 页。

又是一种说法。《佛教史大宝藏论》引用若拉上师的观点，说卢梅等为喇勤弟子仲·益希坚赞（智幢）的弟子，东噶·罗桑赤列先生在其《论西藏政教合一制度》中亦倾向此说。但多数记载均称卢梅等受戒于喇勤。喇勤向他们授戒后，曾教诲弟子说："罗敦·罗杰汪秋法力广大，可守护佛法；卢梅戒行严谨，可任亲教师（堪布）；丛宗·喜饶僧格聪明善良，可任教导师，珍·益西云丹长于雕塑，可负责建寺。"后来，其他9人先回卫藏，唯卢梅留居，继续学法，拜喇勤弟子仲·益希坚赞学习律藏《毗奈耶经》。次年，卢梅回藏时，喇勤应请赠给他一顶自己戴过后边沿镶有金线的黄色僧帽，勉励他如律弘扬如来教法。相传卢梅回到前藏后，因天气闷热，把僧帽的后沿叠起来，使帽呈尖形，这就是人们常见的藏僧戴的"长尖帽"。卢梅是卫藏十弟子中最有影响的一个，他回到前藏，在桑耶地区布教，曾任嘎曲寺寺主，门徒众多，有"四柱、八梁、三十三椽"之说，据说他与他的"四柱"大弟子建立僧团寺庙有18处。其中，今林周县热振寺附近的杰拉康寺，由弟子尚那囊·多杰旺秋建于1012年，尚那囊·多杰旺秋还建了热察寺，凡从这两座寺院出来的僧侣称"尚宗"；今山南乃东县的唐波且寺，由弟子珠梅崔臣郡乃所建，该寺在11至13世纪，以多出讲经师出名。卫藏众弟子中，惹西·崔臣迥尼及其弟子建寺6处，其中珠摩地方的索南圹清寺最为出名，凡从此寺学经出来的人皆称"圹清派"；跋·崔臣洛哲及其弟子建寺7处；珍·益西云丹及其弟子建寺5处；罗敦·多杰旺秋回到后藏，在古尔摩地方建成仓堆寺，这里后来形成一个很大的集市，罗敦及其弟子相传共建17处；丛宗·喜饶僧格及其弟子建寺16处。除了喇勤的亲传弟子，还有一些再传弟子亦传教于卫藏。法尊大师在其《西藏后弘期佛教》中说，另有阿霞智坚从喇勤弟子枳窝却喇受戒，这一系称之为"阿众"；又有枳童戒从喇勤弟子雅洗本敦受戒，回藏后发展了结地等处的 8 座寺庙，这一系名"枳众"。总之，经喇勤弟子和再传弟子的弘法活动，全藏民众重瞻佛教慧日慈云，寺宇如雨后春笋，法门龙象辈出，教化之盛，远远超过前弘期。因此，宋仁宗庆历二年（1042 年），阿底峡尊者来西藏传教，曾赞叹："如此兴盛，必圣僧所建树，绝非凡夫所能做到。"[①]

喇勤贡巴饶赛住持丹斗长达 35 年之久，晚年来到马尔藏岩，建寺立塔，据传住在马尔藏岩崖上的一个洞里，并在这里圆寂，享寿 84 岁。信徒为不使喇勤的遗体朽坏，安葬在一尊泥塑佛像中，供在岩洞里。白马寺建成后，塑出喇勤药泥像供奉。喇勤保存佛教火种，功德无量，名垂青史，在广大信徒心目中，他是一位大菩萨，他的出生地加吾村被视为佛教圣地，千百年来，无论何宗何派，都去朝拜，至今每年藏历四月十五日举行祭祀活动。届时，僧俗云集，念经拜佛，村内香烟缭绕，气氛肃穆。喇勤在安多弘法时期，藏传佛教噶丹派尚未形成。喇勤继承并传出者，当为吐蕃时期莲花生大师和寂护论师系统的旧派佛教，他在丹斗建寺造塔，收徒讲经，丹斗寺以及喇勤晚年活动的白马寺即在此时形成，都是青海最早的佛教寺院，明代格鲁派兴起后，均改宗格鲁派。

现存丹斗寺位于化隆县治巴燕镇东南 31.5 公里，在今金源乡南 18 公里处，寺处黄河北岸 10 多公里的小积石山中，寺周悬崖峭立，石壁高耸，佛殿或建于峭壁之中，或建于悬崖之下，或依开然岩洞而成，别具一格。全寺建筑至今完好无损，由以下部分组成完整的建筑群：（1）阿尼鲁加殿，意为龙王殿，内供释迦牟尼佛、持金刚、无量寿等佛像，正殿背后，又一小殿高约 2 米，内供龙王，为当地地祇之象征，平时殿门关闭，仅在农历四月十一日，才启门让人朝拜。（2）热杂帕殿，热杂帕相传为古代叶波国王子，崇信佛教，喜好施舍，曾将所有财物乃至国宝的白象都施舍给穷人，

---

① 吕铁钢、胡和平编：《法尊法师佛学论文集》，中国佛教文化研究所印行，第 48 页。

因此惹恼国王，被发配到今丹斗寺所在的檀特山住居12年，后来人们在太子住过的地方建成此殿，以示纪念，殿堂为两层楼式建筑。（3）阿吉达修行殿，为纪念该寺阿吉达修士所建，在转经路上，为钟鼓楼式样，内供三世佛、妙音天女、阿吉达修士、米拉日巴上师等像。（4）三世达赖修行殿，明万历年间，第三世达赖喇嘛索南嘉措曾来该寺朝拜，并一度闭关修持，后来在达赖修行处建成此殿，内供释迦牟尼、持金刚、无量寿、弥勒、四臂观音、绿白度母以及三世达赖像，殿内仍存当年达赖闭关的岩洞。（5）"三贤哲"及喇勤殿，建在山崖上，极为险峻，内供有藏饶赛等3人和喇勤的塑像。（6）才旦夏茸行宫，丹斗寺在历史上由今民和县的才旦寺管辖，才旦寺寺主为才旦堪布和才旦夏茸。清末以来，由才旦夏茸直接管辖丹斗寺，才旦夏茸行宫是寺主来寺后的驻锡地，在热扎帕殿左侧，为一四合院，内有才旦夏茸灵塔。（7）阿柔格西殿，阿柔格西法名坚赞鄂色（1726—1803年），青海阿柔部落人，清代格鲁派高僧，于清乾隆三十四年（1769年）创建著名的拉加寺，晚年遁世专修，丹斗为其修行地之一；（8）大经堂是全寺僧众集体诵经的地方，建筑规模最大。另有弥勒殿、释迦殿、叶东佛塔、大厨房、僧舍等建筑，全寺共约200间。丹斗寺历史悠久。但因地处偏僻，交通闭塞，住寺僧数不多，清代康敷镕纂《青海记》称，当时仅18僧，清同治四年（1865年）成书的《安多政教史》则云有百余僧，现有寺僧69人。因丹斗寺是藏传佛教后弘期的发祥地，一直是名派信徒向往的佛教圣地，朝圣者每年络绎不绝，历史上许多西藏重要人物都慕名来丹斗寺。明清以来，西藏各派到内地朝贡，途经青海时，多来此朝圣，有的长期住修。寺院东侧，险峰林立，循崎岖山径，东行1公里许，有著名的央斗静房，于明万历年间，由三世达赖喇嘛开辟，历史上一直是藏僧的闭关静修地。

白马寺位于今互助县红崖子沟口的马尔藏岩下，南临湟水，现存佛堂一座，依山崖而建，内塑喇勤贡巴饶赛药泥像，另有僧舍数间。山崖下，有金刚雕像一座，背依险峰，面视湟水，左手前伸，作托钵态，右手前伸，作推举状。寺前平地，建有梵塔，周围榆柳成荫，与石雕金刚相映成趣。白马寺历来规模不大，仅有僧数人，但因历史悠久，素负盛名，为附近藏、土、汉族群众所信仰，每年农历正月十五、五月端午节等时，多有信徒到寺进香朝拜。

第四章

唃厮啰政权时期的佛教和宁玛派

第一节　唃厮啰时期的佛教

吐蕃王朝崩溃后，各属部相继叛离，在今青海、甘肃屯垦的吐蕃奴隶，自称"嗢末"（意为"藏军"或"藏人"），首先发动了起义。继有吐蕃驻守在陇西（今甘肃东南部）的大将论恐热与当时吐蕃镇守在鄯州（今青海乐都）的节度使尚婢婢长期争战,《资治通鉴》记载这场战乱的后果"二千里间，寂无人烟"，"赤地殆尽"，各族人民蒙受了沉重的灾难。青海河湟地区长期处于战乱状态，一直没有统一政权，没有法律，部落之间烧杀屠戮，出现了社会危机，加上农牧业经济落后，抗御自然灾害的能力脆弱，战事加天灾，民不聊生。佛教劝善止恶，力戒杀生，调解平息部落纠纷，主张业果报应，劝人积德行善，使广大受苦难的人们看到希望的曙光，从而佛教在河湟地区得到了较快发展，僧人的数量不断增加，活动日益积极起来。11 世纪，在河湟地区出现了几个较大的部落集团首领，如河州耸昌厮均、邈川（今乐都）的温逋奇、宗哥（今西宁市以东大、小峡一带）的李立遵。其中，李立遵又叫"郢成蔺逋叱"，"蔺逋叱"即"仁波切"的异写，是对藏传佛教大喇嘛的尊称，他本为僧人，后还俗，但一直以佛教号令民众，颇有影响，曾与温逋奇（？—1032 年）一起，迎立唃厮啰，为统一河湟做出贡献。唃厮啰（997—1065 年）本名欺南凌温，号瑑萨（意为王子），《续资治通鉴长编》译为置勒斯赉、嘉勒斯赉、齐囊凌衮，为吐蕃王室后裔。其先祖吐蕃末代赞普达磨被杀后，王朝解体，王室成员逃离逻些（拉萨），有的流落于高昌磨榆国，生唃厮啰。12 岁时，河州羌何朗业贤见其相貌"奇伟"，并访知为吐蕃赞普后人，即带回河州，安置于剺心城（今甘肃临夏境）。后被当地豪酋耸昌厮均接至移公城（今青海循化城），欲于河州"立文法"，恢复吐蕃旧地。其时，被宗哥首领李立遵和邈川首领温逋奇得知后，以武力劫持到廓州（今青海化隆境），尊之为赞普，后移宗哥城。宋真宗大中祥符七年（1014 年），率帐下归附秦州，宋授其为殿直充巡检使。次年，向宋贡名马，受赐锦袍、金带等。是年，自称聚众数十万，派人向宋请求讨平西夏未果。九年，与李立遵等率众 3 万余人攻打秦渭一带城寨，与秦州守将曹玮战于三都谷（今甘肃甘谷境），败归。三都谷战役后，与李立遵矛盾日深，以致破裂。天禧二年（1018 年），请降于宋。宋仁宗天圣元年（1023 年）后，王城徙邈川。后与宋贡赐不断，关系甚密。仁宗明道元年（1032 年），被授宁远大将军、爱州团练使、邈川大首领。是年平息温逋奇政变，并举族迁至青唐城（今西宁市），独立建立了以藏族为主体的封建地方政权，确立了青唐主的地位。中经董毡、阿里骨、瞎征、陇拶、小陇拶执政，至宋徽宗崇宁三年（1104 年），宋发动第二次河湟战役，王厚、童贯攻占青唐，唃厮啰政权宣告解体，前后历 120 多年，其势力所达范围,大致东南至秦州西部的三都谷,北接祁连山,南至今青海果洛州界,西逾青海湖,人口约百万。其政体为部落联盟,强盛时直接归中心政权节制,归属的部落约300多个。在政治、经济、文化、宗教信仰方面,基本上继承了吐蕃的做法,并有一定发展。

在唃厮啰政权建立前后,佛教已有相当影响。各部落首领往往以佛教号召部众,招附民众,僧人地位不断提高。有的"干预各个部落的军政事务,参加争夺部落首领的斗争","僧人已经掌握了唃厮啰社会细胞——部落的一部分权力,僧人的力量在群众中已开始扎根"。[1]这与吐蕃时期僧人多在上层社会活动,且僧人多是贵族子弟的情况有了很大的不同。唃厮啰政权建立后,佛教进一步得到提倡和重视,萌芽于吐蕃时期的政教合一制有了新的发展。唃厮啰政权的国主自己信奉佛教。在其处理政务的大殿旁,有"金治佛像,高数十尺,饰以真(珍)珠,覆以羽盖",论布(大臣)在佛像前处理公务,这都是揉政教于一体的做法。当时作为唃厮啰政权首府的青唐城,是甘青藏族聚居区的政治、经济、文化、宗教中心,李远《青唐录》卷三十五描述当时青唐城佛教鼎盛的情形说:"城之西,有青唐水,注宗哥,水西平原,建佛祠,广五六里。绕以周垣,屋至千余楹。为大像,以黄金涂其身,又为浮屠十三级以护之。……吐蕃重僧,有大事必集僧决之。僧之丽法无不免者。城中之屋,佛舍居半。惟国主殿及佛舍以瓦,余虽主之宫室,亦土覆之。"《资治通鉴续事长编》卷四〇二中也说,当时除青唐城外,在边远的青海湖海心山上,也有"习禅者赢粮居之",佛塔则遍及各地。今湟源县扎藏寺寺志中称,宋代,在今扎藏寺南莫乐吉河对岸的哈毛尔达哇山上由蒙古族僧人建有塔雁静房。今平安县寺台乡的夏宗寺早在宋代也是一座静房,唃厮啰后裔益麻当正(赵怀恩)措置湟部事,曾予扩建。许

---

① 祝启源著:《唃厮啰——宋代藏族政权》,青海人民出版社1988年版,第274页。

多资料表明，由于唃厮啰政权的崇佛政策，当时青海藏族地区新建了不少寺院和供藏僧禅修的静房，特别是在河湟地区出现了藏族中世纪上规模宏大的寺院，僧数众多，僧人地位进一步上升，乃至直接干预或自理政教大事。

第二节　宁玛派及其在青海的传播和主要寺院

佛教从公元 7 世纪传入我国涉藏地区，经过前弘期和后弘期的长期传播发展，至 11 世纪中叶以后，作为西藏化了的藏传佛教及其各教派相继形成。其中最古老的教派是宁玛派，俗称"红教"。藏传佛教有旧派和新派之说，旧派称"宁玛"，新派称"萨尔玛"，其划分以大译师仁钦桑布（译言"宝贤"，958—1055 年）的译经为界线，此前为"宁玛旧派"，其后的一切教派，包括噶丹、噶举、萨迦、觉囊、格鲁诸派，相对于宁玛派，均通称之为"萨尔玛新派"。宁玛派意为"古旧派"，以循从 8 世纪吐蕃赞普赤松德赞时期莲花生大师所传古老教法和仁钦桑布大师之前的旧译密宗经典及其传承而得名，它以旧译教传经论为基础，吸收各种岩传秘窍诀，坚持讲修之规为特色，教敕流支繁多，内部规制亦繁，其教法总摄为"九乘"，该派《明智自现续》中说："差别共为九，声闻及缘觉，再加菩萨乘，支耶及邬巴，另说瑜伽乘，摩诃及阿努、阿底大圆满，如是共为九，是佛大教法。"具体说来，声闻、缘觉、菩萨三部，总称为三因乘，属显教内容，其中声闻、缘觉乘为小乘，菩萨乘为大乘；菩萨乘以后各乘均属密教内容，其中，"支耶"乘指事部，"邬巴"乘指行部，瑜伽乘即瑜伽部，这三部总称为三果乘；"摩诃"指摩诃瑜伽，意为"大瑜伽"，"阿努"指阿努瑜伽，意为"无比瑜伽"或"随类瑜伽"，"阿底"指阿底瑜伽，意为"最极瑜伽"

或"大圆满法",是该派九乘教法的最高法要,摩诃、阿努、阿底瑜伽,又总称为"无上瑜伽部"。这样,除显教内容,密教则分"四续"或"六续",四续指事、行、瑜伽和无上瑜伽;六续指事、行、瑜伽、摩诃、阿努和阿底瑜伽续。各续在入门、见、戒、修、行、果等方面,各有不同的规定和要求。晚近宁玛派又多以重视无上瑜伽特别是大圆满法为基本特征。在宁玛派的寺院里,神像千姿百态,数目很多,其中各寺院共同供奉的有所谓"出世五部"和"世间三部"。

　　在前弘期时,首先传入西藏的是显宗,显宗一直占主导地位,密宗受到部分贵族和本教的反对,也遭到来自佛教显宗方面的非议。因此,有关密宗经典的翻译受到限制,教法传承也一般秘密传授,不能公开,甚至一些传法者被放逐到偏僻地方,如当时著名的佛教密宗经典翻译家,阿底瑜伽大圆满法心、界二部的传出者毗卢遮那上师,在各种舆论的压力下,先是白天讲授显宗,晚上秘密传授密宗,最后被流放到嘉绒康区(今四川阿坝境),又经历各种艰辛,才在嘉绒王的支持下传授密法。此后,密宗多在家族中父子、兄弟相传。后弘期以后,新译的密宗教授日多,传授这些专教法的印、藏上师也越来越多,到11世纪,经"三素尔"弘传,形成宁玛派。"三素尔",是宁玛派教传三大上师,指素尔波且·释迦迥尼(1002—1062年)、素尔穹·喜饶扎巴(1014—1074年)和濯浦巴·释迦僧格(1074—1134年)。由于他们的弘传,使前弘期莲花生、无垢友、毗卢遮那等所传密法教授传遍全藏。元末,有隆钦然绛大师智美鄂色(1308—1364年),广学显密一切教法,集宁玛派教法大成,造《七宝藏论》,亦称《隆庆七藏》,是宁玛派的必读书。明末清初,在西藏先后建成宁玛派大寺多吉扎寺和敏珠林寺。该派在康区有噶陀、佐钦、白玉、西钦等大寺,并形成佐钦、噶陀两大传规,对青海颇有影响。

宁玛派信徒，一般分为两种，一种是出家的僧侣，常住寺院遵守僧伽律仪，有严密的教阶制及寺院管理制度，寺院有自己的属民，实行转世制；另一种是在家的真言师，称为"阿巴"，安多藏语称"俄华"，亦俗称"宦"，各有其传承，多擅长密咒法术，从事禳灾祈福、治病驱邪活动，可娶妻成家，一般不脱离生产劳动，定期到所属寺院参加宗教活动。宁玛派由于流传比较分散，没有形成全藏性的领导全派的中心寺院，与各政治势力的结合亦较松散，未能形成自成体系的政教合一形式的稳定寺院集团，只是在四川原德格土司的辖区内，受德格土司的支持，加之历史上的信仰传统，形成很有影响的宁玛派大寺，并向青海等地辐射，发展出许多子寺。宁玛派除正规寺院外，还有许多供教徒活动的场所，称之为"俄康"，意为宁玛派真言堂或密宗真言寺，多在村子中央或附近，一般规模不大，只建有念经的经堂，严格地说，是宁玛派信徒的宗教活动点。

正规的宁玛派寺院，同样有严格的教学制度，一般设有显宗经院、密宗经院、修行院和讲习院。显宗经院，称"参尼扎仓"，负责人称"堪布"，从寺院有学问的僧人中选任，负责教学，下有格贵（负责纪律）、翁则（领头诵经）、爵尔本（负责基层教学的辅导师）等。学习内容，有所谓"显宗十三大论"，与格鲁派相似，即弥勒菩萨的"慈氏五论"、龙树菩萨的"中观理聚六论"以及《俱舍论》和《因明论》。各论都有自派大师所著教程，因明为选修课，每年举行考试，以因明方式进行辩论，对考试优秀者授然坚巴学位。学完全部规定课程，一般需15—20年时间。密宗经院，称"居巴扎仓"，负责人称"金刚阿阇梨"，或译"金刚教长""金刚上师"等，下亦设格贵、翁则等执事人员，主要学习和研究密宗教义，学习各种密法的灌顶、结坛、诵咒等各种仪轨，并按规定进行修习。修行要在修行院（藏语称珠扎)内进行。修行院的负责人叫"珠喇"，意为修行喇嘛。下有"赤本"，传授修行知识；"珠本"，负责指导和监督修习。修行者每学一法，依照生起和圆满次第，依次修证，严格遵守灌顶、修习仪轨，恪守誓言，最后对实证的情况由赤本负责进行考试。讲习院，藏语称"雪扎"，负责人为堪布，主要学习修辞学、词藻学、韵律学、戏剧学及历算等小五明文化，相当于僧侣学校。宁玛派在家的真言师，一般随其作真言师的父兄、舅父等亲人，或选定拜依一位师父，学习宗教基础知识以及宗教职业者所必需的一些业务知识，诸如祈福、禳灾、超荐亡灵等方面的经咒、仪轨等，也学习密宗教义以及绘画、刻版、印刷、雕塑、历算等技能，往往是农村牧区基层中的有文化者，平时不脱离生产劳动，养儿育女，农闲时则着红色或紫红色法衣，头发梳成独特的真言师辫（有些也用特制的假发）"俄拉"，到所在寺院或俄康从事宗教活动。

　　唃厮啰政权时期藏传佛教的派属问题，因限于资料，向来缺乏深入研究，至今尚无定论。据祝启源《唃厮啰——宋代藏族政权》，宋神宗熙宁六年（1073 年），宋军战领岷州（今甘肃岷县）后，"归附的吐蕃诸部，特别是大首领鬼章经常率众围攻岷州，以图收复该地。为此，宋朝决定在岷州等地建寺，用塔庙尊严以示之，以达安抚人心之目的"。[1]熙宁七年（1074年）六月，宋神宗"赐岷州新置寺院名曰广仁禅院，仍给官田五顷，岁度僧人一人"。[2]现存《广仁禅院碑》的碑文，记载了当时修建该寺的详细情况，并勾勒了唃厮啰时代佛教徒宗教活动的大概轮廓："西羌之俗，自知佛教，每计其部人之多寡，唯择其可奉佛者使为之。其诵贝叶傍行之书，虽侏离鴃舌之不可辩，其音琅然，如千丈之水赴壑而不知止。又有秋冬之间，聚粮不出，安坐于庐室之中，曰"坐禅"，是其心岂无精粹识理者，但世未知之耳。虽然其人多知佛而不知戒，故妻子具而淫杀不止，口腹纵而荤酗不厌，非中土之教为之开示堤防而导其本心，则其精诚直质且不知自有也。"

①祝启源著：《唃厮啰——宋代藏族政权》，青海人民出版社 1988 年版，第 279 页。
②《续资治通鉴长编》，卷二五四。

从这一资料可以看出，当时唃厮啰时期的佛教虽尚未正式形成藏传佛教的教派，佛教徒偏重于念经、坐禅、辩经等宗教活动，戒律较松弛放纵，严格的教规尚未完善，但从藏传佛教发展的整体历史看，属于所谓"旧派"的宁玛派，并因所处地域毗连内地，受汉地禅宗的影响较深。当时河湟地区的佛教，在统治阶级的支持下，有了很大的发展，出现了较大规模的寺院，促进了佛教在藏族地区的弘传。同时，也改变了佛教在前弘期时期多在社会上层中传播的局限性，逐步在民间得势，僧人的势力从部落到唃厮啰政权内部，掌握了相当的权力，为佛教后来在青海广大藏族聚居区的传播创造了有利的条件。

青海早期多为宁玛派寺院，后来随着其他教派兴起，特别明清以来格鲁派的崛起，河湟南区宁玛派寺院大量减少。全省境内，宁玛派寺院最集中的是果洛地区。现全州共有藏传佛教寺院 62 座，其中宁玛派寺院多达 47 座，约占寺院总数的 75.8%。果洛宁玛派寺院基本上为原西康噶陀、佐钦、白玉等寺的属寺，多由西康主寺派人来主持修建，有些由原来的帐房寺改建为土房寺。其中，今久治县的白玉寺和达日的查朗寺是全州宁玛派的中心寺院，均建于清代。白玉寺位于今白玉乡俄柯河北岸的达尔塘，为西康白玉寺（在今四川甘孜州白玉县城附近）子寺。清嘉庆九年（1804 年），西康白玉寺活佛班玛多俄旦增云游来今久治县的达尔塘地方，在当时的康干部落内讲经传教，招收弟子。从此，当地僧人活动频繁，有了很好的信仰基础。清咸丰七年（1857 年），西康白玉寺活佛拉智来达尔塘，主持建立了久治白玉寺。相传初为帐房寺，后在康干部落头人的支持下，改建为土房寺。清光绪十九年（1893 年），认定今四川理县薛城区上孟乡木尼村的乔治为四川德格大活佛资治的转世灵童，迎来白玉寺坐床。从 1908 年起，乔治活佛加华吉贝多杰接管白玉寺。自此，该寺迅速发展，成为川、甘、青交界地带规模最大的宁玛派寺院，曾有属寺 70 余座，鼎盛时有寺僧 1200 人、活佛 40 余人，其规模和影响远远超出西康白玉寺。寺主乔治，通称"白玉乔治"，1937 年由九世班禅授"墨尔根堪布"名号，并赐金印，位及三品。现全寺占地面积近千亩，有僧 300 人，大小活佛 28 人。本县尤合热寺，班玛县的灯塔寺、吾扎寺和班前寺，甘德县的恰曲纳寺等为其子寺。另该寺外出的僧人在国外建有三座属寺，在川、甘、青三省藏族聚居区有相当影响。

查朗寺位于果洛藏族自治州达日县建设乡的美沙纳合沟，始建于清光绪六年（1880 年）。初为帐房寺，后改建为土房寺，母寺为今四川省甘孜藏族自治州白玉县的噶陀寺，下辖本县的红科寺、岗巴寺、特合土寺、桑日麻寺和班玛县的邦义寺等。20 世纪 50 年代，有僧 500 多人，活佛 17 人。现全寺占地百余亩，有僧 350 人，活佛 16 人。今四川白玉县的噶陀寺是川青地区最早的宁玛派寺院之一，由濯浦巴的再传弟子伽当巴·德谢喜巴（亦作当巴德喜）始建于南宋绍兴二十九年（1159 年），誉为"康区第一座寺庙"。其属寺遍及西藏、青海、云南等省（区）各地和蒙古、印度、不丹诸国，共达 140 余座。在青海除上述查朗寺外，噶陀寺还有许多属寺，如班玛县境内的智钦寺、江日堂寺、多贡麻寺、塘尕玛寺、卡昂寺、吉隆寺、特合土寺、布东寺，玛多县的夸科寺、玛沁县的当项尼果寺等，都多由噶陀寺僧人通过传教活动创建，后成为其子寺。今四川省甘孜藏族自治州德格县的佐钦寺也是宁玛派在康区最著名的寺院，寺址在德格东北隅竹庆乡更达村南。该地地势开阔，财富丰盛，完美无缺，故名"佐钦"，意为大圆满。相传莲花大师曾履临此地，故宁玛派视为圣地。清康熙二十四年（1685 年），由五世达赖的宁玛派弟子白玛仁增（1625—1697 年）创建佐钦寺，为德格土司五大家庙之一，下辖 100 多座属寺，分布在德格、理塘、新龙、炉霍、乾宁、白玉、道孚、康定等县以及青海的玉树、果洛、黄南、海南、海北、海西等地。现青海玉树藏族自治州杂多县和曲麻莱县境内的绝大多数宁玛派寺院都是佐钦寺的子寺。其他子寺主要还有玉树州称多县的永夏寺，果洛州玛多县的和科寺、玛沁县的多合旦寺、格日寺，黄南州同仁县的江龙琼贡寺、雅玛扎西其寺、郭拉卡寺，海南州贵德县的昨那寺，海北州刚察县的沙陀寺、角什科寺，海西州都兰县的沟里寺、天峻县的扎查寺。佐钦寺在历史上办有一所佛学院，是一所扎巴学校，称为"佐钦熙日森五明佛学院"，可以说是宁玛派的最高学府，青海宁玛派学僧多到这里深造，研习藏传佛教文化的各门学科，在天文历算、文学、艺术、医药学、历史学、语言学、佛学理论等各方面出过不少大学者，不少人还被派到不丹等地主持佛教。

和佐钦寺有关的一座寺是西钦寺，由佐钦寺僧人西钦饶绛巴建于18世纪中叶，地址在佐钦寺东，在青海果洛地区也有一些属寺，主要是久治县的德合隆寺、涣龙寺、阿绕寺和甘德县的东吉多卡寺等。

青海宁玛派寺院，除许多原西康宁玛派大寺的属寺外，也有不少由当地高僧修建、教权上独立的寺院。新中国成立以前，尖扎县直康拉卡的古浪仓是出名的宁玛派大活佛。该系统第一世古浪仓，法名白玛仁增，即西康佐钦寺的创建者，今尖扎县当顺乡古浪堤人，他于清康熙年间又建成著名的阿琼南宗寺、南宗尼姑寺和南宗扎寺。三寺均处坎布拉林区，寺周山势峭拔，群峰林立，林木苍翠，景色秀丽，更兼是吐蕃时期"智者三尊"活动过的佛教圣地，成为青海最主要的旅游景点之一。其中，阿琼南宗寺是尖扎县坎布拉、多加以及贵德县格哇等地宁玛派教徒集中活动的重要场所；南宗尼姑寺是全省著名的尼姑寺，以历史悠久、尼姑众多闻名省内外；南宗扎寺，曾是著名的宁玛派禅僧闭关修习的静房。古浪仓共传四世，第三世久哲切央多杰（1871—1933 年），尖扎古浪堤人，5 岁坐床，16 岁赴西康，学经于佐钦、噶陀等寺，历时 8 年。1916 年住五台山修建菩提塔。后往北京，受到总统黎元洪的召见，受封"宁海红教总佛长呼图克图大喇嘛"，管辖青海地区的宁玛派寺院。他一生热爱民族教育，曾创办化隆益什扎村藏族小学；擅长医术，并喜好自然科学，于各地采集矿物标本 50 余种；学识渊博，著有《藏族医方新编》《藏文适用字拾遗》《藏文字典》等。第四世古浪仓（1934—1953 年），尖扎当顺人，亦封有"呼图克图"名号。现任寺主第三世古嘉赛，名嘉赛洛旦，1910 年生，今尖扎县直岗拉卡乡人，其父为第三世古浪仓。1912 年古嘉赛被认定为德格佐钦寺第二世牟盘巴古浪嘉措喇嘛的转达世灵童，原青海省政府曾授权他为"青海地区红教总教主"，任原青海省南部警备司令部和省政府顾问、视察员兼贵德县参议长、国大代表、贵德县保安藏民团团长、中央宪政督导委员等职。1949 年 9 月 5 日参加革命工作，历任青海省政协常委、副秘书长，青海省人民政府副秘书长，青海省佛教协会副会长、中国佛教协会理事等，现任青海省政协副主席兼秘书长。

今共和县的当家寺，法名全称"当家密咒法洲寺"，是海南地区最大的宁玛派寺院，位于县治恰卜恰镇东南 29 公里处曲沟乡的瓦里关村。初建于元至正年间，早年为藏僧静修地，称"当家日朝"。清康熙三十年（1691 年），经年智嘉措活佛扩建，形成寺院规模。后来，西康的桑杰多吉活佛来寺主持寺务，发展甚快，寺主当家喇嘛曾被清廷封为"当家额尔德尼"，并赐有封诰、印章，寺院得到进一步发展，成为今兴海、共和、贵德一带各宁玛派寺院之母寺，下辖玉隆寺、孜东俄康、尼那俄康、罗汉堂俄康、阿什贡俄康、贺尔加俄康、多勒仓俄康、尕让俄康、色尔加俄康、松巴俄康、切龙寺、沙有寺、曲沟经堂、草多隆寺、后菊花俄康、唐乃亥寺、哇合俄康、莫合俄康、昨那俄康等近 20 座属寺，共有教徒 460 人左右。在宗教上，与西藏的敏珠林寺和四川的西钦寺、佐钦寺等有密切的联系。现寺主康苟千·嘉木样图旦却吉道尔杰活佛，亦名仁青安杰，现任海南州政协常委会副秘书长、省佛教协会理事等职。

今玉树州囊谦县的改加寺是全省最大的宁玛派尼姑寺院。该寺位于吉尼赛乡境内改雄沟的保佐山腰，由改加·仓央嘉措（1864—1910 年）始建于清光绪十九年（1893 年）。改加·仓央嘉措，今囊谦县曲吉乡瓦保拉格村人，祖姓改加，25 岁时拜采久寺措尼活佛为师，一心向佛，47 岁时家人亡故，遂将全部家资献出，用于建寺，在自家牧场建成改加寺，主持寺务，为第一世改加活佛。1910 年改加·仓央嘉措去世后，该寺认定第二十五代囊谦王、第八代囊谦千户扎喜才旺多杰（1915—1979 年）之弟昂文求扎嘉措为第二世改加活佛，从而进一步得到囊谦千户的支持，寺院有了进一步的发展，20 世纪 50 年代，有大小殿堂 5 座、活佛府邸 9 座、佛塔 25 座、灵塔 9 座，以及尼舍等其他建筑 300 余间，占有耕地 300 庙、牛 1380 头、羊 3500 只、骡马 90 匹，豪富一方，有尼姑 800 余人、转世活佛 9 人。寺主改加，曾由十四世达赖喇嘛授给"呼图克图"名号；该寺第二世安曲活佛阿旺桑丁南加，亦地位崇高，达赖准许其头藏金冠。当时，改加寺有西藏类乌齐县境内的曲科楞尼姑寺、宫尼昂寺、达道寺、道飞寺、达斯寺、阿麦尼姑寺、阿多寺、江牙尼姑寺，西藏丁青县境内的啥曲寺、给该尼姑寺、角毛尼姑寺、发毛尼姑寺，西藏那曲专区境内的许保尼姑寺、邦吉尼姑寺，青海境内囊谦县东坝乡的代青楞尼姑寺，杂多县的曲冷寺、桑庆尼姑寺、调泽巴嘎尼姑寺，玉树市的苏鲁尼姑寺、它玛尼姑寺、曲吉尼姑寺等 20 多座属寺。现全寺仍有尼姑 300 人，其中 200 人常住寺院。

今黄南藏族自治州同仁县双朋西乡的雅玛扎西其寺，由当地名僧根敦丹贝尼玛始建于清乾隆三十五年（1770 年），后由历辈夏嘎巴活佛主持寺务。该寺以学风纯正、多出藏传佛教名僧享誉国内外。寺主第一世夏嘎巴（1781—1851 年），今双朋西乡娘加村人，俗名阿旺扎西，自幼出家，法名措周让卓，是青海佛教界出名的高僧，一生云游各地，以苦修闻名，曾密修于故乡的则央、达毛宗、果波宗、格扎等阿兰若静地，后辗转修炼于青海湖海心山、阿尼玛卿雪山、海南兴海县的扎嘎哲宗山（亦称赛宗山）等佛教圣地。中年后徒步去西藏朝拜，巡礼前后藏各佛教圣地、寺宇，并一度密修于西藏珞隅地区的杂日山、冈底斯山等地，游历过许多无人烟的雪山旷野。38 岁往尼泊尔，朝拜各地寺宇佛塔。返回故乡后，长期在本寺及黄南、海南各地传教，广转法轮。夏嘎巴擅长以吟唱道歌形式宣讲佛教教理，一生著述相传有 20 余函，其中以其自传和道歌集最为出名。《夏嘎巴传》为其自传，共上下两集，由青海民族出版社分别于 1985 年和 1986 年出版发行。上集主要反映他出生、出家、拜师学经、在各地密修、朝拜卫藏和尼泊尔等地的情况；下集主要写他在各地讲经传法的业绩。《夏嘎巴道歌》亦分上下两集，由青海民族出版社于 1987 年和 1988 年先后出版。道歌内容按其一生活动的先后顺序编排，除前言、后记外，上集分三部分，下集共十部分。自传和道歌均无明确年代记载，以叙事为线索，突出佛教教义说理，通过吟唱道情偈语，达到传法授教的目的。夏嘎巴在佛学理论上从无门户之见，兼收并蓄各派法要，集其大成；所讲示内容，多为一般佛学原理和基本教义，即所谓的"共法"，为广大教徒所喜闻乐见。夏嘎巴措周让卓是一位杰出的僧侣文人，但又是一位出色的民间文学家，其著作吸收了大量的民间故事、神话、寓言、谚语等，不工雕饰，通俗生动，在民间广为流传，不少诗作佳句被同仁等地区群众广泛用于纠纷的调解谈判和庆典祝词中。他的许多文学作品具有很强的艺术感染力，如《慈母歌》，以生动的语言和真挚的感情，塑造出一位勤劳善良的藏族劳动妇女疼爱子女的慈母形象；寓言《狮子与兔子》反映了深刻的人生哲理；《暴君的下场》等反映出他强烈的民主思想等。这些均在民间和寺院广为传唱，脍炙人口。此外，不少作品记述 19 世纪安多、卫藏、尼泊尔等地佛教的传播发展情况，并涉猎甘、青、川、藏和尼泊尔等地的山川风貌、风土人情、居民生活习俗等，有很强的纪实性。

雅玛扎西其寺也是近代藏学家根敦群培（1903—1951 年）早年学经的寺院。根敦群培出生于同仁双朋西村一个宁玛派小活佛家庭，幼年即被认定为雅玛扎西其寺多扎活佛的"转世灵童"，迎入本寺学经。从 1917 年起，离本寺先后去今化隆县支扎寺、同仁隆务寺和甘南拉卜楞寺学习显宗经典。公元 1927 年，徒步去拉萨，入哲蚌寺郭莽扎仓鲁本康村深造。1933 年，应印度学者热睺罗之邀赴印度，辗转印度婆罗奈斯、加尔各答等地和斯里兰卡、尼泊尔、不丹等国。1945 年夏返回拉萨，考察西藏各地古文化，撰写著名的史学著作《白史》。但该书未能完稿，他被原西藏地方政府捕入监狱，1949 年获释，1951 年藏历八月十四日在拉萨逝世，终年 49 岁。根敦群培聪明好学，治学严谨，才思敏捷，善于辩论，对藏族历史、文学、佛教哲学、美术、逻辑学、语言学、地理学等均有深入研究，并擅长绘画、摄影，是一位博学多识的学者，一生著述 20 余部，曾协助俄罗斯学者若柔英译藏文名著《青史》等；查阅摘录各种梵文典籍名词术语，编成《梵文文库》；曾协同热睺罗，考察西藏萨迦、彭域、热振等地，查阅有关梵文典籍，写成《智游国度金钥》，论述古代印藏历史概况、地名来由、工艺绘画艺术、道德观念等；所撰《白史》，是国内最早利用敦煌等地出土的吐蕃古藏文史料和涉藏地区留存的古藏文碑刻等，研究吐蕃早期历史的名著。此外，还有许多富有哲理、语言风趣幽默的短篇诗作。其著作内容丰富，文字朴实，不罗列典故，不以华丽辞藻装潢修饰。1951 年，其弟子夏尼巴·达哇桑布根据他有关佛学理论方面的讲授讲义，整理成《龙树贡坚》一书，是一部重要的佛教哲学著作。在国外，有关他生平的《根敦群培传》曾出版 6 次，很有影响。1984 年，法国东方语研究院女藏学家玛利娜等，不远万里，专程来我国青海省同仁县双朋西乡考察根敦群培的有关情况，足见其影响之大。

第五章

南宋以来噶举派的弘传

第一节 噶举派简说

噶举派的"噶",意为佛语或师长的言教,"举"意为传承。"噶举"也译为口传。该派特别注重密法的修习,而这些密法主要靠师长的口授,通过师徒的口耳相传来继承,故名噶举派。又因该派祖师玛尔巴、米拉日巴等在修法时效法古印度的习俗,身着白布僧裙,后来修噶举派密法者亦多循此俗,故俗称噶举派为"白教"。据益希旺秋等编写的《教派源流》,噶举派的密法,相传主要是由龙树师徒传给蒂洛巴的集密、四座、幻身、迁识等法,由杂热耶巴传给蒂洛巴的大幻化和修梦法,由拉瓦巴传给蒂洛巴的胜乐和光明法,由空行贤劫母传给蒂洛巴的喜金刚和拙火定法。这些密法由蒂洛巴继承并口传下来,称之为"蒂洛巴四大教敕"。11世纪西藏的玛尔巴和琼波南觉赴印度学法,分别拜那若巴和弥勒巴等人为师,学得蒂洛巴的四大教敕，返回西藏后传法建寺，发展出塔波噶举和香巴噶举两个大的派系，总称为噶举派。藏传佛教噶举派在其形成过程中逐渐形成了一些独具特色的密法修习方法，如该派的主要法门大手印法，松巴堪布益希班觉在其《如意宝树史》中解释说："手"指空性智慧，"印"指从世俗法中解脱。这是通过呼吸、脉、明点等修炼，达到修身正觉目的的一种密教修持法。它炼气修身的客观效果与传统气功有许多相似的地方，其基本方法和步骤是，先从修"拙火定"入手，然后修"那若六法"，最后亲证所谓"万有一味""怨亲平等""染净无别""明空无别""空乐无别"等佛家所追求的境界。这种境界，他们叫作"大印"，藏语称"血合加"①。修大手印法者，一般先接受本派祖师或高僧的灌顶，这是受学密法必先进行的仪式，认为未入坛灌顶者，不得听闻、受学密法和翻阅密宗典籍，否则有"盗法"之罪；而向未经入坛灌顶者传授、泄露密法罪孽尤重。只有先受灌顶，奉一位能使自己证得大手印智慧的师长为根本上师，在其指导下如理修证，才能通达"大手印"智慧。因此，该派极重视教法的传承门户，这是后来形成诸多支系的重要原因之一。各支系形成后，在传法方法上各有侧重，也有各自着重发扬的别法，从而具有相对的独立性，并一直存在至今。噶举派在其发展过程中，也十分注意吸收别派的教理，如到了12世纪初叶，塔波拉杰曾学习吸收宁玛派的许多密法要点，特别是他将米拉日巴尊者所传噶举派密法同噶丹派的教理相融合，使大手印法兼容显宗内容。其显宗内容是使修法者从理论上明白诸法的本性，认为诸法本性是本初俱生，非因缘新成，故对其应无执无缘，悄然而置，是为深奥法性之自性法身观②。在具体修法上，有顿、渐之分，先修共道生圆次第等，后于心性之上，专

① 王森著：《藏传佛教发展史略》，中国社会科学出版社1987年版，第97—98页。
② 西藏自治区文管会编译小组编著：《教派源流》，西藏人民出版社1984年版，第203—205页。

一安住而修，依止风息，入、住、融于中脉，从而显见本初心性者，为渐悟；开始即专一住修，使风息入、住、融于中脉，显见本初心性者，谓之顿悟[1]。噶举派在教义上的兼收并蓄，不仅促进了本派的发展，同时也一般能和其他教派和平相处，并且还形成一些和其他教派合住的寺院。

噶举派分塔波噶举和香巴噶举两大派系，传入青海的主要是塔波噶举派。塔波噶举派始于玛尔巴。玛尔巴（1012—1097年），法名却吉罗哲，今西藏洛扎县曲其浦地方人。15岁起，向卓弥译师释迦益希学习梵文。后往尼泊尔，师事吉特巴等，学习密法。再去印度，拜那若巴、弥勒巴等为师，学习蒂洛巴所传密法。相传他三赴印度，四去尼泊尔，为学佛法变卖全部家产。他在西藏最主要的门徒有米拉日巴、鄂敦曲古多杰、粗敦旺奈、梅敦村波，称之为"四柱弟子"。其中以米拉日巴最为出名。米拉日巴（1040—1123年），后藏贡塘（今吉隆县境北靠阿里处）人，父亲早亡，幼年备受伯父、姑母欺凌。稍长，学诛法复仇，也学过宁玛派大圆满法。从1077年起，向玛尔巴学习密法近7年，后往吉隆、聂拉木一带深山苦修达9年之久。后来，云游传教，声名渐著，跟随弟子日多。他常通过吟唱道歌阐释佛法教义，由其弟子收集整理成《米拉日巴道歌集》，在涉藏地区广为流传。米拉日巴的弟子中最著名的是热穹巴和塔波拉杰，誉为"日月二徒"。热穹巴（1083—1161年），本名多吉扎，与米拉日巴同乡，曾受米拉日巴派遣去印度，学回了玛尔巴没有学完的无身空行母密法，传给了米拉日巴等，称之为"热穹耳传法"。热穹巴学成后，长期修炼并传法于前藏的雅隆、塔布、聂地、洛饶等地，所传教法在洛饶一带一直传承不断，但他只注重密法修炼，不重教法传袭，故未形成大的支派。塔波拉杰（1079—1153年），本名索南仁钦，因是

---

① 西藏自治区文管会编译小组编著：《教派源流》，西藏人民出版社1984年版，第203—205页。

塔波（今作塔布）地方人，精于医道，故人称塔波拉杰，意为塔波地方的名医。又因他后来常住由他所建岗波寺，故又称之为"岗波哇"。塔波拉杰早年学医，并学宁玛派的秘密要点、咽噜迦要义、静猛续、大悲持网续等旧密法要典籍，中年丧妻，儿女夭折，遂厌离尘世，出家受近圆戒，初向甲都增、夏哇林巴等学习噶丹派教法，1110 年 32 岁时投拜米拉日巴，受金刚亥母灌顶，学拙火定法等法门。尔后返回前藏，专居荒寂无人烟处静修，成一代名僧。1121 年，他于岗波地方建成岗波寺，收徒传法，由他融合噶丹派教法和米拉日巴所传密法，形成了以"大手印"修法为主的塔波噶举派。其代表作有《圣法解脱宝饰论》《大手印直会根本论》等。塔波拉杰的弟子很多，最出名的有帕摩竹巴·多杰加波、都松钦巴、巴绒巴·达玛旺秋，分别发展出帕竹、噶玛和巴绒三个噶举派分支；另有塔波拉杰之侄岗巴·崔臣宁布的弟子向蔡巴宗哲扎发展出蔡巴噶举派，是为塔波噶举派的四大支派。帕竹噶举派后又派生出直贡、达垅、周巴、雅桑、绰浦、玛仓、修赛、叶尔巴等八个小支，连同上述四个支派，总称塔波噶举派的"四大八小支派"。其中，四大支派中的噶玛噶举、巴绒噶举和帕竹噶举，八小支派中的直贡、周巴、叶尔巴三个小支先后传入青海。噶玛噶举派内部又分红、黑帽二系，在青海玉树地区传播过程中又派生出乃多、苏莽两个噶玛噶举派的支系，实际在青海藏族聚居区有总属塔波噶举派的七个噶举派支系。此外，香巴噶举派也曾传入青海。

第二节　帕竹噶举派的传入

帕竹噶举派始于塔波拉杰的弟子帕摩竹巴（1110—1170 年）。帕摩竹巴，简称"帕竹"，法名多杰加波，原西康南部止垄乃学地方人，早年曾广学噶丹、萨迦、宁玛各派显密教法，1152年奉塔波拉杰为根本上师，得到"俱生和合法"的大手印法门等许多密法传授。1158年，他于今西藏桑日县境内的帕竹地方修建了丹萨梯寺。从这里发展出帕竹噶举派。1208年，出身于帕竹地方朗拉斯族（简称朗氏家族）的扎巴迥乃（1175—1255年）担任丹萨梯寺座主，从此朗氏家族（后来亦称帕竹家族）掌握了帕竹噶举派的领导权，丹萨梯寺的座主职位由朗氏家族的兄弟叔侄承袭。1268年元朝分封卫藏十三万户，帕竹是万户之一，万户长由丹萨梯寺的座主京俄举荐，由宣政院加以任命，实际上朗氏家族在暗中掌握实权。后从扎巴迥乃之侄扎巴仁钦起，既任丹萨梯寺座主，又兼任帕竹万户长，总理政治与宗教，实行政教合一统治。14世纪中叶，扎巴迥乃的侄孙大司徒绛曲坚赞（1302—1364年）武力兼并前藏大部分地方，1354年又击败萨迦派地方政权，统一卫藏，建立起帕竹地方政权，统治西藏达两个多世纪。在这期间，绛曲坚赞的侄孙扎巴坚赞于1406年被明朝封为阐化王，地位至尊。因此，帕竹噶举派在历史上是显赫一时的大教派。帕竹噶举派共有八小支。其中直贡、周巴、叶尔巴三支传入青海。

直贡噶举派的创始人是直贡巴仁钦贝。仁钦贝（1143—1217年），今青海省玉树藏族自治州州治结古镇附近西航村人，家族世代信奉宁玛派，早年丧父，家境贫寒，他在故乡靠给人念经维持生活。25岁时前往丹萨梯寺向帕摩竹巴学法，成为其弟子，两年后帕摩竹巴圆寂。仁钦贝极具慧根，颇有悟性，虽师事帕摩竹巴时间不长，却能深悟佛家因果教理，通达"诸法真实智慧"，达到很高境界，在信徒中获得相当声望。后返回故乡传教，布施收入日益增多，约在公元12世纪60年代，他在今玉树市巴塘乡卓玛邦杂地方建成卓玛邦杂寺。"卓玛邦杂"意为度母岩根，得名于左面峭壁上传有后来作为直贡噶举派护法神的阿斯秋吉卓玛的自然显像，并传说在寺院东南侧石崖上有 21 尊天然的度母石像。该寺建成 10 余年后，毁于与萨迦派的教派之争。寺院被毁后，仁钦贝带着 80 余僧逃往西藏，于 1179 年在今墨竹工卡县的直贡地方扩建帕摩竹巴弟子木雅贡仁所建一座小寺，从而形成直贡梯寺，并从这里发展出直贡噶举派，称仁钦贝为"直贡巴"。因此，青海玉树的卓玛邦杂寺当为该派的第一源头寺院，历史上也称"直贡顶洒寺"，意为直贡噶举派的根基寺院。据当地口传，初建的卓玛邦杂寺沿山崖建有三层楼高的大经堂一座，崖前平地上有殿堂两座，亦规模可观。寺院被毁后当地僧徒重建，但规模不及从前。1958 年前，该寺有大经堂、小佛堂、护法殿、讲经院等各 1 座，僧舍 56 间，僧侣 40 人，活佛 1 人，为仁钦贝的转世系统。1958 年后一度关闭，并拆毁。1988 年 3 月批准开放，重建小经堂 1 座、僧舍 13 间。现有僧 9 人，由活佛日布秋英多杰（1946 年生）主持寺务。经堂内主供有阿斯秋吉卓玛护法神和六臂怙主等的塑像。该寺后山有一山洞，深邃莫测，相传卓玛邦杂寺被毁后，仁钦贝在去西藏之前，将不少法器、经典密藏洞内，为后世直贡噶举派僧人和掘藏师所关注。20 世纪 40 年代，玉树地区直贡噶举派寺院曾组织以掘藏师代东喇嘛为首的 40 多名僧人入洞寻找伏藏，结果死伤多人，却一无所获。20 世纪 90 年代初，又有人欲再次组织人力入洞寻藏，国外一些直贡噶举派寺院亦表示要给予支持，但至今未能实施。

在青海玉树地区最古老的直贡噶举派寺院还有今囊谦县乩扎乡的乜也寺，由撒东肖噶上师建于 12 世纪前叶。撒东肖噶是康区人，与他同时代的都松钦巴（1110—1193 年）和帕摩竹巴（1110—1170 年），并称为"康巴三杰"，在康区、玉树一带很有影响，乜也寺，也称"南乜也寺"，位于今乩扎乡西南约 7 公里处，海拔 3500 米。约在宋徽宗宣和七年（1125 年），撒东肖噶来此建寺，寺院建成后，曾长期在当地一山洞闭关修持，至今此洞尚存，内藏有其灵塔。乜也寺原为囊谦王（后亦称囊谦千户）直属的四大寺院之一，下辖肖噶寺、巴米寺、龙卡寺等子寺。寺主洛卡恰多杰，为撒东肖噶的历辈转世，有几世曾转生于囊谦王家族，一直是原囊谦王的灌顶活佛，尤在清代，显赫一时，清廷曾赐有翎帽、印章、灰色旗帜等，原西藏地方政府亦赠有孔雀翎华盖和鞍具、镶金辔头、脖饰等坐骑用具。该寺在20世纪50年代有经堂两座、活佛拉让1座、寺僧200余人。大经堂高13层，巍峨壮观。现有十二柱经堂1座、僧舍9间、僧侣40人、活佛2人。直贡噶举派在玉树地区广泛传播，现存有20座寺院，其中囊谦县6座、玉树市3座、称多县7座、杂多县4座。20座寺院中，尼姑寺4座，僧尼混合寺院1座。这些寺院中，不少是由其他教派改宗的，这与后来元、明王朝对直贡噶举派的支持有很大关系。西藏直贡地方富庶一方，地处康藏交通要冲。在元初，直贡噶举派很得忽必烈之弟旭烈兀的看重和支持，直贡万户在十三万户中一直势力比较强大。明代，直贡梯寺第十三任座主仁钦贝杰于1413年被明成祖封为阐教王，在宗教上有很高的地位，这些都导致了其他教派的一些寺院改宗直贡噶举派。在青海玉树地区类似寺院较大的有：今玉树市上拉秀乡的安云寺，原奉周巴噶举派；称多县称文乡的康觉寺，原奉噶丹派；歇武乡的巴干寺，原奉宁玛派；杂多县吉多乡的龙嘎寺，原奉巴绒噶举派。现存直贡噶举派寺院几乎都在玉树地区，海南藏族自治州兴海县温泉乡的多合旦寺是玉树境外地区唯一的一座直贡噶举派寺院，位于温泉乡东12公里的南木塘冬季牧场。该寺源自玉树，由多合旦·班玛俄赛南杰活佛初建于清光绪十三年（1887年），原址在果洛阿尼玛卿雪山下，为帐房寺，民国末年，与国民政府发生冲突，被近迁到汪什代海部落，改建土房。1958年前有僧40余人，活佛1人，即第七世多合旦·班玛钦饶嘉措，通称"钦保活佛"，附近长水、吉扎、完加、王德等部落为其香火部落。现有僧29人，活佛仍为第七世多合旦·班玛钦饶嘉措（1944年生，温泉乡南木塘人）。寺内珍藏有藏文《大藏经》等经典，主供该派创始人直贡巴·仁钦贝塑像，尊称为"直贡觉巴"。如上所述，青海现有直贡噶举派寺院21座，僧尼约400余人。

周巴噶举派也是传入青海的帕竹噶举派的重要一支。该派创始于帕摩竹巴的弟子林热·白玛多杰，正式形成于其弟子藏巴甲热·益希多杰。林热·白马多杰（1128—1188年），西藏娘堆（今江孜）人，属林氏家族，因修密法能穿布衣御寒，故称"林热"。早年从父学医，17岁出家皈依佛门，曾在洛饶等地向热穹巴及其弟子学习噶举派密法，38岁时往拜帕摩竹巴为师，学密法口诀，并居静地依法专修，获得证悟。帕摩竹巴去世后，他云游卫藏，晚年定居那浦寺，收徒传法，从事写作，著有记述他修证体验的书籍约6种。其弟子藏巴甲热·益希多杰（1162—1211年），亦娘堆人，属后藏库勒地方的甲氏家族，故称"藏巴甲热"，早年广参各派上师，学习过本教教义及噶举派的拙火定法、宁玛派的大圆满法等，亦曾悉心学习《俱舍论》《量论》《文殊师利真实名经》等显宗经典，22岁去那浦寺从林热学法。相传他颇具慧根，得密法传授后，静修7日，即能以单衣御寒，故有"藏巴甲热"之称。藏巴甲热博通显密二宗，林热去世后，他在今江孜境内的热垅地方受比丘戒，并一度收徒讲学，后在该地建立了热垅寺。南宋光宗绍熙四年（1193年），他又在拉萨西南兴建了周巴寺，由此发展出周巴噶举派。该派初以周巴寺为主，后又以热垅寺为主寺，派生出上、中、下三系。从热垅寺传承下来的一系称为中周巴系；南宋理宗淳祐元年（1241年），藏巴甲热弟子洛热巴·旺秋宗哲（1187—1250年）在热垅寺以东的雅隆河谷修建了噶波却垅寺，形成一个派系，称下周巴系；约在南宋理宗绍定六年（1233年）前后，藏巴甲热弟子郭仓巴·贡保多杰（1189—1258年）在后藏协噶附近的郭仓地方兴建了郭仓寺，嗣后又相继建成登卓、绷札、绛林、德钦登、巴尔卓多杰林等寺，晚年分别住以上寺院讲经传法，又形成一个派系，称上周巴系。藏巴甲热的门徒很多，12世纪下半叶，藏巴甲热的一些弟子即来今青海玉树地区传教，据传在今玉树的上拉秀地区修建了周巴寺、安云寺和察柔寺，这是玉树最早的3座周巴噶举派寺院，后来安云寺改奉直贡噶举派，察柔寺改宗萨迦派。但限于原始资料匮缺，我们尚难以说清周巴噶举派在青海早期传播的详细情况。比较可信的是，原玉树地区显赫的囊谦王家族主要信奉周巴噶举派和巴绒噶举派。玉树原为苏毗故地，或云其发祥地。629年，吐蕃松赞干布嗣立赞普位后，开始以武力统一活动于青藏高原的诸羌及其他部落，派出大臣娘莽布支尚囊征服了苏毗，使之成为吐蕃王辖地之一的孙波如。此后，玉树地区为吐蕃王朝东攻吐谷浑和唐朝疆土的军事重地，吐蕃派重要大臣坐镇玉树。这里为吐蕃提供主要兵源、马匹和其他军用给养，为吐蕃王朝统一青藏高原和对唐发动战争起过重要作用。与青海其他地区相比，这里与吐蕃本土在政治、经济、文化上的联系更为密切。9世纪中叶吐蕃王朝崩溃后，玉树地区大小部落各自为政，相互争夺兼并，同时其他地区的一些势力进入玉树。据《囊谦王世系谱》记载，约在12世纪中叶，西康珠氏家族吉乎·祐隆荣布的后代直哇阿鲁由今四川甘孜藏族自治州康定折多山一带，携其妻智藏尕毛及7子，并带领愿意随迁的部分属民一齐迁入玉树南部，形成一个新的部落。因其先祖吉乎·祐隆荣布相传曾任内地一朝廷的内务大臣，内务大臣在吐蕃时期通称内大相，藏语谓"囊伦谦波"，简称"囊谦"，遂以囊谦为其部落名。囊谦部落逐步发展，成为玉树地区最大的藏族部落，领袖各族，实行政教合一的统治体制，其直接统辖之地跨据杂曲、吉曲两河，东与苏尔莽百户部落为界，南与西藏昌都、类乌齐相连，西与苏鲁克、中坝、格吉等部落毗邻，北与拉秀百户部落接壤。据《中国藏族部落》，1958年时，囊谦千户部落直辖7个百户部落，36个百长部落，属民5967户，26797人[①]，囊谦部落以直哇阿鲁为第一代首领，旧时通称"囊谦王"，至1958年民主改革前，共传25代王，代代世袭。至第十八代囊谦王多杰才旺（1680—1734年），于清雍正二年（1724年），云南提督郝玉麟在今昌都招抚囊谦部落，将玉树地区25个部落集合在一起，委任囊谦王多杰才旺为各部落的总头人。翌年藏历五月十三日，由黄带子钦差颁给囊谦千户的号纸，并划定囊谦千户的四至辖界和周围25族住地，"由千户妥为管理"。自此，囊谦王又称"囊谦千户"，至1958年，共传8代。千户驻地为囊谦喀，在今囊谦县的乩扎乡。囊谦直哇阿鲁率族入据玉树地区之时，正值藏传佛教后弘期各派相继形成的活跃时期。玉树毗连西藏，成为各教派创始人及其弟子的重要布教区，特别是囊谦王的支持下，巴绒噶举派和周巴噶举派在囊谦地区传播很广。囊谦王朝早期主要信奉巴绒噶举派，根蚌寺为其家寺，是玉树地区历史上出名的政教合一寺院。17世纪30年代，德格白利土司顿悦多杰反佛信本，向临近地区扩张势力，出兵占领昌都和囊谦等地，焚毁了根蚌寺。后来，据说根据根蚌寺创建者勒巴尕布之师直希热巴的授记，根蚌寺一直没有重建，囊谦王家族则与本地区的池秀寺、嘎日寺、桑买寺等周巴噶举派寺院保持密切关系，并建采久寺为其家寺，使周巴噶举派的地位进一步提高，又相继建成一批寺院。现存周巴噶举派寺院14座，其中11座在囊谦县，3座在玉树。约有僧尼1140余人，活佛18人。其中较大的寺院有：

桑买寺，藏语全称"桑买寺南杰特钦林"，意为"弥勒尊胜大乘寺"，

---

① 陈庆英主编：《中国藏族部落》，中国藏学出版社1991年版，第14页。

由周巴噶举派僧人噶玛丁增始建于明景泰二年（1451年），初址在今囊谦县吉曲乡的桑雄尼利木，后一度迁至桑荣公宁囊，现址在吉曲乡的桑堆那日永，海拔4300米。该寺原为白日部落的主要寺院，创建者噶玛丁增，为西藏卡巴寺活佛噶玛丁培的弟子，相传法力高深，被囊谦王尊为其四大灌顶活佛之一。20世纪50年代，该寺有僧430人，建筑宏伟，尤其桑买活佛拉让，是一座具有100根大柱的高大建筑，巍峨壮观，寺内供奉有各种佛像500多尊、唐卡300多幅。当时以昌都地区的卡嘎寺为母寺，下辖今本县境内尕涌乡的哇龙寺、吉曲乡的洒郭改尼姑寺和楞主寺、昌都地区的改保尼姑寺和哇那日朝等。寺主活佛桑买，共传8世。另有拉却活佛系统，共传6世，其中第二世法名阿旺求巴嘉措，学识渊博，称之为"班智达"，著有《囊谦千户史》等著作12部。现全寺仍有僧250人，经济富裕，有牧场两处、牛羊250头（只）、马14匹。

池秀寺也是一座与囊谦家族关系较密切的周巴噶举派寺院，位于囊谦县吉曲乡卡冈村侧的吾改山坡，由第一世池秀活佛建于明万历六年（1578年），藏语全称"池秀彭措德钦林"，意为"池秀圆满大乐寺"。第一世池秀活佛，法名赤列嘉措，当地卡冈村人，猎户出身，中年悔悟杀业，弃猎向佛，倡建池秀寺，成为寺主活佛，至今共传9世。历史上，该寺以西藏的周巴寺为母寺，下辖囊谦境内的海日寺、采芒寺、央公寺、赛若日朝、擦伊寺和西藏的达多寺等。20世纪50年代有僧百余人，现有僧50余人。

采久寺分建于池秀寺。19世纪初，第五世池秀活佛巴丹晋美才旺赤列出生于囊谦千户家，其父索南求培（1789—1830年），为第二十一代囊谦王、第四代囊谦千户；其母拉毛班藏（1789—1858年），系拉达百户之女。巴丹晋美才旺赤列，亦称阿德，为索南求培长子，1812年生，被西藏周巴寺活佛登巴江才、德格八邦寺活佛白麻宁叶和拉多康巴寺活佛竹久尼玛三人认定为池秀寺活佛赤列嘉措和第五辈转世灵童，于 1821 年 6 月迎入池秀寺坐床。清道光十二年（1832 年），拉毛班藏嫌池秀寺与千户府邸太远，于囊谦喀建采久经堂，供儿子习经，在此基础上发展成后来的采久寺，成为囊谦千户府家寺。池秀五世成年后，学识渊博，人称"班智达"（大学者），与章嘉国师意希丹贝坚赞过从甚密，通过章嘉，与达赖喇嘛和青海蒙古王公建立有广泛联系。清道光二十二年（1842 年），五世池秀巴丹晋美才旺赤列在拉萨拜会章嘉。章嘉回京后奏封囊谦王室为"布政使"，清朝还向囊谦千户授亲王爵位，赐赠蒙古王爷服饰，向池秀五世赐赠写有"诺们汗呼图克图"字样的诏书、乌金印章以及写在缎面上的封诰等。1830 年囊谦千户索南求培去世后，池秀五世一度掌管囊谦部落的一切政教事务。1851 年池秀五世去世后，则由其弟官拉加（1830—1871 年）任囊谦千户。自池秀五世受封起，采久寺地位陡增，成为千户府所辖各寺院之首，原作为母寺的池秀寺变为采久寺的子寺。历史上，采久寺所辖子寺，除池秀寺外，尚有囊谦的哇龙寺、海日寺、吉哦寺、擦伊寺、楞主寺、邦襄寺、当卡寺、佐青寺、加宗寺和邦色寺，昌都类乌齐的安贡寺等。另外，与近百座寺院有宗教联系。该寺活佛在原千户府所属诸寺中地位最尊，有权召集著名灌顶活佛议事，生活上享受百户待遇，寺院生活费用主要由千户供给。1958 年前，全寺有大小殿堂 7 座，寺僧 160 人。寺内文物丰富，琳琅满目，藏有历代中央王朝所赐诏书、命册以及大量的佛教典籍、唐卡、法器等。现有寺僧 153 人、活佛 2 人。寺主池秀活佛，亦称"阿德"，共传 9 世，九世法名仲木切却，简称"仲却"，囊谦县吉曲乡格达庄人，1932 年生，博通佛典，擅长藏族文学及传统建筑艺术等，现任玉树藏族自治州政协副主席。

此外，在玉树地区古老的周巴噶举派寺院尚有：吉周寺，位于今囊谦县香达乡境内的贡安拉山腰，创建于元至正二十四年（1364 年），为四川德格争噶寺子寺；热艾寺，位于今玉树市小苏莽乡境内的热艾卡地方，创建于明万历四年（1576 年），为今昌都专区贡觉县康巴寺的子寺；秋普寺，位于今囊谦县吉曲乡境内的智雅涌沟，约建于明末清初，为昌都卡嘎寺活佛噶玛丁普所建，历史上亦有影响，清雍正帝、原西藏地主政府及清朝驻西宁大臣达鼐等曾向该寺颁赐过命册。另外，位于今囊谦县吉曲乡桑雄村侧的采芒寺、吉曲乡瓦户村的楞主寺是僧尼混合寺院，位于今囊谦县香达乡乃嘉玛山腰的代东寺是周巴噶举派和宁玛派僧人合住的寺院，今囊谦县吉曲乡多改村的洒郭改寺和位于玉树市上拉秀乡吉曲河畔的载空改寺是周巴噶举派尼姑寺院。这些寺院亦历史悠久，具有特色。

叶尔巴噶举派是帕竹噶举派中的一个较小支派，创始人为帕摩竹巴的弟子益希则巴，后世信徒尊称他为"桑结叶巴"。南宋孝宗乾道七年（1171 年），益希则巴在喀木（康区）建成叶浦寺，后来通称此寺为叶尔巴寺，从这里发展出叶尔巴噶举派。益希则巴曾来今囊谦县境内传教，建立叶尔巴噶举派寺院。今囊谦县吉尼赛乡境内达那山坳的达那寺是全省仅存的一座叶尔巴噶举派寺院。寺院坐西向东，当地海拔 4700 米，地处吉曲乡西、尕永乡东和吉尼赛乡南的三乡交接处。达那寺藏语全称"达那僧格南宗"，意为"马耳狮子天堡"。"马耳山"即"达那山"，"狮子天堡"状其建筑之险。达那山，得名于该山最高处一状若马耳的石峰，石峰下面是沙土地带，颗颗沙粒在阳光下熠熠闪光，其下草坪如茵，草坪带以下为茂密的松柏林，寺院即坐落在林间。山腰下满布河柳、刺丛，清澈的麦曲河自山根缓缓流过，景色十分秀丽。据《达那寺志》，远在北宋仁宗天圣年间（1024—1032 年），迦湿弥罗（今作克什米尔）的吽迦罗大师派遣其婆罗门种姓的弟子凯达周游各地传教。凯达经过达那山，见其景色壮丽，发建寺念头，遂在当地定居，娶妻繁衍。后来，他于达那山下的宗巴卡地方建一座 16 柱经堂，收徒传法，形成一座佛教寺院。迨至北宋神宗熙宁元年（1068 年），凯达之第五子达查益西生格在达那山腰建经堂 1 座，相传有 9 层楼高，具有 100 根大柱，称之为"噶吾拉康"，有徒众 300 人左右。关于派属，亦云信奉传统的本教，叔侄传递衣钵，主持教务。约在南宋孝宗淳熙十五年（1188 年），桑结叶巴益希则巴来囊谦地区传教，将噶吾拉康改为叶尔巴噶举派寺院，迄今 800 多年。达那寺在历史上规模较大，有大小殿堂 6 座、大佛塔 4 座。其中大经堂高 5 层，有 100 根大柱，称"嘎嘉麻经堂"；小经堂二层高，40 柱；佛堂 4 座，分别名噶吾拉康、叶尔巴拉康、贡保拉康和拉毛拉康。殿堂内供奉有帕摩竹巴、直贡觉阿、萨迦群佩、玛鸠拉准、宇妥云丹贡保等大师的灵塔。该寺原属囊谦千户管辖，信教群众遍及囊谦和昌都丁青县、四川德格县等地，曾辖西藏的多宗寺、杂多县的巴艾寺（现属噶玛噶举派）、今囊谦县境内尕涌乡的嘎扎西寺（现奉直贡噶举派）、吉曲乡的叶文寺和赛佐强寺（现均奉噶玛噶举派）。20 世纪 50 年代有僧 300 人，现有 150 人。该寺内部相传，历史上最盛时曾达到 1000 余人。现存达那寺建有经堂 1 座，称"叶尔巴经堂"，方形藏式平顶建筑，高 20 多米，具 42 根大柱；殿堂 2 座，其中帕摩竹巴灵塔殿为两层建筑内供帕竹舍利灵塔等，叶尔巴殿（即原来的叶尔巴拉康）内供有传为益希则巴自塑的药泥自身像和该寺早年主供的本教祖师敦巴辛饶的镀金铜像，高约 1 尺，这种保持原来信仰特征的寺院在青海尚不多见。此外，达那寺的住持世代从德高望重、学经优异的寺僧中选任，称之为"叶尔巴弟子"，至今历 20 多任，这亦具特色。有关佛教史称，藏族著名史诗《格萨尔王传》中的格萨尔王尊信叶尔巴噶举派，格萨尔王的后人曾把格萨尔王使用过的兵器存放在叶浦寺，后来这一支派和其他教派合流，已湮没无闻①。这可能是西藏和康区的情形，但在达那寺仍保持着格萨尔王信仰叶尔巴噶举的特色。一直保持到 20 世纪 50 年代的达那寺叶尔巴拉康中，建成有格萨尔殿，殿内塑有 9 米高的格萨尔身像，两侧分别列其部将吉本和贾擦的塑像，塑像前供放着传为格萨尔和贾擦使用过的宝刀。殿内还存放着相传格萨尔之妃珠姆的各式腰带，格萨尔及其部将的兵器、盔甲、衣服等，还有格萨尔念诵过的经卷。在达那山顶有两处传为格萨尔及其部将的土木结构的墓葬塔，一处 8 座，一处 27 座。达那寺因与格萨尔的传说密切相关，故也称"岭国寺"（"岭国"为格萨尔的故土），这些神秘的传说使达那寺名扬四方。此外，达那寺叶尔巴经堂左下四分之一处有一殿堂，内有梵塔，名曰"噶丹塔"，高 9 米，殿门用紫檀做成，取材于云南纳西族地方，形呈藏、汉、纳西三族传统殿门结合式样，传说推门而入，因人不同会发出不同声响，由此卜知各人前程命运，故历史上到此来卜吉凶者颇多。还由于该寺与印度撒格本日地方的达那寺齐名，认为朝拜了囊谦达那寺，犹如亲临印度佛教圣地，加之寺周景色秀丽、寺院历史悠久、文物丰富，前来朝拜的信徒络绎不绝。历史上，噶玛噶举派黑帽系九世活佛旺秋多杰、十世活佛却英多吉（1604—1674 年）等有影响的人物都亲临过此寺。

第三节　巴绒噶举派的传入

巴绒噶举派创于塔波拉杰的弟子达玛旺秋（1127—1198 年）。他是今西藏自治区拉萨市北面彭域地方人，属于达噶哇家族。早年师事塔波拉杰，

---

① 王森：《藏传佛教发展史略》，中国社会科学出版社 1987 年版，第 150 页。

得其真传，于南宋高宗绍兴二十三年（1153年）在今西藏昂仁县的绛地方建立了巴绒寺，由此发展出巴绒噶举派。该派于12世纪中叶以后传入青海，为囊谦王家族主要信奉的教派，故主要弘传于囊谦地区。达玛旺秋在西藏巴绒寺收徒传法，有许多门徒，其中弟子直希热巴是青海巴绒噶举派的主要传播者，直希热巴（1128—1201年），出生地待考，疑为囊谦人，15岁投师达玛旺秋，赐名"喜饶僧格"，译言"智狮子"，苦学噶举派法要，成为达玛旺秋的心传弟子，30多岁时已颇有声名。约在南宋高宗绍兴三十一年（1161年），应西夏王之请去西夏地，在那里长期传教，主持修建了曲希藏洒寺（地望待考，现状不详），曾为西夏王灌顶上师，地位崇高。12世纪末叶，直希热巴两次到今囊谦县境内各地讲经传法，同去的有他出生于西夏的高徒勒巴尕布（1138—1206年）。勒巴尕布，译言"白裙修士"，是其尊称，非法名，因随侍直希热巴左右，故亦称"京俄勒巴尕布"。直希热巴师徒在囊谦传法，主要得到囊谦王室的支持，勒巴尕布曾一度长住王府。直希热巴生前，在囊谦王直哇阿鲁的支持下，在今香达乡北5公里处的杂毛山麓创建了杂毛寺，在今着晓乡巴尕村南两公里处创建了毕日拉庆寺。毕日拉庆寺后来改宗了萨迦派，杂毛寺一度是囊谦地区巴绒噶举派的活动中心，西藏噶举派的著名人物都松钦巴、帕摩竹巴等据说都亲临过此寺。该寺信教群众分布在杂群卓巴、贝群卓巴、觉让、加产、洒丁那等10多个村庄。14世纪觉让寺建成后，杂毛寺成为觉让寺属寺，住持由觉让寺活佛委派，寺院规模一直较小，寺僧多时20余人，现有8人。直希热巴在玉树有许多亲传弟子，其中弟子勒巴尕布于今香达乡倡建了根蚌寺，弟子巴若多杰倡建了今香达乡的让直寺，弟子释迦多杰倡建了今杂多县苏鲁乡的邦囊寺。其中，根蚌寺曾是囊谦王家寺，最有影响。

根蚌寺，意为"十万佛身寺"，相传初建时内供有大小十万尊释迦牟尼佛像而得名，故址在今囊谦县香达乡西北 30 多公里处。据《中国藏族部落》，1175 年，囊谦头人直哇阿鲁与巴绒噶举派名僧勒巴尕布携手合作，经过多次磋商，"认为归附南宋政府，对于囊谦的发展意义重大，遂前往四川黎州（今汉源），请求黎州官员颁发管理领地文书及允准在囊谦境内修建佛教寺院。黎州官员当即颁给文册，承认直哇阿路（鲁）为囊谦部落的土官，负责管理其属民及部落的行政事务；准许在囊谦境内修建佛教寺院一座，由勒巴尕布主持寺务"[1]，并承认六个部落和一万户百姓为囊谦王的领地和属民，认为"这是中央王朝在玉树地区施政的开始，从此囊谦部落与中央王朝确立了领属关系"[2]。旧时，涉藏地区建寺多力图取得一定政治势力的支持，但向来无须经中央王朝或地方政府允准的规制，直哇阿鲁与勒巴尕布联手向黎州官员请求建寺，很可能出于获得支持和提高地位的目的，直哇阿鲁和勒巴尕布返回囊谦后，于南宋孝宗淳熙年间建成规模宏大的根蚌寺。1206 年，成吉思汗建立蒙古汗国，不久兵临西夏，并到达青海柴达木地区，甘肃、青海一带藏族先后归顺蒙古，成吉思汗鉴于西藏与西夏在宗教上的密切联系，表示尊崇藏传佛教，愿意皈依佛法，曾写信给西藏萨迦派大喇嘛，要求到蒙古去传教。1229 年，成吉思汗的第三子窝阔台即汗位后，将甘、青和原来西夏的属区，作为封地划给他的第二子阔端。南宋理宗嘉熙三年（1239 年），阔端从凉州（武威）派大将多达纳波率领军队进藏，途经今囊谦县境内的扎曲河岸，囊谦王和根蚌寺住持携礼往迎，表示归顺。蒙古人十分友好，回赠礼物，承认其领地和属民，颁发命册，让二人共同管理根蚌寺。自此，根蚌寺成为囊谦王府所属的政教合一寺院。稍后，根蚌寺从西夏等地请来工匠，大兴土木，修建了可容纳

---

① 陈庆英主编：《中国藏族部落》，中国藏学出版社 1991 年版，第 5 页。
② 陈庆英主编：《中国藏族部落》，中国藏学出版社 1991 年版，第 5 页。

1500 僧人诵经、具有 120 根大柱的"龙索切莫"大经堂，并于寺院后山建成"格佩"经堂。1264 年，元朝帝师八思巴返藏途经玉树，选任勒巴尕布的再传弟子鲁梅多杰（今四川邓柯县人）为囊谦根蚌寺住持。八思巴到西藏后，代表元朝中央加委乌思藏十三万户时，当时的囊谦王阿由路哇急派其弟曲吉将才入藏晋见八思巴，请求给囊谦王颁发领地执照。八思巴以帝师领总制院事的身份加封囊谦王阿由路哇，承认其所辖六部落的领地和属民。鲁梅多杰之后，其弟子松都伊乃（今囊谦吉曲乡人）主持寺务，又修三层高的大经堂 1 座，内供有巨型释迦牟尼佛铜像。此后，一度因王府家族内部不和，引起根蚌寺内部分裂，部分僧人另建丛洒经堂独立。明永乐六年(1408 年)，噶玛噶举派黑帽系第五世活佛得银协巴受明永乐帝委托，封赏各地政教首领，当时的第四代囊谦王申根日巴派其弟根蚌寺住持吉乎·桑周嘉措专程面谒得银协巴，请赐印册。得银协巴赐封吉乎·桑周嘉措为"功德自在宣抚国师"。自此，根蚌寺住持多袭此封号。据《囊谦王世系谱》记载，在第八代囊谦王邱君加时期，噶玛噶举派黑帽系第七世活佛曲扎嘉措应请来根蚌寺讲经弘法，邱君加布施牛羊 5000 头（只），曲扎嘉措向邱君加之兄，当时任根蚌寺住持的邱扎巴加委"功德自在宣抚国师"的称号。第十三代囊谦王更尕扎巴，曾与其任根蚌寺住持的弟弟索南巴德（1554—1599 年），迎请噶玛噶举派黑帽系第九世活佛旺秋多杰来寺讲经，旺秋多杰又赏给索南巴德"功德自在宣抚国师"名号。第十五代囊谦王洛周加宝在位时，其弟尕玛拉德（1604—1642 年）任根蚌寺住持，曾往西藏拜见黑帽系第十世活佛却央多杰，却央多杰亦承认尕玛拉德为"功德自在宣抚国师"。洛周加宝亡故后，尕玛拉德国摄理王位。这时，德格白利土司顿悦多杰崇信本教，向临近地带扩张势力，于 17 世纪 30 年代，出兵侵入昌都和囊谦地区，迫害佛教僧侣，焚毁根蚌寺。尕玛拉德联合从多拉地区逃来的康巴寺大襄佐贡觉等人，求援于青海和硕特蒙古首领固始汗。固始汗于 1639 年进兵康区，驱逐白利土司，并于 1640 年擒杀白利土司顿悦多杰，囊谦王归和硕特蒙古管辖。但根蚌寺始终没有恢复，未能恢复的主要原因，传说与直希热巴生前的一则授记有关。

觉让寺是青海现存最大的巴绒噶举派寺院，由巴绒噶举派名僧隆热帐巴坚赞创建于 14 世纪中叶，约在元至正年间。初址在扎曲河上游南岸的觉让则山上，名"则嘎梯寺"，后迁至北岸的"觉让嘎"地方，以后又搬迁到现址今囊谦县觉拉乡所在地，故亦名"觉拉寺"。初以直希热巴所建杂毛寺为母寺，曾辖囊谦县境内的买土改尼姑寺、扎西寺、孔来寺（亦写作卡乃寺）等子寺。20 世纪 50 年代，有大小殿堂 6 座，寺僧 500 余人，现有 350 人。觉让寺原有四个活佛系统，均由该寺创建者隆热帐巴坚赞传出。主系即隆热帐巴坚赞系统，共传 16 世，其中一至三世师徒相传，从第三世起实行活佛转世制，一至十六世依次是：隆热帐巴坚赞、觉让求吉索南松保、隆庆巴森、巴热索南文措、巴热札西文措、热旦增松巴热求鄂赛、巴热更嘎宁保、巴热衮嘎嘉措、巴保、巴热噶玛伊西、巴热丁当宁保、巴热噶玛才丁、巴热顿热庆、巴热赛切嘎、巴热嘎穹、巴热拉穹。主系派生出觉让丁宁、喇嘛冬嘎、觉让洒嘎 3 个系统，总称为"洒丁冬松"，即洒嘎、丁宁、冬嘎 3 支。觉让丁宁系统，始于主系第九世巴保，共传 9 世，依次是旦增松保、巴热典当宁保、叶巴店布宁保、霍日店宁旦增南嘉、隆囊旦增尼玛、热秀丁宁、德毛丁宁噶玛久美谢吾果恰、德毛丁宁，其第九世现住尼泊尔。喇嘛冬嘎系统，始于主系第十世巴热噶玛伊西，"冬嘎"即白法螺，得名于第一世降生时明廷赐给寺院的白螺自鸣作响的传说，共传 6 世，依次是冬嘎噶玛求增、冬嘎霍珠杰丹增、秀敖冬嘎珠杰求银、霍冬嘎谢日巴扎、吾哇冬嘎贴却鄂赛、索保冬嘎洛周穹却（1948 年生，现为州、县政协委员，省佛协理事）。觉让洒嘎系统，始于主系第十二世巴热噶玛才丁，共传7世，依次是噶玛才丁、洒则嘉隆、保海洒则珠杰求吉僧格、保海苏日洒则求珠僧格、茸穹洒则嘎玛珠杰店布直梅洛舟松保、洒郭洒则嘎玛谢舟、白日洒则嘎玛珠杰店布坚赞（现住持寺院）。觉让寺是原出名的政教合一寺院，囊谦王家族分为囊谦和丛洒两支后，丛洒家族子弟多住觉让寺，该寺成为玉树地区巴绒噶举派的中心寺院之一。明代，朝廷曾册封该寺第六世活佛热旦增松巴热求鄂赛，赏戴黄白色翎冠，白色代表政，黄色象征教，授权管理觉让寺及其所辖部落政教事务，另管辖今杂多县昂色乡境内的杂结、保热同，囊谦县的香达，玉树市境内的格强玛等地区，寺内设专司政教事务的"巴热丙盖"职务，至1958年，共历13任。20世纪20年代，青海蒙番宣慰使马麒曾任命丁宁喇嘛为百长，后通称百户，集政教权力于一身，管理整个部落的僧俗事务。觉让寺文物丰富，保存有直希热巴的印章、传说忽必烈赠给隆热帐巴坚赞的佛陀12岁等身铜像、相传格萨尔王使用过的宝刀、明廷所赐白法螺等，另有18部黑纸金字大藏经、用象牙精雕的金刚亥母像、传说用直希热巴的眼心舌等舍利装藏的佛像等，在历史上颇有名气。

根据巴绒噶举派教史著作《巴绒金鬘》，玉树地区早期有18座巴绒噶举派寺院，在囊谦等地盛极一时，后来一些寺院消亡，在今囊谦县境内消亡的有嘉巴寺，故址在乱扎乡嘉巴扎嘎山今贡下寺附近；若洛哇寺，故址在今苏莽乡苏莽囊杰则寺一带；夏巴哇寺，故址在香达乡，遗迹尚存；柯哇卜巴寺，故址在吉曲乡宗达寺附近；日帕哇寺，故址在吉尼赛乡达那寺附近，遗迹犹存。在玉树市境内消亡的普巴哇寺，故址在安冲乡的音达村，留有遗迹；那荣巴寺，故址在小苏莽乡；肖甫巴寺和肖甫宁寺，故址在下拉秀乡。另有贡萨寺，故址一云在今囊谦县苏莽乡的苏莽囊杰则寺附近；一云即今治多县多采乡岗察寺（属格鲁派）的前身。据1991年实地调查，现实有13座巴绒噶举派寺院，除杂多县苏鲁乡的邦囊寺外，其余均在囊谦县，即香达乡的杂毛寺、让直寺，吉尼赛乡的代毛寺、拉洽寺、瓦佐求列寺、拉隆寺，东坝乡的丛洒寺，觉拉乡的觉让寺、肖甫寺、孔来寺、买土改尼姑寺，尕羊乡的瓦龙寺，共有僧尼1178人，活佛12人。另外，1958年关闭后至今尚未恢复的3座寺院，即今吉尼赛乡的杰热杂宗郭寺、蒙卓寺和觉拉乡的扎西寺。

第四节　噶玛噶举派的传入

噶玛噶举派始于塔波拉杰的门徒都松钦巴（1110—1193年）。都松钦巴，本名却吉扎巴，原西康哲雪地方人，16岁出家为僧，19岁时到前藏拜师学法，初学噶丹派教法，30岁时投拜见塔波拉杰，学习噶举派传承的拙火定等修法，并往洛饶地方，向热穹巴学习那若巴、弥勒巴等所传其他秘法。同时也曾学萨迦派的道果法和宁玛派的大圆满法，但以噶举派的"拙火定""大手印"等法为主。南宋高宗绍兴十七年（1147年），他于今西藏昌都专区类乌齐县境内的噶玛地方修建了噶玛丹萨寺，从这里发展出噶玛噶举派，南宋孝宗淳熙十六年（1189年），他又在拉萨附近的堆垅地方修建了楚布寺。早期，噶玛丹萨寺和楚布寺均为该派主寺，后来因地理位置等原因，噶玛丹萨寺地位下降，该派仅以楚布寺为其主寺。元代以来，噶玛噶举派与中央王朝的关系一直密切，有很大的实力。1253年，忽必烈遣使到楚布寺，召请当时噶玛噶举派高僧噶玛拔希（1204—1283年）。约在同年，噶玛拔希在今四川省西部嘉绒的色堆地方会见了忽必烈，后往宁夏和内蒙古交接地带建立了楚囊朱必拉康庙，后来又到灵州（今宁夏灵武）、甘州（今甘肃张掖）一带传教。1256年，他应召去蒙古和林，会见了蒙哥，蒙哥赐给他一顶金边黑色僧帽及一颗金印。噶玛拔希去世后，噶玛噶举派随着该派政治影响的扩大和经济实力的增长，为解决寺院集团领袖的继承问题，在涉藏地区首先实行了活佛转世制度，并追认都松钦巴为第一世，噶玛拔希为第二世，这是噶玛噶举派的黑帽系。黑帽系活佛，通称噶玛巴，至今共传17世。噶玛噶举派的黑帽系是该派的主支，在青海地区传播较广。玉树地区相传，噶玛噶举派的创始人都松钦巴曾来今玉树市结古镇一带活动，于西航村所在的禅古山腰建成禅古寺。禅古寺位于玉树市境内，"禅古"意为花石头，得名于禅古山上一块花色磐石。该寺以西藏楚布寺为母寺，是玉树地区出名的噶玛噶举派寺院。20世纪50年代，有僧450名、活佛4人，其中寺主噶玛旦巴然杰活佛，为原西藏地方政府在玉树地区认可的"四大坚贡"（救世者）之一，地位甚尊，享有崇高威望，称之为"禅来坚贡"。另有斯日仓活佛、禅古活佛和噶玛洛舟三个转世系统。原有大小殿堂9座，文物丰富，珍藏经文30000余卷、大小佛像3000尊。现有经堂1座、白塔10座、寺僧74人、活佛2人。位于今玉树市结古镇东风大队所在的扎增达赛山腰的当卡寺，也是古老的噶玛噶举派寺院，相传在都松钦巴时期，由噶玛噶举派僧人巴洒当丁初建，故址在现址所在的扎曲河对岸山上，与今当卡寺隔河相望，称楞主寺，1239年，初阔端部将多达那些波领军入藏时焚毁，后移建现址。最盛时有僧700余人，寺内世代珍藏着都松钦巴所赐一对法螺，20世纪50年代，黑帽系第十六世活佛日必多吉曾亲临该寺讲经。现有大小殿堂3座、僧舍百余间。寺主公保活佛，1945年生，现任玉树州政协委员、玉树市政协副主席。与禅古寺和当卡寺同时代建成的尚有先宗寺，位于今秒多县称文乡先宗沟的曲隆山坡上，由西藏洛扎地方扎西寺僧人拉生俄同嘉措来称多地区传教时兴建，是原称多、文保、白日多马、白日休马四族群众共同信奉的噶玛噶举派寺院，母寺为西藏楚布寺和四川德格的八蚌寺。20世纪50年有僧220人，现有31人。寺主拉生俄同嘉措共传9世，亦称噶玛昂当活佛。此外，一些历史悠久的噶玛噶举派寺院是由其他教派改宗的，如今囊谦县吉曲乡的赛佐强寺，建于南宋绍熙元年（1190年），原属叶尔巴噶举派，为达那寺子寺。20世纪初，该寺活佛赛格·拉吾松旺献寺给噶玛噶举派黑帽寺十五世活佛卡恰多杰（1846—1923年），改宗噶玛噶举派。今杂多县结多乡巴麻村附近的格那寺，由巴绒噶举派创始人达玛旺秋的弟子多丁益西迥乃始建于元惠宗至正六年（1346年），信奉巴绒噶举派，后于清康熙年间改奉噶玛噶举派。今囊谦县东坝乡境内桑尼达卡滩上吉曲河畔的东囊拉钦寺，亦历史久远，由仁巴洛周多杰始建于元延祐五年（1318年），初亦奉巴绒噶举派，后于二世噶玛巴时改宗噶玛噶举派。噶玛噶举派黑帽系第三世活佛攘迥多吉（1284—1339年）于元至顺年间应请去北京传教，曾向元宁宗及其皇后进行密宗灌顶，返藏途中，朝拜五台山，于宁夏等地传教，在青海也有一定影响，他曾派其弟子加达夏仲哇至青海玉树地区传教，于今玉树市巴塘乡相古村西北侧的达博山坡创建了相古寺，后来七世噶玛巴曲扎嘉措等来此传教，资助扩建，赠送经典、法器，僧人多达200余人，现有40余人。该派第四世活佛若贝多杰（1340—1383年）于1358年应元惠宗之召去北京，途经青海，在今青海东部湟水流域地区居留活动，在今湟中县的西纳寺、平安县的夏宗寺、互助县的佑宁寺一带，均留有其活动遗迹。在夏宗寺，他曾向来拜的宗喀巴授近事戒，在该寺经堂背后的石窟一度闭关修持，后世在其上建成高七层的殿堂，为该寺三个建筑群之一，称之为"噶玛建筑群"。殿堂内保存有若贝多杰用过的法座以及法器供物、佛像、经卷等。

寺内有古柏一棵，相传从宗喀巴受戒剃发处长出，一直视为"神树"。今玉树市巴塘乡境内的边钦寺也是著名的明代噶玛噶举派大寺，20世纪50年代有500余僧，历史上也很有专声望。清嘉庆二年（1797年），黑帽系第十三世活佛堆督多吉在这里圆寂，九世班禅大师和第十六世噶玛巴日必多吉等名僧都在这里驻锡活动过。今囊谦县扎乡的贡下寺是囊谦境内最大的噶玛噶举派寺院，由七世黑帽系活佛却扎嘉措（1454—1506年）的弟子塔哇坚赞和桑吉扎巴奉师命建于15世纪后叶，却扎嘉措曾赐赠度母卷轴画、铜佛像及一卷经书。该县规模仅次于贡下寺的迭亚寺，位于着晓乡的班都村，系恩东丁巴囊杰活佛受楚布寺指派，约于清道光年间来囊谦兴建的。在玉树地区，历史悠久的噶玛噶举派寺院，尚有囊谦县的公保寺、郭欠寺，玉树市的拉吾寺，杂多县的日哇多玛寺、斯日寺，均创建于明代。此外，今果洛藏族自治州班玛县的吉德寺，是玉树州境外现存的唯一噶玛噶举派寺院，亦始建于明代。该寺位于班前乡吉德村，由噶玛米觉悟多杰（1507—1554年）倡建，也是果洛地区历史悠久的寺院之一，现有僧28人。当地松柏苍翠，农牧兼营，景色秀丽，地灵人杰，著名的第十世噶玛巴却英多吉（1604—1674年）即降生在该地附近。省内东部地区的个别寺院在历史上也曾是噶玛噶举派寺院，如今乐都县曲坛乡的瞿昙寺，是著名的明代寺院。该寺的开创僧三罗喇嘛，法名桑杰扎西，《明史》作"桑儿加查实"，元至正年间生，明永乐二年（1404年）卒，今西藏洛扎县卓垅人，为噶玛噶举派僧人。约在明初，三罗喇嘛游方来青海，曾长住青海湖海心山静修，故人称"海喇嘛"，后来移居乐都南山。明洪武二十二年（1389年），因招抚罕东诸卫功，被朱元璋请到京城，尊为上师，封为西宁僧纲司都纲，成为西宁卫的宗教首领。明洪武二十五年（1392年），由明王朝拨款，建成瞿昙寺，当初为噶玛噶举派寺院，明末格鲁派崛起后，改宗格鲁派。现全省共有噶玛噶举派寺院34座，僧尼共约1729人，其中活佛38人、尼姑63人。除果洛藏族自治州玛县的吉德寺，其他寺院均在玉树藏族自治州。其中囊谦县12座，即贡下寺、噶玛达杰寺、迭亚寺、乃艾改寺、赛佐强寺、公保寺、东囊拉穹寺、哇仁寺、多云噶松寺、叶文寺、东囊拉钦寺、郭欠寺；玉树市11座，即相古寺、边钦寺、热桑寺、拉则寺、孕永寺、嘎巴寺、拉康寺、乃松寺、拉吾寺、禅古寺、当卡寺；杂多县9座，即代东寺、日哇多玛寺、巴艾寺、贝沙寺、日哇巴玛寺、赛杂寺、斯日寺、格那寺、结仲寺；称多县1寺，即先宗寺。以上寺院中，囊谦县的噶玛达杰寺是僧尼混合寺院，现印度菩提伽耶、玛德巴德和尼泊尔境内所建的三座达杰寺，皆由囊谦噶玛达杰寺发展而出，为其子寺，宗教联系密切。另外，该县的乃艾改寺是尼姑寺。

噶玛噶举派的另一支是红帽系。元至顺四年（1333年），黑帽系第三世活佛攘迥多吉的弟子扎巴僧格于西藏楚布寺以东建尼囊寺，元朝曾封他为灌顶国师，赐给一顶红色僧帽，自他起形成噶玛噶举派红帽系，初以尼囊寺为主寺。明弘治三年（1409年），红帽系第四世活佛却扎益希（1453—1524年）在仁蚌巴·敦悦多吉的支持下，在拉萨西北的羊八井地方建立羊八井寺，并由仁蚌巴拨给庄园和农奴，自此羊八井寺成为红帽系的主寺。明末格鲁派崛起后，红帽系退居为一个小教派，其第十世活佛却珠嘉措是六世班禅贝丹益希的同母异父兄。清乾隆四十五年（1780年），六世班禅在京圆寂，乾隆帝以及满、蒙古、汉各族王公大臣对六世班禅的馈赠和赙仪甚多，总计数十万两白银，当时任扎什伦布寺总管的仲巴呼图克图借口教派不同，不愿将这笔钱财分给却珠嘉措。却珠嘉措对此愤愤不平，走上叛国道路，他跑到尼泊尔，勾引廓尔喀统治者发兵入侵西藏。乾隆五十六（1791年），廓尔喀人大举侵入西藏，偷袭日喀则，洗劫扎什伦布寺。清朝接到西藏地方政府的报告，立即派出以福康安为主帅的大军进藏，于第二年五月收复失地，将廓尔喀兵全部驱逐出境。却珠嘉措畏罪自杀，乾隆帝下令将其尸骨分挂于前后藏及西康各地大寺院，以为叛国者戒，并将以羊八井寺为首的红帽系寺院和所属的土地、牧场、农牧奴等全部查抄充公，勒令羊八井等寺的红帽系僧人一律改宗黄教，并特诏禁止红帽系活佛转世。从此，噶玛噶举派红帽系断绝。该系也曾传入青海，但寺院很少，今囊谦县香达乡的郭欠寺传由乃多噶举派僧人俄金塔生始建于明正德六年（1511年），初奉乃多噶举派，后改奉噶玛噶举派红帽系，以西藏羊八井寺为主寺。羊八井寺查抄后，改以四川德格的八蚌寺为主寺。下辖今香达乡境内的卡拉仁果寺和纽格者寺。20世纪50年代有僧200余人、活佛6人。现有僧140人、活佛5人。主体建筑大经堂，高5层，具有48八根大柱，内供有历辈噶玛噶举派红帽系活佛的药泥像。

噶玛噶举派传入青海后，又派生出苏莽噶举和乃多噶举两个支系。苏莽噶举派是噶玛噶举派黑帽系的一个分支，创于帐玛赛·罗舟仁钦。帐玛赛·罗舟仁钦，明洪武十九年（1386年）生，今囊谦县人，传为乜娘部落头人玛赛嘉阿之子，师事噶玛噶举派黑帽系第五世活佛得银协巴（1383—1415年），得其真传，学成后回故乡，在今囊谦、玉树市境内招徒传法，他将蒂洛巴所传集密、四座、幻身、迁识、拙火定等法加以宏广，创立了源于噶玛噶举派，又有自己特点的苏莽噶举派。约在明永乐十二年（1414年），帐玛赛·罗舟仁钦于囊谦子曲河南岸今毛庄乡所在地建成苏莽囊杰则寺，作为该派的主要道场。稍后，帐玛赛·罗舟仁钦的弟子仲扎哇·贡噶坚赞在今玉树市小苏莽乡境内的子曲河北岸建成苏莽德子堤寺。这两座寺院同属苏莽噶举派，为师徒分别所建，寺址又仅一河之隔，故合称"苏莽寺"，是玉树地区著名的政教合一寺院。帐玛赛罗舟仁钦的历辈转世称"嘎文"（亦译作"尕旺"）活佛，既是寺主，又是当地苏尔莽部落百户，下辖五名百长；仲扎哇·贡噶坚赞的历辈转世称"仲巴仓"，是百长之一。苏尔莽部落驻牧地在子曲河下游地段，东与扎武部落为界，南与西藏昌都地区连接，西与囊谦千户直辖的香达部落接壤，北与拉秀部落毗邻。苏尔莽部落在清雍正年间达鼐勘界时即为百户部落。《卫藏通志》载："苏尔莽族，属下番民三百五十户，百户一员，百长三名。"① 是当时清朝加委的百户部落中较大的一个部落。《中国藏族部落》中说："据1958年的调查，当时苏尔莽部落有1012户，4404人（其中僧人373人），百户尕旺（嘎文）活佛任苏尔莽肖格（玉树解放后，县以下的一级行政单位，相当于区）长，而掌握苏尔部落实权的多拉时任囊谦县副县长。"② 苏莽囊杰则寺，亦称大苏尔莽寺，下辖今囊谦县境内娘拉乡的郭乃寺和直索寺，玉树市小苏莽乡的苏莽德子堤寺、多贡寺，西藏昌都地区的郭荣寺、本宗寺等，最盛时有僧千余人，转世活佛有嘎文、仲洒冬哇、丁嘎、更松、周巴等系统。20世纪50年代，有僧300人，嘎文为寺主活佛，兼任苏尔莽部落百户，下辖百长5名，大干保1名，即孜喇多拉百长，住子曲河岸，辖100户；帕开家族的更嘎囊杰百长，辖100户；阿赛家族的伊平百长，住多察沟，辖30户；傲哈家族的罗舟百长，住木岳滩；江巴家族的贝玛更恰百长，住当云多，下辖当然、松却、叶妥3村；大干保孜茸文嘉，住寺院附近，嘎文活佛在寺内的府邸，名"嘎文颇章"或"囊杰则空"，高5层，极其宏伟。此外，仲洒冬哇也是一个较大的活佛系统，称之为"喇嘛仓"，在寺内有自己的扎仓（经院），有僧百余人。现全寺建有殿堂两座、禅院两座，活佛拉让（府邸）3座，有僧160人、活佛5人。现存苏莽噶举派寺院4座，即囊谦县毛庄乡的苏莽囊杰则寺和娘拉乡的直索寺，玉树市小苏莽乡的苏

---

① 转引自陈庆英主编：《中国藏族部落》，中国藏学出版社1991年版，第26—27页。
② 陈庆英主编：《中国藏族部落》，中国藏学出版社1991年版，第26—27页。

莽德子堤寺和多贡寺，共有僧 305 人、活佛 6 人。此外，在囊谦县娘拉乡吉日村建有四柱二层经堂 1 座，并垒积有许多嘛呢石堆，是苏莽噶举派僧人的著名宗教活动点，称吉日达活动点。平时虽无僧团居住，但每年有大型的转经活动，由直索寺僧人念平安经，信众绕转嘛呢石堆，来自本县和西藏昌都县呷马区等地的信教群众多达 500 余人。

乃多噶举派是噶玛噶举派红帽系的一个分支，创于噶玛强美。噶玛强美，原西康人，族姓直冬，17 世纪初生于一个宁玛派教徒家庭，青年时期改奉噶举派，入楚布寺学经，后又成为噶玛噶举派红帽系第六世活佛却吉旺秋（1584—1635 年）的弟子。噶玛强美学习勤奋，注重实修，学成后返回故乡，在囊谦与昌都交界的乃多山潜心修持，悉心钻研噶玛噶举派教义，有所创新，独成一个体系，称乃多噶举派，并于今昌都专区的萨贡地方修建了巴日则寺，为该派主寺。噶玛强美有不少传法弟子，著名的有噶玛洛松、代巴美朗加措等，均在青海玉树地区建立过寺院。清康熙年间，却吉旺秋的另一弟子强美热嘎阿涅信奉噶玛强美的学说，在今玉树市下拉秀乡的当卡地方建成当卡乃多寺。但对该寺的创建者有不同说法，《青海藏传佛教寺院明鉴》称：乃多噶玛强美之子乃多仁增加措继承其父法承，约于 1680 年（清康熙十九年）建成当卡乃多寺。该寺在村西北约 10 公里处，1958 年时有经堂两座、佛殿 3 座，供有镀金铜佛像 2000 余尊、经典 100 多种，有寺僧 300 人、活佛 6 人。现有僧 40 人、活佛 2 人。当卡乃多寺建成后，噶玛强美四大弟子之一的代巴美朗加措在今玉树市下拉秀乡境内的尼隆沟倡建代巴寺。噶玛强美的大弟子噶玛洛松在今囊谦县乩扎乡的仲贡山上修建一寺，称"仲贡乃多寺"或"索日乃多寺"，简称"乃多寺"，与玉树市的当卡乃多寺为乃多噶举派在玉树地区的南北二道场。约在同一时期即清康熙年间，昌都巴日则寺活佛白玛勒周来玉树地区传教，于今治多县境内的拉日涌夏山下建成一小寺，取名"夏桑寺"，有僧 20 余人。乾隆二十五年（1760 年），该寺因匪乱迁至今杂多县昂赛乡郭涌河下游牛罗卡峡沟的乃多村,易名"乃多寺",为与玉树、囊谦的乃多寺相区别,通称"杂多乃多寺",是杂多县境内的主要乃多噶举派寺院。周希武《玉树调查记》作"年多寺",称民国初年有僧徒 80 人。20 世纪 50 年代增至 200 人,现有僧 40 人。该寺有三个转世活佛系统:即白玛勒周系统,共传 5 世,依次是白玛勒周、卓秀更群、洛那更群、格日更群、格日更群、乃多更群;德庆系统,亦传 5 世,依次是德庆、德庆东旦、巴吾德庆、索布德庆、群伙德庆;觉拉系统,共传 6 世,依次是觉拉尕玛桑丁、尕玛成列、贝玛加吾、玛杂觉拉、索布觉拉、乃多觉拉。其中德庆系统的第二世德庆东旦约于道光二十年(1840 年)在今杂多县莫云乡的玛格滩建立了一座乃多噶举派帐房寺,称"嘎沙寺",现有僧 25 人。德庆系统的第三世巴吾德庆派其弟子白绍次然(亦称次然热杰),于 1910 年在今杂多县昂赛乡苏绕村所在的角涌沟建成一寺,称"秋吉改寺",是乃多噶举派唯一的一座尼姑寺院,1958 年有尼姑 40 人,现有 20 人。此外,今囊谦县着晓乡的然觉寺亦以杂多乃多寺为母寺。相传该寺原奉香巴噶举派,清乾隆年间,由乃多噶举派活佛然觉噶玛庆贝改为乃多噶举派寺院,原有僧 150 人,现有 103 人,是现存该派寺院中最大的一座。如上所述,现全省共有乃多噶举派寺院 7 座(其中尼姑寺 1 座),两座在囊谦县境内,两座在玉树市境内,3 座在杂多县境内,共有僧尼 291(其中尼姑 20 人)、活佛 8 人。

第五节　香巴噶举派及其在青海的传播

香巴噶举派与塔波噶举派一样,是噶举派的两大分支之一,创于琼波南觉。琼波南觉,西藏尼木人,与塔波噶举派的始祖玛尔巴上师同时代,生于北宋哲宗元祐元年(1086 年),传说享年 150 岁,早年曾在故乡向雍仲杰哇学习本教经典,后又向佐钦迥尼僧格学习宁玛派的大圆满法,但都不能满意，于是去尼泊尔师从世慧，进修梵文，并学密法。继赴印度，师事弥勒巴等百余人，苦学密法，回到西藏后，从噶丹派博多哇的弟子朗塘巴受比丘戒，于彭域地方的焦波日山建成恰喀寺。此后，他又到香（今西藏南木林县）倡建雄雄寺等 108 座小寺（实多为殿堂），广收门徒，在香地方逐步形成较大势力，大而发展出香巴噶举派。后来琼波南觉的后辈又在西藏建立了甲寺和桑定寺，形成香巴噶举派的两个支派。在西藏历史上，今浪卡子县桑定寺的女活佛多吉帕姆、以唱藏戏筹措资金修建铁索桥而闻名的汤东杰布（1385—1464 年）等，都是香巴噶举派的著名人物。该派于 15 世纪后衰落，传授的地区主要在西藏，但也曾传入青海玉树地区，今囊谦县着晓乡境内的然觉寺，初奉香巴噶举派，清乾隆年间（约在 1745 年），由乃多噶举派活佛然觉噶玛庆贝改为乃多噶举派寺院，但改宗后仍设香巴噶举派禅堂，内供有创派人琼波南觉的塑像和该派的经卷。关于汤东杰布的事迹在青海藏族聚居区广为传说，玉树地区不少噶举派寺院内绘有汤东杰布肖像及其事迹的壁画。

第六章

元代以来萨迦、噶丹派的弘传

第一节　萨迦派概说

　　萨迦派得名于该派主寺萨迦寺，并因该派寺院围墙上涂有象征文殊、观音和金刚手菩萨的红、白、黑三色图案，故又俗称"花教"。北宋神宗熙宁六年（1073年），昆·贡却杰布（1034—1102年）于后藏萨迦地方建成萨迦寺，从这里发展出萨迦派。昆·贡却杰布的先祖昆·鲁旺布传为吐蕃赤松德赞时期藏人最早出家的"七觉士"之一，从昆·鲁旺布起，至贡却杰布之兄喜饶崔臣，昆氏家族世代信佛，主要信奉宁玛派，至贡却杰布，改学新派密乘，他向卓弥译师释迦益希（993—1074年）学习道果教授，并世代相传，成为该派在见修方面的根本法门。萨迦寺建成后，采取寺主由家族家传的血统传承方法。贡却杰布死后，其子衮噶宁布（1092—1158年）住持萨迦寺。他佛学造诣颇深，使该派主要弘扬道果教授等显密教法系统化，确立了该派体系，把萨迦派真正发展起来，因此被称为"萨钦"（萨迦派大师），尊为"萨迦五祖"的首祖。衮噶宁布有四个儿子，长子贡噶拔因学经死于印度摩揭陀国。次子索南则摩（1142—1182年），汉译作"福顶"，除向其父学习萨迦派法要外，曾向噶丹派名僧桑浦寺第六任堪布恰巴却吉僧格（法狮子）学习显密专教法11年，是为萨迦二祖。三子扎巴坚赞（1147—1216年），汉译作"称幢"。13岁时被其兄委为萨迦寺座主，是为萨迦三祖。四子贝钦沃布娶妻延嗣，生有2子，长子衮噶坚赞（1182—1251年）汉译作"遍喜幢"，学富五明，精通显密，于克什米尔大班智达释迦师利尊前受比丘戒，一般通称"萨迦班智达"，简称"萨班"。1247年，萨班应请在凉州与阔端会面，劝导西藏僧俗上层各界归顺元朝，为祖国统一做出过重要贡献，同时也为萨迦派取得了它在卫藏地区的政治、宗教领袖地位，是为萨迦四祖。萨班之弟桑擦索南坚赞，生子罗哲坚赞（1235—1280年），汉译作"慧幢"，传他"3岁能诵咒语，8岁能背《本生经》，9岁时能为人讲经，又生于名族"，故时人称他为八思巴，意为"圣者"。八思巴与其弟恰那多吉随伯父萨班去凉州（今甘肃武威），后来被忽必烈尊为帝师，领总制院事，统领天下释教，在西藏建立萨迦派政教合一的地方政权，并奉命创制蒙古新字，一度颁行全国，在元王朝的支持下，萨迦派盛极一时，是为萨迦五祖。以上萨迦五祖中，衮噶宁布、索南则摩、扎巴坚赞3人仅受居士戒，未曾受过出家戒，身着白色俗装，故称"白衣三祖"；萨班衮噶坚赞和八思巴出家持戒，管理政教，身着红色袈裟，故称"红衣二祖"。

八思巴之后，到大元罗哲坚赞（1332—1364年），又有七任（或云九任）萨迦寺座主。在此期间，元朝为加强西藏地方行政建设及管理，于萨迦设置西藏地方三路十三万户长官"本钦"，通称"萨迦本钦"。首任本钦释迦桑布由八思巴提名举荐，经元世祖忽必烈批准任命，后成定制。从释迦桑布到旺宗，历20任本钦，萨迦派在西藏实行政教合一统治凡91年。元朝中期以后，萨迦派随着蒙古皇室统治力量的衰落，在西藏的声望地位低落下来，元末被新兴起的帕竹地方政权取而代之。4世纪初，出身于萨迦昆氏家族的大元帝师衮噶罗哲坚赞（1299—1327年）把萨迦寺分为希脱、仁钦岗、拉康、丁却四个拉章，分给四兄弟，萨迦派遂由统一施政而分裂。希脱、仁钦岗、拉康三拉章传数代后绝嗣。丁却拉章后又分为上下两院，下院的后裔晓仲在清康熙年间因与藏王拉藏汗不和，逃来青海，后裔亦断绝。唯上院的血统不断，沿袭萨迦法王，直到20世纪50年代西藏民主改革前。

萨迦派除血统传承外，尚有法统传承。法统传承的绍继者，在显宗方面主要有雅周·桑杰伯和绒敦·麻维僧格，称"雅、绒二师"；在密宗方面主要有俄巴·衮噶桑布和宗巴·衮噶南杰，称"俄、宗二师"。雅、绒二师中的雅周·桑杰伯学经于萨迦寺和泽当寺，晚年常住萨迦寺，讲经授徒。绒敦·麻维僧格（1367—1449年），是雅周·桑杰伯的弟子，出生于今四川省金川地方的一个本教徒家庭，18岁入藏，于桑浦寺学习显宗经典，27岁起师事雅周，系统学习萨迦派的显宗教义和各种佛事仪轨，也曾向明朝封为大乘法王的贡噶扎西（明史作昆泽思巴）学习过萨迦派密法。明宣德十年（1435年），他在西藏拉萨北部的彭域地方建成那兰托寺，正统十四年（1449年），又在今锡金境内建成结蔡寺，以后又从这里发展出5个支寺。这些寺院都按照萨迦派的规矩讲授经论，是晚期萨迦派的重要讲经寺院，绒敦著有《量决定论疏》等，以讲授《现观庄严论》《般若经》等显宗经论著称，有不少弟子，其中许多人后来改信了格鲁派。密宗方面的俄、宗二师系统，均传自八思巴的侄孙喇嘛丹巴索南坚赞。其中，俄巴·衮噶桑布（1382—1456年），萨迦人，曾任萨迦寺堪布。明宣德四年（1429年），他在后藏那塘寺和夏鲁寺之间偏南的俄尔地方创建艾旺却丹寺，后来通称俄尔寺，是西藏传播萨迦派密法的重要场所，在青海有许多属寺，较有影响；宗巴·衮噶南杰（1432—1496年），亦称"图敦"，明天顺八年（1464年），他于前藏贡噶宗境内创建多吉丹寺，后来通称贡噶寺，这是萨迦派晚期在前藏传播密法的重要场所。除上述显密教法方面的主要绍继者外，14世纪后半叶，萨迦派晚期在显密方面还有过一些出名人物，其中以仁达瓦最著名。仁达瓦，法名循奴罗哲（1349—1412年），后藏萨迦和拉孜二地交界地带的仁达地方人。他博通显密，在藏传佛教史上是介之于布顿·仁钦珠和宗喀巴大师之间的一位重要人物。他苦心钻研中观学说，对月称的《入中论》《中论明句论》等研习颇深，写有不少著作和注疏，由于他的努力，中观学派的哲学思想在西藏再次弘传，并在佛教界居于重要地位。他又是宗喀巴大师在显宗方面的主要师长之一，对后来格鲁派的形成有过重要影响。萨迦派在密宗方面后来有影响的人物还有擦尔钦·罗赛嘉措（1494—1566年），他先在扎什伦布寺为僧，后来改学俄、宗二师及其他上师所传萨迦派密法，是萨迦派密法的集大成者，在16世纪的西藏宗教界颇有声名，相传三世达赖和五世达赖喇嘛都向他或他的后辈学习过萨迦派密法。擦尔钦·罗赛嘉措常住萨迦以西、拉孜以南茫喀地方的图丹根培寺，从学弟子众多，形成一个传承，称为萨迦派的擦尔支派。

　　萨迦派的教义中，最主要的是道果教授，也叫道果法，以修欢喜金刚二次第道及其支分为主要内容，系由龙树传出。但学者们的解释多有分歧，龙树一派对此摄为"最初舍非福，中断于我执，后除一切见，知此为智者"，是对道与果的基本概括。这种见解，虽称萨迦派的不共法，但仍建立在显密两种次第的关系上，与其他各派的教授大体相似。在见修方面，萨迦派诸师多不一致，如萨班、绒敦等很多人持中观自续派见解，仁达瓦则是中观应成派的见解。有的初持中观见，中间变为唯识见解，后来转成觉囊派的他空见；也有的持大圆满见解。萨迦派的法门，有所谓不越寺墙的十三金法，包括空行三类、大红三类、小红三类、长寿金刚天女、红财神、狮面母和黑文殊等修法。此外，尚有属于新法的金刚鬘灌顶、修法海论、龙树所传集密、佛智所传集密、时轮金刚、喜金刚四教敕、胜乐金刚卢那直三法、红黑畏怖三种阎曼德迦等修法；属于旧法的有清净父法和金刚橛修法等。护法类主要有帐明王、四面明王、尸林主白则、金刚橛护法等。

　　萨迦派兴盛时，广泛传播到卫藏、康区、安多等广大涉藏地区以及蒙古和汉族地区，建有不少寺院，最著名的有西藏的萨迦寺和康区的更庆寺。萨迦寺位于今后藏萨迦县仲曲河岸，为该派主寺，原由位于仲曲河南北的二寺组成。北寺即昆·贡却杰布所建，由此形成萨迦派，已毁。南寺始建于元世祖至元六年（1269 年），由萨迦本钦释迦桑布奉八思巴旨意仿西藏吉热寺式样而建，据载寺墙高厚，东西长约 166 米，南北宽 100 米，四角置碉堡，四面有门楼，寺周有人工河围绕。现仅存主殿，名拉康钦莫，共 3 层，高 11 米多，面积 5500 平方米，有 40 根粗大的圆柱，殿墙绘有各种壁画，反映当年建寺经过以及绘有萨迦派历代祖师、高僧图像和一些佛教故事，密宗坛城等的画面。殿内供奉着该派主要佛像，存有玉钟、玉板以及中国历代王朝所赐瓷器、法衣、盔甲等文物。殿后为藏经库，藏有四万多卷经籍和一部分贝叶经。其中一万多部经典是八思巴时期用金、银、朱砂汁和墨汁精工写成的。正殿中还收藏有数以百计的画卷，记载着萨迦派发展的历史，为西藏珍贵的古代艺术品。因该寺藏有丰富的经书和画卷，故有“中国第二敦煌”之称。更庆寺，亦称“伦珠顶寺”和“德格大寺”，为萨迦派在康区的主寺，在今四川德格县城，始建于明正统年间，历来由德格土

第六章　元代以来萨迦、噶丹派的弘传

85

司的长子任寺主，掌管教权，为土司家庙之一。1958 年宗教制度民主改革前，有寺僧 630 多人，下辖德格龚垭、嘎冷、银南、温根、门扎、柯洛洞诸寺及西藏江达燃灯寺。该寺初创于清雍正七年（1729 年）的印经院，通称"德格印经院"，是国内目前最主要的藏文印经院，以版藏丰富驰名中外，誉为"藏族文化宝库"。印经院共藏有各类经版 23 万多块，其中各类佛教经典 100 部，经版 15000 块；医学、天文、历算、文学、艺术、历史、语法及综合类藏书 737 部，经版近 22 万块；各种佛像画版 150 多块。不少珍本、孤本尤为世人瞩目。该院所印清代刻本藏文大藏经，与那塘版、北京版和拉萨版藏文大藏经齐名。该院所印经书不仅流行国内广大涉藏地区，而且远销印度、日本、尼泊尔、东南亚和欧美各国，对保存和传播藏传佛教文化起过和继续起着重要作用，被国务院确定为全国重点文物保护单位。

第二节　萨迦派在青海河湟地区的传播

萨迦派从宋末元初起次第传入青海河湟流域和玉树地区，这多与元王朝的支持和八思巴的活动有关。今青海湟中县西纳川的西纳家族在元代显赫一时，所建西纳寺是青海早期重要的萨迦派寺院。据《安多政教史》记载，青海西纳家族的先祖原居康区划的包波岗地方，地在今四川省甘孜藏族自治州一带。又据汉文史料记载，河湟地区的唃厮啰政权二传至董毡，董毡后收阿里骨为养子。元丰六年（1083 年），阿里骨继立为青唐主，因他非唃厮啰家族血脉，故内部各部落离心，唃厮啰疏族辖杨乌尔在青海湖一带自立为部，斯纳（即西纳）、森摩、陇逋等三族中的部分人往归之。斯纳族中的另一部分人，奔往西夏与回鹘交界地方，立董矩为主，自成一部。由此可知，到宋代时，西纳家族即在青海河湟流域和河西走廊一带活动，定居西纳川，曾归属于唃厮啰政权。《安多政教史》中说，西纳家族的先祖有位西纳多吉坚赞者，武力雄强，曾在朵康包波岗地方征服了人数众多的穆氏部落。其子西纳南巴和西纳格西二人前往卫藏，哥哥西纳南巴后定居西藏，其后裔有宗吉坚赞桑波和本多吉仁钦等。弟弟西纳格西到了萨迦，修学显密教法，成为学者，这是西纳家族成员与萨迦派建立联系的最早记录。13世纪初，蒙古汗国勃兴于蒙古草原，唐末以来的五代分裂和宋、辽、金、西夏长期对峙的局面行将结束，由蒙古族领袖成吉思汗创建的蒙古汗国以雄强的武力推动中国再次走向大统一的局面，同时为藏传佛教的传播提供了时机，当时，后藏萨迦昆氏家族与教派结合的萨迦派的上层人物，通过传教于西夏的藏族僧人，很早就认识到在北方兴起的蒙古汗国的重要性。据说在萨迦班智达任萨迦派教主之前，其伯父扎巴坚赞就曾对他预言："在你晚年时，将有头戴飞鹰冠、足穿猪鼻靴的使者迎请你到说着与我们不同语言的国土去。届时你应前往，定能在一些三宝之名还未传到的地方完成弘扬佛法的事业"[1]据说，后来萨迦班智达是按这一预言去凉州与阔端相会的，西纳格西在萨迦长期学经，受到这些言论的影响，加上他不属萨迦昆氏家族，又不是萨迦派的根本弟子，在萨迦并无大的发展前途，所以要去北方设靠新兴势力，开拓自己的事业。对此，《安多政教史》则说，西纳格西学经完成后在修行入定时，显见文殊菩萨和度母，度母为他授记说："汝去北方蒙古之地，弘扬佛法！"于是他从后藏、觉摩隆、拉萨贡塘三地各选一名最好的格西作为随从，领着他们离开萨迦投奔蒙古。大约在1211—1215年间，西纳格西一行在成吉思汗驻军上都时拜见成吉思汗。《安多

---

[1] 五世达赖喇嘛阿旺罗桑嘉措著：《西藏王臣记》，民族出版社1982年版，第91页。

政教史》说，当时成吉思汗问西纳格西："你们四人从何处来，是何民族，懂何种知识？"答曰："我四人由后藏萨迦来，系吐蕃族，懂佛法"。成吉思汗说："佛法我知道。我是大地之主，世上再无比我大的主宰，汝等既有知识，可为我降一场雨。"于是四人紧闭眼睛，弹指作法，立时大雨降临，水满山谷，汗王说："停雨！"彼等收法，立时雨住。汗王谓左右说："彼等能管天。"大为惊异，转生敬重。当年冬天，当汗王回军北返时，他们请求去五台山和普陀山朝拜文殊菩萨和观音菩萨，汗王说："汝四人俱有功德，可留我国中。"四人坚持要行，汗王说："如此，请西纳格西留我处"，未予放行。[①]这段记载虽多后世信徒的附会之说，但可以看出，西纳格西有佛学造诣并通"法术"，得到成吉思汗的赏识和挽留。当然，成吉思汗也有他政治上的考虑，主要是因为西纳格西来自西藏萨迦，其来也远，考虑到今后有用得着的地方。根据《安多政教史》的记载，与西纳格西一起投奔成吉思汗的，似乎还有他的一些亲属，或是西纳格西被成吉思汗留用后，家族中的其他成员亦到元室。《安多政教史》说，成吉思汗第四子托雷诺颜与其妃唆鲁和贴尼生有忽必烈薛禅汗等兄弟3人，又有西纳则觉自幼即被收养为义子，共为4兄弟，这一记载不见于其他史籍，真伪尚有待考查。但蒙古汗国时，成吉思汗家族在长期的战争中常收养别的部族的小孩为义子，这些义子长成后，有的成为蒙古汗国的名将贤臣，如成吉思汗任命的最高法官失吉忽都忽、名将屈出等。西纳则觉被托雷收养的记载，说明西纳家族当时已与蒙古王室建立了密切的关系。这一关系为后来西纳家族称雄青海湟水谷地传播萨迦派奠定了基础。1244年8月，驻守凉州（今甘肃武威）的元太宗窝阔台之子阔端派人到西藏迎请萨迦班智达。1246年8月，萨班携其侄八思巴和恰那多吉至达凉州，并于次年元月与阔端会见。

[①] 智贡巴·贡去乎丹巴绕布杰著：《安多政教史》，甘肃民族出版社1982年版，第166页。

这是蒙古皇室与藏传佛教领袖人物的首次会面。他们商定了西藏地方归顺蒙古的条件，制定了西藏统一于蒙古汗国的措施，同时也确定了萨迦派在蒙古皇室扶持下在西藏的统治地位。但是，他们商定的这些事项还未完全实行，萨班和阔端相继于 1251 年病死在凉州。继任萨迦派教主的八思巴从窝阔台系统的阔端转投到拖雷系统的忽必烈那里，才真正奠定了萨迦派在蒙元一代的权势地位。在这一转变过程中，西纳家族的人有过一定功劳。据《安多政教史》，继西纳格西之后，又有西纳家族出身的僧人在元室活动，阔端和萨班在凉州相会后，忽必烈派人到阔端处，要萨班到忽必烈那里去。阔端借口"我已年迈，不可离上师与佛法"，不放行萨班。忽必烈无奈，又传命说："如此，可让其侄八思巴前来。"后又因八思巴年幼，未受比丘戒，忽必烈复传命将八思巴"遣往萨迦受比丘戒，然后送来我处"，并派在他那里供职的西纳堪布喜饶益希为护送八思巴回藏之侍从老僧。西纳堪布可能还做过其他许多工作，《先祖遗教》中说，曾被成吉思汗看中的西纳喇嘛"在活佛（八思巴）与施主（忽必烈）的会见中做出了贡献，故而受到忽必烈的重视，赠给许多荣誉和赏赐"。由于西纳堪布促成了八思巴与忽必烈的会晤，使八思巴成为受元室王族尊崇的上师，将由萨班和阔端二人开创的西藏地方与元朝中央朝廷在政治、经济、文化、思想的联系推向新的高度，受到忽必烈和八思巴双方的器重和赏赐。《安多政教史》在谈及此事时说，西纳堪布"因服侍之劳，施主与福田问：'欲赐封地与汝，汝欲得何地'？答曰：'如此，我往视吐蕃何地为佳，然后回报。请赐随从及派集乌拉差役之诏书'，（西纳堪布）至藏区，经由宗哥、兔尔干、赤喀、平托、东康、噶甘居至凉州比底寺、切顿寺、康撒寺、拉松寺，将犹如珍宝之土地及无数寺院写在文书之上，返回向朝廷呈上。皇帝下诏书命他管领文书中所载各地。施主与福田各赐给他珍珠诏书一份，并委任他为宣政院院使"。① 以上各地，宗哥在今青海平安县，兔尔干在湟中县境内，赤喀即今贵德县，均在青海河湟流域。也就是说，从西纳堪布受封起，古称"宗喀"的今青海湟中、平安等地即为西纳家族辖地，今湟中县西部有川名西纳川，为该家族的居住地，元朝的宣政院，原名总制院，设立于1264年，1288年更名宣政院，掌管佛教及吐蕃事务，置院使两员、同知两员，后来院使增至10员。西纳堪布受任宣政院院使，具有很高的宗教和政治地位。除西纳堪布喜饶益希贝桑布受到封赐外，西纳家族中还有一些人也受到元朝的封赏。元代在各地设广教总管府，多以藏族僧人管领，名释教总统。又有诸路释教都总统的官职，据《元史·释老传》，当时帝师弟子之号司空、司徒、国公，佩金玉印章者，前后相望。《安多政教史》谈到西纳家族其他成员受封情况时说："忽必烈皇帝的父母收养的义子西纳则觉受封为大丞相；罗哲贝桑受封为总统，并赐有大司空的金印。贝觉桑布被封为同知；米钦那摩太被封为掌管皇帝灵庙御像之官员。"② 这些都是在元朝中央担任官职的西纳家族成员。在青海，西纳家族成员被封为地方官员，管辖河湟地区。《安多政教史》说："后来，又赐给西纳贝本三道虎头牌，封为宗喀地方的万户。蒙古王室的后代还与西纳家族的后代互相通婚。"③ 这些记载说明，西纳家族成员多为萨迦派僧人，很早就投靠蒙古王室，在元朝的扶持下，该家族成为元代青海藏族地区一个权势显赫的家族。其属地除西纳川外，相传西宁西川的临川、迭沟川、民和的古鄯（曾称小西纳）、贵德大史家等地皆为其辖地。

西纳格西之后，西纳家族仿萨迦体例，其家族成员历辈均有出家为僧者，称为"西纳喇嘛"，其宗教地位的继承采用萨迦派侄子继承叔伯地位

---

① 智贡巴·贡去乎丹巴绕布杰著：《安多政教史》，甘肃民族出版社1982年版，第165页。

② 同上，第166页。

③ 同上，第168页。

的办法。西纳贝本被元朝封为青海宗喀地方的万户后，西纳喇嘛主要在青海河湟流域的宗喀地方活动，主要传播藏传佛教萨迦派。后世尊护送八思巴赴藏受戒的西纳堪布喜饶益希为第一代西纳喇嘛。1368年明王朝建立后，明朝在青海设置卫所强对驻兵防守，册封各族上层为土司，同时，也把扶持、尊崇佛教作为加强对西陲涉藏地区治理统治的重要手段，朝廷对"戒行精勤者，多授喇嘛、禅师、灌顶国师之号，有加之大国师、西天佛子者，悉给以印诰，许之世袭"①。这一时期，西纳喇嘛同样受到明朝的重视，得到封赐。据《安多政教史》记载，永乐八年（1410年），明朝尊西纳喇嘛却帕坚赞为国师，赐土地、百姓和象牙印章，永乐十年（1412年）再封为禅师。宣德二年（1427年），又封却帕坚赞为"通慧净觉国师"，赐银印。宣德年间，却帕坚赞大兴土木，在西纳川今湟中县拦隆口乡上寺地方建成西纳寺，这是当时湟水流域最主要的萨迦派寺院，也是西纳家族统治宗喀地区的政教中心。从却帕坚赞受封为"通慧净觉国师"后，历代西纳喇嘛都受到同样的封号，成为定制。如《安多政教史》所载，明正统八年（1443年）封西纳喇嘛格勒坚赞，明世宗嘉靖皇帝封西纳喇嘛索南列巴，嘉靖四十三年（1564年）封西纳喇嘛班觉列巴，万历五年（1577年）封西纳喇嘛班觉坚赞。明崇祯年间，封西纳喇嘛班觉仁钦（班觉坚赞之侄）为灌顶国师，颁赐金印、诏书，并因西纳地区头人平定西宁地方功，"在西宁城东关建牌楼一座，表彰其功绩"。以上记载说明，元朝以来，西纳家族世俗职务为万户，代出喇嘛，集西纳地区的政教大权于一身，形成一个地方性的政教合一的政权形式，拥有一定的武装力量，以此得到元、明王朝的重视，也为萨迦派在河湟地区的传播创造了条件。1644年清朝取代明朝的统治后，仍袭尊崇佛教以治理西陲的方略，且进一步升级，西纳家族和西纳喇嘛并未随着国

①《明史》卷三三〇《列传》二一八《西域》二。

家朝代的更迭而遭到冷遇。清顺治十年（1653 年），清室授给西纳喇嘛班觉彭措为巡检司之职，在明朝皇帝所封"通慧净觉国师"名号上，又加封"灌顶大国师"名号，后成定例，于康熙三十七年（1698 年），又向西纳喇嘛封此名号，并授诰命诏书。嗣后，西纳喇嘛洛桑克却与六世达赖仓央嘉措（1683—1706 年）为同时代人，西藏地方政府曾授给他"额尔德尼昂锁"的职衔。自此，西纳喇嘛又称"西纳昂锁"仍然维持着地方性政教合一的统治形式，只是当时青海和硕特蒙古上层掌握西藏地方政权，西纳喇嘛自然地与青海和硕特蒙古结成福田与施主的关系。雍正元年（1723 年），青海和硕特蒙古首领罗卜藏丹津反叛清廷，西纳喇嘛洛桑克却因此受到牵连，清廷收回原赐给西纳喇嘛土地、百姓的诏书和印章等。这是西纳家族史上第一次遭受到政治上的打击。但清朝平息罗卜藏丹津的反叛，目的在于打击蒙古势力，其尊崇藏传佛教的政策并未改变，事过 20 多年后，清朝于乾隆十四年（1749 年）又封西纳喇嘛（西纳昂锁）喜饶南杰为"西纳公"，并颁赐给诏书。乾隆二十七年（1762 年），又以同样的职衔赐封西纳喇嘛（西纳昂锁）阿旺贝丹。嗣后，阿旺贝丹在清王朝的支持下，曾大兴土木，整修西纳寺。《安多政教史》中记载，阿旺贝丹修建西纳寺护法殿，耗银 4602 两；修建集密金刚殿，耗银 450 两；修建十地菩萨和十一面观音殿，耗银 70 余两；在西纳城堡外维修菩提塔，耗银 800 余两。据六世色多罗桑崔臣嘉措的《塔尔寺志》，从阿旺贝丹之后，直至清末，历代西纳喇嘛（昂锁）都受到清王朝的封赐，清代中期，西纳寺香火旺盛。同时，西纳昂锁还在今湟中多巴以东的黑嘴村建成西纳下寺（今已不存）。

如前所述，青海西纳喇嘛的先祖西纳格西最初学经于萨迦，其后之西纳家族一直受到元王朝的扶植，历辈西纳喇嘛的出现一如萨迦派体例，足见西纳喇嘛属藏传佛教萨迦派系统，其根本道场西纳寺当为青海地区早期的萨迦派寺院之一。随着元朝的覆没，藏传佛教萨迦派也走向衰落。15世纪，经过宗喀巴及其门徒的宗教改革活动，藏传佛教的最后一个教派格鲁派兴起。1577年塔尔寺初具规模，1604年佑宁寺建成，标志着藏传佛教格鲁派在青海地区得到广泛传播。特别是由于清王朝的尊崇扶植，格鲁派得到长足的发展。青海地区早期的一些著名寺院如乐都的瞿昙寺、化隆夏琼寺等先后改宗格鲁派。其间，西纳喇嘛也由信奉萨迦派逐渐改宗格鲁派。《安多政教史》《塔尔寺志》等藏文史籍中记载，出身于西纳家族的西纳活佛阿旺罗桑去西藏学经返回青海时，五世达赖喇嘛向阿旺罗桑赐赠"额尔德尼达赖法王"的尊号，并赐诏书一封。诏书全文虽然失载，但从零星的材料可知，藏传佛教格鲁派兴起后，西纳喇嘛便改宗格鲁派。特别在修建塔尔寺这座青海地区的格鲁派主要寺院时，西纳喇嘛及其家族出力最大，在塔尔寺具有特殊的地位。据色多六世的《塔尔寺志》，后来在明朝万历二十二年（1594年），西纳喇嘛班觉坚赞和班觉仁钦叔侄捐资，首建塔尔寺护法殿，故后来一般称之为"西纳护法殿"。从西纳喇嘛洛桑克却受封为"额尔德尼昂锁"起，西纳喇嘛完全改宗格鲁派。此后，西纳的喇嘛喜饶南杰名号前冠有"噶居"的学位称号。西纳喇嘛阿旺贝丹名前冠有"然坚巴"的学位称号，这也说明他们不仅经法高明，而且已改宗了格鲁派。但西纳喇嘛的承袭并没有采用活佛转世方式，仍旧沿用由家族成员世袭的方法。

　　从清代起，西纳喇嘛派生出两个格鲁派化的活佛系统，这就是塔尔寺的西纳活佛，西纳活佛在塔尔寺有自己的方丈（藏语称"噶尔哇"，亦译为活佛院），其宗教活动主要在塔尔寺进行，在夏琼、色多等寺也有一定影响，后来西纳寺逐渐衰落，西纳家族也为塔尔寺所属六族之一，其势力范围也随之成为塔尔寺的"却谿"（香火庄园）。1649年，西纳活佛列巴嘉措在塔尔寺首建密宗经院后，西纳活佛在塔尔寺密宗经院有重要地位，几乎历辈西纳活佛都担任过该院的堪布。

两个西纳活佛系统分别称为"西纳夏茸切哇"和"西纳夏茸穹哇"，意为"大西纳活佛"和"小西纳活佛"。

关于西纳夏茸穹哇系统的记载不多。一世为西纳曲结·阿旺丹巴，亦作阿旺嘉措，自幼在塔尔寺学经。1717年，塔尔寺密宗学院堪布拉科夏茸阿旺却吉坚赞奉七世达赖噶桑嘉措之命去北京，阿旺丹巴被七世达赖指任为塔尔寺密宗经院的第十六任堪布，1741年任塔尔寺第二十五任法台，1745年卸职后又任夏琼寺法台。二世为阿旺丹贝尼玛。三世名索南丹增，获"拉仁巴格西"学位，1793年任塔尔寺医明经院的第十任堪布，1801年任塔尔寺密宗经院的第三十四任堪布，1807年至1809年任塔尔寺第四十一任法台。

四世雪智丹增南杰，出身于西纳家族，通称作"索南堪钦"。自幼认定为前辈索南丹增的转世，迎入塔尔寺坐床，出家并受沙弥戒后，次第入塔尔寺显宗经院、密宗经院学习显密经典，学成后从色多五世益希图登嘉措受比丘戒，任密宗经院的领经师，1851年任密宗经院的第五十一任堪布，卸职后曾任色多寺的"洛穹"（相当于小喇嘛），1879年去世。

五世的名号不详，色多的《塔尔寺志》称"雪智丹增南杰的转世生于铁龙年（1880年），卒于火鼠年（1936年），现在正认定他的转世"。色多六世罗桑崔臣嘉措(1845—1915年)于1904年写成《塔尔寺志》，故所谓"卒于火鼠年"有误。藏文"鼠""鸡"两词形近，疑在重印时将火鸡年误作火鼠年。若此，则卒火鸡年（1897年），当享年18岁。至于20世纪初认定的西纳六世因资料匮缺，不得而知。

西纳夏茸切哇系统连同追认的，相传至今已历27世，从建塔尔寺密院算起，应为 6 世。一世西纳曲结·列巴嘉措是塔尔寺密宗经院的创建者，于藏历第十饶迥的水蛇年（1593 年）生于青海的坡家村（与宗喀巴弟子多丹·坚贝嘉措同村）。青年时期赴藏学经，在色拉寺的杰巴扎仓学通显宗五大论后，转入下密院学习密乘，曾聆听四世班禅罗桑却吉坚赞讲授显密经论，并去阿兰若苦行修炼。47 岁（1639 年）返回故乡，先后住西纳寺、塔尔寺从事宗教活动。1646 年，与当时任塔尔寺第七任法台的赞布·顿珠嘉措（1631—1665 年，广惠寺创建者）等商议，筹建塔尔寺的密宗经院，在一世色多·罗桑赤烈南杰的支持下，首先修起一座具有 25 间房屋面积的经堂。顺治六年（1649 年），从塔尔寺显宗经院分出 32 名僧人，正式成立密宗经院，由 57 岁的列巴嘉措任第一任堪布。列巴嘉措亲自制定经院学规，建立健全各种制度，四世班禅为该院赐敕令一道。1651 年卸职后，于康缠地方建一修行处，专一修炼，直至 1662 年圆寂，终年 70 岁。

二世西纳活佛阿旺罗桑，1664 年出生于塔尔寺所属的西纳家族，幼年在塔尔寺显宗经院深造，后去西藏，入色拉寺杰巴扎仓深造，五世达赖赐"额尔德尼达赖法王"的尊号，并赐诏书。阿旺罗桑返回青海后，继续在塔尔寺密宗经院学经，1695 年起任密宗经院的第十一任堪布。1698 年，由阿旺罗桑出面，动员塔尔寺所属的五大藏族部落扩建密宗经院的经堂成为具有 48 根大柱的庞大建筑。经堂中部开设天窗，按汉式以瓦铺顶。1696 年至 1712 年，二世却藏活佛罗桑丹贝坚赞（1652—1723 年）任塔尔寺第十八任总法台。其间，于 1711 年由却藏活佛提议，成立塔尔寺的密咒经院，由阿旺罗桑任第一任堪布，以青海湖蒙古诸部头人为施主兴建密咒经院经堂，后于乾隆二十二年（1757 年）改为医明经院。阿旺罗桑还担任过夏琼寺法台，约卒于 1733 年，享年 70 岁。

三世阿旺崔臣达吉，生于 1734 年，曾任塔尔寺密宗经院的领经师，

1767 年担任密宗经院的第二十八任堪布，负责兴建经院殿堂回廊，彩绘壁画。卸职后，常去夏琼寺从事宗教活动，公元 1797 年他以今青海民和三川人达吉嘉措为施主，首建夏琼寺的医明经院，约卒于 1802 年，享年 69 岁。

四世噶桑达吉嘉措，公元 1803 年生于塔尔寺所属的米纳部落的上夏玛村。7 岁出家，从一老僧学读藏文。12 岁时被认定为前辈之转世，迎入塔尔寺显宗经院学习五部大论，后转入密宗经院学习密教。1829 年任塔尔寺医明经院的第二十任堪布，1830 年由四世阿嘉活佛益希噶桑克珠嘉措（1817—1869 年）指任为密宗经院的第四十五任堪布，1855 年 53 岁时任塔尔寺第五十七任法台，卸职后数去凉州四大寺和青海牧区讲经行医，1866 年卒于都兰寺。

第五辈罗桑桑吉嘉措，1867 年生于青海黄河岸边郭密部落的霍家村，父名都拉，母名拉毛太，幼年从霍家寺活佛受近事戒并出家。后来由八世香萨活佛罗桑丹贝旺秋崔臣彭措贝桑布（1825—? 年）认定为前辈之转世，17 岁（1883 年）迎入塔尔寺西纳活佛院，以鲁本然坚巴益希格勒为经师，于塔尔寺显宗经院学经，1886 年 20 岁时受近圆比丘戒，1888 年 22 岁时任塔尔寺密宗经院的第六十七任堪布。

六世洛桑旦贝坚赞，传为第二十七世，1937 年农历正月初一日出生在郭密昨那（今青海贵德县罗汉堂乡）地方。6 岁时认定，1943 年农历正月初十日，迎入塔尔寺西纳噶尔哇坐床。自此，在塔尔寺显宗经院学经。19岁受比丘戒。后修学密宗，博通密法，于显密二宗皆有较高造诣，并精通藏族传统历算，尤精黑白算学。1993 年起，由他筹措资金，负责重建西纳寺（现通称西纳上寺），1995 年农历八月竣工。现任湟中县人大副主任、青海省和湟中县佛教协会理事、塔尔寺民主管理委员会主任等职。

今青海湟水以北包括甘肃天祝藏族自治县在内的广大藏族地区，历史上总称"华锐"地区，至今仍称天祝地区为华锐。一些史料表明，这里的土著民族早期信奉万物有灵的原始本教，公元7世纪吐蕃占领河西地区后，佛教亦随之传入，相传印度的一些佛教班智达往山西五台山朝拜途中，曾停留华锐地区，宣传佛教教义，并修建过一些小庙，如今连城的尕达寺，前身就是这一时期所建的佛堂。当时也曾出现一些修行有成就的修士，相传有位叫扎贡曲吉多杰的成就师。他曾用佛教密法制伏过本教师，受到吉勒河沿岸藏族部落的拥戴。有关这里早期佛教的传入情况，在武威天梯山石窟尚存吐蕃时期的文物和壁画。吐蕃占领甘、青地区后，推行吐蕃王朝的政治、经济、军事、法律、宗教、文化等制度，本教仍有相当影响，在吐蕃的士兵中，不少人信仰传统的本教。吐蕃鼓励其将士在前线奋勇作战，派本教巫师，称之为"拉布波"；每一个战斗小组有一个小巫师，称"拉巴"。出征时，由这些本教巫师诵咒作法，以求战争胜利。公元10世纪，喇勤·贡巴饶赛在安多弘传佛教，晚年曾出游今互助、祁连县一带弘法，对华锐地区佛教的传播亦有过很大影响。吐蕃王朝崩溃后，在今甘肃天祝、肃南东南部，青海互助、门源一带的华锐地区兴起以潘罗支为首的凉州六谷部，宋朝曾向他们资助大量财物，作为修建藏传佛教寺院的费用。1032年，西夏建国，统辖凉州六谷部地区，直到1227年。这期间，西夏与青藏地区佛教界联系密切，部分噶举派僧人被邀请至西夏凉州等地，修建寺院，设立道场，宣讲教义，弘扬佛法，并翻译了一批佛经。西夏灭亡后，蒙古汗国阔端驻守凉州地区。1246年，萨班·衮噶坚赞应请携其侄八思巴和恰那多吉兄弟抵凉州，与阔端会谈，发出《致蕃人书》，劝说西藏僧俗首领归附元朝。萨班于1251年11月在凉州白塔寺圆寂前五年间，一直在凉州等华锐地区传播藏传佛教萨迦派，他曾亲自主持扩建连城的尕达佛堂成为萨迦派寺院，赐名为"乔尕琅"。据该寺藏文寺志记载，尕达寺位于连城土鲁坪尾部的石屏山上，此地山高坡陡，古树参天，夏日荫天蔽日，山花烂漫，唐时有印度班智达一行数人前往山西五台山途中曾停留此地，见这里山势雄奇、气候宜人，建议人们修建了一座小庙，为尕达寺兴建军始。宋朝时，佛道两家在此互相争地，竞造庙宇。萨迦派四祖萨班于宋淳祐六年（1246年）到达该地，认为此地呈现福德瑞祥之兆，颇似山西五台山的文殊菩萨道场，遂于元初亲自主持扩建成一座萨迦派寺院。在明代，西藏萨迦派名僧拉钦曲吉坚赞成和格鲁派名僧鲁本三木丹僧格在当地鲁土司为首的蒙古、土、藏、汉等族首领的支持下，大规模扩建了尕达寺。寺建于周围山上，中心山上修建了弥勒殿，南山上修了护光佛殿和释迦殿，西山上建造了香曲三华（菩萨）殿，北山建观音殿，东山上修筑了文殊殿。这时，尕达寺已具有相当规模，在派属上是萨迦派和格鲁派联合的寺院。清初，尕达寺完全改宗格鲁派，五世达赖和六世达赖曾亲临该寺，故成后世信徒朝圣之地。每年农历四月初八日，这里有规模很大的朝山节，四面八方的各族信徒和游客，络绎不绝纷至沓来，从妙因寺开始朝拜，依盘山小径而上，经宣化寺和塔儿寺等，最后登上石屏山顶上的尕达寺。现在，这里美丽壮观的景色、庄严肃穆的佛教古刹和富有神秘色彩的各种宗教传说，吸引着越来越多的游人和信徒，成为远近闻名的旅游区之一。

萨班在凉州广设经场，弘扬佛法。华锐藏族的许多宗教首领纷纷朝拜萨班，建立法缘。萨班曾在华锐地区多次讲经弘法，给僧俗民众摩顶赐福，还去过极乐寺等寺院，发展萨迦派道场。极乐寺也是华锐地区历史上规模较大的寺院之一，又名"大湾寺"，藏语称"嘉尔多贡曲科尔达吉林"，位于今天祝县城西北安远镇境内的雷公山，初建于宋代，是一座规模较小的噶举派寺院。萨班在凉州期间，曾一度留居该寺，认为这里是甘青藏族聚居区通往凉州的门户，地呈福德瑞相，不同一般，因此极为看重，将该寺扩建成一座规模较大的萨迦派寺院，香火一直十分兴旺。元顺帝至正二十年（1360 年），西藏噶玛噶举派黑帽系活佛若贝多杰进京途中，亦曾临该寺传法。清初，阿罗然坚巴环觉嘉措主持寺务，曾予较大规模的扩建，并改宗为格鲁派寺院，受青海郭隆寺（雍正后通称佑宁寺）管辖，后又由却藏寺管理，最盛时有僧 500 多人。民国后日趋衰弱，20 世纪 50 年代初，仅有僧 5 人。另据天堂寺寺志，该寺前身名"阳庄寺"，在大通河北岸今天祝县的天堂乡境内，东、西、北三面靠山，南与青海互助县加定藏族乡隔河相望。"阳庄"，通作"雍仲"，指本教象征坚固不摧永恒常在的"万字纹"符号，这是建于唐代中期的一座本教寺院，南宋时期濒临毁坏。元初，萨班在蒙古王公和当地信众的支持下，改建阳庄寺为萨迦派寺院，藏语称之为"萨什迦贡"。元顺帝妥欢帖睦尔至正二十年（1360 年），西藏噶玛噶举派黑帽系第四世活佛若贝多杰进京途经此地，在当地信众的支持下，于寺前称为"扎西塘"（意为吉祥滩）的平地上建造镇龙塔 108 座，该地遂得名"乔典堂"，意为"塔尔滩"。乔典堂又音转为"朝天堂"，人们称该寺为"天堂寺"。明代格鲁派兴起后，天堂寺改宗格鲁派。明崇祯年间，青海名僧丹麻崔臣嘉措重建天堂寺，清顺治四年（1647 年），青海东科尔寺的第四世东科尔活佛多居嘉措再次大规模扩建，并成为天堂寺寺主。顺治九年（1652 年），五世达赖喇嘛阿旺罗桑嘉措赐寺额"扎西达吉林"，后汉语亦称"广慧寺"。天堂寺是华锐地区的名刹之一，最盛时有僧 800 人，素有"天堂八百僧"之称，设有显宗和时轮经院，寺僧显密兼学，尤重密宗。20 世纪 50 年代，有佛殿 14 座，大小殿堂 40 座，活佛囊欠 17 座，僧人院落 300 多座，房屋 400 多间，殿堂楼阁，高墙深院，组成景象壮观的汉藏建筑群，寺内存有大量的塑像、壁画、法器以及木版印刷或手抄的藏文经籍和历史资料。寺主东科尔呼图克图，历任甘肃省佛教协会副会长、天祝县政协副主席。

　　元初，萨迦派还传到今贵德县境内的黄河流域，今贵德县城东两公里处的河东乡政府所在地有寺名珍珠寺，藏语称"觉觉拉康"，是一座历史悠久的藏传佛堂。《安多政教史》中载，"觉觉"系汉语"珍珠"的变音，萨班衮噶坚赞应阔端之请来安多，曾往贵德朝拜乜纳塔，以阔端所赠珍珠一驮为资建寺，是为珍珠寺。按此，该寺初建于南宋淳祐或宝祐年间，早期当属萨迦派。珍珠寺后为格鲁派寺院，向由贡巴寺代管，重大佛事活动一般由贡巴寺活佛来寺主持进行。全寺原有殿堂两座，厢房32间，正殿顶脊覆以琉璃瓦，中心置镀金铜塔，高5米，底座直径4米，巍峨壮观。殿内主供佛祖释迦牟尼等巨型佛像，大门两侧四大金刚塑像，仿西藏大昭寺的塑成，造型美观、工艺精良。现重建佛殿，为三级文物保护单位。该寺因历史悠久，在涉藏地区享有盛名，每年来朝拜的信士络绎不绝，每年农历三月十五日，村民在这里举行斋戒活动，藏语谓之"娘乃"，规模较大。贵德地区还有一些寺院早期亦属萨迦派。今贵德县治河阴镇东南3公里处的贡巴寺，是贡巴、麻巴上下两村的格鲁派寺院。相传元末明初，二村各有一座萨迦派小寺，约在明宣德年间，出生于贡巴村的贡格噶居巴从西藏扎什伦布寺学成归来，由他倡导，合并贡巴和麻巴二寺成一寺，重建大经堂，正式命名寺额"贡巴扎仓特三木达吉林"，意为"贡巴闻思兴隆经院"。20世纪50年代，有僧160余人，下辖珍珠、长佛、乜纳、色尔加、梅隆等寺，是贵德县境内较大的一座格鲁派寺院。现尚有僧35人。寺主参直合，曾任拉萨大昭寺金瓶掣签时发布消息的堪布，故名"参直合"，后世历任塔尔寺法台，故又成为塔尔寺的一个活佛系统，贡巴寺亦成塔尔寺属寺。以上史料说明，元代萨迦派在河湟流域有过广泛传播，直到明代格鲁派崛起，还存在一些萨迦派寺院，以后多改宗格鲁派。也有些寺院，可能随着萨迦派的失势而衰落，乃至消亡。据传今互助县佑宁寺所在地，早在

13世纪初建有萨迦派寺院，规模还不小，但在明万历三十三年（1604年）嘉色活佛端悦却吉嘉措兴建佑宁寺时，该寺已不存在。类似情形不止这一处。

萨迦派在今黄南地区黄河流域谷地的传播历史亦很久远。坐落在今同仁县隆务镇西山坡下的隆务寺是目前甘、青地区仅次于拉卜楞寺和塔尔寺的格鲁派大寺，为全国重点文物保护单位。有关资料记载，早在元大德五年（1301年），现隆务寺所在的西山坡上建成一座萨迦派小寺，取名"智卡贡康"，意为"石山上的禅房"，可能以禅修为主。小寺所在地，称"智卡夏日"，意为太阳初升能照到的石山，故后来通称该寺寺主活佛为"夏日仓"。关于这里有萨迦派小寺的缘起，据《安多政教史》中的记载，与元帝师八思巴有关，支持修建这座萨迦派小寺的人是来自西藏的拉杰扎那哇父子。《安多政教史》载，隆务寺真正形成寺院规模是由三木旦仁钦完成的，三木旦仁钦的祖父名拉杰扎那哇，本是西藏念青唐古拉山下丹科隆务地方人，是一个专修明咒的瑜伽师，擅长医术，故名"拉杰"。他受萨迦派第五祖八思巴的指派，从前藏来到青海同仁地区，定居年桑。今泽库县宁秀乡一带口传，拉杰扎那哇受八思巴指派来青海同仁地区时，从西藏萨迦寺带来佛像一尊，后人称之为"阿米贡"或"阿米格日贡佛"，供于隆务寺。清乾隆元年（1736年），同仁隆务庄部分农民移牧今泽库县宁秀草原，隆务寺第二世夏日仓活佛阿旺赤列嘉措将"阿米贡佛"赐给这些人供奉，是为宁秀草原阿米嘎帐房寺的主供佛像。阿米嘎帐房寺，或称"阿米格日帐房寺"，后为宁秀草原尼什加、然尕日、然乃亥三部落的主要寺院，经堂等皆为帐房，常住僧人4名，四季随牧民搬迁，现为宗教活动点。拉杰扎那哇之子隆钦多代本为隆务土官。隆钦多代本生有9子，长子即三木旦仁钦。在三木旦仁钦之前，属于八思巴侄大温（即大元）系统的仲哇帕巴曾重建作为隆为寺前身的这座萨迦派小寺。大温又称"大温巴"（意为大元人），是八思巴尊前的高僧，共两名，代表八思巴处理政教事务，因来自朝廷，地位显贵。大温巴在今甘南和青海黄南等地为传播萨迦派起过重要作用，曾在河州韩家集修建韩家寺，藏语通称"香根寺"，是八思巴在安多地区进行政治、宗教活动的主要寺院。大温巴在安多大力发展萨迦派，修建隆务寺是其弘法的内容之一。三木旦仁钦自幼出家为僧，以夏琼寺的创建者顿珠仁钦（1309—1385年）为师，系统学习佛教经典，并受比丘戒。明洪武三年（1370年），三木旦仁钦以当地萨吉达百户为施主，重建隆务寺。他的弟弟罗哲森格，是一位佛学造诣很深的学者，颇受明朝宣德皇帝（1426—1435年在位）的器重，被封为"弘修妙悟国师"。罗哲森格一度扩建隆务寺，将隆务河流域纳入隆务寺统治之下，征收僧税，作为寺院给养。此后，这个家族又有五人先后被明廷封为国师。明万历三十三年（1605年），隆务寺再次被扩建。这时，青海塔尔寺、佑宁寺等相继建成，宗喀巴大师创立的格鲁派在青海藏族聚居区已有很大的影响，隆务寺中也塑起宗喀巴大师像，标志着隆务寺改宗格鲁派。明天启年间，隆务寺已成为规模宏伟的大寺院，1625年，明天启皇帝为该寺题赐"西域胜境"匾额一方，悬于弥勒殿前。

16世纪后期，隆务寺出现两个大的活佛系统，即曲哇仓和夏日仓。曲哇仓一世和夏日仓一世都是隆务头人夸本加的儿子，是同父异母兄弟，曲哇仓一世，法名洛桑丹贝坚赞（1581—1659年），明万历三十一年（1603年），时年23岁，跟随四世达赖云丹嘉措入藏，在西藏广参名师，修学显密，其所学教法以密法修习为主，总属于米拉日巴系统。万历三十六年（1608年）返回故乡，主持隆务寺寺务，直至万历四十二年（1614年）。后遁世密修，直到圆寂。夏日仓一世，法名噶丹嘉措（1607—1677年），自幼出家，聪颖好学,11 岁入藏学经,所学教法属噶丹派仲敦巴系统。明天启七年（1627年），噶丹嘉措受比丘戒后返回，继续在故乡广参名师深造，先后拜依 30多名高僧，苦学不止，终成享有很高声望的佛教大师，被称为"智钦"（大成就者）和"雅杰"（佛教之父）。明崇祯三年（1630 年），噶丹嘉措主持创建隆务寺显宗经院，各之"闻思学院"，并出任堪布，讲经说法。明崇祯十七年(1644 年)，噶丹嘉措主持再建总领全寺的大经堂。从噶丹嘉措起，历辈转世，称夏日仓活佛，为隆务寺寺主，也是隆务寺所属十二族（部落）政教合一政权的首领，具体政务由昂锁负责。"昂锁"为藏语，是一个世俗官职名称，相当于"内臣"，多为朝廷或西藏地方政府所封，可以世袭，其职权和势力范围大小不等。青海黄南地区隆务昂锁相传始于元朝八思巴派来青海的拉杰扎那哇，藏文史料记载，拉杰扎那哇之子隆钦多代本任隆务土官时期，下辖十二部族，即隆务、兰采、蒙古、色、加、和日、尊毛、古德、浪加、加木、日达、加扎等十二个藏族部落。从 15 世纪起，隆务寺于每年农历正月十一至十七日集中同仁、泽库等地寺院的僧众数千人，举办正月祈愿大法会，藏语称"加洛毛兰木"，会期费用，主要靠所属部落民众布施解决，以部族为单位，轮流负责供给，一直延续到 1958 年宗教改革为止。隆务十二部族的名称，在近代为隆务七庄、麻巴七庄、四寨子、浪加、吉卡三庄、加吾浪仓、赛龙巴三庄、曲库乎四部落、泽库和日六部落、隆吾哈吾那（今泽库县宁秀乡）、赛山川三地以及上下和日年桑等，这些是隆务寺的主要香火来源。其中，赛山川三地又称"赛维古"（维古为藏语，相当于千户），加吾浪仓又称"加吾维古"，和日六部落又称"和日维古"，上下和日年桑又称"和日年桑维古"，总称为隆务寺"四维古"。此外，还有一个叫让卓措那的部落，负责瓜什则寺院的日常费用。上述隆务十二部族和让卓措那部落均为隆务昂锁所辖，占地幅员辽阔，大致在今同仁和泽库两县，其界东至河南蒙古族自治县智后茂乡，西抵同德县巴水乡，贵南县松多、塔秀、麦那心及鲁仓部落和贵德的常牧乡，南接甘肃省夏河县的甘加、桑科和青海省循化县的尕楞、岗察、道帏等地，北与尖扎县接壤。隆务昂锁所辖户口，俗有"土房一万户、帐房一万户、蒙古包一千户"之说。[①]据1958年前统计，共计6926户，32509人。[②]隆务寺主下设襄佐，会同隆务昂锁，代表寺主夏日仓具体处理所管辖地区的一切事务。隆务昂锁实行世袭制，共历9代，受命于隆务寺寺主夏日仓，昂锁府设有法庭、监狱，较大的民间刑事诉讼案件均由昂锁府判决。

夏日仓活佛是青海藏传佛教界出名的转世活佛系统之一，尤其在黄南地区有很大影响。该系统从噶丹嘉措起，至今共历8世，兹根据青海化隆土哇寺刻印本《久美丹曲嘉措全集》第二函《噶丹嘉措本生传》以及其他一些资料，略述历辈夏日仓活佛的生平事迹如下：

一世噶丹嘉措（1607—1677年），青海藏传佛教史上著名的佛学大师，在隆务地区，人们尊称他为"雅杰"，意为先辈尊者或"佛教之父"，这是很高的称誉。他是曲哇仓罗桑丹贝坚赞的同父异母弟，出身于隆务昂锁世家，自幼天资颖慧，4岁起，师事其兄曲哇仓，接受佛教启蒙教育。7岁受近事戒，10岁正式出家，取名噶丹措尼。12岁去西藏，入甘丹寺相孜扎仓，以楚臣群培和罗哲南杰为师，学习《集类论》等因明学著作3年。继从师丹巴达吉，用7年时间，学习格鲁派五部大论。明天启六年(1626年)，于桑浦寺通过答辩考试，获得"噶居"（十难论师）学位。同年，由四世班禅罗桑却吉坚赞授比丘戒。天启七年（1627年），在其兄曲哇仓催促下回到故乡，又先后跟随曲哇仓、塔尔寺法台郭哇曲杰嘉措、第巴丹增洛桑

① 陈庆英主编：《中国藏族部落》，中国藏学出版社1991年版，第188—189页。
② 陈庆英主编：《中国藏族部落》，中国藏学出版社1991年版，第188—189页。

嘉措等，系统学习密宗教法，并游学青海各大寺院，遍访名师，广结善缘，投拜当时名僧丹麻崔臣嘉措、鲁家上师喜饶僧格、东科尔活佛多居嘉措、嘉色活佛洛桑丹增等，多达 33 名。他勤学苦读，学修结合，终于博通显密，成为一代宗师。明崇祯三年（1630 年），他于隆务寺创建显宗经院，起名闻思洲，以教授弟子为最大心愿，所得布施均作为扎仓顺缘资金，从政教两个方面主持寺院，为隆务寺的发展做出了巨大的贡献。25 岁时，应请兼任道帏扎仓（今古雷寺）上师，讲授显密经义，有《尊铃五神圆满次第论》等讲授笔记传世。崇祯六年（1633 年），主持隆务寺金字《十万般若经》写经的开光典礼，规模空前，进一步确立了曲哇仓和夏日仓兄弟在隆务地区的绝对权威，使隆务寺恢复了往昔政治、经济、文化等方面的中心地位。此后他派遣大批弟子去卫藏深造，为寺院培养佛学人才。清顺治元年（1644 年），主持兴建隆务寺大殿，历时 4 年竣工。继之，又扩建扎西其寺，使之成为同仁地区出名的静修地，他任命出生于夏卜浪地方的洛桑嘉措为扎西其寺住持，按照西藏郭仓寺的管理办法，制定出扎西其寺有关教授以及修行者应遵守的年闭、月闭、语闭等方面的章程，使该寺发展迅速，来此修持的比丘多达 200 余人。顺治九年（1652 年），噶丹嘉措亲往今兴海县温泉，拜迎去京的五世达赖喇嘛。同年，开始撰写《安多佛教史要》，较详细介绍了格鲁派在青海等地的传播发展历史。翌年，与其兄曲哇仓前往青海湖，迎接从北京回藏的五世达赖喇嘛。这时，噶丹嘉措的众多弟子亦相继成名，分管隆务地区各寺事务，噶丹嘉措的声望更高，藏传佛教也进一步传播至当地各屯田区的汉族、土族中，在隆务河流域各个屯田区内先后建成吾屯上下庄寺、郭麻日寺、年都乎寺、尕沙日寺等，加速了这里屯军民族的藏化过程。这一时期，噶丹嘉措也积极与占据今河南县的蒙古族势力以及佑宁寺等湟北诸寺宗教要人取得联系，以扩大隆务寺影响。他曾以河南济农王作施主，于顺治十八年（1661年）举办隆务寺修制嘛呢净瓶法会。康熙四年（1665年），邀请从西藏来青海的佑宁寺寺主第八世嘉色活佛洛桑丹增到隆务寺、扎西其寺等寺讲经传法。康熙七年（1668年）五月，噶丹嘉措应河南济农王邀请，到阿柔草原讲经，规模空前。康熙八年（1669年），他应请往甘肃炳林寺，主持修制嘛呢净瓶法会，嗣后绕道经临夏前往济农王驻牧地，为王爷之母作追荐法事。济农王为此献百名蒙古青年给他，于隆务寺由他剃度出家，据载这是隆务寺中的第一批蒙古族僧人，济农王还将其部分农业区税收献给隆务寺，作为发展寺院的顺缘资金。自此，隆务寺与蒙古王公及其属民的关系更加密切，河南蒙古族成为隆务寺的重要施主。康熙十七年（1678年），济农王赴藏朝拜途经贵德，特请噶丹嘉措到贵德关庄扎加多杰宗寺（简称关庄寺）相会，请教入藏事宜。河曲地区两位有权势的政教人物的再次会晤，进一步表明隆务寺与河南蒙古的密切关系。次年，噶丹嘉措于他长年静修的扎西其寺圆寂，终年71岁。他一生勤奋，孜孜不倦，为青海宗教史上的一代宗师，他为隆务寺政教事业的发展，为隆务寺政教合一体制的健全完善，奉献了毕生的精力和智慧。经他努力，隆务寺经学制度进一步完备，培养出大批戒行严谨、有佛学造诣的学僧弟子，这些人又纷纷建寺收徒，使隆务寺影响进一步扩大，同时改善了与河曲蒙古王公势力的关系，促进隆务寺势力的扩展波及青海贵德、循化、泽库、河南等地和甘肃夏河卡加六族以及四川若尔盖等广大地区，并加强管理，使隆务寺政教合一体制更加完善起来。

二世阿旺赤列嘉措（1678—1739年），降生在隆务昂锁家中，自幼由噶丹嘉措的弟子嘛呢哇喜饶扎西认定，7岁时于瓦索杰仲·官却尼玛尊前出家受戒，继入隆务寺显宗经院学经，以卡加翁则·次成扎西和喜饶扎西为根本上师。康熙三十六年（1697年），20岁入藏，深造于哲蚌寺郭莽扎仓，曾师事五世班禅洛桑益希、一世嘉木样阿旺宗哲、甘丹赤巴格登彭措等，后由班禅大师授比丘戒。清康熙四十二年（1703年），六世达赖喇嘛仓央嘉措授给他"噶丹阿齐图额尔德尼诺们汗"名号，并赐印鉴、华盖、马匹、绸缎等物。自此，历辈夏日仓又称"隆务诺们汗"。随着藏传佛教最高首领的封赐和支持，隆务寺与西藏的关系进一步密切。是年，阿旺赤列嘉措从西藏学成返归，主持隆务寺政教事务。任期内，曾朝拜、迎接、供养被青海蒙古众台吉请来青海的第七世达赖喇嘛，组织人力用金汁抄写《甘珠尔》等经，对寺院建设贡献良多。雍正十年（1732年），与隆务昂锁一起，首次举办隆务寺及其属寺的正月祈愿大法会，自此成为定制，每年正月举行，为该地区最重大的宗教活动。为保证法会进行，他把隆务地区的藏、汉、土等民族按居住区域划分为十二部分，称为"隆务十二部"，轮流承担每年祈愿法会的费用。雍正十二年（1734年），由他主持建成隆务寺的密宗经院，使隆务寺发展成为显密兼修的格鲁派大寺。二世夏日仓时期，与河曲蒙古王公的联系更加巩固和加强，所有王公家族，尊他为"终生上师"，特别济农王之侄拉加麦尔根岱青对他供奉尤为虔诚，赠"大乐法王"的尊号，甚至献其子丹津旺舒克做仆从，还将那毛文穹哇和哈吾那二草场作为布施献给隆务寺。但由于罗卜藏丹津反清事件的影响和察罕诺们汗势力的壮大等，隆务寺的势力未能进一步扩展，其势力范围仍被限制在同仁、泽库地区，二世夏日仓的努力，只能使隆务寺走向内部强化的道路。

三世根敦赤列饶杰（1740—1794年），今同仁县年都乎乡人，由东科尔活佛阿旺索南嘉措、隆务寺法台坚赞僧格、全都堪布等共同认定，7岁于堪钦根敦嘉措尊前出家受戒，取法名根敦赤列饶杰。9岁，于隆务寺坐床。自此，以堪钦根敦嘉措、赤干根敦丹增等多人为师，系统学习佛典经籍。20岁继任隆务寺总法台。21岁从堪钦根敦嘉措受比丘戒。乾隆二十九年

（1764 年），往佑宁寺，拜谒从京城返回故乡的章嘉国师若贝多杰。翌年，遣达尔汗土丹达杰等携金银礼品赴京，经章嘉国师引见，朝拜乾隆帝。乾隆三十二年（1767 年），清廷封三世夏日仓为"隆务呼图克图班智达"，并赐银印。乾隆三十八年（1773 年），由他主持建成隆务寺时轮经院，并任首届堪布。此后，隆务寺与拉卜楞寺一度发生嫌隙，由此引起与作为拉卜楞寺根本檀越的河南亲王间的矛盾，隆务昂锁带兵进攻河南亲王府及其牧地。乾隆四十四年（1779 年），三世夏日仓亲率隆务寺僧众往阿柔温泉（今兴海县境内），远迎从西藏来青海的六世班禅大师。继往塔尔寺朝拜六世班禅，献大批佛像、佛经、佛塔、法器、财物。乾隆五十一年（1780 年），三世夏日仓赴藏朝拜，在卫藏先后巡礼各大圣地名刹，拜谒佛教领袖和其他上层。次年，参加拉萨祈愿大法会，献大批布施。是年，噶丹颇章政府封他为"额尔德尼诺们汗"，并颁给文书、大小印鉴，赏赐华盖、堪布器具、巴匹、鞍辔等。同时，加封隆务襄佐为"吉饶图昂锁"。此外，还得到其他各上层人物的赏赠，然后满载荣誉返回。对于三世夏日仓的这次去西藏朝拜事，《清高宗实录》卷一千二百六十五中称，夏日仓未经西宁办事大臣许可，自行赴藏，西宁办事大臣普福立即将该事上奏清廷："青海唐古忒喇嘛陇布诺们汗（即隆务诺们汗）欲赴藏礼拜达赖喇嘛，臣以从前呼图克图之呼毕勒罕须朝觐后，始可赴藏等因晓谕，乃伊不遵此例，径自私行前往，应请议处。"对此，乾隆皇帝做了慎重、宽容的处理，当即诏谕："陇布诺们汗系出家人，尚非扎萨克王公可比，如扎萨克王公等未经入见，即赴藏礼拜达赖喇嘛，自属不可。今陇布诺们汗或因未经出痘，不可前来，其违例不遵晓谕私行前往，著从宽免议。且朕深悉黄教喇嘛原有赴藏学艺之例，嗣后无论已经入与否，有欲赴藏者，照例给予路引，毋庸拘呼图克图之例。留保住、普福等将此传谕达赖喇嘛及青海游牧喇嘛、蒙古等知之，以示朕广兴黄教之意，并著普福于陇布诺们汗自藏回时严加申饬，令其勿再妄行。嗣后有欲赴藏者，毋得不领路引私自赴藏之处，一并宣谕知之。"这件事在当时曾引起很大的反应。三世夏日仓从西藏载誉返回后，声名更加显赫，曾被邀请到今海北门源仙米寺以及青海湖地区各蒙古扎萨克王公的驻牧地讲经传法。乾隆五十五年（1790年），经西宁办事大臣阿萨克更勒的调解，隆务昂锁与河南亲王阿旺达尔杰和解，由西宁办事大臣颁给和解文书，双方保证不再冲突。是年，夏日仓派其仲尼噶桑和法王俄然巴格登赴京，祝贺乾隆帝八十大寿，乾隆五十九年（1794年）五月二十四日，三世夏日仓圆寂于隆务寺，终年55岁。

四世罗桑却扎嘉措（1795—1843年），今青海互助县南门峡乡却藏滩人，生父噶桑南加，系章嘉国师若贝多杰之侄。12岁时，与却藏·罗桑图登热吉（1797—1858年）一起于却藏寺洛桑坚赞僧格尊前受戒出家。后迎入隆务寺坐床，以蒙古格西洛桑丹增等为师，于该寺显宗经院学经。23岁赴藏，入甘丹寺相孜扎仓，师事罗桑坚赞，攻读中观、般若诸学。26岁，由七世班禅洛桑丹贝尼玛授比丘戒。清道光二年（1822年），28岁返回隆务寺。此后新建隆务寺小经堂、南殿、护法殿等，维修吉索大经堂，曾多次与河南亲王达什忠鼐接触，改善双方关系，并与却藏、佑宁寺建立起密切联系，经常参加那里的法事活动。四世夏日仓博通佛学，尤精医术，常行医拯救众生。他一生戒行严谨，本性善良，带头模范遵守寺规制度，曾于道光十五年（1835年）制定隆务寺吉索法规，相传在守护森林、保护环境方面也做过许多指示和规定。

五世罗桑赤列嘉措（1844—1858年），亦却藏滩人，却藏佛近亲。7岁坐床，从洛桑钦热华旦出家。清咸丰八年（1858年），隆务寺与拉卜楞寺再起争端，隆务寺喇嘛散木珠巴等不听劝阻，执意向拉卜楞寺发兵，五世夏日仓为此伤感染病，不久去世，享年仅 15 岁。

六世罗桑噶丹丹贝嘉措（1859—1915 年），与前辈同乡，由第十一世嘉色活佛阿旺托麦丹增嘉措等认定。5 岁坐床，从阿饶仓活佛罗桑隆柔嘉措（1808—1886 年）受近事戒。继入隆务寺显宗经院，以那家·达杰嘉措等为经师，勤学显密教义。清光绪九年（1883 年）十一月，从隆务寺启程，赴内地朝拜，先经角仓（今东都南山）、甘肃连城妙音寺、阿拉善牧地、内蒙古青城（今呼和浩特），抵山西五台山。次年八月，从五台山起程，到北京雍和宫，曾与东科尔、阿嘉等青海驻京呼图克图切磋经义。尔后取道内蒙古，经察哈尔、青城等地，返回隆务寺。时值隆务昂锁率领隆务十二部武装，进攻河南亲王驻地。六世夏日仓为此极为生气，力主退兵，并集中当地头人，立字画押，做出甘结，保证今后不再发生此类事情。光绪十三年（1887 年）六月，他又启程去卫藏朝圣，在西藏历时 1 年，噶丹颇章政府授"显扬圣教额尔代木图堪布"名号，并颁给诰命、印鉴、堪布衣具、华盖以及马匹、绸缎等财物。光绪十六年（1890 年），由他主持建成隆务寺百柱大经堂和弥勒殿。光绪二十四年（1898 年），再建扎西其寺大殿，后又主持堆绣隆务寺展佛用的缎面大佛像。光绪三十三年（1907 年）八月，亲往塔尔寺，拜谒来青海的第十三世达赖喇嘛土登嘉措，献布施甚丰。大师一生弘法度众，孜孜不倦，曾多次讲经于黄南以及喜仓、三木察、阿木却、若尔盖等青川甘藏族聚居区。自己学修并重，慈悲待人，尤对平民，悉心照顾，曾严令制止隆务昂锁向拉卜楞寺用兵。因此，深得所辖寺院、僧俗众人的拥戴。

七世罗桑赤列隆朵嘉措（1916—1978 年），却藏滩尕什加村人。4 岁坐床、7 岁削发出家，师事洛桑华旦、阿饶仓·罗桑隆多丹贝坚赞、久美丹曲嘉措等名僧，悉学佛典群籍，佛学造诣精深，是青海省宗教界很有影响的人物和出名的爱国人士。1950 年，经西北军政委员会确定，由他和塔尔寺当彩活佛、大通广惠寺显灵活佛等，组成赴藏促进和谈代表团，进藏和谈，为和平解放西藏、维护祖国统一和民族团结做出重要贡献。曾任黄南藏族自治州州长、全国政协委员、全国民族事务委员会委员、中国佛教协会常务理事等。

八世旦曾久美噶丹，藏族，隆务镇人，为隆务寺活佛赤干仓侄孙、却藏活佛罗桑丹贝旺秀之外孙。1979 年 10 月 23 日生，父名久美环觉，母名周毛吉，1984 年至 1991 年在西宁市北大街小学上学。经隆务寺叶什姜、卡索、隆务满仓、堪钦、久美特曲乎等选定，1991 年 3 月在拉萨大昭寺释迦佛像前掣签认定为第七世夏日仓的转世灵童，同年 10 月 29 日在隆务寺坐床。

隆务寺除寺主夏日仓外，还有 42 位活佛，著名的有隆务仓、晋美仓、直干仓、满仓、投毛仓、阿饶仓、堪钦仓、昂锁苟己仓、嘉仓、宽仓、中佐仓、全都乎仓、参智合仓、丹仓、贡保敦珠仓、银吾乎仓、相采仓，包括夏日仓，总称为隆务寺"十八囊欠"。现有住寺活佛 4 人，即七世叶什姜仓·嘉央根敦嘉措，现任寺管会主任，历任循化县政协副主席，黄南藏族自治州人大常委会副主任；七世卡苏乎仓罗桑晋美成列，现任寺管会副主任，历任同仁县政协副主席、同仁县人大常委会副主任；七世隆务仓更登达杰尖措，现任寺管会副主任、同仁县政协常委；四世全都乎仓晋美切项尼玛，现为同仁县政协委员。另有活佛满仓罗桑次正尖措（现任泽库县人大副主任）和堪钦仓公保（现任黄南州政府边界办公室副主任），均已还俗，但在群众中仍有影响，现兼任寺管会副主任。

旧时，隆务寺下辖十八座子寺，即吾屯上下庄寺（前身投毛寺）、叶什姜寺（亦作叶雄寺）、沙尕夏寺、西关寺、察加寺、达江寺、扎西其寺、隆务贡寺、乙格寺、格当寺、德钦寺、宗俄寺、宗噶寺和现已消亡的宗赛寺、宗玛寺、曲玛尔寺、多热卡索寺、卡贡拉当寺等。这些寺院均由第一世夏日仓噶丹嘉措及其弟子们所创建，分布在同仁和泽库县境内。隆务寺是黄南地区最大的藏传佛教寺院，1958年时，全寺占地面积380亩，建有大小殿堂35座1730间，活佛囊欠（府邸）43府4201间，僧舍303院2734间，共有僧侣1712人，耕地1000亩，园林300亩，马2000匹，牛7200头，羊15500只。寺院建筑宏伟，装饰华丽。大小经堂顶覆琉璃瓦，安立镀金宝瓶等，金碧辉煌，殿内佛像法器琳琅满目。寺内筑有5米高围墙，东、南两侧开设山门，门楼上为嘛呢经轮。北面造有佛塔8座，巍峨高耸。寺后西山坡建有夏日仓夏宫，气势雄伟。1980年以后，隆务寺重建天女殿、灵塔殿、观音殿、曲哇殿、文殊殿、密宗经院、时轮经院以及两座活佛囊欠的125院僧舍，并修缮了大经堂。1990又新建了第十世班禅额尔德尼·却吉坚赞大师的行宫。主体建筑大经堂，建筑面积1700多平方米，周长170米，内有164根大柱，其中18根红色巨柱，周饰金龙，长12米，直径约0.5米。经堂内供释迦牟尼佛、宗喀巴大师等药泥像10余尊，皆造型精美，巧夺天工。尤其宗喀巴大师塑像，高11米，底座周长26米，通体镀金，满镶珍珠宝石，更显得光彩夺目。该寺初由青海省人民政府列为省级重点历史文物保护单位，1996年11月20日公布为全国重点文物保护单位。现存释迦牟尼佛镀金铜像1尊，为明朝宣德皇帝所赐。该寺现有僧300余人，学经采用西藏色拉寺杰巴扎仓教程。历史上，隆务寺于拉萨色拉寺和甘丹寺设有冷本康村，供本寺僧人入藏学经时居住。寺僧崇尚经文的背诵、辩论，学风甚盛，每年有春、冬两季学经期，各学院于四月份举办辩经、考试活动1月。历代多出高僧，著述颇丰。其中，《夏日仓噶丹嘉措全集》、阿饶仓所著《尺牍程式》、堪钦仓所著《辩论初阶》等在涉藏地区最有影响，广为流传。

在黄南地区，除隆务寺外，还有一些寺早期亦为萨迦派的寺院。今尖扎县措周乡境内的古哇寺，始建于元至正年间；今贾加乡境内桑主沟山坡上的桑主寺，亦建于元代，都是尖扎地区最古老的寺院，早期均奉萨迦派，后于明清之际改宗格鲁派。据《安多政教史》记载，古哇寺的创建者循努绛曲鄂色，译言"童菩提光"，今青海贵德县阿什贡村人，系萨迦派第五祖八思巴大师的高足大温巴·仲仁钦扎之侄孙大温巴·循努僧格（童狮子）的弟子。据说他学识渊博，且有修行成就，声誉卓著，曾在今尖扎县措周乡境内传播佛教，于苟萨沟开山引水，解决村民的用水困难，被当地的霍尔和莫合部落信众尊为上师。元至正年间，由他筹资在今措周乡政府所在地西约 10 公里处主持建成古哇寺，成为第一代古哇喇嘛。循努绛曲鄂色与今化隆县查甫乡夏琼寺的创建者曲结顿珠仁钦（1309—1385 年）过从甚密，二人互往各寺讲经，常有宗教联系。元至正二十三年（1363 年），宗喀巴大师于夏琼寺出家受戒时，循努绛曲鄂色应请担任了羯磨师。明洪武十八年（1385 年）曲结顿珠仁钦圆寂后，循努绛曲鄂色曾出任夏琼寺第二任法台，主持过夏琼寺寺务。古哇喇嘛沿袭萨迦派旧制，以叔侄关系承袭法座，循努绛曲鄂色去世后，由其侄却吉坚赞绍继法座，为第二代古哇喇嘛。却吉坚赞，明初人，主持古哇寺寺务期间，曾大兴土木，将原来禅院性质的古哇静房进行了较大规模的扩建，新建了大经堂和存放寺院僧人食物的净厨等。他命名该寺为"古哇贡赛"，意为古哇新寺，并正式确定法名为"古哇雪珠达吉林"，意为古哇讲修兴旺洲，沿用至今。却吉坚赞去世后，仍按萨迦派体例，由其侄却嘉措继任为第三代古哇喇嘛。古哇喇嘛却嘉措（1571—1635 年），亦称"古哇噶居却嘉措"，出生于今尖扎县康杨境内黄河岸边的尕麻塘地方。明万历十二年（1584 年），他于来青海传教的第三世达赖喇嘛索南嘉措尊前出家，后一度师事第二世东科尔活佛云丹嘉措（1557—1587 年）等。万历十五年（1587 年），由其叔却吉坚赞派往西藏，入哲蚌寺郭莽扎仓，系统学习佛学 10 年。万历二十四年（1596 年），在拉萨三大寺僧众的聚会上，辩经考取"林赛"格西学位。翌年游学后藏，朝拜各佛教圣地。万历二十年（1598 年），由四世班禅大师罗桑却吉坚赞授比丘戒。万历三十二年（1604 年）返回古哇寺。万历四十五年（1617 年），出任塔尔寺第二任法台，明天启三年（1623 年）卸职，在塔尔寺任职 6 年，为塔尔寺的日趋正规和发展贡献良多。后一度闭关静修于坎布拉林区的阿琼南宗等地，曾于故乡建尕麻塘佛堂，维修古哇寺，还创建了伦珠曲宗静房。崇祯元年（1628 年）起，传教于同仁地区隆务河流域的广大农牧区，隆务寺著名的曲哇活佛、第一世夏日仓活佛噶丹嘉措等，皆为其传法弟子。崇祯八年（1635 年）农历三月二十五日，却嘉措圆寂于去塔尔寺途中，时年 65 岁。从古哇喇嘛噶居却嘉措起，古哇寺改宗格鲁派，并由他派生出两个转世活佛系统：一个系统住古哇寺，依次是罗桑坚赞（群察部落人）、根敦伦布（甘加人）等；一个系统住塔尔寺，称南安活佛，依次是南安扎巴达吉、南安罗桑年智等，于塔尔寺建有南安噶尔哇（活佛院）。古哇喇嘛历代叔侄相传，古哇喇嘛却嘉措改宗格鲁派后，青海佛教界以他为第三世古哇仓活佛，追认出生于塔尔寺所属申中族的大修行者阿旺扎巴为古哇仓·却嘉措的第一世；追认长住夏宗寺修行的强巴南杰为第二世。古哇寺改宗格鲁派后，也一度保留了萨迦派由子侄辈继承叔伯宗教地位的办法，却嘉措去世后，由其侄加央班丹任第四代古哇喇嘛，但这一制度后来被逐步取消。古哇寺为今尖扎县措周乡洛哇、俄什加、措香、石脑亥、曲藏麻等村的主要寺院，1958 年前夕，有大经堂 1 座、佛堂 2 座、囊欠 2 院、僧舍 90 院 1485 间，占有耕地 250 亩、森林 4000 余亩、马 20 匹、牛 500 头，全寺共有僧 90 户 374 人。现有僧 105 人。20 世纪 90 年代重建大经堂、金瓦殿、佛殿、囊欠、吉哇院等，并开设有藏医诊疗所。主体建筑大经堂，高 2 层，共 91 间，蔚为壮观。寺主第九世古哇仓活佛，法名洛藏土旦昂秀，1947 年出生于尖扎县昂拉乡，1952 年入寺坐床，曾就读于尖扎县卫校和黄南州民族师范学校，后任尖扎县民族中学教师，1987 年当选尖扎县人大副主任。

今尖扎县贾加乡的桑主寺始建于元代，故址在尖扎著名的"神山"神宝山下，奉萨迦派。后两次迁徙，现址在桑主沟。桑主寺约于明末改宗格鲁派，后为拉莫德千寺和叶什姜寺属寺。叶什姜寺寺主第一世叶什姜活佛是青海佛教界著名的密宗大师，法名加央罗哲（1651—1733 年），出生于今同仁县夏卜浪村，黄南佛教界以他为隆务寺曲哇活佛洛桑丹贝坚赞（1581—1695 年）的转世，由第一世夏日仓活佛噶丹嘉措授给比丘戒，曾去西藏下密院和扎什伦布寺专学密宗，获得俄仁巴（密宗博士）学位，因博通藏传密法，人们尊称他为"俄强"，返回故乡后，他于清康熙三十五年（1696 年）在曲哇活佛当年静修的地方建成叶什姜寺。自此，由他产生出一个转世活佛系统，称之为"叶什姜活佛"。《安多政教史》载：藏历水马年（1702 年，清康熙四十一年），桑主寺僧众请来同仁叶什姜寺第一世叶什姜活佛俄仁巴·加央罗哲主持寺务。叶什姜活佛在该寺建立讲经开法、住夏、长净、解制、举办祈愿法会、会诵胜乐金刚等一系列制度仪轨，使该寺法事活动趋于正规。自此，桑主寺成为叶什姜活佛的寺院，叶什姜派有代理人，住寺管理寺务。后来叶什姜活佛的弟子拉莫德千寺活佛阿旺根敦扎西一度主持桑主寺寺务，成为桑主寺的第二寺主，通称"桑主仓"，桑主寺亦成为拉莫德千寺属寺。桑主仓活佛共传 6 世：前两世追认，阿旺根敦扎西为第三世；四世年智合嘉措（1832—1916 年），尖扎贾加人；五世格勒合丹贝坚赞（1916—1940 年），今同仁县兰采乡美仓村人；六世罗藏丹贝坚赞，尖扎滩人，1941 年生，1946 的入寺坐床，1958 的宗教制度改革后还俗，曾为尖扎县民族中学民办教师，1983 年起在尖扎县政协工作，现为尖扎县政协常委、尖扎县藏医院名誉院长、黄南州佛教协会理事。桑主寺活佛除桑主仓外，尚有吉仓、古哇仓、白扎仓、堪秀仓等。1958 年前有僧 148 人，现有 67 人，主要建筑有经堂 1 座 30 间、佛堂两座 14 间、囊欠 3 院、僧舍 34 院 200 余间。寺僧有学医传统，寺内设有藏医诊疗所。

今循化撒拉族自治县的文都寺也是青海省境内最早由萨迦派改宗格鲁派的藏传佛教古寺之一。其建寺历史，最早可追溯到元代以前。文都市僧人世代相传，早年文都寺正式建成前，今寺院上方山坡上建有一座小经堂，曾有宁玛派僧尼居住活动，文都寺建成后，一部分僧尼出走，一部分移居附近的拉代村，变成农民，关于文都寺正式建成的年代和早期派属，该寺老僧亦云元代萨班·衮噶坚赞（1182—1251 年）时期，萨迦派僧人曾在今循化县治积石镇西约五公里处的街子村建一座护法殿，藏语称之为"官康"。后来，撒拉族徙居街子村，该护法殿被迁至今文都寺所在地。此即今文都寺护法殿的前身，该殿所供佛塔，传以萨迦派高僧的衣物装藏，至今保持着萨迦派特色。对此，有关文献记载可以佐证，《安多政教史》在介绍文都寺的重要供奉物时说，"护法殿内的帐面护法像系以创建者噶希巴从萨迦请来由萨班用自己鼻血亲手绘制的帐面护法卷轴画装藏"。[1]《文都寺志》在叙述文都寺和文都千户历史时说：文都千户始祖阿什旦系昆氏家族，迁自西藏萨迦。并云藏历第五饶迥之水马年即元至元十九年（1282年），西藏萨迦派喇嘛噶希巴和阿什旦、扎西三兄弟率族迁来青海循化地区。喇嘛噶希巴在该地创建文都寺；阿什旦占据文都地区，成为后来文都千户

---

[1] 智贡巴·贡去乎丹巴绕布杰著：《安多政教史》(藏文本)，甘肃民族出版社1982年版，第3551页。

之第一代；扎西占据中库地区，亦为文都寺的主要经济支持者。《文都寺志》还说，阿什旦定居文都，生七子。后七子分别得领地，管理千户下辖之七个小部落。《中国藏族部落》称，文都千户所属七小族（即部落），分布于整个文都地区，按现在（20世纪80年代末）来说，（1）拉雄庄、拉毛庄、麻日庄和牙日庄四庄为一族，全藏族，共181户，934人；（2）毛玉沟各庄即毛玉庄、恰牛庄、合哇庄、王草麻庄、抽走庄之一部分等为一族，共209户，1223人；（3）相玉沟各庄即相玉庄、且么庄、拉代庄之一部分、日麻香、白草毛、三吾拉卡和阿代庄之一部分等为一族，全藏族，共250户，1340人；（4）修藏庄、拉隆哇、其加公麻、克玛等村为一族，共196户，1133人；（5）娘藏、牙循、江甲、雄哇、才则等村为一族，共112户，1013人；（6）日忙、哇库、扎撒、你撒尔、党尕为一族，共265户，1361人；（7）以上第一、三、五族中的毛庄、拉雄庄、麻日庄、三吾拉卡和雄哇庄的一部分曾为一族。以上七族共1215户，7004人，分布于今循化县城西南30里的文都藏族乡，包括中库、毛玉、相玉三条山沟。旧时总称文都族，明清时封文都千户，下辖文都七族。第十世班禅额尔德尼·却吉坚赞大师为文都千户后裔，于1938年正月，降生在文都寺附近的麻日庄。"文都"是藏语，《循化撒拉族自治县概况》云，文都为"牛犊山下部"之意，"县境南部的拿郎山侧有一山坡，藏语称'维啦'，即牛犊山，文都在其下部，由此得名"。按"文都"的藏文字面意思，"文"是牛犊，"都"是三岔口，多指两川或二水汇合处。因此，"文都"为"牛犊山下部的三岔口"似更为确切。文都在旧时称边都或边都沟，为藏语之异译，故清代龚景瀚的《循化志》、康敷镕的《青海记》等，均将文都寺作为"边都寺"。

根据上面的一些记载和分析，文都寺始建于元代，早期信奉萨迦派。但文都寺成为正规的寺院或改宗格鲁派是在明建文年间，并且对于该寺的创建者有不同说法。文都寺的创建者噶希巴，非其本名或法名，而是学位名。"噶希巴"，意为四论格西，指藏传佛教僧人学通《中论》《现观庄严论》《律经论》和《俱舍论》四部佛学大论，经过辩论考试后取得的佛教学位名。创建文都寺的噶希巴，其法名是喜饶坚赞。《安多政教史》载："文都大寺吉祥法轮洲由噶希巴喇嘛喜饶坚赞建于水马年。噶希巴即宗喀巴大师弟子东宗·喜饶坚赞，水马年为甘丹寺创建前之水马年。"松巴堪布益希班觉在其《如意宝树史》中亦云："文都寺由噶希巴喜饶坚赞创建，由切扎巴拉开讲经说法之制，后由恰当俄然巴所宏广。"甘丹寺始建于明永乐七年（1409 年），因此《安多政教史》所云噶希巴建文都寺的水马年为藏历第七饶迥的水马年，即明建文四年，1402 年，噶希巴喜饶坚赞，松巴堪布在《如意宝树史》正文眉注中为扎巴坚赞，而《安多政教史》则认为扎巴坚赞是后来献文都寺给叶什姜活佛者。对《安多政教史》所谓"噶希巴即宗喀巴大师弟子东宗喜饶坚赞"的说法，笔者曾遍查周加巷《宗喀巴传》、土观罗桑却吉尼玛的《宗派源流镜史》等，不见其名，故对于噶希巴的生平，尚不得而知，但可以断定，绝非文都千户始祖阿什旦之兄。切扎巴拉，公认他是拉萨哲蚌寺郭莽扎仓高僧，是文都寺显宗经院的创建者，文都寺僧人还一直认为他是噶希巴的转世。切扎巴拉是梵名，其藏文名称，第悉桑结嘉措的《黄琉璃》作"扎巴嘉措"，而才旦夏茸先生则认为是索南坚赞，并云其转世名阿旺诺尔布，隆务杂哇地方人，初学经于青海化隆县查甫乡的夏琼寺，17 岁去西藏，入色拉寺杰巴扎仓深造。25 岁获林塞学位，28 岁于拉萨三大寺辩经会上获得拉仁巴格西学位，旋入下密院学习密宗，学成后返回青海母寺夏琼寺，清康熙五十五年（1716 年）就任夏琼寺第三十一任法台，5 年后卸职，于代阳建文殊殿及寝舍，长期禅修，故称其历代转世为"代阳仓"，是夏琼寺最主要的活佛系统。① 阿旺诺尔布享年 70 余岁，因系切扎巴拉的转世，晚年多次被请至文都寺讲经。恰当俄然巴，《安多政教史》作"夏卜浪俄仁巴"，"俄仁巴"意为密宗博士，"夏卜浪"为其出生地，在今青海省黄南藏族自治州同仁县的年都乎乡。相传他是一位出名的遁世者，博通密宗，松巴堪布在其《如意宝树史》中注明是四世班禅大师罗桑却吉坚赞（1570—1662 年）和四世达赖云丹嘉措（1589—1616 年）的弟子，显然是明末人。以上资料表明，文都寺始建于元初，早期奉萨迦派，明建文年间成为格鲁派寺院，明末完备学修制度，是青海省境内早期的萨迦派寺院之一，也是全省最早的格鲁派寺院，它形成于格鲁派初传时期，早于拉萨三大寺，比青海最出名的塔尔寺、佑宁寺等成为格鲁派寺院的历史分别早 155 年和 200 年。《安多政教史》还载，文都寺后来被该寺"以曲结扎巴赞为首的僧俗众人献于叶什姜活佛加央罗哲"。叶什姜加央罗哲，即前文所述隆务寺曲哇活佛洛桑丹贝坚赞的转世，故亦称"曲哇仁波切"，是隆务寺的主要活佛。他佛学造诣高深，在黄河南部流域黄南等地很有影响，曾在不少寺院修建殿堂，讲经传法，许多寺院成为其属寺。他是同仁县叶什姜寺、尖扎县桑主寺、循化县文都寺等寺的寺主，所辖寺院尚有今同仁县年都乎乡的郭麻日寺、尖扎县措周乡的昂让寺、海南藏族自治州贵德县常牧乡的关庄寺等。叶什姜活佛成为文都寺寺主的确切年代史籍无载，据叶什姜·加央罗哲的生平，约在清康熙年间。叶什姜活佛为文都寺寺主，但常住同仁叶什姜寺，在文都寺内建有囊欠（府邸），有权任命管理全寺政教事务的法台。该系统至今共历 6 世，除一世加央罗哲外，二世名阿旺根敦达哇扎巴（1734—1811 年），上甘加部落头人之子，清朝曾授"额尔德尼班智达呼图克图"名号，八世达赖喇嘛坚贝

① 才旦夏茸著：《夏琼寺志》（藏文），青海民族出版社 1984 年版，第 151—155 页。

嘉措亲赐堪布器具，由他一度扩建叶什姜寺和文都寺，从德格购置《丹珠尔》《萨迦五祖全集》等 20 余部经籍，为寺院建设贡献良多；三世名罗桑根敦坚赞（1812—1839 年），为曲哇仓活佛家族后裔；四世名加央根敦坚赞（1840—？年）；五世名加央隆朵坚赞（？—1946 年），同仁县兰采乡人；六世名阿旺加央隆朵丹贝坚赞，1947 年生于今文都乡的恰牛庄，系十世班禅大师却吉坚赞的表弟，曾任循化县政协副主席，现为黄南藏族自治州人大常委会副主任。

文都寺原有十大活佛系统，除寺主叶什姜，尚有堪布仓、尕得合仓、赛卡仓、曲麻仓、格西仓、拉依仓、华旦仓、娄染仓和加那化仓。这些活佛系统，多为文都寺属寺的寺主，如堪布仓为文都康毛寺寺主，尕得合仓为今循化县尕楞乡秀日寺寺主，赛卡仓为循化尕楞寺寺主，曲麻仓为文都乡斗合道寺寺主，华旦仓为循化比塘寺寺主等。这些多因其第一世出任文都寺法台而形成文都寺的一个转世系统。各佛号的来由，有的以第一世的出生地命名，如曲麻仓第一世罗桑嘉措，出生于今同仁县双朋西乡曲麻村，为第一世夏日仓活佛噶丹嘉措的弟子，以修行得道著称，获得转世资格；娄染仓的第一世阿旺根敦扎西嘉措，今同仁县双朋西乡娄染村人，曾住持同仁还主村的娄染寺，任文都寺法台。有的佛号以其第一世所出生的部落命名，如拉依仓第一世罗桑尼玛，是循化岗察拉依部落人；赛卡仓第一世索南嘉措，是循化岗察赛卡部落人。有的佛号以其第一世的封号或学位命名，如堪布仓第一世加央智华，同仁夏卜浪村人，为一世叶什姜活佛加央罗哲的弟子，后任叶什姜一世的管家和荣本（主管活佛饮食的僧职），曾任文都寺法台，藏历第十三饶迥水鸡年（1753 年）去世后，信徒们以次年出生于同仁赛曲玛地方的根敦丹巴达吉为其专世，派生出一个新的活佛系统，称"小叶什姜佛"，是为二世；后经三世根敦图丹南杰（阿柔部落人）、四世官却晋美普雄（哈拉巴德地方人），至第五世阿旺罗桑丹增坚赞（1882—1953年），由第九世班禅大师却吉尼玛授给"堪布华旦诺们汗"名号，自此该系统亦称"堪布仓"。再如格西仓第一世旦巴彦培，今文都乡牙日村人，初学经于文都寺，后入藏在哲蚌寺深造，获格西学位，佛学知识渊博，威望崇高，去世后出现其转世系统，称"格西仓"。

现存的文都寺是循化县境内最大的藏传佛教寺院。位于县治积石镇西南17公里处，在今文都乡西南5公里拉代村的东北隅山坳。寺院坐西面东，依山而建，群山环抱，有公路可直达山门。周围农田连片，错落起伏，对面照山松林苍翠，风景秀丽。清康敷镕纂《青海记》载当时文都寺有僧徒300人。20世纪50年代，全寺建筑6300余间，占地面积80余亩。主体建筑有大经堂（藏名都康钦莫，兼显宗经院）、三世佛殿（藏名兑松桑结拉康）、东科尔活佛多居嘉措灵塔殿（藏名多哇赛东）、香维拉康殿（系香哇部落所建殿堂，故名）、十一面观音殿（藏名拉康萨尔哇，意为新殿）、弥勒殿（藏名贤康或苟仓拉康）、护法殿（藏名官康）、十世班禅大师寝宫（藏名森康）、吉哇院（藏名吉康）等十座殿堂，共计340间。其中，大经堂位于整个建筑群下部平地，为藏族平顶碉楼式建筑，高2层，共计73间，最为宏丽。另有活佛囊欠（府邸）10座，计1555间，各囊欠内分别建有佛堂、活佛起居室、管家等人住室、伙房等；僧舍220院，计4400多间。1950年，全寺有僧340名，活佛10人。后一度增至372人，1958年宗教制度改革前夕，寺僧减至288人，其中活佛6人，大小僧官（包括已卸职者）13人，管家6人，干巴（有地位的老僧，包括已卸职的僧职人员）39人，引经师（包括卸职者）6人。1958年宗教制度改革后，文都寺仅留僧7名，1961年增至25人。1962年，十世班禅大师回故乡视察，落实政策，并经回循化故乡的高僧才旦夏茸·阿旺央丹柔贝多觉（亦名晋美柔贝罗哲，1910年—1985年）的努力，寺僧回升到103人，成立了民主管理委员会，由班禅大师的外祖父坚赞任主任。1967年，文都寺被拆毁。1980年7月25日，重新批准开放。现有僧303人，活佛有叶什姜、孕得合仓、堪布仓和格西仓4人，由乔智担任总法台，藏语称"赤哇"。从1988年以来，文都寺先后新建了大经堂、十世班禅灵塔殿、吉哇院、小经堂、曼康（藏医院）、护法殿（官康）、弥勒殿（贤康）、多哇赛马东殿、三世佛殿、十世班禅行宫、班禅父母行宫以及叶什姜、孕得合仓、曲麻仓等活佛囊欠的僧舍167院2505间，全部建筑占地130亩，正在筹建的大型建筑有香维拉康和堪布仓、格西仓、华旦仓、赛卡仓等活佛囊欠。已建成的建筑中，最宏伟的是大经堂和十世班禅灵塔殿。大经堂位居寺院中心，长11间，宽9间，上下两层，内有120根大柱，门庭16根大柱，共用去木料1000多立方米。大殿全部为木梁柱结构，殿内120根藏式楞柱对称排列，构成内外两圈柱网，外圈上铺楼板成为回廊，回廊中间构成上下贯通的天井，用来通风采光，使大殿更显得宏伟宽畅，方正匀称。殿内陈设丰富、考究，上首正中是十世班禅大师的镀金铜像。铜像之右侧，依次供大威德金刚、释迦牟尼、宗喀巴师徒三尊、寺主一世叶什姜加央罗哲、弥勒菩萨、阿底峡尊者等的铜像或药泥像以及三世叶什姜罗桑根敦坚赞的灵塔；铜像之左侧，依次供有噶希巴、宗喀巴师徒三尊、无量寿佛、弥勒、文殊菩萨等的塑像。这些佛像多出自当地宗教艺人宗哲拉杰之手，造型精美，庄严肃穆，保持了藏传佛教传统的艺术风格和特色。佛像前有班禅大师和叶什姜活佛的法座以及僧众诵经的坐垫。正面佛像两侧供放着藏文大藏经《甘珠尔》《丹珠尔》等数百部。殿堂四周40多面墙上的彩色壁画和殿内的各种彩缎幢幡等饰物相互映衬生辉。经堂顶脊，饰有传统的鎏金铜鹿、法轮、宝瓶等，金碧辉煌，价值昂贵。因此，许多人认为文都寺重建的大经堂在青海 20 世纪 80 年代来新建的经堂中首屈一指。文都寺的十世班禅灵塔殿，始建于 1989 年 6 月，完工于 1991 年 10 月。该殿位于大经堂右侧，仿西藏扎什伦布寺班禅东陵扎什南捷大殿而建成，为石木结构的汉藏合璧四层楼式建筑。殿墙外石内木，为所谓"外不见木，内不见石"的传统藏式建筑风格，外石部分，全部用花岗石砌成，厚 1.5 米，高 18 米，仅殿墙占地面积达 278 平方米。殿外墙角及墙壁上端，有鎏金铜饰等饰物，门庭、各窗户及围墙顶部均覆以棕黄色琉璃瓦，并饰有雄狮及龙头。大殿顶上另建有宫殿式方亭，亭之四角飞檐翘起，各饰鎏金铜龙，檐下悬梁彩雕，色泽艳丽，亭顶覆鎏金瓦，并饰有宝瓶、法轮等物，在阳光下光彩夺目。灵塔殿正殿分正厅和南北两侧走廊。走廊两侧另设门户，廊内还有楼梯可通殿顶。正厅由 12 根通天柱撑起，南北宽 3 间，东西长 4 间，所有栋梁均彩雕纹饰，四壁绘有佛祖释迦牟尼、第九和第十世班禅大师、格鲁派创始人宗喀巴大师、拉卜楞寺寺主嘉木样活佛等名僧大德的肖像数十尊。顶棚以彩缎贴糊，装有现代彩色灯具。厅之正中，即为第十世班禅额尔德尼·却吉坚赞大师的世型灵塔。塔高 9 米，底座 4.5 米见方，整个塔身包镶银皮，通体镶嵌珠宝玉器。底座四面饰有打制的银质鎏金四大天王像，其下八狮，作托举宝塔状。塔内装藏物，有大师生前的衣物、袈裟、用具、头发等遗物以及金银珠宝、粮食、经文、绸缎等。塔瓶外部正面中心，为大师的鎏金铜像，左手持金刚杵，右手握法铃，俯视大殿。灵塔两侧，分别悬挂着高约九米的巨型彩幢；灵塔顶盖前，悬有彩色八瑞相图。灵塔四周，设有彩色供桌，常年摆供着装有香花的宝瓶、金银酥油灯、盛着净水的金银碗等。整个灵塔殿装饰豪华，宏伟肃穆，是一座绝妙的艺术珍品宝库。

综上所述，宋末元初萨迦派传入青海后，曾在东部河湟流域有过广泛传播，建立过不少寺院。及至明代中叶后，随着格鲁派的崛起，这些萨迦派寺院相继改宗格鲁派，有些寺院成为格鲁派大寺，有些寺院成为塔尔寺、佑宁寺等格鲁派大寺的属寺。而青海的萨迦派寺院现在只保留在玉树地区。

第三节　萨迦派在青海玉树地区的传播

一、八思巴的传教活动

八思巴是萨迦派继萨迦班智达之后又一位杰出的藏族历史人物，八思巴，藏语意为圣者，传说他自小聪颖过人，3 岁能念咒语，8 岁能背诵经文，9 岁能为人讲经，故名。宋淳祐四年（1244 年），八思巴与其弟恰那多吉（1239—1267 年）随伯父从萨迦启程赴凉州。行至拉萨，八思巴从伯父萨班出家，受沙弥戒，取法名罗哲坚赞（慧幢），被派往楚布寺学习戒律。不久，八思巴偕其弟恰那多吉及部分侍从先萨班抵达凉州。萨班本人因跟卫藏各地方势力领袖磋商归顺蒙古王朝事宜，沿途多有停留，于淳祐六年（1246年）始抵凉州。经与阔端会晤协谈，发表《萨迦班智达衮噶坚赞致蕃人书》，西藏地方正式纳入中央王朝版图，藏族成为祖国大家庭的成员之一。萨班在祖国从分裂走向大一统的历史时期，以宗教领袖兼政治家的雄才大略，代表卫藏人民的利益，建立西藏地方与中央政府间的政治统属关系，为祖国各民族大家庭的建立，做出了不朽的贡献。淳祐十一年（1251 年）十一月，萨班在凉州圆寂，临终前，将其衣钵法螺传给八思巴，八思巴成为萨迦派第五代法王。元宪宗蒙哥二年（1252 年）年底，八思巴应蒙哥汗胞弟忽必烈之邀，与其弟恰那多吉会晤忽必烈于内蒙古多伦。自此，八思巴被忽必烈尊为上师，他曾三次为忽必烈本人、皇后、皇子及其臣属进行密法灌顶，忽必烈把藏族的三大区域送与八思巴作为灌顶的布施供养，后由八思巴任命萨迦本钦，管理世俗事务，从而在西藏形成政教合一的统治形式，把由萨班和阔端二人开创的西藏地方与元王朝的政治、经济、思想文化上的联系推向新的高度。中统元年（1260年）八月，元世祖忽必烈登帝位后，定都大都（北京），设"总制院"（后于1288年改称"宣政院"），以掌管全国佛教及吐蕃地区事务，尊八思巴为国师，授以玉印。至元元年（1264年），八思巴领总制院事，成为掌管涉藏地区政教事务的最高官员。翌年荣归故里，清查户口，设官分职，确定赋税，并首次设置管理宗教事务的"拉章"组织。至元五年（1268年），八思巴完成西藏地方建政使命后回京。第二年，创制蒙古新字，颁行天下。至元七年（1270年），因创字有功，封为"大宝法王"，更赐玉印，至元十三年（1276年），再次返回萨迦。此后，除理政、讲经，还进行译经工作，主持"新译戒本五百部，颁降诸路僧人"。至元十七年（1280年），在萨迦圆寂，终年46岁。去世后忽必烈赐号"皇天之下，万人之上，宣文辅治，大圣至德，善觉真智，佑国如意，大宝法王，西天佛子，大元帝师"（《元史》）。元延祐七年（1320年），元仁宗又诏令天下各路为八思巴修建"帝师殿"，以示纪念。八思巴是一位伟大的政治家，他继承伯父萨班的遗志，结束了从9世纪以来我国涉藏地区的分裂、战乱局面，与忽必烈等一道，进一步使西藏纳入元朝版图，缔造了新的多民族国家。八思巴更是一位学识渊博的佛学家，他天赋聪明，秉性谦逊，"幼而颖悟，长博闻思，学富五明，淹贯三藏"，不仅精于佛理，且擅长语言、文字和翻译，是当时最有学问的学者，著有《根本说一切有部出家授近圆羯摩仪轨》《根本说一切有部苾刍（比丘）习学略法》《彰所知论》等共30余种，以《萨迦五祖集》传世。

八思巴主持总制院期间，元朝为加强对全国藏族地区的管理，在总制院下先后设置了三个宣慰使司都元帅府。其中，吐蕃等处宣慰使司都元帅府，治所在河州（今甘肃临夏），辖境包括今青海除玉树地区以外的广大地区、甘肃南部、四川阿坝等地，通称"安多"或"多麦"，古译"朵思麻"，故又称朵思麻宣慰司。都元帅府下设安抚司、招讨司、元帅府、万户府、千户所等地方行政机构，以具体管理当地军政事务。如积石州元帅府，治所在今循化县境（一说今甘肃积石山县大河家一带），辖今青海循化、同仁、尖扎及甘肃临夏等地；必里万户府，辖境主要在今黄南、海南两州，为当时河州都元帅仲巴·帕巴龙树、仲巴南喀桑格等人的统治地区，当时的必里万户长官就是同仁阿瓦尔昂锁的祖先。今海北、海西牧业地区各部落亦由设于河州的都元帅府节制，具体由必里万户府管理。此外，吐蕃等路宣慰使司都元帅府，治所在今四川甘孜一带，辖境包括今四川甘孜藏族自治州、西藏昌都地区及青海玉树地区，通称"喀木"或"多朵"，古译"朵甘思"，故又简称朵甘思宣慰司。其下亦设安抚司、招讨司、元帅府、万户府、千户所等地方行政机构，管理军政事务。元朝以广大涉藏地区"地广而险远，民犷而好斗"，采取"因其俗而柔其人"的政策，大力推崇藏传佛教，特别为萨迦派的传播，创造了许多条件。如前所述，八思巴在主持总制院时，派西藏拉杰扎那哇来青海同仁地区弘法，文都千户始祖迁自西藏萨迦，肯定与萨迦派受到尊崇有关，也很可能受到八思巴的指派。今青海萨迦派寺院全部分布在玉树藏族自治州东部称多、玉树、囊谦3县，更与八思巴早期在这里活动，使萨迦派得到弘传有关。

史载八思巴受封国师（后称帝师）后返回萨迦两次，三次途经今青海玉树地区。元至元元年（1264年）五月，忽必烈赐给八思巴一份珍珠诏书，再次明确宣布八思巴为皇帝灌顶，受封为国师，是所有佛教僧人的领袖。未几，八思巴偕其弟恰那多吉一起返回卫藏，整饬吐蕃庶务。八思巴兄弟抵达今玉树称多县称文乡的噶瓦隆巴地方，曾在此举行了有万余名僧俗信众参加的盛大法会，八思巴讲经灌顶，影响很大。自此该地称"称多"，意为万人集会处，并成为后来这一地区的总名和县名。相传八思巴在噶瓦隆巴上庄收胆巴和仲巴兄弟二人为徒（亦云在此之前胆巴即为八思巴弟子），带往萨迦寺学经，授给比丘戒，并分别赐法名。兄弟二人族姓"噶"，后人尊称"阿尼"。噶阿尼胆巴，法名贡噶扎巴，此即元初声名显赫的藏传佛教高僧胆巴国师。今称多县称文乡境内称文沟当隆庄的尕藏寺，是该县历史最久、规模最大的萨迦派寺院，即由胆巴兄弟奉八思巴之命倡建。据尕藏寺寺志，胆巴兄弟被八思巴正式收纳为弟子后，一同去萨迦寺，三年后，二人遵八思巴之命返回称多，修建了尕藏寺，八思巴赐寺额"尕藏班觉林"，意为善缘富有乐洲寺。同时，胆巴还在八思巴讲经的地方修建白莲坐台，名"白玛噶波"，以示纪念。尕藏寺正式建成于至元五年（1268年），同年八思巴奉旨还京途中再经称多，亲临尕藏寺，赐给该寺释迦牟尼佛卷轴画像1尊（今仍存寺中）、用金汁抄写兰纸上的藏文《大藏经》1套、1尺5寸高的镀金佛塔1座、九股金刚法铃1个、法螺1枚（今尚存寺内）。同时，八思巴还颁给尕藏寺法旨一道，用藏、汉、蒙三种文字书于锦缎上，内容大抵是要求当地属民向该寺交纳酥油、青稞、黄金、牲畜等等，并规定任何人不得侵扰寺院。此外，八思巴还赐给胆巴掌管当地政教事务的象牙图章和白檀木图章各1枚（今仍存）。尕藏寺在八思巴的扶持关照下，发展极为迅速，在元代是玉树地区最大的寺院，传说建筑从现在称文乡的钟松庄一直修到峨来山，寺僧多达1900人。寺主胆巴曾任元朝帝师，云游五台山、萨迦等地，声势显赫。后来，胆巴之弟仲巴离寺另求发展，于今称多歇武乡赛龙沟将一座本教寺院改建为萨迦派寺院，命名赛浦寺，亦称上赛巴寺，自己为该寺第一代活佛。尕藏寺以西藏萨迦寺为主寺，下辖今称多县境内的邦夏寺、岗察寺、土登寺、赛浦寺和玉树市的达杰寺等子寺。现有大小殿堂 4 座，寺僧 109 人。寺主胆巴共传 14 世，即二世桑巴次成巴松，三世桑巴更尕扎巴，四世至十世缺载，十一世洛根，十二世为称多百户之子，夭折，十三世白玛才文，十四世桑巴生格，1936 年生，玉树结古人，现任寺管会主任、县政协副主席。

尕藏寺的子寺之一邦夏寺，位于今称多县尕朵乡的着木其村和吾云达村之间，是原固岔部落的主要寺院。20 世纪 50 年代有僧百余人，现有 39 人。相传 1265 年八思巴返藏途中，在着木其地方讲经传法，后由尕藏寺活佛噶阿尼胆巴奉八思巴旨意建成邦夏寺，胆巴亦成为该寺第一代活佛。寺院北距通天河 4 公里，通天河对岸有一个被当地藏族群众称之为"格秀仲莫切"的地方。"格秀"意为军营遗址，"仲莫切"意为大村镇，相传是当年蒙古人驻扎兵马的大村庄，为元代蒙古人在称多地区活动的中心地点之一，至今在该地还可以看到许多古代房屋的遗迹。鉴于八思巴与蒙古人的特殊关系，八思巴在这里有很多活动，对邦夏寺给过更多关注和支持。

八思巴弟子噶阿尼胆巴还奉八思巴旨意，建成今玉树安冲乡境内的隆庆寺。隆庆寺，意为"大象寺"，得名于寺院所在的隆庆山状若大象，由胆巴亲自选定寺址并倡建。16 世纪末，西藏俄尔寺派塔则和排空两活佛来隆庆寺主持寺务，形成两个转世系统，隆庆寺成为俄尔寺属寺，活佛向由俄尔寺认定或委派。现全寺有僧 68 人、活佛 2 人。隆庆寺建成后，胆巴派其弟子昂卡拉巴于元成宗元贞二年（1296 年）建成达杰寺。该寺离隆庆寺不远，位于今安冲乡芭吉村所在的赛日山坡，最盛时有僧 300 余人。约在清光绪十六年（1890 年），达杰寺的安冲喇盖活佛汀永陈林更恰转生在安冲百户家，安冲百户去世后，安冲喇盖活佛兼任百户，该寺成为政教合一寺院，直至 20 世纪 50 年代初。现有僧 64 人。活佛乐丁堪布（原地位仅次于安冲喇盖）江永旦巴尼玛现居印度。

八思巴经玉树地区时形成的萨迦派大寺，尚有称多县的东程寺、玉树市的昂普寺等。1268 年，八思巴奉诏从萨迦返回大都，又一次来到今天称多县称多乡称文沟讲经传法，授意给新建的尕藏寺僧人智文措吉多杰，在今称多县城所在地周均镇北侧的当囊山山腰修建了一座寺院，全名为"噶称多东程三丹群科楞"（意为"静虑法轮洲"），简称为东程寺。东程寺距尕藏寺约 5 公里，后来发展成为称多县境内的萨迦派第二大寺院。该寺在 20 世纪 50 年代有僧 200 余人，现有 25 人，寺内有三个转世活佛系统，一为寺院创建者智文措吉多杰的历辈转世，共历 14 世；二为喇撒仓系统，共传 7 世；三为俄巴仓系统，共传 5 世。在明末清初，东程寺与入据青海的和硕特蒙古有过密切联系。相传和硕特蒙古首领固始汗于 1637 年向东程寺第五世寺主活佛阿永更尕扎西赠给金字大藏经、镀金铜号等多种经典、法器，后来还颁赐给有关维护寺院权益方面的诏书。昂普寺位于今玉树市安冲乡布荣村所在的昂西沟，亦相传八思巴路经此地时修建，距今已有 700 多年的历史。今玉树市下拉秀乡境内子曲河东岸的秋林多多寺也是这一时期建成的萨迦派寺院，该寺寺志称是由八思巴属下僧人秋林嘉色奉八思巴旨意倡建，八思巴亦曾亲临该寺讲经传法，并将自己使用过的有 100 根支杆被称为"俄都祖嘉玛"的大伞盖和彩绘有 100 条飞龙称为"嘎伊舟嘉玛"的瓷碗赠给秋林多多寺作纪念。据有的学者考证，八思巴于 1267 年进京时仿蒙古殿帐制度设立自己的拉章，拉章有 13 个侍从堪布，称之为"拔希"，是蒙古语法师之意。秋林嘉色是敬称，法名秋林多杰，是八思巴的 13 个侍从堪布之一[1]。秋林多多寺简称多多寺，20 世纪 50 年代有

---

[1] 周生文、陈庆英：《大元帝师八思巴在玉树的活动》，载《西藏研究》1990 年第 1 期。

僧 300 余人，现仍有僧 80 人，活佛 3 名，寺主即秋林嘉色的历辈转世。

八思巴返藏主要沿元代从内地通向西藏的驿路行进。忽必烈即蒙古大汗位后，派遣一个名叫达门的官员携带诏书及八思巴的法旨入藏设置驿站，在朵思麻（安多地区）设了 7 个大驿站，在朵甘思（康区）设了 9 个大驿站，在乌思藏（前后藏）设了 11 个大驿站，驿路直到萨迦。

八思巴在玉树境内，主要经今称多、玉树、囊谦三县，这三县称"玉树地区东三县"，气候相对温和，人口较集中，交通方便，佛教寺院也相对集中。这三县的河谷地带在元代可能是内地通往西藏萨迦的通道，前文提到的称多邦夏寺附近的格秀仲莫切地方，有的学者考证，很可能是"元朝在朵甘思地区设置的大驿站之一"（见周生文、陈庆英《大元帝师八思巴在玉树的活动》）。因此，八思巴把这里作为活动的主要地区，给予更多的关照，他与这里的各部落首领、宗教上层人士广泛建立密切联系，赐赠佛像、法物，进行灌顶、讲经、传法，为萨迦派的传播起了非常重要的作用。如今称多县境内有藏传佛教各派寺院 25 座，其中萨迦派寺院 9 座，数量居各派之首。这些萨迦派寺院，多数是八思巴几次路过称多时倡建或使其他教派寺院改宗萨迦派的。八思巴一行在玉树地区的行程，先进入今称多县境，后到玉树市境，再经囊谦到西藏。在玉树市境，他曾亲临仁钦楞寺。仁钦楞寺现址位于巴塘乡的东扎隆沟，故址在通天河边的川、青、藏三省区交界处。据传当年文成公主进藏，亦经此地，曾造佛塔 1 座。八思巴在仁钦楞寺驻锡，讲经说法，赐给该寺跳布扎（即跳神）用的护法神面具以及传说中格萨尔王的大将贾察在去世前献给萨迦寺的马嚼铁和马后鞧等。有的学者考证认为，《萨迦世系史》中所记 1274 年年底八思巴在一个叫作"巴"的地方写新年祝词寄呈忽必烈，向忽必烈祝贺新年。从八思巴的行进日程看，这个地方很可能是今天玉树市的巴塘乡，并云此后稍晚些年，八思巴的弟子白兰王恰那多吉的儿子达玛巴拉帝师在从萨迦进京的途中也到过该寺（见周生文、陈庆英《大元帝师八思巴在玉树的活动》）。仁钦楞寺的僧众为了纪念八思巴亲临寺内讲经传法，在该寺大经堂内专设八思巴法座，并称大经堂为"帕巴赤玛经堂"，意为有八思巴法座的经堂。八思巴在今玉树市境内还去过小苏莽等地的萨迦派寺院，然后进入囊谦境内。在小苏莽地区，八思巴曾向东从寺转赠原供在昌都林达寺的一副跳神面具和一个显有梵文"吽"字字形的海螺，这两件法器一直是该寺的主供神物。自此，东从寺也与西藏萨迦寺关系密切，萨迦寺向该寺派有讲经堪布，后形成一个转世活佛系统。囊谦县是玉树地区藏族的发祥地，作为囊谦王家庙的根蚌寺，元明时期是囊谦王统治的活动中心。据《囊谦千户家族史》记载，当年八思巴返回西藏时途经囊谦，居住两年之久，与囊谦千户先祖结成了供施关系。[①]根据有关八思巴的生平传记，此说存有不少疑点，尤其说八思巴在囊谦一带居留两年，显然与史实不符。但可以肯定，作为总领全国佛教和藏族地区行政事务的八思巴曾途经囊谦地区，并与囊谦土王建立起过密切的关系。据有关资料记载，早在阔端派其部将多达那波领兵进藏时，囊谦王阿由路哇（亦称直哇阿鲁）即亲自欢迎，表示归附。此后，阿由路哇与噶举派名僧勒巴尕布携手合作，请求黎州官员颁发管理领地文书及允准建根蚌寺，从此囊谦部落与中央王朝确立领属关系。1274年，八思巴返藏路经囊谦时亲临根蚌寺，赐赠法螺一对（现存囊谦采久寺）。根蚌寺是千户府的寺院，坐落在千户府邸所在地囊谦喀，囊谦土王不去拜见八思巴是绝不可能的。据《中国藏族部落》，八思巴在这里选任勒巴尕布的再传弟子日美多杰为根蚌寺住持。八思巴到西藏后，代表元朝中央加委乌思藏十三万户时，囊谦王阿由路哇急派其弟根蚌寺住持曲吉将才入藏晋

---

① 吴均：《关于藏区宗教的一些问题辨析》，载《青海民族学院学报》1980年第4期。

见八思巴，请求给囊谦王颁发领地执照。"八思巴以国师领总制院事的身份加封囊谦王阿由路哇，承认囊谦所属六部落为囊谦的领地和属民。"

另据囊谦宗达寺等寺寺志，宗达寺由出生于今玉树州杂多县苏鲁乡的萨迦派僧人觉让蒂什察始建于 13 世纪后叶，是一座古老的萨迦派寺院，现位于囊谦县吉曲乡瓦江村附近的拉少山宗达坡上。1274 年，八思巴曾到宗达寺驻锡讲经传法，赐给该寺一尊度母像和一个净水壶，并给寺主活佛赐给封册，准许其头戴金冠。同时给宗达寺的属寺求嘎寺（在今囊谦县吉尼赛乡）颁赐给命册。八思巴回到西藏后，指派萨迦寺的巴桑江才来囊谦分管宗达、求嘎寺。巴桑江才后来常住求嘎寺，成为求嘎寺活佛。八思巴还从萨迦寺专门赐给宗达寺一份法旨，其内容如下：

> 凡阿里三围、中区卫藏四如、下部朵康六岗所属霍卡四部、囊肖六部、安多上部，贡囊尼和仲巴、格吉部落，白日和年措、优秀、拉秀部落，噶哇仁庆部落和苏鲁、苏莽、拉托、仲巴葱、卜杰、全德格的农牧区，罗买和查哇安康的上下部，贡觉和扎杨、昌都、类乌齐、仲巴、尕谢、群保白黑黄三族等地区，尤其是康德囊地区的高僧、贵族等务必保护宗达寺。该寺蒂什察喇嘛系囊谦（土王）家的大喇嘛，为噶德钦楞寺、求宗寺和傲布冷赛德隆寺三寺之寺主。凡此三寺皆属我萨迦派，全藏区均须保护之。不许任意占地断路，刁难寺院，不准拦劫上交萨迦寺的税赋，不得在生活上为难寺院僧徒。以上三寺所化布施归自己寺院支配。特别是嘉绒隆上部四沟、下部八滩以及若骨滩和边智等地的土地、草山、牧畜的饮水、所化布施等永远属于以上三寺。若有侵犯，则违背萨迦寺旨意，定受严惩。

> 藏区多吉顶吉祥于萨迦（印章）[1]

从上述法旨可以看出，八思巴对囊谦及其周围地区的部落情况、隶属

---

① 蒲文成主编：《甘青藏传佛教寺院》，青海人民出版社 1990 年 7 月版，第 387 页。

关系等非常熟悉，他特别指出"该寺蒂什察喇嘛系囊谦家的大喇嘛"，是三座寺院的寺主，三寺皆属萨迦派，"全藏区均应保护之"，说明对囊谦土王（后称千户）的情况更加了解，法旨要求部落范围极广，足见他对宗达寺等萨迦派寺院的重视，这些都极大地促进了萨迦派在玉树地区的传播，致使一部分他派寺院改宗萨迦派。

在藏传佛教内部，作为信仰，不同派别之间向无尊卑贵贱之分，藏族历史上的许多宗教领袖人物因主张各宗教及教派一律平等而受到藏族社会的崇敬。八思巴正是这样一位有远见的人物，他一贯坚持允许各教派修习各自的教法，主张平等对待其他各教派，对许多要求改宗萨迦派的寺院，多婉言谢绝。如位于今杂多县苏鲁乡政府所在地的邦囊寺，是一座古老的巴绒噶举派寺院，始建于13世纪，因地处吉曲河下游的日哇下部，故亦名"日哇麦玛寺"。历史上曾3次迁移寺址。当该寺初址还在今囊谦县的嘎毛宁日地方时，八思巴曾到这里，赐给铃杵等法器，但对寺僧提出的改宗萨迦派的请求则婉言拒绝。八思巴的这些做法不仅加强了藏传佛教各教派的团结，而且更重要的是起到了争取各教派僧俗群众支持的作用，邦囊寺一直感戴八思巴对他们平等相待的恩德，寺内一直念诵萨迦派的《普明大日如来经》，进而对蒙古首领亦怀好感敬慕之情，在寺侧石崖上镌刻有蒙、藏文的《成吉思汗赞》，还相传在寺院不远处有阔端部将多达那波兵将的坟墓。尽管八思巴并不主张他派改宗萨迦派，但由于八思巴的崇高威望和萨迦派的极盛形势，仍有一部分其他教派（宁玛派居多）的寺院改宗了萨迦派。据一些资料，至元元年夏八思巴第一次返藏途经玉树时，曾往今称多县南部的歇武地方讲经传法。该地的多干寺，是一座古老的宁玛派寺院，在僧众的请求下，八思巴答应改为萨迦派寺院。他回到西藏萨迦寺后，还派其弟子西却仁增秋仲来多干寺主持寺务，成为该寺第一代活佛。当时，八思巴还规定,由萨迦寺派遣一名长老,称"萨迦喇干",来玉树常住多干寺讲经,并协助管理寺务,后成定制。该寺最后一位萨迦喇干于1956年还俗,现任称多县政协副主席。多干寺后来也与西藏的俄尔寺关系密切,亦为其子寺。历史上,多干寺是原白日多麻和扎武两部落信众的主要寺院,20世纪50年代有僧250人左右,现有僧59人、活佛3人。主要建筑有大小经堂、护法殿、转经轮房、八宝灵塔等,并设有印经室、藏医诊所、旅舍等,是歇武地区一座较有影响的萨迦派寺院。

　　八思巴在玉树活动期间,由宁玛派改宗萨迦派的寺院尚有今玉树市的唐隆寺、桑周寺、宗郭寺等。唐隆寺位于仲达乡唐隆村所靠的颇绕顿山根,相传南宋时期由一名叫蒙特加那的僧人从天竺学经回来后倡建,属宁玛派。后来,该寺皈依八思巴,八思巴赐给一寸高的纯金贡保怙主像1尊,委任攘迥衮噶仁钦、桑杰益西等高僧掌管寺务,自此改宗萨迦派,以西藏的俄尔寺为主寺,向由俄尔寺派遣住持活佛,最盛时有僧400多人,现仍有百余僧。桑周寺亦在今仲达乡境内,位于佐娘村附近的通天河南岸。相传这里是唐隆寺的创建者蒙特加那的传教区,很有信仰基础,约在12世纪,建成佐娘"巴吉楞"宝塔,在玉树地区颇负盛名。附近有巴青班觉寺、巴古宗达寺和仁增俄赛寺等3座寺院,均属宁玛派。经八思巴活动,萨迦派在玉树地区弘传,以上三寺合并成规模较大的桑周寺,又称"三成寺",改信萨迦派,现有僧26人。宗郭寺为唐隆寺的子寺,位于仲达乡境内梅森村东南侧仁青协扎山上。寺院所在地"仁青协扎",意为"水晶宝崖",山势险峻,崖石奇异嶙峋,状如各种猛兽舞爪,崖间灌林丛生,溪流清澈,鸟语花香,景色诱人。这里是玉树地区藏僧的出名禅修地,当地相传宁玛派祖师莲花生及其弟子益西措杰等曾在这里静修。至今在寺南峭壁上有几处禅房,悬空而建,宛如空中楼阁,每年有不少信徒来此转山朝拜。宗郭寺因禅修僧人渐多，形成一座宁玛派小寺，元代八思巴返藏途经玉树后，改宗萨迦派，后由八思巴委任的唐隆寺住持攘迥衮噶仁钦进行扩建，并任寺主，宗郭寺遂成唐隆寺子寺。该寺规模不大，20世纪50年代有80余僧，现仅7人，但以建筑险峻闻名，一座九柱经堂矗立在山峰上，昂然挺立，四周由16座青石板砌成的楼式僧舍围绕，势若古堡，威严壮观。

八思巴在玉树活动期间，对佛教内部虽采取基本平等的态度，但对佛教以外的本教则采取压抑的政策。东噶洛桑赤列的《论西藏政教合一制度》中说，八思巴被封为帝师后，忽必烈打算下令在全国涉藏地区禁止信奉除萨迦派教法以外的其他各派的教法。八思巴就此向忽必烈谏言道："西藏各教派虽然教法有所不同，但除本教之外，全部属于佛教一门，并无差别。倘若不许各派自愿奉行其教法，不仅有损汗王陛下的国政及声威，对我们萨迦派亦无助益。所以，请准许各教派有按其自愿奉行教法的权利。"①显然，八思巴的宗教平等政策只限于同一种宗教的内部。在玉树，如果说一部分宁玛派寺院改宗萨迦派出于自愿，本教寺院的改宗则是另一种情形。在玉树地区，早期有不少本教寺院，后来相继改宗佛教各派，本教至今绝迹，确实是值得研究的。尽管这有许多原因，但与八思巴的活动不无关系。如今称多县境内的土登寺、赛达寺等就是八思巴时期由本教改宗的萨迦派寺院。土登寺位于拉布乡境内的拉布沟沟口，是原拉布、扎武二藏族部落群众共同信奉的寺院，相传建于13世纪中叶，至今有700多年的历史，初址在拉布沟口背面的美拉当藏山岗上，信奉本教，寺名"阿柯日土寺"，由本教徒阿柯主持寺务。八思巴返藏途经称多，聚众讲经，将该寺改为萨迦派寺院，易名"土登寺"，并赐"布扎护法神"的面具一套。自此，该寺搬迁到现址，以八思巴所赐布扎护法神为主供神像。1958年，全寺有僧

---

① 东噶·洛桑赤列著，陈庆英译：《论西藏政教合一制度》，民族出版社1985年版，第42页。

157 人，现有僧 37 人。赛达寺位于今歇武乡下赛巴村，早期为本教寺院，亦由八思巴改为萨迦派寺院，历史上以西藏萨迦寺和俄尔寺为主寺，主供玛卿护法神，现有僧 41 人。

二、胆巴国师

如前所述，胆巴是八思巴在玉树称多收纳的一位重要弟子，《元史》《历代佛祖通载》等均称他为元代名僧，是青海藏族古代史上的一位重要人物。他成为八思巴弟子后，在玉树地区建寺数座，弘广萨迦派，后供职元都，位及国师。现据有关资料及实地调查，简述其生平如下：

胆巴，尊称"阿尼胆巴"，法名衮噶扎巴，元代藏传佛教萨迦派高僧。南宋绍定三年（1230 年），出生于今青海省玉树藏族自治州称多县称文乡上庄，藏族，祖姓噶氏，幼孤，由其叔父抚养。南宋淳祐元年（1241 年）离家到西藏萨迦寺学经，聪明勤奋，学业突出。宝祐元年（1253 年），时年 24 岁，受八思巴派遣，往印度学佛，曾广参名师，游学各大佛教圣地，学成后返乡。1264 年，元世祖忽必烈定都大都（今北京），元朝正式建立，立年号"至元"。继设总制院，命八思巴以国师领总制院事。约在至元二年（1265 年），八思巴经忽必烈同意，与其弟恰那多吉一起返回萨迦处理西藏事务。八思巴一行经甘肃临洮、青海玉树等地回藏，途经今称多县噶哇隆巴时，胆巴组织带领当地僧俗民众隆重欢迎，举行有万余名信众参加的盛大法会，请八思巴灌顶传法，后称该地为"称多"，为万人聚会意，并成为这一地区的总名。当时，八思巴正式接收胆巴为弟子，赐名衮噶扎巴，译言"庆喜称"，并作为随行弟子，同往萨迦。至元四年（1267 年），胆巴奉八思巴命返回故乡建寺弘法。

胆巴回到称多后，利用八思巴和他本人在当地的影响，筹措资金，不久在今称多县称文乡境内称文沟的当隆建成尕藏寺。这是称多县境内历史最久、规模最大的萨迦派寺院。八思巴曾为该寺亲赐释迦佛像 1 尊、以金银汁写于蓝黑纸上的大藏经 1 套、1 尺 5 寸高的合金塔 1 座、九尖金刚铃杵 1 个，并亲自向该寺颁赐蒙、汉、藏三种文字合璧的命书 1 道，为寺院规定有多种特权。寺院建成后，胆巴任住持，八思巴赐有象牙章和白檀木章各一枚，受命管理当地政教事务。在八思巴的支持下，经胆巴的多方努力，尕藏寺发展很快，鼎盛时，寺僧多达 1900 人。胆巴为了纪念八思巴在玉树称多地区的传法活动，在八思巴于噶哇隆巴的讲经处，建成白莲法座，成为当地重要的佛教遗迹。尕藏寺建成后，胆巴再奉八思巴法旨，兴建今称多县的邦夏寺、玉树市的隆庆寺等，并派弟子昂卡拉巴建成玉树达杰寺。

约在至元七年（1270 年），八思巴带胆巴到大都，举荐给忽必烈。自此，胆巴常住元廷，多次参加或主持朝廷的各种佛事活动，并曾奉诏去山西五台山，居住寿宁寺，建立道场，传授藏密金刚乘大法，主持祭祀佛教战神"摩诃伽剌"，为忽必烈武力统一中国做宗教上的精神准备。至元十一年（1274 年），八思巴出居临洮，将朝廷的宗教事务交付胆巴办理。至元十八年（1281 年），胆巴奉忽必烈之命，作为佛教代表人物之一，赴长春宫参加佛道《老子化胡经》真伪的辩论。翌年，为配合元朝对朵甘思地区用兵，胆巴奉忽必烈之命，在元朝军队护送下到今四川甘孜、德格、炉霍一带。他在这里活动 6 年有余，利用其崇高的佛教地位和渊博的佛学知识，修建寺院，讲经传法，安抚人心。相传他在这些地区共修建了大小 108 座佛殿，各佛殿均饰以鹏头飞檐，殿内供有佛像和藏文大藏经等。他在这里的传教活动对巩固元朝在朵甘思藏族地区的统治起了重要作用。至元二十四年（1287 年）十月，曾为胆巴弟子的桑哥被忽必烈任命为尚书丞相，兼总制院使。至元二十六年（1289 年），桑哥奏请忽必烈从朵甘思召胆巴回京，继续在朝廷主持佛事和其他宗教事务。此后，胆巴曾获罪朝廷，被只身流放到广东沿海，一度住居潮州开元寺，颇受湿热瘴厉之苦。时隔不久，复被召回大都。至元三十年（1293年），忽必烈病重，召他至皇宫建观音狮子吼道场祈禳。翌年四月，元成宗铁穆耳继位，更加尊崇胆巴，其地位与帝师相若。元贞元年（1295年），元成宗命他住大护国仁王寺，令太府具驾前仪仗，百官护送。大德六年（1302年）二月，元成宗出巡至柳州时患病，命他赶到柳州修法七昼夜，成宗病愈，命天下僧人普读藏经，大赦天下。皇帝和皇后还将自己佩戴的七宝牌、宝珠璎珞等布施给他，并赐车辇、骡马、白玉鞍辔、金制曼荼罗、黄金等，派御前校尉10人给他当出行时的前导。三月，元成宗继续出巡，命他乘大象走在皇帝车驾之前，卫护皇帝的安全。大德七年（1303年）夏，胆巴于上都（今内蒙古多伦县西北）患病，成宗曾派御医诊视，五月终因不治去世，终年74岁。

胆巴去世后，元成宗赐沉香及檀香木等火化遗体，并命大都留守送其舍利至大都，于大护国仁王寺庆安塔中供放。元仁宗皇庆二年（1313年），元廷又追封他为"大觉普慈广照无上帝师"。元代著名书法家赵孟頫曾书《大元敕赐龙兴寺大觉普慈广照无上帝师之碑》，简称《胆巴碑》，是公认的书法珍品，流布甚广。碑文赞扬他"行秘密咒法，作诸佛事，祠祭摩诃伽剌，持戒甚严，昼夜不懈，屡彰神异，赫然流闻"，"德业隆盛，人天归敬。"并云当时上至皇帝、太后，下至诸王将相，皆从受戒法，执弟子礼，认为"西蕃上师至中国不绝，操行谨严、具智慧神通无如师者。"

关于胆巴，《元史·释老传》载其生平说：

八思巴时，又有国师胆巴者，一名功嘉葛剌思，西番突甘斯旦麻人。幼从西天竺古达麻失利传习梵秘，得其法要。中统间，帝师八思巴荐之。时怀孟大旱，世祖命祷之，立雨。又尝咒食投龙湫，顷之异果上尊涌出波面，取以上进，世祖大悦。至元末，以不容于时相桑哥，力请西归。既复召还，谪之潮州。时枢密副使月的迷失镇潮，而妻得奇疾，胆巴以所持数珠加其身，即愈。又尝为月的迷失言异梦及已还朝期，后皆验。元贞间，海都犯西番界，成宗命祷于摩诃葛剌神，已而捷书果至，又为成宗祷疾，遄愈，赐予甚厚，且诏分御前校尉十人为之导从。成宗北巡，命胆巴以象舆前导，过云州，语诸弟子曰："此地有灵怪，恐惊乘舆，当密持神咒以厌之。"未几，风雨大至，众咸震惧，惟幄殿无虞，复赐碧钿杯一。大德七年夏，卒。皇庆间，追号大觉普惠广照无上胆巴帝师。

《历代佛祖通载》卷三十五记载：

大德七年，胆巴金刚上师殁，师名功嘉葛剌思，此云普喜名闻，又名胆巴，此云微妙，西番突甘斯旦麻人。幼孤，依季父，闻经止啼，知其非凡，遣侍法王上师。试以梵咒，随诵如流。曰："此子宿积聪慧，异日当与众生作大饶益。"年十二，训以前名，自是经科咒式坛法明方，靡不洞贯。年二十四，讲演大喜乐本续等文，四众悦服。上师命胆巴至西天竺国参礼古达麻失利，习梵典，尽得其传……巴入中国，诏居五台寿宁。壬申，留京师，王公咸禀妙戒。……至壬午，师力乞西归，上不能留。初，相哥受师戒，续为帝师门人，屡有言其横自肆者，师责而不悛，由是御之。逮登相位，惧师说直，必言于上，乃先入巧言谮师，故有是请。首于云中，次至西夏，以及临洮，求法益众。未几，权臣复谮，令归本国。师至故里，阅六寒暑，己丑，相哥遣使传召还都，于圣安寺安置。四月，赴省听旨，令往潮州。师忻然引侍僧昔监藏，子身乘驿，即日南向。及出都门，雷雨冥晦，由汴涉江，泊于闽广，所至州城俱沾戒法。八月抵潮阳，馆于开元寺。有枢使月的迷失，奉旨南征，初不知佛，其妻得奇疾，医祷无验，闻师之道，礼请至再。师临其家，尽取其巫觋绘像焚之，以所持数珠加患者身，惊泣乃苏，且曰梦见一黑形人释我而去。使军中得报喜甚，遂能胜敌，由是倾心佛化。师谓门人曰："潮乃大颠韩子论道之处，宣建刹利生。"因得城南净乐寺故基，将求材，未知其计。寺先有河，断流既久，庚寅五月，大雨倾注，河流暴溢，适有良材泛筑充斥，见者惊诧，咸谓鬼输神运焉。枢使董工兴创，殿宇既完，师手塑梵像，斋万僧以庆赞之。尝谓昔监藏曰："吾不久有他往，宜速成此寺。"后，师还都，奏田二十顷，赐额宝积焉。未几召还。相哥已伏诛矣。癸巳夏五月，上患股，召师于内殿建观音狮子吼道场，七日而愈，施白金五十锭，叙及相哥谮师之语，师以宿业为对，宰相莫不骇服。上谓师曰："师昔劝朕五台建寺，今遣侍臣伯颜、司天监苏和卿等相视山形。"以图呈师，师曰："此非小缘，陛下发心，寺即成就。"未几，上宴驾。甲午四月，成宗皇帝践祚，遣使召师，师至，庆贺毕，奏曰："昔成吉思皇帝有国之日，疆土未广，尚不征僧道税粮，今日四海混同，万邦入贡，岂因微利而弃成规，倘蠲其赋，则身安志专，庶可勤修报国。"上曰："师与丞相完泽商议。"奏曰："此谋出于中书省官，自非圣裁，他议何益？"上良久曰："明日月旦，就大安阁释迦舍利像前修设好事，师宜早至。"翌日，师登内阁，次帝师坐。令必阇赤朗宣敕旨，顾问师曰："今已免和上税粮，心欢喜否？"师起谢曰："天下僧人，咸沾圣泽。"元贞乙未四月，奉诏住大护国仁王寺，敕太府具驾前仪仗，百官护送。寺乃昭睿顺圣皇后所建，其严好若开宫内苑移下人间。是年，遣使召师，问曰："海都军马犯西番界，师于佛事中能退降否？"奏曰："但祷摩诃葛剌，自然有验。"复问曰："于何处建坛？"对曰："高梁河西北瓮山有寺，僻静可习禅观。"敕省府供给，严护令丞相答失蛮，上亲染宸翰云："这勾当怎生用心，师理会者，师的勾当，朕理会得也。"于是建曼拏罗，依法作观。未几，捷报至，上大悦，壬寅春二月，帝幸柳林，遘疾，遣使召云："师如想朕，愿师一来。"师至幸所，就行殿修观法七昼夜，圣体乃瘳，敕天下僧寺普阅藏经，仍降香币等施，即在赦天下。上曰："赖师摄护，朕体已安。"即解颈上七宝牌为施，皇后亦解宝珠璎珞施之。并施尚乘车辇、骠马、白玉鞍辔、金曼答剌、黄白金各一锭，官帛十八匹，御前校尉十人为师前导。三月二十四日，大驾北巡，命师象舆行驾前。道过云州龙门，师谓徒众曰："此地龙物所都，或兴风雨，恐惊乘舆，汝等密持神咒以待之。"至暮，雷电果作，四野震怖，独行殿一境无虞。至上都，近臣咸谢曰："龙门之恐，赖师以安。"癸卯夏，师示寂，上遣御医俾视，师笑曰："色身有限，药岂能留。"五月十八日，师问左右："今正何时？"对曰："日当午矣。"师即敛容端坐，面西而逝。上闻，悲悼不胜，赐沉檀众香，就上都庆安寺结塔茶毗。王及四众莫不哀恻。是二月十九日，敕丞相答失蛮开视焚塔，见师顶骨不坏，舍利不计其数，轮珠坐毡如故。回奏加叹，敕大都留守率承应伎乐迎舍利归葬仁王寺之庆安塔焉。世寿七十有四，僧腊六十二。秘密之教，彼土以大持金刚为始祖，累传至师益显，故有金刚上师之号焉。

《辍耕录》卷五"僧有口才"条记载：

大德间，僧胆巴者，一时朝贵咸敬之。德寿太子病癉，薨。不鲁罕皇后遣人问曰："我夫妇崇信佛法，以师事汝，止有一子，宁不能延其寿耶？"答曰："佛法譬如灯笼，风雨至乃可蔽，若烛尽，则无如之何矣。"此语即吾儒"死生有命"之意，异端中得此，亦可谓有口才者矣。

三、玉树地区的其他萨迦派寺院

自八思巴传教之后，萨迦派在玉树地区迅速传播，当地不少僧人去西藏萨迦寺、俄尔寺等寺学经，他们学成归来在故乡布教建寺，或萨迦等寺高僧到玉树地区讲经传法，建寺活动从元代一直持续到明代，甚至在清代还新建了少量萨迦派寺院。在元代，除前文所述，另外新建的萨迦派寺院有今玉树市境内的布荣寺、当头寺等，规模较小。布荣寺在玉树市安冲乡布荣村北侧，由萨迦派僧人巴德求君创建，为当地布庆百户部落群众所信奉。20世纪中叶，西藏俄尔寺派旦增次成、拉巴二人作为代理活佛来布荣寺主持寺务。自此，布荣寺以俄尔寺为母寺，宗教事务向由俄尔寺所派的代理活佛主持，行政事务仍由布庆百户管理。1958年有僧50人，现有僧13人。当头寺位于玉树市巴塘乡当头村所在的拉娘山腰，由西藏萨迦派喇嘛亚丁更嘎松保来此传教兴建，最初规模一般，以俄尔寺为母寺。清康熙年间以后发展甚快，寺僧达200余人，下辖今四川石渠县境内的须拉寺、邦岭寺、拉居寺和西藏昌都地区的萨沟寺。寺院建筑宏伟，主体建筑大经堂雄踞全寺中心，其他殿宇、僧舍百余间，围建四周，形成方形建筑群，布局奇特，气势壮观，惜毁于光绪年间地震。现全寺有僧71人，宗教活动方面，与本县的达杰寺等联系密切。在元代，还有一些他派寺院改宗了萨迦派，最出名的有囊谦的毕日拉庆寺。毕日拉庆寺在今囊谦县着晓乡的察秀多让察贡地方，由巴绒噶举派创始人达玛旺秋的弟子直希热巴始建于12世纪末叶，是一座较出名的噶举派寺院。元代这里萨迦派弘传后，毕日拉庆寺改宗萨迦派，并分建今着晓乡巴嘎滩的毕日拉穹寺和东坝乡龙达村附近吉更科山上的要毕日寺，均奉萨迦派。毕日拉庆寺现有僧60人、活佛2人；毕日拉穹寺有僧32人、活佛2人；要毕日寺规模较大，1958年有僧150人、活佛3人，现有僧75人。

在玉树地区，现存最大的萨迦派寺院是位于玉树州治所在地结古镇东北隅的结古寺。结古寺坐落在木它梅玛山（亦称卧青山）上，据传这里很久以前有座本教寺院，至元末，本教寺院已不存在，而是两座噶玛噶举派小寺，其中一座是尼姑寺，另建有当地扎武头人居住的红宫，所映出政教合一的特点。明洪武三十一年（1398年），西藏萨迦派大喇嘛（疑为萨迦寺僧人）当钦哇·嘉昂喜饶坚赞（1376—? 年）来这里传教，得到扎武部落头人的支持，将原建成在这里的两座噶举派小寺迁往今结古镇东约 8 公里处，称之为扎西格寺，一直是噶玛噶举派尼姑寺，有尼姑 10 余人，后于 1958 年拆毁消亡。木它梅玛山上的噶玛噶举派寺院被迫迁走后，当钦哇在原有建筑的基础上建成著名的结古寺，结古寺建成后，一直得到扎武部落头人及其属众、西藏萨迦寺和德格佐钦寺的支持，发展很快。以建筑宏伟、寺僧众多、文物丰富、多出学者而闻名。整个寺院依山势而建，殿堂僧舍错落有致，远望似多层楼阁耸立，甚为壮观。主体建筑大经堂，可容千余僧诵经，谓之"都康桑舟嘉措"经堂，传由西藏萨迦寺大堪布巴德秋群和结古寺第一世嘉那活佛多顶松却帕文合作设计，具体由扎武迈根活佛负责施工修建。另有讲经院、大昭殿、弥勒殿、嘉那和文保活佛院等，亦建筑宏伟，各具特色。明清鼎盛时期寺僧多达千余人，有扎武迈根、嘉那、文保坚贡等转世活佛系统，西藏萨迦寺派有讲经喇嘛，称之为"萨迦喇干"，在寺内专门建有其拉让院。结古寺历史上多出名僧，如喇嘛昂嘎，著有《般若波罗蜜多经释》等佛学著作 5 部；喇嘛才江为当代玉树名医，以医德高尚、医术精湛为群众称颂；喇嘛日霍，擅长史学，著有《大日如来佛堂志》《藏区文物志》等。寺内各殿供奉有释迦牟尼、萨迦派历代祖师、莲花生大师、吉祥天女、宝帐怙主、吉祥依怙主、密宗事部三怙主（即佛部文殊、金刚部金刚手和莲花部观世音）、自显度母等的镀金铜像或药泥像数千尊，藏文大藏经等各种佛教经文典籍近万卷，另有相传八思巴时期流传下来的释迦牟尼佛唐卡像、用檀香木雕刻的度母像、护法面具、古印度铃杵、胆巴国师用过的牦纛、相传藏族古代英雄格萨尔王用过的钗钹、扎武部落百户家祖传的宝刀（相传从故居香雄地方带来）等许多珍贵文物。结古寺盛名遐迩，加之地处青藏交通要冲，历史上多有名僧来此巡礼驻锡。1937 年藏历十二月初一日，第九世班禅大师却吉尼玛返藏途中因病在结古寺圆寂。1958年，结古寺有大小殿堂5座、僧舍600余间、寺僧850人、活佛3人。寺院富有，占有耕地2000余亩、牛1000头、骡马140余匹。现有僧200人、活佛2人。在印度海麻加地方建有同名的结古寺，寺主活佛为原玉树结古寺的文保坚贡活佛。现世文保坚贡，1973年生于印度，1981年坐床。

结古寺的嘉那活佛，法名衮噶江才，1950年生，现为寺主活佛，任玉树藏族自治州和玉树市政协委员，州佛协常务理事，该系统第一世多顶松却帕文，昌都囊同人，生于明代，青年时期学经于西藏、印度，后往四川峨眉山、山西五台山等地修学20余年，精通藏、汉两文，有"汉地圣者菩萨"之称，成为结古寺活佛后，通称"嘉那朱古"（意为汉活佛），至现世的衮噶江才，共历7世。一世嘉那活佛多顶松却帕文多才多艺，曾创民间舞蹈100多种，玉树地区至今流传的著名的"卓舞"多源于此。他晚年常静居今结古镇东面的新寨村东面山坡，并在这里堆放嘛呢石堆，被人称之为"嘉那嘛呢"。该嘛呢石堆由刻有藏文观音六字真言的嘛呢石垒成，信徒们历年添加，体积越来越大，至1955年，嘛呢石约达25亿多块，被誉为"世间第一大嘛呢堆"，成为一大景观，至今是重要的宗教活动点。

结古寺建成后，萨迦派在玉树地区分为南、北两个教区。北区以结古寺为中心，包括玉树、称多两县境内的寺院，较大的有玉树的唐隆寺、达杰寺、秋林多多寺、东从寺、仁钦楞寺、当头寺，称多的尕藏寺、多干寺、东程寺、土登寺等。南区以囊谦的宗达寺为中心，寺院规模一般较小，后又发展新建了一些，主要是今囊谦县东坝乡然察干比山的热拉寺，由宗达寺僧人安旺更噶木久约建于明嘉靖十年（1531年），为宗达寺子寺，《玉树调查记》称有僧20人，现有65人，其中活佛2人；另有囊谦县香达乡冷日村附近的当洒寺，由毕日拉穹寺活佛措昂约建于明天启元年（1621年），为毕日拉穹寺子寺，现有僧17人，活佛2人。

玉树地区萨迦派寺院，主要建于元明两代，或由他派改宗而成。清代以来新建的很少，见于记载的，仅有今玉树市上拉秀乡的察柔寺和囊谦县觉拉乡的尼亚寺。察柔寺由堪布巴登秋君的弟子察柔旦巴晋美多杰建于清乾隆二十二年（1757年），初为噶举派帐房寺，乾隆三十二年（1767年）改宗萨迦派，原有巴勒、英旦、才仓3个转世活佛系统，20世纪50年代有僧200余人，现有65人，由才仓活佛秋牙主持寺务。在尼泊尔有同名的察柔寺，由巴勒活佛主持寺务。尼亚寺约建于清道光二十九年（1821年），原有尼亚尼直、尼亚撒阳、尼亚桑直3个转世活佛系统，寺处囊谦县觉拉乡、玉树市下拉秀乡和杂多县吉杂乡交界处，现寺僧35人，来自三县，杂多县的居多。此外，囊谦县乩扎乡的保日寺，是原西藏俄尔寺所辖萨迦派寺院，称多县县治周均镇西一公里处有一寺，是西藏萨迦寺于1948年为收租而建的，均规模不大，1958年后关闭，至今未恢复。

第四节　噶丹派及其在青海的传播

噶丹派是藏传佛教早期的派别之一。藏语"噶"，指佛语，"丹"指教授。"噶丹"，意为包括经、律、论三藏在内的一切佛语，都是对僧人修行全过程的指示和教导。噶丹派由阿底峡尊者奠基，仲敦巴杰维迥尼开创，并由其称作"三同门"弟子的博多哇、京俄哇和普穹哇以及其他弟子宏扬光大。阿底峡（982—1054年），本名月藏，法名燃灯祥智，为古东印度萨霍尔国国王善祥之子。15岁起师事那烂陀寺的菩提贤、明杜鹃等学习佛法。29 岁时于金刚座的菩提伽耶摩底寺由戒护剃度出家，又先后师从戒护、法护、金洲大师等，苦学因明法相，曾系统学习一切有部的主要经典《大毗婆娑论》，尤通一切有关菩提心的教诫。据说他学成后曾与南印度的许多所谓外道班智达辩论取胜，使这些人皈依佛教，从而声名大著。1025 年，应摩诃巴罗王（意译为大护王）之请，住持毗讫摩罗尸罗寺（意译为戒香寺或超岩寺），成为该寺及其所属 18 寺座主。这一时期，正值藏传佛教后弘期不久，教法杂乱，学法僧人重密法者轻显教，重师承者轻经论，重戒律者又反对密法，致使显密相违，如同水火，法与非法混杂，教法修行次第混乱。甚至不少人自造经文流布，或以恶咒骗人，使佛教不能纯正。针对当时的这种状况，阿里托林寺古格王朝王裔益希奥（即天喇嘛智光）及其侄绛曲奥（菩提光）历经千辛万苦，最后由所派的贾宗哲僧格（精进狮子）和那措崔臣加哇（戒胜）等从印度请来阿底峡尊者传教。北宋仁宗庆历二年（1042 年），阿底峡抵达阿里托林寺。在这里，阿底峡共居留 3 年，写出著名的《菩提道灯论》，这是后来噶丹派所依据的主要论著之一，认为它是判别佛教法门真伪的准绳。全书共 70 颂，文字并不长，但它揭示了从所谓凡夫到成佛过程中主要修习的内容和阶段。该书把修学佛法者分为下士（人天乘）、中士（小乘）和上士（大乘）三种，按此讲述三皈依（即皈依佛、法、僧三宝）、三学（即戒、定、慧三学）、菩萨行六度（即布施、持戒、忍辱、精进、禅定、智慧）等修习内容以及五道、十地等修习阶位次第等，并划密宗经典为四部，以"发菩提心"贯彻修学的全过程，它以僧人的实际修习为骨干，系统安排了佛教教学的所有主要内容。3 年后，阿底峡按来藏时所约返回印度，但中途因战乱未能成行，遂由仲敦巴·杰维迥尼请到前藏，在叶尔巴、拉萨、彭域、桑耶等地弘法，后来常住聂塘寺，1054 年在聂塘病逝，终年 73 岁。

阿底峡在西藏共生活 12 年，摄显密两宗关要，合为修行次第，对规范藏传佛教，使之进一步弘传，起过重大作用，成为噶丹派祖师。因其一生对古代印度与我国藏传佛教文化的交流有重大的贡献，受到藏传佛教各派的普遍景仰，藏族人民尊称他为"觉沃"或"觉沃杰"，意为尊者，而从不直呼其名。他写有许多佛学著作，除《菩提道灯论》外，还有主讲佛教见地的显宗著作《入二谛论》《中观教授论》《般若波罗蜜多略义明灯》《集经略义教授》《十不善业道开示录》等，主讲修行方法的《摄菩提行灯论》《发菩提心论》《忏罪仪轨》《菩萨行要略教授指示录》《成大乘道修行方便略录》等共约 30 种，多由那措、贾·宗哲僧格、格洛等译师译为藏文。一些藏文史籍讲阿底峡一生著述、译著 108 部，其所传《医头术》等八部医学著作对西藏医学流派的形成也起过重要作用。他的显密译著收入藏文大藏经《丹珠尔》中的有百余种，主要有《摄大乘论》《摄大乘论释》（世亲著）、《究竟一乘宝性论》（无著著）、《中观心要释》等。在阿里托林寺，他还校正过大译师仁钦桑布（宝贤）所译经典。许多佛教史中讲，由阿底峡授法的印、藏弟子多达千余人，在西藏最出名的有库敦·宗哲雍仲、俄敦·勒贝喜饶、仲敦巴·杰维迥尼，同称为"库、俄、仲三尊"。库敦·宗哲雍仲（1011—1075 年），西藏雅隆人，曾向阿底峡学习般若学和阎曼德迦秘法等，后在聂塘等地讲授般若，弟子多达千人，博多哇亦为其弟子，著有《论著宝库》等书。俄敦·勒贝喜饶，11 世纪羊卓雍错湖一带人，传说其先祖俄钦布是吐蕃王朝赤松德赞赞普的大臣，俄敦的父亲多杰循奴是一位专习旧密的宁玛派格西。俄敦早年到西康从赛宗上师学经，1045 年回到前藏，在拉萨附近建札纳寺，收徒讲经。阿底峡至聂塘后，俄敦遂往阿底峡处学经，成其重要门徒。他曾请阿底峡和那措译师在拉萨共译《中观心论释·推理炽燃》，并请求阿底峡写成《中观教授论》。1073 年,他按阿底峡授记,于桑浦内邬托地方(在拉萨河之南)建成桑浦寺,亦称内邬托寺,成为当时噶丹派的六大寺院之一。俄敦还曾数次到热振,向仲敦巴学习过佛学。仲敦巴·杰维迥尼 (1004—1064 年),拉萨西北堆垅普的杂吉摩地方人,幼年丧母,后与继母不和,遂在舅父家生活,并从小学读藏文。19 岁去西康丹麻地方,向赛宗·旺秋循奴学习中观、《入行论》及宁玛派密乘经文近 20 年,颇有名望,人称“弘法居士”。阿底峡抵阿里后,仲敦巴亲往拜谒,并邀请阿底峡到前藏弘法,自此一直师从阿底峡。1054 年阿底峡在聂塘圆寂后,仲敦巴负责监制灵塔,整理尊者所遗梵典。翌年周年大祭后,他带着尊者的部分遗物去今西藏林周县境内的热振地方建寺。1057 年,热振寺建成,由此发展出噶丹派,热振寺成为该派祖庭。仲敦巴的弟子中,最著名的有博多哇、京俄哇、普穹哇 3 人,称之为“三同门弟子”,他们把由阿底峡尊者奠基、仲敦巴开创的噶丹派弘扬光大,发展出教典、教授、教诫三大支派。

教典派由博多哇传出,认为一切经论教典都是修行成佛的依据和方便,主张以阿底峡的《菩提道灯论》为基础,结合诠释佛语及其他论典,进行自身修持,并向他人宣说。该派所依据的经典总分为重于明见、重在明行和见行并重三类,除《菩提道灯论》外,另有《本生论》、《集法句论》、《菩萨地论》(即《瑜伽师地论菩萨地》)、《大乘经庄严论》、《集菩萨学论》和《入菩提行论》等,合称为“噶丹七论”,是噶丹教典派僧人常诵的经书。此外,尚有重在明见的《入二谛论》《中观教授论》,偏重说行的《摄行灯论》《发菩提心受菩萨戒仪轨》等。博多哇 (1027—1105 年) 本名仁钦萨,西藏彭域窝塘人,其父斯保,是一位本教徒。博多哇于叶尔巴寺出家,阿底峡来前藏住叶尔巴寺期间,博多哇聆听其讲授修行次第等。阿底峡去世后,博多哇去热振寺拜仲敦巴为师,学经 7 年,得其真传,后来继贡巴哇旺秋坚赞（1011—1082 年）之后住持热振寺。不久，因寺内不和，离热振寺另求发展，于故乡建博多寺，遂常住此寺，被人称之为"博多哇"。博多哇广有门徒，相传弟子多达 1800 人，经他讲经授徒，噶丹派才大著于卫藏，广为传播。其传法弟子中，格西颇章当巴、多哇巴、朗塘巴、夏热巴、噶仁当玛哇、朱列巴·益希坚赞、扎迦哇和聂哇曲拔最出名，称为"八大受教弟子"。其中，夏热巴（1070—1141 年），法名云丹扎，是教典派最主要的继承者，由他下传格西怯喀哇·益希多杰（1101—1175 年）和东敦·罗哲扎等，又分别建立怯喀寺和那塘寺，发展出两个系统。

教授派重师长教授，注重实修验证，以阿底峡《菩提道灯论》中"三士道次第"的见行双运为主旨，结合佛语诠释，自己修持验证，故亦称道次派。教授派的传出者有三种说法：第一，认为由京俄巴传出。京俄巴（1033—1103 年），法名粗臣拔，西藏年地方聂拉岗村人，18 岁出家于堆垅的擦托寺，后于聂塘寺师事阿底峡，25 岁去热振寺，师从仲敦巴，因常侍仲敦巴左右，故称"京俄巴"，意为眼前人。京俄巴颇悟佛家性空义，尤通二谛学说，懂梵文，善翻译，特别重视诵咒、供佛和静修，据说在修持方面曾得到仲敦巴的密传口授，故称教授派。1095 年，京俄巴建成四柱寺，招徒传法，弟子中最有影响的是甲域哇·循奴奥（1075—1138 年），由他及其弟子建立甲域寺、岗岗寺等。第二，认为教授派由贡巴哇传出。贡巴哇（1011—1082 年），法名旺秋坚赞，多康岗地方人，族姓曾，家族世代信奉宁玛派。贡巴哇自幼学佛，阿底峡驻锡聂塘寺时，他慕名往拜，成为阿底峡弟子，学到许多本尊修行法门。阿底峡去世后跟随仲敦巴去热振，后任热振寺第三任堪布 5 年，京俄巴亦曾为其弟子，故认为他是教授派的最初传出者。贡巴哇的弟子中有影响的是格西内邬素巴·益希拔（1042—1118 年）、尚迦玛巴·喜饶奥（1057—? 年）、班贡加、喀热贡穹、加杰日巴等。其中，内邬素巴最出名，是这一支的主要继承人，他精通佛家修定和有关定学经论知识，注重实践，并擅长医术，倡建内邬素寺，其弟子又分别建立仁钦岗寺、达坚寺等。此外，尚迦玛巴·喜饶奥曾创建迦玛寺，亦有影响。第三，认为京俄巴、甲域哇师徒传下来的甲域寺和岗岗寺两个传承系统，以及从贡巴哇、内邬素巴师徒传下来的甲玛仁钦岗寺与达坚寺两个传承系统，均特别重视遵照师长的指授，致力修持，重视密法修习，他们都是噶丹派的教授支派。

教诫派以《菩提道灯论》为基础，结合阿底峡尊者所传一些短小秘诀，进行修持验证，并用以导引他人。最主要的是恒住五念法门，即念师长为皈依，念自身为本尊，念语言为诵咒，念众生为父母，念心性为本空；另有"十六明点"教诫，为显密双融之修法。关于教诫派的传出，张建木先生根据法尊上师《藏传佛教的迦当派》（原载《现代佛学》1958年第2期），在《中国大百科全书·宗教卷》中称教诫派是"阿底峡在耶巴（叶尔巴）传给枯敦尊追雍仲、俄雷必喜饶、仲敦巴三人的教法。根据阿底峡遗嘱，首由俄雷必喜饶传阿里巴·喜饶坚赞，阿里巴传普穷哇，以下又单传数代，至仲·宣奴罗追，传承稍广，至根敦主时传布更广"。[①]益希旺秋等编著的《教派源流》中，则直接称教诫派由仲敦巴的"三同门弟子"之一的普穷哇传出。普穷哇（1031—1106年），法名宣奴坚赞，西藏彭域地方吉拉宗喀人，曾向阿底峡、库敦（即枯敦）等学习过般若经等，阿底峡去世后跟随仲敦巴到热振，聆听噶丹派多种教诫，仲敦巴去世后，他于彭域雍哇的普穷地方专一修行，也向弟子授法，据传他曾得到仲敦巴关于十六明点教诫的全部传授。

---

① 《中国大百科全书》总编辑委员会编纂：《中国大百科全书·宗教卷》，中国大百科全书出版社1988年版，第126页。

噶丹派以显宗学习为主，兼修密宗，强调先显后密的学修次第，它在整顿西藏原有佛教的基础上形成，使教理系统化，修持规范化，且形成时间早于其他各派，因此对各宗派都有过重大影响，各派的初祖几乎都受教于此派，特别格鲁派是直接在噶丹派的基础上建立的，有"新噶丹派"之称，格鲁派创立后，原噶丹派寺院均变为格鲁派寺院。此外，藏传佛教中一切大论的讲说，也都导源于噶丹派。该派的显宗经典，除前文所述教典派常讲授的"噶丹七论"外，尚有《现观庄严论》等"慈氏五论"和龙树的《中论》等"理聚六论"，这些均为各派所重视。另外，《父法》与《子法》也是噶丹派的主要教典。《父法》亦名《祖师问道语录》，共26章，内容有仲敦巴向阿底峡的问道求法语录、广略本阿底峡尊者传、噶丹派十六明点传承师长的传记等；《子法》亦名《弟子问道语录》或《幻书》，共49章，其内容主要是阿底峡和仲敦巴的弟子俄敦·勒巴喜饶向阿底峡请问仲敦巴历代身世的传记以及仲敦巴创立噶丹派的情况汇编。噶丹派的密宗经法分为事、行、瑜伽、无上瑜伽四部，尤以瑜伽部《摄真实经》一系的密法传承为主，把所修习的释迦牟尼、观世音、度母和不动明王四本尊以及经律论三藏，合称为"噶丹七宝"。

噶丹派在西藏的主要寺院有热振寺、桑浦寺、格如寺、恰那寺、那塘寺等。在青海曾有过一些噶丹派寺院，后均成为格鲁派寺院，其中最著名的是夏琼寺，其创建者即宗喀巴大师的启蒙老师曲结顿珠仁钦，他是青海藏传佛教史上著名的噶丹派高僧。

曲结顿珠仁钦，法名顿珠仁钦，"曲结"意为法王，是对他的尊称。相传顿珠仁钦曾在故乡夏卜浪村附近的一个称"多仁宁"的阳山岩洞隐居修行，故又尊称他为"曲结多仁波切"。"仁波切"，原意"宝贝"，是对大活佛、高僧的敬称。顿珠仁钦，于元至大二年（1309年）生于今青海省黄南藏族自治州同仁县年都乎乡夏卜浪村，藏族，其父是当地的一个小头人，家境殷实，家族笃信藏传佛教。顿珠仁钦自幼出家为僧，5 岁时与其本家之侄释迦桑布结伴去西藏学经，先入前藏聂塘寺，拜聂塘巴·扎西僧格为师，学习《大般若经》及弥勒为无著所说《现观庄严论》《庄严经论》《宝性论》《辩法法性论》和《辩中边论》等"慈氏五论"。次往后藏那塘寺，师事党敦·柔贝僧格等，苦学因明、量论。后游学夏鲁寺，曾入辩场，立宗辩经，雄辩群僧，无有对手，被布顿大师誉为"安多雄辩论师"，颇有声誉。他在藏学经 20 余年，终于博通显密，成为噶丹派一代名僧，约于元惠宗元统年间载誉返回故乡，出任临洮噶丹群佩林寺法台。该寺通称临洮新寺，藏语作"香根寺"，在今甘肃临洮附近，为八思巴敕令所建，相传这里曾建有八思巴行宫，八思巴往来甘青时常驻锡于此，处理青、康、藏等地的藏族事务。因此该寺在元初是八思巴在安多进行政治、宗教活动的一座重要寺院。约在元至元二年（1336 年），西藏聂塘寺派专人来临洮，延请顿珠仁钦去西藏担任聂塘寺住持。顿珠仁钦应请前往，因路途遥远耽搁，待他到聂塘寺，住持已选定他人。于是，他将所带物资全部献给聂塘、那塘等寺，继续广参名师，遨游学海，并在多丹巴·曲结三旦上师的指导下，一度苦修密法，获得证悟。至元三年（1337 年），又拜当时那塘寺住持钦·罗桑扎巴为师，进一步系统学习显密教义，学习圆满后，上师命他返回安多建寺弘法，并授记他在安多将有一位无与伦比的弟子，是文殊菩萨的化身，剃度此人出家时，可赐给与他的名号（即罗桑扎巴，意善慧称）相同的法名，此即后来的宗喀巴大师。

顿珠仁钦第二次回到故乡后，与其侄释迦桑布一起在家乡传播佛教。一些文献记载，他们曾在拉康玛、多绛曲玛等地修建过几座小寺。元至正元年（1341 年），顿珠仁钦正式建成夏卜浪寺，自任住持，释迦桑布任管家，以般若、因明二学为主要教程，顿珠仁钦亲自讲授弥勒诸论及《喜金刚续》《入行论》等显密经典。数年后，他觉得仅夏卜浪寺还难以实现其弘法的夙愿，计划另外择地建寺，遂让其侄释迦桑布住持夏卜浪寺，自己沿隆务河谷遍察寻找新的建寺地点，行至今尖扎县昂拉乡境内，这里地势平坦，气候温和，遂在此居留一段时间，在当地施主顿珠僧格的资助下建成昂拉赛康寺，为信众讲授《瑜伽师地论》《菩提道次第略论》等。这期间，顿珠仁钦还去过今尖扎县的尖扎滩牧区，传播佛教。今化隆县昂思多乡政府所在地的尖扎嘛呢经堂，是当地称作"尖扎十二部落"的藏族群众的重要宗教活动场所。经堂为汉式阁楼式建筑，雕梁画栋，十分壮观，殿门西向，经堂正中供有一巨型嘛呢转轮，由来自殿后的流水传动，日夜轮转不停。此水经殿堂流出，朝拜者以为圣水，或汲取饮用，或洗头浴面，传说可以明目，有益健康。相传当地藏族，原居尖扎滩，顿珠仁钦在尖扎滩传教时，将自己经常使用的手摇嘛呢轮赐给当地信众，信众视为圣物供奉，后迁来化隆昂思多后，信众以此轮作为装藏物，制成上述水力传动的大型嘛呢转轮，并将供放此轮的殿堂命名为"尖扎嘛呢经堂"，以示纪念。顿珠仁钦建成昂拉赛康寺后，并没有把这里作为最理想的弘法地，不久他又继续沿黄河西行，行至今化隆县查甫乡境内的夏琼山，见山势像一只展翅的凤凰，飞翔于云端，宛如一幅精美的画卷，东西北三面峰峦叠嶂，铁绳岭纵贯南北，状若驼队，蜿蜒南来。北面八宝山，如黄龟伏于后；东傍尕如山，如灰虎卧于左；西侧多尔福山，如红鸟翔于右；南面悬崖峭壁，立于黄河北岸，险峻异常。隔河为坎布拉林区，山坡松柏叠翠，景色幽静，更兼丹霞奇峰林立，多姿多彩。于是，顿珠仁钦认为这是他最终修建佛刹、实现弘法宏愿的最佳地方，遂定居下来。当时，附近有数座本教寺院，居民多信奉原始本教，经顿珠仁钦多年的传教活动，村民多皈依佛教，本教寺院后相继消亡。元至正九年（1349年），顿珠仁钦年届41岁，开始兴建著名的夏琼寺，首先建成该寺的最早建筑大护法殿（藏语称官康钦莫）和大神殿（藏语称拉康钦莫）。寺院建成后，顿珠仁钦亲自主持寺务，寺僧发展到300余人。元至正十七年（1357年），宗喀巴大师降生于今青海湟中县鲁沙尔镇的塔尔寺所在地。当时，顿珠仁钦正在曲噶尔地方（在今塔尔寺所在沟脑，湟中县马场乡境内）静修，相传他以神通察知此儿不同一般，遂遣人向初生的宗喀巴送去药丸、护身结和一尊大威德金刚画像。不久，他应请到宗喀巴家，赐赠财物，善结法缘，要求宗喀巴父母送子到夏琼寺出家，宗喀巴7岁时，被父母送到夏琼寺，由顿珠仁钦剃度出家，并按他从西藏返回安多前夕上师的授记，赐法名罗桑扎巴。自此，宗喀巴在夏琼寺师事顿珠仁钦，学习藏文和佛教经典达10年之久，奠定了良好的佛学基础，明洪武五年（1372年），宗喀巴奉师命赴西藏深造，后创立格鲁派，成为一代宗师。因夏琼寺是宗喀巴大师早年学经的寺院，后人称夏琼寺是格鲁派之源，视顿珠仁钦为安多地区弘扬噶丹派和格鲁派教法的鼻祖，把顿珠仁钦与宗喀巴和后来在安多弘广格鲁派教法的三世达赖喇嘛索南嘉措相提并论，极为崇敬。顿珠仁钦在今湟中、尖扎等地还有许多弘法活动，他曾讲经于古哇寺等寺院，晚年还修建过一些佛堂、佛塔、为夏琼寺添置佛像、经籍，为弘扬佛教含辛茹苦，竭尽全力。他有许多传法弟子是安多佛教史上的出名人物，如今黄南藏族自治州最大的寺院隆务寺的创建者三旦仁钦即由他授给比丘戒。顿珠仁钦淹贯三藏，信仰笃诚，相传著作颇多，惜多散失，仅存《究竟一乘宝性论疏释》1函，曾由夏琼寺木刻传世。明洪武十八年（1385年），顿珠仁钦于夏琼寺圆寂，终年77岁。夏琼寺专门建造灵塔殿，将上师法体完整地供奉在殿内砖砌灵塔塔瓶里的檀木匣中。明万历十一年（1581年），第三世达赖喇嘛索南嘉措捐赠黄金五百两，铺盖灵塔殿部分金顶。清乾隆十三年（1748年），七世达赖的经师阿旺却丹（早年为夏琼寺僧人，后为热振活佛）捐赠白银1万两，全部完成灵塔殿金顶的铺盖工程。另外历代蒙藏地区高僧大德和头人首领次第献珍宝、彩带、幡幢、伞盖等，不断装饰殿堂、灵塔，使之琳琅满目，更加肃穆壮观。夏琼寺灵塔殿和顿珠仁钦灵塔是该寺最主要的殿堂和供物，有许多神奇传说。据传每年举办神变祈愿法会前后，灵塔自溢甘露，香气浓郁，因而善男信女崇信无比，认为是最具加持力的神物。

顿珠仁钦是噶丹派高僧，所建夏琼寺原属噶丹派寺院，明代格鲁派兴起后，夏琼寺也和其他噶丹派寺院一样，变为格鲁派寺院。明天启三年（1623年），该寺第九任法台强巴林巴·丹巴仁钦（通常简称丹仁巴）在代哇曲结·丹增罗桑嘉措、贡日夸召玛·罗桑丹仲等人的支持下，创建夏琼寺的显宗经院；清乾隆十二年（1747年），由拉萨下密院的曼仁巴·阿旺扎西倡建夏琼寺密宗经院，后于乾隆二十年（1755年）建成该院经堂；清嘉庆二年（1797年），由该寺第四十六任法台即塔尔寺的三世西纳活佛崔臣达吉（1734—1802年）创建夏琼寺医明经院，该院后于嘉庆七年（1802年），改为时轮经院，同时仍保持部分医明班次，实为双重性扎仓。这样，至18世纪末，夏琼寺发展成安多地区显密双修的格鲁派大寺，清乾隆年间最盛时，寺僧多达千余从，活佛众多，仅《安多政教史》列名的该寺活佛府邸达25座之多，最出名的为德央仓、伟士仓（亦译作贝斯仓）、堪布仓和夏玛尔仓，为该寺四大活佛，另有桑堪仓、夏日东仓、宗困仓、齐合夏茸仓、角毛日西仓、多雪仓、错尕夏茸仓、西毛才让仓、云刚仓、扎哇仓、项欠仓等。乾隆三十七年（1772年）十月至乾隆四十六年（1781年）秋，青海佑宁寺大活佛、却藏寺寺主第三世却藏·阿旺图登旺秋（1725—1796年）出任夏琼寺第三十九任法台。任职期间，却藏活佛捐银四千余两建该寺具有 128 根大柱的大经堂，并建成却藏活佛院。自此，历辈却藏活佛为夏琼寺寺主，夏琼寺成为佑宁寺的属寺之一。香火庄有原当地藏族的支扎十部落、安达恰罕八部落等，这是夏琼寺寺院经济的主要支柱。

夏琼寺在历史上讲学经论之风很盛，曾出许多精通显密、有佛学造诣的高僧。拉萨三大寺之一的甘丹寺是格鲁派的根本道场，该寺总法台，藏语称"甘丹赤巴"，是格鲁派的最高僧职，从最有佛学造诣的高僧中选任。不少出身于夏琼寺的学僧，因戒行严谨、博通显密，最后登上"甘丹赤巴"宝座，成为达赖喇嘛的经师。其中，出身于化隆尕毛甫地方的阿旺却丹（1677—1751 年），曾任西藏阿里托林寺及下密院堪布，从 1739 年起任第五十四任甘丹赤巴 7 年，是七世达赖喇嘛和三世章嘉国师若贝多杰的根本上师，清廷授封他为"阿齐图诺们汗"，是为第五世热振活佛；出生于夏琼寺附近早年在夏琼寺出家学经的阿旺曲扎（1707—1778 年），曾任拉萨下密院和甘丹寺相孜扎仓堪布，1764 年任第五十八任甘丹赤巴，为八世达赖喇嘛坚贝嘉措的经师；阿旺曲扎的外甥阿旺年智（1746—1824 年），亦初学经于夏琼寺，18 岁入藏，曾任拉萨下密院、阿里托林寺、甘丹寺相孜扎仓等之堪布，1807 年继根敦崔臣之后任甘丹寺第六十六任法台 7 年，为第九、第十世达赖喇嘛的经师；阿旺年智的第二代转世阿旺丹增却智（1826—1887 年）、第三代转达世阿旺嘉措（1887—1958 年），均和阿旺年智同乡，是夏琼寺附近参让地方人，都有佛学造诣。此外，出生于依赛地方的金巴嘉措曾任第四十六任甘丹赤巴，还有那嘉寺寺主阿旺宗哲等，都是初在夏琼寺学经后来成名的出名人物。

夏琼寺由于历史悠久，宗喀巴大师启蒙于此，后又多出名僧，故名驰四方，是信徒们向往的圣地，蒙藏地区前来朝拜的络绎不绝，同时也受到蒙藏地区政教上层和中央王朝的重视和扶持。据才旦夏茸活佛的《夏琼寺志》，塔尔寺所属申中族张家村人扎巴扎西（1631—？年）于清康熙十四年（1675年）农历六月初四就任夏琼寺第二十三任法台，共任职15年。任期内，他修缮寺宇，添置佛像、卷轴画等，进一步严明寺规，并派人去西藏，向大昭寺释迦牟尼觉卧佛像、五世达赖喇嘛、第巴桑结嘉措等奉献供物布施。自此，五世达赖喇嘛更重视该寺，向夏琼寺法台赐"堪布"的印信封文和全套堪布器具。同时，夏琼寺受到固始汗子孙达赖洪台吉的格外器重和支持，从而使该寺的地位更高，进一步加强了对尖扎、隆务地区的农牧业税收，增加了寺院给养。从乾隆五十二年（1787年）起，三世土观呼图克图·罗桑却吉尼玛（1737—1802年）任夏琼寺第四十二任法台。应土观之请，乾隆皇帝于1788年向夏琼寺敕赐用汉、藏、蒙、满四种文字书写的"法净寺"匾额。在清代，夏琼寺和青海其他主要寺院一样，僧人的衣单口粮由地方官管理，在各地番粮内支给。长白文孚《青海事宜节略》称夏琼寺为沙冲寺，属巴燕戎格厅管辖。《西宁府续志》载，巴燕戎格厅所负责供应喇嘛衣单口粮的寺院为夏琼寺和今乐都县南山的药草台寺，"共喇嘛三百六十二名，每名岁支衣单口粮一石六斗或一石七升二合一勺不等，共支仓斗粮四百六十一石九斗九升八合九勺。"[1]夏琼寺以此为荣，认为朝廷每年拨专款供养是寺院地位的象征，这些都有力地促进了夏琼寺的发展。但该寺由于边远偏僻，交通不便，甚至饮水、烧柴等都很困难，因此历史上一直是宗教中心，未能成为政教合一的统治中心。据1954年的统计资料，夏琼寺有大小建筑群27个，佛殿、僧舍等共9000余间，寺内设有显宗、密宗、时轮、医明（或云医明兼时轮）四大经院，全寺有僧侣880名、大小活佛19位。主要建筑有灵塔殿（亦称大金瓦殿，藏语称赛东）、文殊殿（亦称小金瓦殿，藏语称阿拉巴扎，下同）、弥勒殿（贤康）、释迦佛殿

---

[1]《西宁府续志》卷之四，青海人民出版社1985年版，第157页。

（觉康）、马头明王殿（旦正拉康）、弥勒望河殿（贤巴曲夏）、金刚持殿（多杰强）、大神殿（拉康钦莫）、狮子吼佛殿（僧格扎）、龙王殿（鲁加麻只哇）、鼓楼（纳恒）、大经殿（支尖东红）、三世佛殿（堆松桑杰拉康）、密宗院经堂（居巴东红）、医明兼时轮院经堂（曼巴东红）、印经院（华康）、焚香殿（森悉康）、供房（雄康）、大厨房（加索康）、辩经院（却拉）等，活佛拉让7座，即却藏拉让、堪布拉让、德央拉让、伟士拉让、多哇拉让、哈雪拉让和夏玛尔拉让。其中哈雪指甘肃拉卜楞寺寺主嘉木样活佛，夏玛尔活佛常住支扎寺。夏琼寺所辖寺院，《安多政教史》载有20多座，才旦夏茸的《夏琼寺志》云25座，主要分布在今化隆县的西半部，即今支扎寺、雄先寺、卡夏德寺、赛康静房、才毛吉静房、达东尕布寺、东冲寺、甲玉寺、德加寺、知乎隆寺、尕吾寺、尕若洞寺、尖扎嘛呢经堂、科才卡昂寺、安达其哈卡昂寺、贡依寺、文卜具卡昂寺、卡岗寺、郭卜列寺、尕加智康寺、那加寺、塘才噶尔寺、多达寺、麻达寺、乙什扎寺。以上属寺中，支扎、查甫地区的寺院称为上部属寺，扎巴、德加、昂思多、二塘、群科、沙连堡、德恒隆、加合、石大仓等地的寺院，称为下部属寺。《夏琼寺志》亦云，今海南藏族自治州贵德县的白马寺（藏语称郭密却什典格寺）、化隆县德恒隆乡的若索寺、甘都镇的东麻囊寺、海西都兰县的香日德寺等原为夏琼寺属寺，后献白马寺给却藏活佛，献若索寺给拉莫德千寺的直干仓活佛，献东麻囊寺给拉卜楞寺的第二世嘉木样活佛。香日德寺最初由六世班禅赐给夏琼寺，后因路途遥远，夏琼寺复献给班禅大师，通称香日德班禅行辕。以上各寺，仍与夏琼寺保持着密切的宗教联系。夏琼寺原有曲结顿珠仁钦灵塔、用佛祖和阿底峡尊者遗骨舍利装藏的洛格夏惹观音像、宗喀巴大师的鎏金铜像、用金汁书写的藏文《甘珠尔》大藏经等许多珍贵文物，现重建有砖木结构的经堂、佛殿11座，主要有灵塔殿、文殊殿、三世佛殿、大神殿、密宗院经堂、时轮兼医明院经堂和全寺性的大经堂等，主供有曲结顿珠仁钦灵塔和宗喀巴、释迦牟尼佛、弥勒佛等的药泥塑像。现全寺有僧 350 余人，一切宗教活动由却藏和夏日东活佛主持。夏日东活佛，法名罗桑雪珠嘉措，现任中国藏语系高级佛学院和青海民族学院教授、化隆县佛教协会名誉会长。此外，尚有多哇干巴、多哇夏茸、格谢、堪布、东明等 5 位活佛，共同协商管理寺院事务。

作为青海早期噶丹派寺院的夏卜浪和昂拉赛康寺，后亦成为格鲁派寺院。夏卜浪寺藏语全称"夏卜浪寺彭措青培林"，意为"夏卜浪圆满弘法洲"，位于同仁县治隆务镇西北 10 公里处，在今年都乎乡的夏卜浪村。曲结顿珠仁钦在夏琼寺剃度宗喀巴出家后，曾一度携宗喀巴回夏卜浪寺居住，并筑一土塔，内装宗喀巴被剃度时的头发、衣物等。清同治年间，曲结顿珠仁钦所建夏卜浪古寺毁于兵燹，后由叶什姜寺寺主大叶什姜活佛加央罗哲的弟子加央扎巴（？—1753 年，通称小叶什姜活佛）的第五代转世阿旺罗桑丹增坚赞于夏卜浪村所在的西山重建。20 世纪 30 年代，因马步芳政府开采铅矿，由六世小叶什姜活佛噶桑丹贝坚赞（1882—？年）又将该寺迁回顿珠仁钦初建处，建成经堂、囊欠、印经院等，六世小叶什姜曾被九世班禅大师封为"堪布华旦诺们汗"，赐盖有藏汉两文印章的黄绸封诰（现存该寺）。自此，小叶什姜活佛亦称"堪布仓"。堪布仓在今循化县的文都寺和贵德县的岗察寺建有堪布仓府邸（囊欠），尤其在文都寺位居第二，最为富有。20 世纪 50 年代有囊房 198 间、大小管家 2 人、羊 1500 多只、牛 400 多头、马 100 多匹。该囊亦与甘南拉卜楞等寺关系密切。六世小叶什姜是今循化县道帏乡多哇村人，他将夏卜浪寺高僧洛桑尖措（1916—1981 年）封为夏荣仓活佛，从而产生一个新的转世活佛系统。洛桑尖措，亦循化道帏人，常住夏卜浪寺，管理寺务，小叶什姜佛多居循化文都寺堪布仓囊欠。夏卜浪寺在20世纪50年代有僧130人，主要建筑为一座56间的大经堂和两院活佛囊欠，僧房38院540间。现有僧45人，由寺主第七世小叶什姜（即堪布仓）活佛主持寺务。七世小叶什姜，法名噶藏丹贝坚赞，俗名公保，1953年生，亦循化道帏人。

昂拉赛康寺，位于尖扎县治马克唐镇南约12公里处，在今昂拉乡西北隅，地处黄河谷地，气候温和，是以农为主的小块农业区。《夏琼寺志》载：曲结顿珠仁钦在故乡建成夏卜浪寺后，为寻找更理想的建寺地址，来到昂拉地方，以顿珠僧格为施主，建成昂拉赛康寺。当时建成殿堂，内塑三世佛、佛陀及其八大近侍弟子、青面不动金刚、马首金刚等像，以丹坚为护法，顿珠仁钦亲自用自己的鼻血绘出护法身像。藏语"赛康"，意为金殿。当地传说，昂拉赛康寺的主要施主顿珠僧格于隆务峡知买地方牧羊，拾到一根金条，以此为基金建寺，故名"赛康"。该寺古建筑（是否为元代建筑待考）保存完好。全寺为一方形院落，占地3.7亩。院内殿堂两座，青瓦红墙，古朴典雅，具藏汉合璧风格。院中有俄博1座，满插幡杆巨箭，别具特色。该寺藏语谓"昂拉赛康"，实为佛堂，并非正规寺院，平时只有庙祝（现有2僧）守护，负责点灯、清扫等事宜。派属模糊，又为其特点之一。该寺是所在地昂拉庄信教群众共同进行宗教活动的重要场所，因由宗喀巴之师所建，理应为格鲁派。但它又是原昂拉部落宁玛派在家居士集中活动的地方，其护法丹坚，全称"丹坚多杰勒巴"，是宁玛派的著名护法神，故又有浓厚的宁玛派特色，类似于宁玛派的俄康（真言堂），但又不是俄康。昂拉部落是尖扎县境内原来唯一的千户部落，人数最多，据1956年统计数，共有1269户，6043人，俗有"昂拉八庄"之称，其八庄是昂拉、雷松、措玉、能科、当索、雷什刚、尖扎滩和羊直。八庄之庄，非一般村庄，而是指小部落，相当于百户部落。尖扎滩和羊直二庄，以牧为主，其余六庄以农为主。各庄又下辖若干"德哇",其中昂拉庄最大,俗有"三百户"之说,1952年统计有178户,1193人,下辖尖巴昂、牙那洞、东加、合金加、格尔、洛合仙、牙子盖、佐加、如什旗、尕敦、日扎、拉莫等12个德哇。[①] 原昂拉部落所辖八庄地区群众以藏传佛教格鲁派信仰为主,有少量信仰宁玛派的在家居士,俗称"宦",约数十人,定时在昂拉赛康寺集会活动。正由于此,有些著作将昂拉赛康寺归类为宁玛派寺院(详见《青海藏传佛教寺院明鉴》)。在青海,特别是东部河湟流域,有许多类似于昂拉赛康的藏传佛堂、神殿,多称之为"拉康",总属于藏传佛教,至于细分其派属并无实际意义。

---

① 陈庆英主编:《中国藏族部落》,中国藏学出版社1991年版,第252页。

第七章

明代以来格鲁派的弘传

第一节　宗喀巴大师和格鲁派的创立

　　格鲁派由宗喀巴大师创立于明永乐年间，是藏传佛教中最后创立、影响最大的一个教派。藏语"格鲁"，意为"善规"，以该派倡导僧人严守戒律而得名，亦云格鲁派为"甘丹寺派"的藏语音转，或称"新噶丹派"，史载 10 世纪末，卢梅从安多返回西藏后弘期佛教，临行前，喇勤·贡巴饶赛将自己戴过的一顶黄帽赠送给他，并嘱之曰："汝戴此帽，常保正念。"因此之故，后来藏地持律大德，均戴黄帽。宗喀巴创立格鲁派，也用黄颜色的帽子作为戒法重兴的象征，并成为自派的标志。因此，对格鲁派又俗称"黄帽派"或"黄教"。又因该派最后新创立，为与原来的各派相区别，有时也称"萨玛巴"，意为新派。格鲁派由宗喀巴大师创立。宗喀巴，法名罗桑扎巴（安多藏语读音为罗桑智化），元至正十七年（1357 年）

农历十月二十五日诞生于青海宗喀地方（今湟中县鲁沙尔镇塔尔寺所在地），弟兄6人，排行第四，家族麦姓，土观·却吉尼玛《塔尔寺志》称其为"卫藏十八大姓之一"。其父鲁本格，任称作"达鲁花赤"的地方官员，生母香萨阿切，均为当地藏族。大师的出生地，总名"宗喀"。青海藏学专家吴均先生认为，宗喀是涉藏地区三高地之一，是湟水、洮水流入黄河的这一地区的总名，它东起白塔寺（今甘肃刘家峡水库）、炳灵寺，西接尕麦（今青海湖、海南等地），狭义的宗喀是湟水（藏名宗曲）之滨，宗喀巴是格鲁派的开山祖师，人们为了尊称他，不呼其名，而以他的家乡地名为他的别名称之，但不应把宗喀局限于湟水流域，将宗喀巴理解为"湟水滨人"。[①]宗喀巴降生后，正在附近曲噶尔静房修持的曲结顿珠仁钦大师亲往祝贺，善结法缘。元至正十九年（1359年），噶玛噶举派黑帽系第四世活佛若贝多杰（1340—1383年）受元顺帝召请，从西藏进京途经青海，驻锡今平安县的夏宗寺。宗喀巴时年3岁，由其父带到夏宗寺，拜见若贝多杰，受近事戒，取名衮噶宁布（庆喜藏），正式皈依佛教。不久，往今化隆县夏琼寺，拜曲结顿珠仁钦（1309—1385年）为师，习读藏文佛语，6岁受密法灌顶，取密号敦悦多杰（不空金刚）。7岁时，于夏琼寺顿珠仁钦座前正式削发出家，并受沙弥戒，取法名罗桑扎巴。自此于夏琼寺师事顿珠仁钦，受学显密诸法9年，在文化知识和佛学方面打下了坚实的基础。明洪武五年（1374年），宗喀巴年16岁，奉师命往卫藏学法。翌年，入聂塘代瓦金寺，师事扎西僧格、格贡巴·益希僧格（该寺座主）、云丹嘉措、邬金巴等，学习"慈氏五论"等显宗经典两年。洪武八年（1375年）首次参加桑浦寺辩场，游学后藏夏鲁、萨迦、那塘诸寺，广参名师，受学般若、俱舍诸学要典，并于尼宁寺初次宣讲《阿

---

① 吴均：《关于藏区宗教一些问题的辨析》，载《青海民族学院学报》1981年第1期。

毗达磨杂集论》，声名渐著。次往孜钦寺，拜会当时萨迦派高僧仁达瓦·循奴罗哲（1352—1416 年），听其讲授《俱舍论》《入中论》等。洪武十年（1377 年），往觉摩隆寺，从堪布噶玉哇罗萨求学律经诸论。第二年，复往萨迦寺，听仁达瓦讲授萨迦派的《道果论》《喜金刚经》等，并学习了因明、律学和密教方面的许多论典。此后，又游学昂仁、那塘、艾寺、桑浦、泽当等前后藏诸寺，师事多师，学习各派法要和显密经籍。洪武十四年（1381 年），宗喀巴时年 25 岁，在雅隆地区的南杰拉康寺从楚臣仁钦受比丘戒，标志着他已完成佛教显宗经典的全部学习教程。然而他学修更加勤奋，继续投师求教，曾向邬玛巴·宗哲僧格学习中观学和密宗教义，向布顿大师的高足曲吉贝哇求教《时轮经大疏》和六支瑜伽修持法等。34 岁后，他发心广学一切密乘教典，钻研无上瑜伽部的集密、胜乐、时轮诸法，博览大日如来等行部密法、十一面观音和阿弥陀等事部密法，对于各种密修方法及坛场的绘制、舞姿、坛赞、坛轨、具结手印之法等均悉心研究。在此基础上择地专修，以求实证。洪武二十五年（1392 年），他携徒在奥喀曲垅地方苦修，有关传记说他"忏悔叩拜，指端俱裂，磨拭盘坛，腕部全损"，足见其苦修的精进和毅力。经过长期的修学，他终于博通显密，成为一代名僧。他多次参加西藏的各种法会辩场，或讲授经论，或立宗答辩，盛名遐迩。他不但通达内明、因明、声明、医方明等，颇有造诣，且广求多闻各派典籍，对萨迦派的道果法和噶举派的大手印、那若六法等均做过深入的学习和研究。从洪武二十六年（1393 年）至建文元年（1399 年），宗喀巴又从噶丹派的教授派传人南喀坚赞、教典派传人曲加桑布等学习噶丹派教义，苦读阿底峡尊者的《菩提道灯论》及其各种释本，学习噶丹派的《圣教次第论》，以及佛护的《中论释》等，全面继承由阿底峡所传述的龙树的大乘佛教中观学派缘起性空思想，抉择月称的中观应成派与清辨的中观自续派的差别要义。在此基础上，他发展噶丹派教义，以中观为正宗，月称为依止，以噶丹派教义为立说之本，综合大小乘各派显密教法，结合自己的见解，以实践和修证为主，形成了自己的思想体系。

与此同时，宗喀巴开始了大量的宗教社会活动。他自受比丘戒后，开始讲经收徒，先后在各地讲授慈氏五论、龙树的中观理聚六论以及《释量论》《俱舍论》《杂集论》《律经》等，讲经释论，均提要钩玄，抉择精确。宗喀巴成名后，面对当时律戒涣散、日益式微的藏传佛教，立志起衰救敝，锐意改革。大约从明洪武二十一年（1388年）开始，他改戴黄色桃形僧帽，表示继承和严格遵行喀且班钦·释迦室利所传印度部派佛教说一切有部律戒的决心，提倡僧人应严守戒律，过严格的宗教生活，认为戒律为佛教之本，没有戒律则无佛教。他向弟子和信徒授法，常以树根喻戒律，说明根深才能叶茂，守戒方能兴佛的道理，自己一切言行、衣食行住，皆依律而行，以身作则。明建文四年（1402年），他应邀参加艾寺的坐夏法会，为僧众讲授《律经》，曾与仁达瓦、译师加却贝桑等商议制定切实可行的寺规戒条，明确提出整饬僧众、重振佛教的主张。在学经和修行次第方面，他认为佛教正法，不外教证两种，一切"教"的正法，尽摄于经、律、论三藏，而一切"证"的正法，则摄于戒、定、慧三学之中。因此，主张僧人应广学三藏，全修三学。在学修次第上，主张按部就班，循序渐进，先显后密，显密双修，反对视显密为水火、二者不相容的现象，规定出一整套严格而井然有序的学经修习制度。在寺院管理方面，主张寺院的学经组织和经济组织必须分开，管理实行"委员制"，摆脱单一的世俗农奴主对寺院经济的操纵，改变以往各派只和单一地方势力结合的局限，广泛地与各个地方封建势力建立联系，争取整个封建农奴主阶级对佛教的支持，这一切，对于宗喀巴当时的宗教改革活动和后来格鲁派的发展都起过重要作用。宗喀巴作为一名虔诚的佛教徒，大量的佛事活动是他宗教生活和宗教改革活动的重要内容，宗喀巴一生的佛事很多，据周加巷所著《至尊上师宗喀巴传》，公认的有生平"四大佛事"，第一事是修复奥喀宗其寺。洪武二十七年（1394年）春，宗喀巴朝拜宗其寺，见该寺奉扫乏人，殿堂颓坏，壁画脱落，佛像被尘埃覆盖，鸟粪垄污，遂决意复修。经他活动劝化，得到奥喀宗本达孜哇的支持，将经堂墙壁、顶盖、门面等修缮一新，并与弟子11人化缘集资，寻求画师，将壁画重新描绘。维修完备，主持进行了盛大的开光仪式。第二事是洪武三十年（1397年）春，宗喀巴应邀前往聂地的岗琼，为当地僧俗讲经，他动员听经者制作称作"擦擦"的泥制小佛像无数尊。第三事即明永乐七年（1409年）在拉萨举办祈愿大法会。第四事是永乐十五年（1417年），宗喀巴集资于羊八井寺铸造释迦佛铜像、集密32尊和胜乐62尊神像，建立金刚界大曼陀罗等。宗喀巴的这些佛事活动，表现了他对佛教的虔诚，为他在整个藏传佛教界造成影响、树立威望起到了重要作用。

宗喀巴成名后，开始了大量的著述活动，以阐明其佛学主张。洪武三十一年（1398年），写成《缘起颂》，诠释弥勒的《现观庄严论》，阐明他对佛教缘起性空义的见解。此后，他陆续写出了一系列重要的论著，成为后来格鲁派佛学思想的理论基础。其中，《菩提道次第广论》（1402年成书），阐明了他在显教方面完整的思想体系；《密宗道次第广论》（1406年成书），阐述对密教的见解和修习方法。此二论是格鲁派显密兼修的根本教程。此外，明永乐五年（1407年）所著《中论广释》《辨了不了义论》等，辨析佛教中观、唯识二派之优劣，阐明他对中观学的基本观点；永乐十二年（1414年），宗喀巴审定广略本《圆满次第四瑜珈导修注解》《集密修习法》《集密金刚根本续》《集密经释明灯论》等，辑成《集密四注合编》，卷帙浩繁，是系统解释密乘四续的权威性著作。在戒律方面，他的《菩萨戒品释》《事师五十颂释》《密宗十四根本戒释》《比丘律仪》《沙弥律仪》等均收入其全集第一函，都是僧众应遵守的戒律和如何遵守戒律的依据。宗喀巴写作技巧娴熟，著述文义显明，具有很高的文学价值。其全部著述后人辑成文集传世，青海塔尔寺的藏文木刻本《宗喀巴全集》凡 19 函，177 种。

宗喀巴经过长期的社会宗教活动，终于形成一代宗风，为创立格鲁派奠定了基础，同时其改革活动得到西藏帕竹地方政权的支持。明永乐七年（1409 年）正月，在被明朝册封为阐化王的扎巴坚赞等人的资助下，宗喀巴于拉萨大昭寺发起纪念释迦牟尼的祈愿大法会。这是一次规模宏大的宣扬佛教的活动，有来自各地的 8000 多名僧人参加，标志着由他创立的格鲁派正式形成。法会结束后，宗喀巴派弟子达玛仁钦等前往拉萨东今达孜县境的旺古山兴建甘丹寺，成为格鲁派的根本道场（祖庭）。宗喀巴盛名遐迩，引起明王朝的高度重视，明永乐六年（1408 年）和永乐十二年（1414 年），明朝皇帝两次派人携带诏书和礼品，到西藏迎请宗喀巴进京，宗喀巴因忙于创教活动，上表婉辞，派遣弟子释迦也失于永乐十三年代表他进京，永乐皇帝封释迦也失为"西天佛子大国师"，后来又加封为"大慈法王"，从而使格鲁派与明王朝建立起密切的联系。从永乐十三年（1415 年）起，宗喀巴弟子绛央曲杰扎西贝丹（1379—1449 年）奉师命在内邬宗本南喀桑布的资助下，在拉萨西郊兴建哲蚌寺，翌年建成经堂、密院和僧舍。永乐十六年（1418 年）至十七年，释迦也失利用明王朝的大批赐物，也于拉萨北郊兴建了色拉寺，宗喀巴先后去二寺开光。至此，拉萨三大寺相继落成，成为后来格鲁派六大丛林的中心寺院。甘丹寺建成后，宗喀巴为甘丹寺座主，常住该寺，专事写作，间或往赴各寺讲经，宣传自派教义，参加各种宗教活动。甘丹寺作为格鲁派根本道场，其座主称之为"甘丹赤巴"，是格鲁派的最高僧职，享有殊荣。永乐十七年（1419 年）藏历十月下旬，宗喀巴大师染疾。二十三日，向弟子达玛仁钦赐衣帽，委为第二任甘丹赤巴，作为格鲁派代理人，故称之为"贾曹杰"。同年十月二十五日晨，宗喀巴大师于甘丹寺圆寂，终年 63 岁。次年由信徒造其肉身舍利灵塔，供放于甘丹寺。后来，在整个涉藏地区，宗喀巴大师被尊为"第二佛陀""文殊再世"，受到藏传佛教各派信徒的普遍敬仰，以藏历十月二十五日宗喀巴忌辰为燃灯节，家家户户及格鲁派各寺院均点灯纪念。

宗喀巴大师一生讲经说法，广收门徒，弟子众多。其中最著名的有贾曹杰·达玛仁钦（甘丹寺建立者、第二任甘丹赤巴）、克珠杰·格勒贝桑（江孜白居寺倡建者、第三任甘丹赤巴、后世追认为第一世班禅），与宗喀巴同称"师徒三尊"；根敦朱巴（扎什伦布寺的创建者，后世追认为第一世达赖）、绛央曲杰扎西贝丹（哲蚌寺建立者）、大慈法王释迦也失（色拉寺建立者）、持律师扎巴坚赞（与达玛仁钦同称二大上首弟子，共建甘丹寺）等。

宗喀巴大师是一位伟大的宗教改革家，经他努力，我国涉藏地区佛学更具有完整系统的见解，提到了一个新的高度。他整饬戒律，严密学佛次第和规则，剪除各派恶风，倡导深研教理，凡有志复兴佛教者，无不风从云集。因此，宗喀巴大师创立的格鲁派赢得广大信徒的热忱，表现出旺盛的生命力。自甘丹寺之后，西藏的哲蚌寺、色拉寺、扎什伦布寺、上下密院，青海的塔尔寺、佑宁寺、广惠寺、德千寺、东科寺，甘肃的拉卜楞寺，四川的理塘寺，云南的德钦松赞林寺等格鲁派大寺相继建成。其中，西藏的甘丹寺、哲蚌寺、色拉寺和扎什布伦布寺，青海的塔尔寺，甘肃的拉卜楞寺，总称为格鲁派六大寺院，西藏拉萨的上下密院是该派弘扬密宗的主要道场。格鲁派崛起后，还迅速传播到广大蒙古族、土族、裕固族等民族地区和部分汉族地区，对这些民族和地区的社会历史发展有过很大影响，同时对于涉藏地区的其他各宗派，也起了积极的促进作用。清代以来，该派在西藏的达赖、班禅，在内蒙古的章嘉，在蒙古国的哲布尊丹巴等活佛转世系统，成为最有权威的宗教领袖，格鲁派发展成一个以寺院经济为基础的集团势力，寺院遍布广大藏、蒙、土、裕固族等民族地区和北京、五台山等地，成为国内藏传佛教中最有影响的派别。格鲁派还以学风蔚然、博采众长闻名于世，从其创始人宗喀巴学经时候起，就注意吸收各派教义之长，如噶丹派所属菩提道次和菩提心教授，萨迦派所传胜乐、喜金刚修法，噶举派的空乐大手印法、那若六法、尼古六法等，在格鲁派中无不包容。此外，格鲁派僧人还十分注重藏文文法、修辞、辞藻、工巧、医学、星相历算等传统五明文化的学习，各寺都有一套较严格的学经修习制度和寺院管理制度。格鲁派如前所说，认为如来正法，不外教、证二门，一切"教"的正法，摄在经、律、论三藏之中；一切"证"的正法，摄在戒、定、慧三学之中。因此，该派提倡广学三藏，全修三学，通过多闻深思和认真修持，通达慧学，从而使教证圆满。该派在见、修、行方面，绍继阿底峡尊者所传龙树的中观思想，以自性空和缘起有为正见，认为一切法皆待缘而起，又都空无自性，即一切法世俗谛有、胜义谛无；在修习上，止观兼重，二者互补，而不偏执一端，具体修习方法有观察修、止住修、轮次修等；关于戒行，认为戒律为佛教之本，重视一切微细戒法，以身作则，依律而行。该派对显密二宗的关系，强调显密兼修和先显后密的次第。在四部密宗的灌顶、近修等方面，均以历代相承的教授为依据，有详细阐述。

第二节　格鲁派在青海的早期传播

格鲁派要求僧人严守戒律，严格寺规和学经制度。在学修原则上，改变以往显密相违的做法，显密兼修，不偏一方，严格次第。同时，打破教派与地区界限，与各地区不同领主和各教派广泛联系，变大批噶丹派寺院为格鲁派寺院。宗喀巴在这些宗教改革措施表现出旺盛的活动能力，赢得了人们对宗教的热忱，使格鲁派迅速发展，传播到广大涉藏地区。宗喀巴早在创立教派时期，就已注意到把自派传播到自己的故乡青海。《安多政教史》中记载，早在15世纪初，宗喀巴弟子东宗喜饶坚赞建成青海边都寺，并云时在西藏甘丹寺创建前的藏历水马年，即明惠帝建文四年（1402年）。边都寺即今循化县文都寺，前文已述早期为萨迦派寺院，明建文四年成为正规的格鲁派寺院，比作为格鲁派创立标志的明永乐七年（1409年）正月举办的拉萨祈愿大法会和甘丹寺的修建要早7年。《安多政教史》中还说，宗喀巴大师的另一弟子绛喇嘛却吉加保曾任明朝益旺王（音译，待考）的帝师，长期传教活动于甘青藏族聚居区，建成卡地喀寺等5座寺院，并云绛喇嘛却吉加保在凉州（甘肃张掖）地方还修建了几座寺院，曾为西藏的宗摩蔡寺奠过基，后来国王去世，他被一些不信佛的大臣用兵器砍死，宗喀巴大师曾写两次书信，高度赞誉他的弘法业绩，说他"恪守能仁之律议，兴建弘法之基地，五大阿练若道场，彼师善妙创建起"，称他是"护持正法贤佛子，贡巴饶赛之高徒""广袤安多大地域，人天最佳之福田"。[①] 该书还讲宗喀巴大师的这两封书信被收入《宗喀巴大师全集》的《散简集》中，看来真实不虚。书中所云绛喇嘛却吉加保曾任明朝帝师事，尚有疑团，明

---

① 智贡巴·贡去乎丹巴绕布杰著：《安多政教史》（藏文本），甘肃民族出版社1982年版，第225页至226页。

朝没有封藏传佛教喇嘛为帝师的制度，故可能根据流传记载，无可信的依据。但《安多政教史》云绛喇嘛却吉加保是宗喀巴大师作为"人主顶饰庄严"的两位帝师弟子之一，松巴堪布的《如意宝树史》在记述宗喀巴生平时说宗喀巴有三位作为"人主顶饰庄严"的帝师弟子，他们是"帝师大慈法王释迦也失、由汉地益旺王奉为帝师的绛达玛和帝师朵麦巴·勒巴桑布"。这里，绛喇嘛却吉加保被记为绛达玛，且亦有帝师之说，看来这里的"帝师"，其含义是"被皇帝奉为上师"，与元朝封的帝师不尽相同。《安多政教史》在记述卡地喀寺的兴建史时引用了一条当地的口碑资料：国师索南桑布带着一尊具有灵异神力的释迦佛像来此寻找建寺地址，一日下了一场大雪，见雪地上有小孩足迹，沿迹寻去，发现一株旃檀树，树梢上有只乌鸦在鸣叫，声音悦耳，似在说"就这里修建经堂寺院"，并且乌鸦口水下垂，犹如金钱，成悬彩、佛幡状。索南桑布见之，以为吉兆，遂在此建寺，命名为"卡地喀寺"，意为"乌鸦嘴寺"。以后依次由索南僧格、班觉桑布、索南仁钦、索南华桑、索南敦珠等上师管理这座寺院，寺内保存有历代皇帝的封诰和石碑①。第巴桑结嘉措的《黄琉璃》在讲卡地喀寺的兴建史时又说："汉皇胡玛吾碌曾封仲钦结为大国师，并赐拨建寺地址。第三世达赖喇嘛索南嘉措曾到该处加被寺址，并给依怙殿做开光仪轨，指示索南则摩大国师，按色拉寺吉尊巴的教程展开讲辩闻听。"②引文中的"汉皇胡玛吾碌"与前面提到的"益旺王"，可能均指明朝一皇帝或同一个人，但其正式名号待考。按以上各种引文资料，卡地喀寺的创建者，有绛喇嘛却吉加保、绛达玛、索南桑布、仲钦曲结、索南则摩等5种说法，但有一共同点，即创建者可能是宗喀巴弟子，经法高深，被明朝皇帝奉为上师，或封为国师，约于明

① 智贡巴·贡去乎丹巴绕布杰著：《安多政教史》（藏文本），甘肃民族出版社1982年版，第225页至226页。
② 智贡巴·贡去乎丹巴绕布杰著：《安多政教史》（藏文本），甘肃民族出版社1982年版，第216页。

永乐年间建成卡地喀寺。

卡地喀寺位于今青海民和县甘沟乡的静宁村，故清代有关汉文文献称之为"静宁寺"，是今民和县境内较大的一座格鲁派寺院。该寺鼎盛于清代，传有大小殿堂13座，寺僧数百人（康敷镕所纂《青海记》称当时有僧侣93人，《西宁府续志》《循化志》等中未载人数）。1958年有僧37人，现有19人，主要以土族和藏族为僧源。曾下辖今民和县境内的卧佛寺、乔家寺、峨尔哇寺，化隆县境内的塔加寺、白家寺以及甘肃凉州地区的六座寺院。清同治年间毁于兵火，后由寺主辛家活佛从蒙古族地区募化布施重修，有大小经堂、护法殿、鼓楼、客房、茶房、僧舍等共267间。该寺原藏有丰富文物，据1958年统计，有大小佛像53尊、佛经典籍130部、宗教用品法器2000余件，另有鎏金梵塔、宝瓶、铜花等。原法会上展佛用的堆绣佛像长86尺、宽55尺，名冠周边。特别是尚存有宗喀巴大师像一幅，为该寺的主供像。此像系布面卷轴画，长2尺，宽1.5尺，是以宗喀巴大师弟子为陪衬的大师全身像。传说明永乐年间，当地商人诺尔布桑保去西藏面晤大师。返回时，大师以自己鼻血掺和其他颜料绘成此像，让他带给母亲香萨阿切。商人自觉此像非同寻常，另绘一幅交给大师母亲，后供于塔尔寺，而将大师所绘之像带回故乡，供于卡地喀寺。以此缘由，卡地喀寺蜚声四方，以至西藏人对去拉萨朝拜的安多藏、土族群众有"不拜卡地喀，何来三大寺"之说。历史上，西藏、蒙古等地重要宗教人物凡来安多地区，一般都去卡地喀寺巡礼朝拜。明万历年间，三世达赖喇嘛索南嘉措来青海传教，曾亲临此寺。卡地喀寺西南隅今民和县杏儿乡境内的峨尔哇村，相传当年是把宗喀巴圣像请到卡地喀寺的商人诺尔布桑保的牧场，后于明成化年间在这里建成峨尔哇寺，受卡地喀寺管辖，现有僧14人。

绛喇嘛所建5座寺院，除卡地喀寺外，其他四座寺院在《安多政教史》

中没有列名，只提到宗喀巴写信给绛喇嘛，指示他"对建立的五伽蓝，须根据其性质和纯正的教典，建立闻思制度，使之增盛发展"。^①按藏传佛教规制，在一般佛堂，并无闻思制度，凡有严格讲修闻思制度的，即称之为"贡巴"，是正规的佛教寺院。由此可知，绛喇嘛早期所建五座格鲁派寺院规模不小，至少是有讲修制度的正规寺院。

宗喀巴大师在西藏成名后，声誉日隆，明永乐七年（1409年），明朝曾派出由四大臣组成的一个使团到拉萨，邀请宗喀巴到内地。嗣后，又于永乐十二年（1414年），永乐帝再次遣使来请。当时，宗喀巴忙于宗教改革和创教活动，同时他淡泊名利，表现出"天人师"的境界，先后两次谢绝永乐帝的召请，而派其弟子释迦也失代替他到北京。释迦也失（1352—1435年），西藏拉萨东郊采贡塘地方人，自幼出家为僧，天资聪慧，能博闻强记，初任宗喀巴大师的司膳，曾侍奉大师静修于后来所建色拉寺的后山密室，因侍大师左右，常闻大师所说一切法，故博通显密，佛法精深。约在明永乐十二年，释迦也失代表宗喀巴大师，取道青海去京。他一路上广泛传播格鲁派教义，到达内地，正值皇帝身染重病，他"设法施治，并予灌顶，帝即痊愈"。后于山西五台山建佛殿6座，在京城御花园侧建法渊寺，"广衍黄教修行之法"。永乐十三年四月，永乐帝敕封释迦也失为"妙觉圆通、慈慧普庆、辅国显教、灌顶弘善、西天佛子大国师"，赐给印诰。永乐十四年（1416年），释迦也失返藏前，永乐皇帝再赐佛像、佛经、佛塔和蟒缎等物。释迦也失回到西藏后，遵宗喀巴大师之命，于永乐十七年（1419年）在拉萨北郊建色拉寺，相传寺中所塑16尊者像，是以释迦也失从内地请来的白旃檀木十六罗汉像装藏的，寺内还供有从内地请来的金字《大藏经》，以及当年明成祖遣杨三保赴藏所赐赠的佛像、法器、袈裟

---

① 智贡巴·贡去乎丹巴绕布杰著：《安多政教史》（藏文本），甘肃民族出版社1982年版，第226页。

等物。色拉寺建成后,释迦也失任首任堪布,主持寺务。明宣德八年(1433年),他传位于法王达杰桑布,自己不顾年迈和路途艰险,再次跋山涉水往京城觐见明朝皇帝,驻锡法渊寺。宣德帝命成国公朱勇和礼部尚书胡濙持节册封他为"万行妙明、真如上胜、清净般若、弘照普应(《循化厅志》作"宏照普慧")、辅国显教至善大慈法王、西天正觉如来自在大圆通佛",简称"大慈法王",藏语作"绛钦曲结",是为以后对他的通称。释迦也失第二次去北京,途经今青海民和县转道乡的宗摩卡地方,授记弟子释迦崔臣在此建一寺院,取名丹曲塔尔林寺,意为"圣法解脱洲"。明宣德十年(1435年),释迦也失在京圆寂,终年84岁,其弟子索南喜饶和僧格桑布等奉明宣宗之命,将释迦也失遗体送往西藏。《安多政教史》载,当灵车抵宗摩卡地方时,不能前行,遂在丹取塔尔林寺修灵塔供奉,在此基础上发展成后来的弘化寺。

　　弘化寺,亦异写作"鸿化寺""宏化寺""红花寺""红华寺"等。藏语通称"宗摩卡",意为"犏牛城寺"。现址在今转导乡东北2公里处的红花村,古址在转导村。其遗址尚存,寺院为城堡,东西长260米,城头宽3米,高10米,城内面积约百亩,民和县转导乡农科站一度设于此,此即藏语所称"宗摩卡"(犏牛城)。按上述记载,弘化寺初建于明宣德年间,扩建于正统年间。《河州志》云,大慈法王于正统四年(1439年)在京圆寂,明英宗"敕建渗金铜塔,藏其佛骨。七年奉敕河州建寺,赐名鸿化,随给附近之高山穷谷,永作香火之需,设官僧五十五名",并云其随从张星吉藏卜之徒裔,"世给国师禅师之职"。[1]《明实录》载明英宗朱祁镇曾敕谕河州、西宁等处官员军民人等曰:"朕惟佛氏之道,以空寂为宗,以普度为用,西土之人,久事崇信。今以黑城子厂房地赐大慈法王释迦也失盖造佛

---

① 王昱主编:《青海方志资料类编》,青海人民出版社1988年版,第1085页。

寺，赐名弘化，颁敕护持本寺田地山场园林财产孳畜之类，所在官军人等，不许侵占、骚扰、侮慢。若非本寺原有田地山场等项，亦不许因而侵占扰害。军民敢有不遵命者，必论之以法。"① 看来汉藏文记载基本吻合，只是《河州志》所记年代略有出入。从所引两条汉文史料看，明朝对大慈法王释迦也失以及供有其灵骨的弘化寺极为重视。《明史》中还记载，弘化寺僧人与明廷联系密切，常派员赴京，"朝贡马及佛像等物"，朝廷回"赐彩段钞锭有差"。② 明成化年间，因弘化寺大慈法王塔院岁久损坏，明宪宗应崇化大应法王札实[巴]奏请，敕镇守等官按西宁卫瞿昙寺制修筑城堡。③

关于明朝派使召请宗喀巴和大慈法王赴京的年代，各种书籍说法不一，兹列表如下：

书 名	明朝召请宗喀巴使团		释迦也失去京	
	首批来藏	第二批来藏	第一次去京	第二次去京
杨贵明等《藏传佛教高僧传略》	1409 年	1414 年	1414 年去京，次年 4 月受封为"西天佛子大国师"	1421 赴京，随后封为"大慈法王"
唐景福《中国藏传佛教名僧录》	1409 年		1414 年受封为"西天佛子大国师"。	
王森《藏传佛教发展史略》				明宣德九年（1434 年）封为"大慈法王"
王辅仁《西藏佛教史略》		1413—1414 年间	1414 年受封为"西天佛子大国师"	1434 年封为"大慈法王"
谢重光、白文固《中国僧官制度》	1408 年	公元 1414 年	1414 年底去京，次年封"西天佛子大国师"，公元 1416 年辞归	公元 1423 年第二次到京，1434 年第三次到京，封为"大慈法王"

---

①《明英宗实录》卷九五，正统七年八月辛亥条。

②《明英宗实录》卷四，成化三年三月甲午条。

③《明英宗实录》卷一一八，成化九年七月辛卯条。

上表中，释迦也失第一次去京的时间基本一致，约在明永乐十二年（1414年）年底，受封为"西天佛子大国师"的时间约在永乐十三年（1415年）。第二次去京的时间说法多不明确，但均说于明宣德九年（1434年）封为"大慈法王"，并据藏史释迦也失于牛年再次进京说，可能于宣德八年（即藏历水牛年、1433年）第二次进京。若于藏历金牛年进京，则为永乐十九年（1421年）。按此，则至1435年释迦也失圆寂，他在内地活动近16年。此外，释迦也失圆寂情况亦说法不一。《安多政教史》《循化厅志》等说在京圆寂，遗体运回；其他书则说从京城返藏途经青海宗摩卡时病故。因缺乏原始资料，尚不能更准确说明。总之，弘化寺约建于明永乐或宣德年间，则无疑义。

弘化寺原为当地弘化族寺院，主体建筑有四大金刚殿、太子佛大殿、都纲尚书院等。《河州志》载弘化寺在清代有僧55人，香火地百顷余，建筑壮丽，金碧交辉，有官军55名守护，张星吉藏卜赐以世袭都纲，总理政教事宜。其都纲一职，历代由张家长子继承。该家族占有耕地2000余亩，分布在今民和县的马营、转导及甘肃永靖县孔家寺一带，一直延续到20世纪中叶。该寺于清同治年间焚毁，后重建，规模不如从前。1958年有僧18人。现有6人。主要建筑为经堂和活佛囊欠，规模不大。寺藏有明廷给该寺太子佛的螺钿床、"都纲之印"、写有"永垂福庇"字样的木匾以及明代的经版、太子佛骨等文物。《循化厅志》云："河州口内外寺院多属番僧，……当时所收番粮，即为斋僧之用，各照度牒名数分领口粮、衣单，由厅给者凡二十一处。"[①]当时，弘化寺即属河州口内外寺院，附近藏族称之为"弘化族"（或作鸿化族），僧源以藏族为主，近代民族成分变化甚大，活佛多为汉族。如20世纪50年代有活佛1人，名米尕藏，1916年生；现住寺

---

① 《循化厅志》卷六《寺院》。

活佛米国泰 1939 年生，甘肃永靖县段岭乡人，均为汉族。

今民和县马营镇北山坡下的灵藏寺，亦名马营寺，古址在马营寺尔庄，亦为大慈法王释迦也失去京途经该地时所建，在明代住持僧世袭禅师名号，按明制秩正六品，颁有敕命、银印。清代以来，日见衰落，雍正年间革除禅师名号。《河州志》称，清康熙二十八年（1689 年），有僧 44 人，有都纲，至康熙后期，僧人减至 22 人。但香粮地一直甚多，分布在今马营、转导二乡的 10 多个村庄。现寺内珍藏有清代都纲印 1 枚。

大慈法王释迦也失在今民和地区创建格鲁派寺院前后，青海东部河湟流域还有一些他派寺院相继改宗格鲁派，如前文所述循化文都寺，于明建文四年（1402 年），由宗喀巴弟子噶希巴东宗喜饶坚赞在原有的萨迦派寺院的基础上改建为格鲁派寺院；化隆夏琼寺由原来的噶丹派寺院变为格鲁派寺院；青海最古老的丹斗寺、白马寺等亦相继成为格鲁派寺院。这一时期，青海玉树地区也出现了一些格鲁派寺院，主要是因宗喀巴大师及其弟子的宗教影响，由其他教派的寺院改宗而成，著名的有嘎拉寺、拉布寺等。

嘎拉寺全称"嘎拉德钦林"，意为"嘎拉大乐洲寺"，位于今玉树市仲达乡杂通村附近的南加沟。始建于 13 世纪初，为直贡噶举派寺院，由直贡噶举派创始人仁钦贝（1143—1217 年）的弟子康觉多杰宁保倡建，或云由康觉多杰宁保扩建，规模较大。15 世纪初，宗喀巴大师成名后，向嘎拉寺活佛康觉索南坚赞赠其自画像 1 幅，劝说改宗。康觉索南坚赞接受劝说，皈依宗喀巴，改嘎拉寺为格鲁派，可以说它是玉树地区最早的一座格鲁派寺院。此后，该寺以西藏色拉寺为母寺，相传还在附近格宗、森宗、达宗三沟交汇处建成纪念改宗的藏娘塔，该塔周围是当地重要的宗教活动点。1958 年前，全寺有大小经堂、佛堂 6 座，僧舍 416 间。全部建筑由青石板砌成，殿堂式如楼亭，塔林依山耸立，层叠险峻，坚固肃穆。佛堂内供有数百尊佛像,多为镀金青铜像,工艺精湛。寺院亦甚富有,有耕地360亩、牛360头、羊240只。全寺僧侣200余人,活佛3人。现尚有僧100余人。该寺改宗后,一直供奉着原来所宗教派直贡噶举派的创始人仁钦贝(尊称"觉哇久曲贡保",意为世间怙主)和玉树地区直贡噶举派的护法神阿斯秋吉卓玛的塑像,进行法事活动时所制作的施供食子"多日玛"亦为直贡噶举派的传统样式,是为该寺一大特色。

拉布寺,藏语全称"拉布贡噶丹多俄雪珠帕吉林",意为"拉布寺具喜显密讲修兴旺洲"。位于称多县县治周均镇南20公里,在今拉布乡拉司通雪群沟沟口。寺院坐落在嘉日僧格昂却山山麓,南有格拉山,似白塔耸立,寺前玛嘉木拉山,状如大象。均称之为该寺神山。这里早年是一座萨迦派小寺,约建于元代。明永乐年间,宗喀巴弟子代玛堪钦元登巴来这里传教,见山清水秀,风景宜人,遂决意在此开辟格鲁派道场。后在拉布头人尼玛本的协助下,于永乐十六年(1419年)改建原有的萨迦派小寺,成为后来的拉布寺。该寺建成后受到明王朝支持,相传代玛堪钦元登巴被明朝皇帝尊为国师,曾赐佛像和禅杖等法器。代玛堪钦很有活动能力,很快将玉树且原属萨迦派的嘎热寺和让娘寺吸收为子寺,使之改宗格鲁派。约在清道光年间,该寺活佛吉热多杰入京晋见清朝皇帝,亦得到丰厚赐赠,被任命为拉布族百户,管理当地政教事务。清同治三年(1864年),又赐小金匾1块。同治十二年(1873年),清朝通过西宁办事大臣锡英再赐"普济寺"匾额。至此,拉布寺进入全盛时期,寺僧400余人,下辖18座属寺,分布在今称多、玉树等县和海西的都兰县、四川的石渠县。

清代,拉布寺建筑宏伟,民国年间周希武(1885—1928年)所著《玉树调查记》称,玉树25族寺院,以拉布寺为壮丽。该书据《游拉布寺记》,详细描述出拉布寺的景观建筑,由此亦可见玉树地区其他寺院之建筑和崇信佛教概况，故转录如下：

拉布寺在通天河东，拉布曲水之滨，西负绝巘，东带小溪，南北长里许，东西二百步。有千佛阁，南北长二十五间，中供大小佛、菩萨三千尊，皆铜铸，鎏以金。有护法殿，中供韦陀铜像，高三丈余，穿轩（王逸《楚辞注》：轩，楼版也）而立，自顶至脑在轩上，自腹至足在轩下。有阴司，中立泥塑胡鬼，面目狰狞，手执蒺藜、五爪、绳索之类，森然欲搏人。门楣之间，悬古甲胄、弓矢、刀剑、戈矛之属。又有一楼，高约五丈许，四壁涂以丹雘，四面包檐之下，有棕色楼椽一层，皆攒木枝，截齐而露其端于外者；椽上有鎏金铜盘，四面各八枚；屋上则金顶辉煌，风铎琅（各族寺院经堂建筑之制，其外表大略同此）。由正门入楼下，四壁皆供佛像，殊苦黑暗，唯见昏灯明灭而已。中楼有巨物，金光灿烂，穿轩而上，猝不辨其为何物。却出，从旁小门登楼，至中门，朱户金锁，门框皆金饰，入则栏杆前横，盖楼宽五间，深五间，最中五间，无楼版，环以栏杆，有鎏金巨塔，自地上出，嵌以宝石，维以色帛，塔顶以木作偃月承日状，饰以汞，楼下所见金光灿烂者，即塔之下半也。塔左右有两甬，亦自地上出，色帛层裹，如华盖然，番名摩尼甬。栏杆后，中一间环以木栅，上有天井，以通光线，窗寮嵌以玻璃，棼下承以锦绣（仰而谛视，乃御赐衮龙黄缎袍料）。中栅有鎏金铜轿一，轿柱及楣牙间，皆虬龙，宛转承接，张牙舞爪；中供木雕佛像一，金面金袍趺坐；轿前有香案，案上供张金几、银几、金山、银壶、铜垆、洋灯、爵罍之类；左右有大绣花瓷瓶各四，中插石制花卉及如意、贡香之类，共值数千金。楼后楣下，通悬五色帛，织成汉字《心经》，每方二字。傍楼后墙，以木为格，中一间，供古铜菩萨三十六尊，左右各二间，供金佛各五百尊。楼左右墙，阁度经卷，卷裹以色帛，上充栋宇。栏杆前中一间，有铜制花门，鎏以金，中门悬大铜钹一；门前左右，有长几，几上置净水、铜盂及镫、炉百余枚。几前楼版，以僧徒朝夕膜拜摩掌之故，光明滑浏，履之欲跌。其余僧徒所居，穿廊连庑，层楼复阁，几于千门万户，不能名状云。寺有前清同治十二年，西宁办事大臣锡英所赠匾额，曰普济寺；又有御赐小金匾，在最暗处，仅辨同治三年数字而已。

拉布寺在20世纪50年代有殿堂13座，僧舍120院，多为楼房，共420多间，拥有土地千余亩、马牛等牲畜近5000头（匹），且有雄厚的商业资本，全寺共有僧侣500余人。现有大小经堂、释迦佛殿、护法殿、马首金刚殿、转经轮房等主要建筑，并有佛塔21座，寺僧共132人。该寺原有大小活佛13名，其中地位较高的有代玛堪钦、德吉、堪钦3个转世系统。代玛堪钦系统以寺院的创建者元登巴为第一世，共传15世。其第十三世名江永洛桑嘉措，是一位很有远见的活佛，他学习北京等地街道建筑方式，在故乡改造溪水，整治河床，修筑河堤，重新规划道路和居民建筑，重修寺院围墙、山门，并从西宁、湟中驮运来树苗，在玉树、称多等地试种，使拉司通道路两旁绿树成荫。他还从北京请来工匠，就地烧制砖瓦、石灰，培养当地技术人才。在寺内，他扩建经堂，新建辩经院，创办"吉索""拉斯吉索""霍仓吉索""公巴逊"等4处商号，每处定员10人，往返于康藏、内地，发展商业，积累财资，新中国成立以前很有影响。旧时，拉布寺还以有严密的寺院组织出名，全寺设总法台（赤哇）1名，从寺内活佛中选任，总揽全寺政教事务。总法台与其他活佛和本部落百户、副百户组成赤哇会议，是全寺最高权力机构。下设僧官、总管家、堪布、翁则、百班（兼任百户）、血索等，分别掌管寺规的执行、经文的学习领诵及经商事宜等。全寺每年分别于正月、二月、四月、腊月举行四次大型集会，称之为"观经会"，至今如此。

嘎拉寺、拉布寺等格鲁派寺院发展后，玉树地区还有一些他派寺院亦相继改宗格鲁派。今玉树市仲达乡的岗拉寺，在通天河畔岗拉庄附近的昂庆山山坡上，相传 900 年前这里是一座禅房，后来发展成一座噶玛噶举派寺院。该寺寺志称，西藏哲蚌寺高僧代玛堪钦元登巴建成拉布寺后，又主持了岗拉寺寺务，自此该寺演变成格鲁派寺院。今称多县拉布乡的邦布寺，亦原为噶举派寺院，后由代玛堪钦元登巴改为格鲁派寺院。今玉树市仲达乡的邦群寺亦初为本教寺院，后为宁玛派寺院，约在 15 世纪，宗喀巴弟子西拉俄赛从昌都寺来此传教，将另一座萨迦派寺院并入邦群寺，扩大邦群寺规模，使之成为格鲁派寺院。此外，在玉树地区也有一些直接建立的格鲁派寺院。如今曲麻莱县东风乡江让沟的江让寺。据该寺寺志，约在明正统十二年（1447 年），经来自印度的僧人杰·噶旦多耶直哇尊者勘定寺址，由当地僧人扎公索南巴邦建成江让寺，这是原上年措、江晒、优秀等藏族部落的主要寺院，相传清代最盛时有僧 700 余人、活佛 5 人。20 世纪 40 年代因部落间纠纷等原因，僧人减至百余人。现仅 27 僧。今称多县扎朵乡的色航寺，是称多县境内的格鲁派大寺之一，亦形成于格鲁派创立时期，据我们于 20 世纪 80 年代末的全省藏传佛教寺院普查资料，约在明洪武三十年（1397 年），出生于今四川邓柯县的僧人求吉昂江扎巴来玉树年措（亦写作娘磋）部落传教，将附近的昂却桑底格培林寺、公青寺和噶顶拉叶则毛寺（简称拉则寺）三座寺院合并成为色航寺，本人成为该寺第一代寺主活佛。历史上，色航寺是上下年措和白日多麻族群众共同信奉的格鲁派寺院，以西藏色拉寺为母寺，下辖今玉树市的邦公寺和曲麻莱县的夏日寺、觉东寺、巴干寺等。周希武《玉树调查记》记有喇嘛 3 人，僧徒340 人。但据寺僧的口碑资料，20 世纪 30 年代后期，寺僧增至 900 多人，其中来自下年措的 400 人、上年措的 300 人、白日多麻的 200 余人。40年代曾遭马步芳部下洗劫，建筑被烧毁。50 年代初恢复，寺僧多达 650 人，有嘉木更钦、拉苟、才玛、日江格庆、嘉合、杰格和旦麻江智格逊曲永等7位活佛。现有大经堂、讲经院、印经室、弥勒殿、护法殿、转经轮房以及3座活佛拉章（府邸）等建筑，有僧258人、活佛3人。设有显宗和密咒经院，采用色拉寺杰宗教程，寺僧注重学修，有严格的学经和学位制度。

从上述情况分析，格鲁派创立时期在青海形成的早期格鲁派寺院，主要分布在玉树地区和东部湟水流域，这与地理、交通环境密切相关。玉树地区毗连康藏，从而为一些寺院的改宗提供了条件；青海东部地区是西藏高僧取道青海通往内地的必经之道，且气候相对温和，自然环境较优越，从而使格鲁派从这里传播开来。

第三节　三世达赖喇嘛在青海的传教活动

15世纪初，宗喀巴大师在当时西藏帕竹政权的支持下改革藏传佛教，创立格鲁派之后，格鲁派不断发展，经第一、二世达赖喇嘛时期的弘传发展，逐步形成了以寺院经济为基础的集团势力。至第三世达赖喇嘛时期，作为格鲁派政治上的支持者帕竹政权势力日衰，噶玛噶举派等其他教派与格鲁派的斗争日益加剧，迫使格鲁派进一步冲破地域和民族界限寻求新的支持者。三世达赖喇嘛索南嘉措（1543—1588年）拉萨附近今堆龙德庆县泽噶康萨贡地方人，自幼被认定为二世达赖根敦嘉措的转世灵童，4岁被迎入哲蚌寺供养，7岁以哲蚌寺住持索南扎巴为师受沙弥戒，11岁任哲蚌寺第十二任住持。明嘉靖四十三年（1564年），三世达赖22岁时，以格勒巴桑为师受比丘戒，标志着他的宗教训练基本结束，从此转入以政治目的为基础的各种宗教活动，其基本特点是周游各地，宣传教义，进一步扩大影响，发展属寺和僧众，以继续增强本集团势力。他曾至扎什伦布寺和西藏山南、塔布等地讲经收徒，又任色拉寺第十三任住持。嗣后，经移牧青海的土默特蒙古首领俺答汗之请，亲自来青海等地传教，使格鲁派进一步传播到青海等地和广大蒙古族、土族等民族地区。

元朝灭亡后，退到长城以北的蒙古各部分为漠北、漠南、漠西三部。明永乐八年（1410 年），达延汗被立为蒙古大汗，统一大漠南北，分蒙古为喀尔喀、兀良哈、鄂尔多斯、土默特、喀喇沁六个万户，由自己的子弟分别统领。达延汗在位 74 年，1483 年 80 岁去世，以后蒙古又一度分裂。后来，达延汗第三子巴尔斯·博罗特之次子俺答（即阿勒坦，1507—1582 年）被立为土默特部首领，在蒙古诸部中势力最强。早在达延汗时，漠南、漠北与漠西蒙古之间即有矛盾，相互间曾多次争伐。俺答立为土默特汗后，图谋复仇，虎视漠西，极力向西扩张。《蒙古源流》称他曾于明嘉靖三十二年（1553 年）行兵漠西厄鲁特蒙古四部。"席卷其地，使归治下"，进而把青海作为他向西扩张的目标。明嘉靖三十八年（1559 年）三月，俺答汗拥众入据青海湖地区，驱逐先前因内乱奔据这里的卜儿孩部。嘉靖四十年东还，留其子丙兔驻守青海。明万历元年（1573 年），俺答汗时年 67 岁，再次运兵青海，《蒙古源流》称其主要目标是"行兵喀喇土伯特之地"，征服称为"黑吐蕃"的藏族各部族。俺答汗的这次军事行动波及的范围很广，有称为"锡喇"的今张掖以西的甘肃天祝和青海海北地区，有称为"喀鲁卜"的青海海南地区，还有称为"喀木"的川藏相交地带的地区。《蒙古源流》说俺答汗从被征服的地区找来两名叫阿里克喇嘛和固密苏噶师的僧人，阿哩克喇嘛向他解说："轮回三恶道之苦难，超升色究竟天之善果，宜取宜舍之分界"等佛教教义。于是俺答汗"心中略萌经义"，分清取舍，改恶从善，"始念六字心咒"，这个阿哩克喇嘛，疑即出身于阿力克部落的藏僧。阿力克部落是青海很出名的藏族部落，最早游牧于海南兴海的温泉一带，后移牧今同德和黄南河南县境内的黄河两岸，以后又迁回措卡，清道光年间，一部分又迁到海北祁连县境内。五世达赖喇嘛阿旺罗桑嘉措于1646年写成的《三世达赖喇嘛传》中也说，俺答汗从铁羊年（1571年）开始信奉格鲁派，向到他那里的佐盖阿桑喇嘛询问藏传佛教，阿桑喇嘛向他介绍了三世达赖的身语意功德，俺答汗遂顿生敬仰之心。而萨囊彻辰认为俺答汗信佛，决定邀请三世达赖是他曾祖父库图克台·彻辰洪台吉劝说的结果①。尽管上述诸说的因素都存在，但就当时的形势分析，俺答汗改信黄教，其政治目的是十分清楚的，当他武力控制了青海广大藏族聚居区后，为了立脚，转而与青海各藏族部落加强联系，鉴于藏传佛教在藏族人民中的影响，极力与藏传佛教界建立关系，这是历来统治者文武兼治的统治手段。

明万历二年（1574年），俺答汗首次派出一个使团，以其大臣那则吾为首，带着邀请信和大批礼物去西藏请三世达赖喇嘛。达赖在哲蚌寺接见了来使，详细协商了去青海相会的有关事宜，并派戒律师宗哲桑布先去青海接头，达赖的使者来到青海湖南的措卡，俺答汗"即与三万户共议，建寺庙于青海之察卜齐雅勒地方"，②这约在1575年。索南嘉措自己为使俺答汗长寿，在今西藏曲水县的扎仓寺（全称扎仓利益善言洲），塑立长寿三佛之一的尊胜佛母像，藏语叫"南杰玛"。后来索南嘉措来青海时，从该寺带20名僧人，每天口诵尊胜佛母长寿经。自此，称之为"南杰扎仓利益善言洲"，这就是以后布达拉宫的南杰扎仓。这一切表示了双方建立联系的迫切心情，也说明这种联系已初步建立。

明万历四年（1576年），俺答汗第二次派出使团迎请索南嘉措。使团

① 萨囊彻辰著，道润梯步译校：《蒙古源流》，内蒙古人民出版社1980年版，第376页。
② 萨囊彻辰著，道润梯步译校：《蒙古源流》，内蒙古人民出版社1980年版，第378页。

以土默特部俺答汗的阿都斯·达尔罕和阿嘉达尔罕、鄂尔多斯部彻辰洪台吉的洪忽台达延师等为首，于第二年到西藏。索南嘉措从是年藏历十一月二十六日从哲蚌寺启程，去大、小昭寺和甘丹寺作完祈愿法事，然后北行经热振来青海。根据《三世达赖喇嘛传》所载年谱，三世达赖索南嘉措于明万历六年（1578年）进入青海境内，先渡通天河到年措。年措即玉树25族之一的年措族，在今玉树藏族自治州称多县境，该地气候较温和，有色航、巴干等藏传佛教寺院。达赖到处，"僧俗云集"，达赖为千余人剃度，或授比丘戒。然后北上至今果洛藏族自治州的玛多县，再翻越阿尼玛卿雪山进入今海南藏族自治州境内。《三世达赖喇嘛传》记载，达赖一行"渡过黄河后到藏族游牧的一个大滩，这里有200余人骑马来迎，为首一人戴本教徒帽子，下马向达赖叩拜，献上供养。又走两时许，见摆着丰盛的饮食和供养礼物，还摆着两个带锁的箱子，钥匙插在锁上，箱子上放着一条白绸子哈达，献供养者请求达赖授观音菩萨随许法，此乃玛卿邦拉来迎也。[①]这个玛卿邦拉，后世多指阿尼玛卿山神，这里可能指游牧在阿尼玛卿山一带的藏族部落头人。青海藏族素有"上部玛卿邦拉，中部扎噶哲宗，下部措娘玛哈代哇"的说法，这个玛卿邦拉指果洛的阿尼玛卿雪山，地势最高，扎噶哲宗即海南兴海县的赛宗山，措娘玛哈代即青海湖海心山，这正好表明了从玛多到青海湖的大概路线。索南嘉措一行经阿尼玛卿雪山，行数日至阿沁塘，又行数日，受到俺答汗第一批派出者的迎接。《三世达赖喇嘛传》说这些来迎的王族虽奉俺答汗之命而来，但对达赖喇嘛的佛法仍持疑惑。达赖为了调伏，"临水指戟作法，使水倒流，显此神变，乃得若辈笃诚无悔之敬心。"《蒙古源流》称达赖作法的这条河为乌兰莫棱河，估计是海南兴海县境内的一条小河，从这里又行至阿力克噶布塘，《安多政教史》

---

① 五世达赖阿旺罗桑嘉措著：《三世达赖喇嘛传》，塔尔寺藏文木刻本，第89页。

释此在黄河大转弯处西侧，阿力克部落早期驻牧温泉一带。按此，第一批迎接处在今海南藏族自治州的兴海县境内无疑。俺答汗派出的第二批往迎者迎接达赖的黄艾川在今兴海县的大河坝一带，沈曾植先生在其清译本笺证中指察汉诺们汗游牧处。因此，黄艾川可能靠近贵南。从这里北上，与俺答汗相会于措卡的恰卜恰。藏语"措卡"意为湖滨，今青海湖南共和县的尕海滩仍有措卡的地名，当时当指一个靠近青海湖的大范围，今海南州所在地恰卜恰（明史中作察卜齐）即在此范围内。从俺答汗与3万户共议修建仰华寺及迎接达赖喇嘛的使者成员看，1573年俺答汗运兵青海时，与土默特部同来的有鄂尔多斯和永谢卜部。当时，鄂尔多斯部由俺答汗长兄衮必里克墨尔根济农的后代统领，永谢卜部由俺答汗的六弟博迪达赖鄂特罕台吉的后人统领，俺答汗为同族长者，故为三部之首。三部在青海的牧地，土默特居中，永谢卜靠西南，鄂尔多斯在东北。达赖喇嘛是先到永谢卜部阿拜诺延牧地，后到土默特牧地与俺答汗相会。

《三世达赖喇嘛传》以大量篇幅记载万历六年三世达赖来青海，受到土默特等部首领的热情欢迎和丰盛供养。俺答汗三次派出土默特、鄂尔多斯和永谢卜部的官员远迎达赖。从第一次的800余人至第三批增至3000余人，规模愈来愈大，每次奉献大量礼品，极为虔诚。达赖一行将到恰卜恰时，俺答汗率万余人亲迎，设盛大欢迎会，会上献用五百两白银制成的曼扎1个、装满珠宝的金碗1个、白黄红蓝绿各色绸缎各20匹、骏马100匹、白银1000两，还有其他布施品。此后，在恰卜恰大乘法轮洲（仰华寺）的开光典礼上，俺答汗等又向达赖献披氅等成衣百件、各色绸缎百匹、各种珠宝念珠百串、各种皮制品百件、满装珍宝的金碗、饰龙银瓶7对、以千两白银铸成的银罐、金冠及王服1套、银制碗碟7套、白银500两、骏马100匹、珠宝鞍具3副等。当时，俺答汗已年届72岁，风烛残年，三世达赖为俺答汗作禳病祈寿法事，俺答汗又向达赖喇嘛献金制头饰、铃杵等 5 种法器、净瓶等各种灌顶器械，以百两黄金做成的金印 1 颗。该印上饰五龙，刻新制蒙文"金刚持达赖喇嘛印"，印盒银制。另献珍宝法衣、华盖、大红披氅等法衣、坐垫、绸缎、鞍马及其他银器 1000 件，并向达赖赠号"瓦齐尔达喇达赖喇嘛"（持金刚海慧圣僧）。达赖向俺答汗赠号"法王大梵天"。三世达赖剃度以三部王族出身的子弟为首的百余人出家后，俺答汗等又献黄金百两、白银 3000 两以及其他鞍具、绸缎，布匹等。这一切表明以三世达赖为首的藏传佛教格鲁派与蒙古王公已建立起密切的联系。随着这种关系的建立，格鲁派很快传播到蒙古族中。

早在 13 世纪初成吉思汗进军西藏和攻灭西夏的过程中，蒙古王室和藏传佛教僧人即有过初步的接触。1247 年，萨班贡噶坚赞与阔端在凉州相会，西藏归顺元朝。从此，藏传佛教萨迦派受到尊崇。特别八思巴被忽必烈封为帝师统领天下释教以后，萨迦派的地位更高了。同时，元朝与藏传佛教的噶玛噶举、蔡巴噶举、帕竹噶举派以及宁玛派、觉囊派、布顿派等都有过交往。但元朝对佛、道、萨满、景教等各种宗教及教派兼收并蓄，藏传佛教并非独尊，并且，这种信仰主要在上层王族中，后来，随着元朝的覆没和萨迦派的衰微，藏传佛教在蒙古族地区的影响一度减弱。至于 15 世纪刚刚兴起的格鲁派在蒙古族中的影响更小。三世达赖来青海前，从土默特等部王公到一般蒙古族群众，传统的萨满教信仰仍占主导地位。三世达赖的青海蒙古之行，最大的收获是格鲁派得到土默特等部的支持，使格鲁派突破民族界限，迅速传播到蒙古族地区。万历六年（1578 年）农历五月十五日，索南嘉措和俺答汗在措卡会见之后，曾有 10 余万人集会，会上由鄂尔多斯的库图克台彻辰洪台吉代表土默特等三部首领做了重要演讲。关于演讲的内容，《三世达赖喇嘛传》《安多政教史》《菩提道次传承高僧传》都有记述。其中，以益希坚赞于 1787 年写成的《菩提道次传承高僧传》写得最为详尽，现截译如下：

会上，洪台吉（即库图克台彻辰洪台吉）以国师拔希（即瓦齐尔图迈衮欢津）任翻译讲话道：从前，（忽必烈汗）出身于察哈尔天子之王族，武力雄强，征服汉、藏、霍尔三族，与萨迦派结福田施主善缘，大弘佛法。后来，从铁穆耳汗起，佛法中断，作恶不善，享食血肉，坠入黑暗之血海。今托福田施主二日月之恩，再开圣法之道，化血海为乳海，其恩德至大。居住在这里的汉、藏、霍尔一切民众，须恪守十善，从即日起，对众人特别向蒙古察哈尔族做如下规定：从前蒙古人死后，区分贵贱，以其妻妾、奴仆、马牛殉葬。今后凡用来宰杀祭祀的马牛等牲畜，自愿献给上师和僧众作回向祈愿，严禁杀生祭祀死者，倘若仍与往常一样，则杀人者抵命，宰杀马牛牲畜者，剥夺其全部财产；对上师和僧侣动手打骂侵犯者没其家。以前，对称作"翁公"的亡人像每月初八、十五、三十日宰杀马牛等牲畜以血进行月祭，每年区分贵贱杀生年祭。从今以后，烧毁翁公，严禁杀生进行月祭和年祭。若违令杀生祭祀，则杀一牲畜而剥夺其十倍牲畜，拒不烧毁翁公者破其家。代替翁公，立智慧六臂怙主像，用三乳品（酪、奶、酥油）供养，绝不能用牺牲供奉。此外，所有人须努力为善，以每月的初八、十五、三十日为持斋戒日，对汉、藏、霍尔等族不能无端抢掠。总之，一切应效法卫藏行事。如此等等，规定了许多法律条文。

彻辰洪台吉的这个讲话时间在五月十五日相会之后，是索南嘉措宣传格鲁派教义的结果，体现了蒙藏僧俗首领取得联系后的意志，它表明蒙古王公们信奉了格鲁派，并用法令的形式要求属民们从信仰传统的萨满教改信藏传佛教，大力提高僧人地位，并以法律予以保护。应该看到，以俺答汗为首的蒙古王公和格鲁派领袖做出的这些决定，对于废除原有陋习，促进民族团结和社会稳定具有一定作用，从而赢得了群众对格鲁派的热忱。

此后，在大乘法轮洲寺（即仰华寺）的开光典礼上，俺答汗当众亲自焚毁他所依止的翁公像，于是其他人纷纷效法，达赖和俺答汗互赠尊号，索南嘉措赠俺答汗以"咱克喇瓦尔第彻辰汗"（意为聪睿的转轮王），俺答汗赠索南嘉措以"圣识一切瓦齐尔达喇达赖喇嘛"（意为救世金刚海慧圣僧，意即显密两宗都达到最高成就的超凡入圣的海上师），这便是达赖喇嘛尊号的由来。之后，在仰华寺以索南嘉措为堪布，举行传戒法会，三世达赖向千余名信徒授戒，先剃度了一批王族子弟出家。这个影响十分巨大，在广大蒙古族群众中起到了示范作用。1579 年夏，经过达赖喇嘛劝说，俺答汗东回内蒙古，三世达赖喇嘛因去理塘建寺，没有同行，派由他授给比丘戒的云丹嘉措（1557—1587 年）作为他的代表和俺答汗同去内蒙古。云丹嘉措为第二世东科尔活佛，其第一世达瓦嘉措（1476—1556 年）于色拉寺、下密院学成后，在故乡康区的东科尔建桑钦多吉林寺（大密金刚洲），从此出现一个新的格鲁派活佛系统，称为"东科尔"，尊为"满珠习礼"，意为文殊菩萨。云丹嘉措亦西康人，23 岁时（1579 年）来措卡仰华寺，由三世达赖授给比丘戒，后随俺答汗去内蒙古居住数年，为巩固格鲁派和蒙古王公联系起过很大作用。1582 年，俺答汗身患重病，奄奄一息，一部分人对格鲁派的信仰发生了动摇，认为索南嘉措的说教"既无益于合罕之金命，岂能利后世之他人乎？此等喇嘛乃欺诳也，今当弃绝此辈僧徒。"[1] 云丹嘉措释以人生无常、轮回之道，使众人欢心向化，以致俺答汗临终前，召十二土默特之诺颜大臣等众，再三降旨，"言说经教之功德，为日后不致毁教害僧，以宣扬宗教之事，共巫设誓，载入史传。"[2]

---

[1] 萨囊彻辰著，道润梯步译校：《蒙古源流》，内蒙古人民出版社 1980 年版，第 378 页。
[2] 萨囊彻辰著，道润梯步译校：《蒙古源流》，内蒙古人民出版社 1980 年版，第 397 页。

后，云丹嘉措又奉三世达赖之命，去"察哈尔传教，在那里以神变力取消了祭祀祖传世间神的习俗。"[1]云丹嘉措还在漠北蒙古中有一定影响，《安多政教史》说他1587年圆寂后，在喀尔喀、鄂尔多斯和康区各找到一名他的转世灵童，最后确定康区巴桑出生的杰瓦嘉措（1588—1639年）为三世东科尔。杰瓦嘉措7岁时即去措卡火洛赤部，以后一度在措卡、东且、赤喀（贵德）、阿力克、哇秀等部落活动，估计也在大漠南北活动过。《西藏王臣记》说："和硕特部首领固始汗25岁时（1606年）调解漠北喀尔喀和漠西厄鲁特之间的争端，受到喀尔喀汗王和东科尔活佛的赞赏，被尊为大智王"，可见东科尔的地位是很高的。1615年，杰瓦嘉措28岁时以吉雪第巴曲结为师受比丘戒后应请去厄鲁特蒙古传法，一些学者认为黄教就是在这个时候由东科尔活佛正式传入厄鲁特蒙古的[2]。和硕特部的格鲁派名僧咱雅班第达南喀嘉措（1599—1662年）即为其高足。17世纪中叶，格鲁派在与噶玛噶举派斗争的关键时刻，积极与和硕特部取得联系，并在以固始汗为首的和硕特部的支持下跃为西藏占统治地位的教派。追根溯源，这些基础是三世达赖喇嘛来青海、去蒙古时奠定的。

前已叙述，万历六年（1578年）三世达赖喇嘛来青海之前，青海已有一批格鲁派寺院。他来青海后，一面巩固已有寺院，同时又建一批，以进一步扩大影响，发展势力。据《三世达赖喇嘛传》，1578年，索南嘉措在黄艾川新建彭措南杰林寺，第二年委任原派来青海的宗哲桑布为讲经师，在土默特牧地恰卜恰新建大乘法轮洲寺，在鄂尔多斯牧地新建彭措潘代林寺。这三座寺院现已无迹可寻，据三世达赖来青海的路线，彭措南杰林寺可能在今海南兴海县境，属永谢卜部；彭措潘代林寺疑在今海北州境内；

---

① 智贡巴著：《安多政教史》（藏文本），甘肃民族出版社1982年版，第183页。
② 马汝珩、马大正著：《厄鲁特蒙古史论集》，青海人民出版社1984年版，第20页。

第七章　明代以来格鲁派的弘传

191

大乘法轮洲寺即仰华寺，但修建年代和寺址说法不一。明史记载顺义王俺答汗于青海湖西岸建寺，万历五年(1577 年)四月"以寺额请，赐名仰华"。《蒙古源流》则云西藏使至，俺答汗"与三万户共议，建寺庙于青海察卜齐雅勒地方"。按此，当建于 1575 年。而《三世达赖喇嘛传》记载，俺答汗在和达赖相会的措卡恰卜恰地方，经三世达赖收伏当地神祇，从内地请来许多汉族工匠，兴建了一座寺院，竣工后达赖喇嘛命名大乘法轮洲寺，并云当时有经堂 1 座，内供三世佛、宗喀巴及三世达赖塑像，经堂左、右、前面是护教法王大威德及观音菩萨等的神殿，各有 16 根柱子的规模，神殿之间又建有菩萨殿、药叉殿和嘛呢堆，前面神殿的左右两侧是俄色颇章（明光殿）和德钦颇章（安乐殿）两座寝宫，殿堂皆铺顶，全为汉式，并筑有三重围墙。这样一座中等规模的寺院与该书记载的时间有矛盾。据该书所载三世达赖年谱，1578 年农历五月十五日达赖与俺答汗相会，之后在相会地点建寺，竣工后举行开光仪式和庆祝会，为俺答汗作禳病法事，此后互赠名号，度王族子弟出家，然后达赖在俄色颇章闭关修持 20 余天，冬初去附近蒙汉人家为一些人剃度或授比丘戒，后去鄂尔多斯牧地为新建的彭措潘代林寺赐名开光，再从这里去甘州二唐，年底返回措卡。按此，建寺当在 1578 年夏秋，从动工到落成不足半年，显然，时间上短了一些，按明史所记，仰华寺竣工于索南嘉措来青海之前，索南嘉措来青海后主持了开光仪式，但寺址不在湖西，而在青海湖南面的恰卜恰。至于《三世达赖喇嘛传》对该寺的兴建年代何以有不同记载，尚不得而知。

据明史记载，明嘉靖三十八年（1559 年），俺答汗拥众入据青海湖地区后，累犯庄、凉、西宁等地，对明朝造成威胁。万历元年（1573 年），俺答汗再次运兵来青海，其"部落八万有奇，逐水草，而乘机刁抢"，剽掠粮畜，妨碍农桑，加害行旅，并常"扣关乞赏，无日无之"。明朝更担心土默特等部遵盟守约，万一俺答汗死后，西陲无复安枕之日。明朝正因俺答汗西入青海，感到头痛，又无办法之际，"听说俺答汗对索南嘉措非常尊重，言听计从，乃于 1578 年（明神宗万历六年）命甘肃巡抚侯东莱差人到青海请索南嘉措到甘肃与他会晤，并嘱索南嘉措劝说俺答汗率众回内蒙古。"①三世达赖喇嘛受了邀请，五月与俺答汗在仰华寺相会后，冬季经鄂尔多斯部牧地（今青海海北境），去甘州（张掖）与侯东莱会晤。对此，《三世达赖喇嘛传》记载道：

> 甘州二唐十三户之王派仪仗队持各种乐器、武器来迎。（达赖去甘州），沿途各族头人奉献饮食。（在甘州、达赖）朝礼萨班修建的幻化寺，朝礼马蹄寺。……行至城阙，（甘州）王派十万军士擎旗荷枪，迎入宫中……达赖为王讲说《精要三义深奥法》，为众人宣讲《上师观音修行法》，由译师译成汉、裕固、蒙古语。并释放二唐所辖监狱的犯人，剃度一百人出家……，达赖喇嘛的声名远播中国大地。以前，察哈尔王族（指土默特等部）为首的万余人攻入长城以南汉人区，人人恐惧。达赖下令制止，汉人拿出财物使蒙古人满足，蒙古人遂回到自己牧地，汉人从恐惧中解脱。此后，用汉地四十人抬的轿子送达赖喇嘛回到大乘法轮洲寺。②

据五世达赖的《三世达赖喇嘛传》和牙含章的《达赖喇嘛传》，索南嘉措在甘州于 1578 年农历十二月初给明朝的宰辅张居正写了一封信，信中说："有阁下分付（吩咐）顺义王早早回家，我就分付（吩咐）他回去。"年底返回措卡后，第二年夏天，俺答汗听从了达赖的劝告，留火洛赤青巴图尔驻牧青海，自己回土默特本土。为此，"农历八月，明朝万历皇帝派三个大臣持'所有地面的保佑者'的封诰印信来措卡拜见达赖，献衣服三

---

① 牙含章编著：《达赖喇嘛传》，人民出版社 1984 年版，第 22 页。
② 五世达赖阿旺罗桑嘉措著：《三世达赖喇嘛传》，塔尔寺藏文木刻本，第 97 页。

套及金银、绸缎、宫内用器等。信中说'朕所属蒙古四十部和甘州二唐诸臣之意悉得满足,甚好,朕将请足下到朝廷'。并封其襄佐(管家)为国师,亦赐印信。"① "索南嘉措根据明朝皇帝的意图,办了一件明朝皇上办不到的好事"② 明朝的感激是自然的。

三世达赖喇嘛在青海活动期间,借自己的宗教地位和群众的信仰,还多次调解各族之间、同族各部之间、明朝与地方之间的矛盾和纠纷,对安定社会、促进民族团结起了一定的积极作用。他每到一地,宣传佛教戒杀戒斗教义,极力劝化信徒向善,反对战争,在措卡 10 万人集会上彻辰洪台吉的著名讲话中即有禁止蒙古各部对汉、藏、霍尔各族无端抢掠的规定。《甘肃通志稿》还记载,俺答汗"道侵瓦剌(厄鲁特),为所败,归次青海建仰华寺以居琐南(嘉措),大会诸部,谋报瓦剌,琐南止之,且戒以勿好杀"。万历七年(1579 年)四月,三世达赖喇嘛在措卡调解了长期以来漠南蒙古各部与厄鲁特蒙古之间的纠纷。万历十二年(1584 年),他第二次来青海,从临洮折回青海宗喀,曾调解平息了当地汉蒙之间的纠纷,他的这些做法得到了长期以来饱受战火之苦的各族群众的拥护,为格鲁派赢得了群众,客观上也为安定社会起到了积极作用。

约在明万历六年(1578 年)年底,三世达赖喇嘛从甘州返回措卡。翌年夏,俺答汗听从三世达赖劝说,率众东返。秋末冬初,三世达赖自己经阿拜诺延牧地、林域、本那塘等地,到今四川省甘孜藏族自治州的理塘。万历八年(1580 年)农历五月,在西康主持建成理塘大寺。同年农历十一月去马尔康,第二年从马尔康往昌都地区传教。

万历十年(1582 年),俺答汗去世。按俺答汗遗嘱,漠南蒙古五部派

---

① 五世达赖阿旺罗桑嘉措著:《三世达赖喇嘛传》,塔尔寺藏文木刻本,第 98 页。
② 牙含章编著:《达赖喇嘛传》,人民出版社 1984 年版,第 22 页。

使臣去昌都迎请三世达赖喇嘛去内蒙古参加葬仪。三世达赖接受邀请，取道青海，约于农历十一月到达措卡火洛赤牧地，《三世达赖喇嘛传》未记这次来青海的路线，估计仍取道玉树，经果洛的玛多县，到海南的恰卜恰，从这儿索南嘉措并没有直接去内蒙古，而是花了两年时间在甘青地区兜了一个大圈。1583年春，索南嘉措先从措卡到今湟中县的塔尔寺，再从塔尔寺去今化隆县查甫乡的夏琼寺，然后向东到该县金源乡的丹斗寺，再向东经过今民和县转导乡的弘化寺到甘肃省永靖县的炳林寺，从炳林寺渡黄河到临洮。1584年从临洮返回青海宗喀地区，即今海东平安一带，从这里北去华热地区。《三世达赖喇嘛传》无去佑宁寺的记载，但《安多政教史》、土观罗桑却吉尼玛的《佑宁寺志》等都记载三世达赖喇嘛去蒙古途经今佑宁寺所在的哲加，曾预言建寺。华热，为湟北地区总名，佑宁寺位于互助五十乡，估计达赖喇嘛从今平安北入红崖子沟，经今佑宁寺到今海北门源县的仙米乡，后从仙米折回措卡，约在同年底始离措卡去内蒙古。万历十三年（1585年），三世达赖于鄂尔多斯西拉乌苏河岸会见蒙古诸王公，曾调停三个蒙古部落间的战争。次年到达归化（今呼和浩特），会见僧格都固棱汗，火化俺答汗遗体，举行隆重的祈祷仪式，并在归化城建锡热图召寺。万历十五年（1587年），应察哈尔部首领图门汗邀请去蒙古东部传法收徒，喀尔喀部阿巴岱远道前来拜见，他赠以"诺门罕牙齐瓦齐尔可汗"尊号。次年，因顺义王奢力克请求，明朝派人到蒙古封三世达赖喇嘛为"朵儿只唱"（藏语，意为持金刚），并请他到北京朝见皇帝。他应邀进京，不幸于明万历十六年（1588年）三月在内蒙古的卡欧吐密地方圆寂，终年46岁。

如前所述，1582年年底三世达赖喇嘛应请去内蒙古参加俺答汗葬仪再来措卡，第二年并没有直接去土默特，而是用两年时间辗转塔尔、夏琼、弘化、炳林、临洮诸寺，从甘肃折回青海宗喀，北去今互助县的佑宁寺和海北门源县的仙米寺所在地，约在1584年冬回到措卡火洛赤牧地，第二年才去内蒙古。三世达赖喇嘛之所以这样做是有其目的的，这就是通过他亲自朝礼甘青地区的这些著名古刹，进一步扩大影响，巩固已有寺院，并指示新建寺院，从而发展格鲁派势力。在这期间，巩固发展了的寺院有塔尔寺、夏琼寺、丹斗寺、弘化寺等，指示新建的寺院有郭隆寺、仙米寺等。另在许多地方讲过经，在玉树地区还改建了一批寺院。

众所周知，位于青海省会西宁市南26公里的湟中县鲁沙尔镇的塔尔寺是宗喀巴大师的降生地。明洪武十二年（1379年），宗喀巴母亲香萨阿切按儿子来信所示，在大师降生处以这里长出的一株白旃檀树和大师所寄狮子吼佛像为胎藏建塔，此塔从建成至明嘉靖三十九年（1560年）的181年中，由青海蒙古首领和当地的申中、祁家、西纳、米纳、鲁本等藏族部落多次维修易名，但未形成寺院。明嘉靖三十九年，一位噶丹派持律师仁钦宗哲坚赞在塔的附近建一静房聚僧修持。明万历五年（1577年），仁钦宗哲坚赞在塔的南侧建弥勒佛殿，有了寺院的雏形，但真正成格鲁派大寺是在三世达赖喇嘛来这里活动之后。对此，色多《塔尔寺志》有这样的记载："万历十一年藏历水羊年（1583年），达赖喇嘛索南嘉措应成吉思汗王族后裔土默特俺答汗父子之请后一次来青海时，由申中昂锁请来此地（塔尔寺），建带有天井的森康强哇（小寝宫），后称森康贡麻（上寝宫），以居达赖。达赖喇嘛在此宫内闭关修持数日，向持律师法王大修行者仁钦宗哲坚赞和五部落昂锁为首的众施主训示在这宗喀腹地修建寺院于现在后世的诸多益处以及必须修建的道理，众人虔诚喜悦听教，一致接受。达赖喇嘛亲自赐自像唐卡和天女护法神唐卡，征服地脉，加持地基。当时，西纳部落的鲁加村有一户称作'巴达霍尔'今呼'夏拉裕固'的人家，达赖令战神附体于此人，护佑佛教，此护法立誓护寺 13 代。达赖喇嘛以鼻血所绘护法神像至今保存在下鲁加村的赞康（护法殿）内。……自此，举建僧舍，建立正月神变祈愿法会，青海湖各部和五部落头人轮流做施主。"[①] 由于三世达赖喇嘛的活动，塔尔寺才有了强大的经济支持者，得以大规模兴建，成为蜚声国内外的格鲁派六大寺院之一。

三世达赖认为，夏琼寺是格鲁派之源，"宗喀巴大师根本道场的兴衰与格鲁派直接相关"。1583 年他从塔尔寺专程去夏琼寺朝礼，向寺僧讲经，为一些人授比丘戒，还剃度一批人出了家，辨认顿珠二钦灵塔并赐金改建为鎏金铜塔。三世达赖还在夏琼寺附近黄河边大滩上向云集到这里的信徒摩顶讲经，他还应当时的第六任法台洛扎·塔尔哇桑布之请，写了一首颂扬顿珠仁钦弘扬佛教业绩的诗，此诗至今为该寺会诵的经文之一。由于这些原因，当地僧俗信徒把顿珠仁钦、宗喀巴、三世达赖索南嘉措看作是对夏琼寺最有恩德的三个人，经常颂祷。[②]

三世达赖喇嘛在丹斗寺、弘化寺、炳林寺、临洮寺的活动有关文献无详细记载，《三世达赖喇嘛传》记载三世达赖一度在丹斗寺闭关静修，为央斗寺开启地门，在大慈法王（迦释也失）住过的宗摩卡（弘化寺）向许多人灌顶、剃度、授比丘戒，在临洮寺修复了喇嘛曲吉加保塑像的手指，还为当地信徒讲了经。在教徒们看来，上述诸寺都是甘青地区佛教史上的圣地。三世达赖亲临这些地方，无疑是用他的宗教地位来巩固这些寺院，进一步扩大影响。

三世达赖喇嘛来青海前，湟北地区尚无格鲁派寺院。因此，他要在这里开辟新的道场。三世土观罗桑却吉尼玛的《佑宁寺志》记载，三世达赖

---

① 色多·罗桑崔臣嘉措著：《塔尔寺志》，青海民族出版社 1987 年版，第 43—44 页。
② 才旦夏茸著：《夏琼寺志》，青海民族出版社 1984 年版，第 67—69 页。

喇嘛去内蒙古途经今互助县五十乡的佑宁寺所在地。"驻锡哲加，突然天布密云，雷雨大作，俄尔天晴，见空中五色彩虹直指今郭隆寺（即佑宁寺）寺址，遂授记此地当出一大德弘扬噶丹教法"。明嘉靖二十一年（1602年），四世达赖云丹嘉措从内蒙古去西藏哲蚌寺坐床，途经现在的佑宁寺，当地扎德等十三部落的头人根据三世达赖生前的授记请求建寺，并派代表去西藏请高僧来主持建寺事宜。1604年，四世班禅洛桑却吉坚赞和四世达赖决定派嘉色活佛端悦却吉嘉措来安多，他在松巴大师丹却嘉措（？—1651年）的协助下建成郭隆寺，后清朝赐名佑宁寺，发展成青海省湟北地区的最大寺院。万历十二年（1584年），三世达赖索南嘉措还北去门源仙米，在这里授记建寺，并加持寺址，赐未来的寺名为"甘丹达吉林"。后来，该地的更噶嘉措从西藏叶尔巴寺请来堪钦才旦端智于明天启三年（1623年）建成仙米寺，这也是湟北地区的出名寺院。

三世达赖喇嘛估计还去过其他一些地方。西北民院却太尔教授在其《扎藏寺简史》一文中说，明万历五年，三世达赖喇嘛索南嘉措来青海"夏拉号图"（蒙古语，意为黄城，在今共和县）时，扎藏寺寺主邀请达赖喇嘛到该寺附近俊家庄东面的群科滩（藏语，意为讲经滩）讲过经。该文还说，根据《察叶文物清册记》，唐文成公主进藏时，给阿夏（吐谷浑）公主赠珊瑚念珠一串、金戒指一个、刻有汉字的金钗一个。这些文物后来保存在扎藏寺。三世达赖来扎藏寺，塑了一尊度母像，将金钗贮于像内，金戒指套在度母像左手无名指上，珊瑚念珠镶在佛额上，从此以来，扎藏寺改宗格鲁派。扎藏寺是青海著名的以蒙古族为主要僧源的格鲁派寺院，位于今青海省湟源县的巴燕乡，西距恰卜恰不远，三世达赖从措卡来海东地区，途经扎藏寺的可能性毋庸怀疑。但关于该寺早期的记载很多，《安多政教史》仅记：1637年固始汗入据青海后，由他作施主，资助五世达赖的弟子加央喜饶建成扎藏寺。按此，三世达赖来青海时尚无扎藏寺。但《扎藏寺简史》认为，该寺始于东汉延康元年，信奉汉地佛教。宋代由蒙古人在寺南建立一座修行处，称作"塔燕静房"。固始汗来青海后，北迁塔燕静房至扎藏寺，建成黄教寺院，取名"扎藏噶丹群佩林"，成为安多十三大寺院之一。

限于资料，第三世达赖喇嘛在其他地区的传教建寺情况尚不十分清楚。从玉树地区的一些寺志记载看，三世达赖曾将这里的一些寺院改为格鲁派寺院，或因当时三世达赖的影响，一些寺院主动改宗了格鲁派。如今玉树市仲达乡格日村附近的让娘寺，由直贡噶举派创始人仁钦贝的弟子康觉多杰宁保始建于元初，三世达赖到青海后改为格鲁派寺院，在玉树地区历史悠久，影响较大，原辖邦群、邦布、嘎拉、扎西拉武、龙喜等寺，曾有僧近 600 人、活佛 9 人。现有 140 僧、活佛 2 人。今曲麻莱县巴干乡代曲村附近的夏日寺，初建于明正统十二年（1447 年），初由扎干任寺主活佛，相传三世达赖经过卜卦，改由拉格多杰强任寺主活佛，这些都是他在玉树地区活动的例证。

三世达赖喇嘛两次来青海，除了巩固和新建一批寺院外，他每到一处，利用自己的宗教地位，宣传格鲁派教义，并极力扩充僧数，《三世达赖喇嘛传》中仅有数字记载的，他在青海地区亲自剃度出家或授比丘戒的僧人多达 3400 余人。经过三世达赖喇嘛的努力，格鲁派在青海地区长足发展，特别以后又受到清王朝的尊崇扶植，其他教派寺院纷纷改宗格鲁派，格鲁派盛极一时。

第四节　青海著名格鲁派大寺的形成或建立

一、塔尔寺的形成及其在青海佛教史上的地位

　　第三世达赖喇嘛两次来青海进行传教活动，使格鲁派迅速传播，其重要标志是在青海湟水流域形成或建立了格鲁派大寺塔尔寺和佑宁寺。如前所述，由于三世达赖喇嘛的活动，于明万历年间初具寺院规模的塔尔寺才有了强大的经济支持者，加之它是宗喀巴大师的诞生地，因而随着格鲁派的传播，影响越来越大，发展迅速。继三世达赖在世时建成供达赖居住的行宫之后，万历十六年（1588 年），改建纪念宗喀巴降生由宗喀巴母亲倡建之塔为菩提塔形。该塔初名莲聚塔，内供宗喀巴大师所寄狮子吼佛（释迦牟尼佛身像的一种，传为大师前生）印像，从明洪武十二年（1379 年）至万历十六年（1588 年）200 多年间，由青海蒙古首领和当地申中、祁家、鲁本、米纳、西纳五藏族部落信众多次维修，曾一再易名为吉祥多门塔、尊胜塔、涅槃塔、天降塔和息诤塔，最后塔形和名称定为菩提塔，正式确定下来，饰以银壳，这就是塔尔寺的主供圣物，即大金瓦殿中的大银塔，亦称宗喀巴纪念塔，藏语通称"赛冬"。万在十八年（1590 年），塔尔寺信众又以三世达赖喇嘛的一些灵骨舍利和明朝给三世达赖的一些赐物为胎藏，建成三世达赖灵塔和殿堂，后通称"遍知殿"。万历二十年（1592 年），再建三世佛殿，今通称"九间殿"；二十二年（1594 年），又建依怙殿，今称"宗喀巴佛殿"。万历三十一年（1603 年），第四世达赖喇嘛云丹嘉措自内蒙古入藏途经青海来塔尔寺驻锡，见寺院与村庄杂处，僧俗难分，遂整顿寺规，指令大持律师鄂色嘉措负责组建塔尔寺讲经学院。翌年，鄂色嘉措于今大金瓦殿北侧又建一殿，内供弥勒佛 7 岁等身像和释迦牟尼像，后称"觉康"（意释迦殿）或右弥勒佛殿。万历四十年（1612 年）正月，

塔尔寺举办盛大的正月祈愿法会。法会上，鄂色嘉措正式出任塔尔寺第一任法台，藏语称"赤哇"，总揽全寺行政教务，创建显宗经院，开讲经说法之制，并正式命名塔尔寺为"衮本贤巴林"。至此，塔尔寺正式成为格鲁派的正规寺院。首建弥勒佛殿使塔尔寺形成寺院雏形的仁钦宗哲坚赞和首任法台鄂色嘉措，是塔尔寺早期兴建史上的两个出名人物，并被称为"前后二持律大师"。

塔尔寺藏语名称"衮本贤巴林"，意为"十万佛身弥勒洲寺"。其由来有两种说法：第一，初建的莲聚塔中装有10万尊狮子吼佛印像，故称"衮本"（十万佛身）；前后二持律大师先后均建成弥勒佛殿，故称"贤巴林"（弥勒洲）。第二，传说宗喀巴大师降生后剪断脐带滴血处长出一株白旃檀树，树上10万片叶子，每片上自然显现出1尊狮子吼佛像，后以此树为胎藏建塔，形成塔尔寺，故称"衮本"；宗喀巴大师为文殊菩萨的化身，文殊又为慈尊弥勒佛之弟子，塔尔寺是宗喀巴的降生地，故称"贤巴林"。两种说法，第二种更具宗教色彩，六世色多大师的《塔尔寺志》力持此说。

塔尔寺成为正规寺院后，又不断扩建，规模越来越大。其兴建史上，主要有：明崇祯二年（1629年），由第四任法台彭波哇·喜饶贝桑在寺院北侧建成菩提塔；崇祯十二年（1639年），由第六任法台加哇曲结·扎西顿珠负责，以嘉雅噶居·根敦坚赞和西纳喇嘛班觉坚赞、班觉仁钦叔侄为施主，首次建成塔尔寺36柱经堂；崇祯十五年（1642年），赞布顿珠嘉措任第七任法台时，由喀尔喀蒙古的额尔德尼洪台吉作施主，由第一世却藏活佛南杰班觉再次将大金瓦殿中的菩提塔改为神变塔形，以纯银作底，镀以黄金，镶嵌珍宝；清顺治六年（1649年），由第一世西纳活佛列巴嘉措首建塔尔寺密宗经院；顺治七年（1650年），由厄鲁特蒙古王公才旺丹津出资，兴建塔尔寺吉祥新宫，藏名"扎西康赛"，供后世历任法台驻锡，通称"大拉让";康熙二十八年（1689年）起，历时3年，由第一世阿嘉活佛喜饶桑布扩建36柱经堂，使之成为具有80根大柱、楼上楼下两层回廊的藏式宏伟建筑，是为塔尔寺大经堂，并建成大厨房；康熙三十一年（1692年），由当时任第十七任法台的第一世当彩活佛罗桑多杰负责建成大护法殿，藏语称"赞康钦莫"，后通称小金瓦殿；康熙四十七年（1708年），由青海亲王达什巴图尔和郡王额尔德尼克托克托鼐捐黄金1300两、白银12000两，铺盖宗喀巴纪念塔所在殿堂的部分金顶，自此称大金瓦殿；康熙五十一年（1712年）达什巴图尔再捐黄金百余两、白银1万余两，重镶大金瓦殿中的宗喀巴纪念银塔成现存之塔，同年由第二世却藏活佛罗桑丹贝坚赞改建三世达赖喇嘛灵塔为息诤塔形，裹以银皮，并铺盖灵塔殿顶琉璃瓦；康熙五十五年（1716年），第七世达赖喇嘛噶桑嘉措从四川理塘被迎来塔尔寺驻锡，原三世达赖居住的"森康贡玛"，供七世达赖居住，次年由李家红塔喇嘛为七世达赖建成祈寿殿，后通称"花寺"；乾隆五年（1740年），西藏藏王颇罗鼐·索南多杰捐白银27000两，再镀大金瓦殿金顶；乾隆十一年（1746年），青海和硕特蒙古河南亲王丹津旺舒克及其福晋艾凯夏拉作施主，为大金瓦殿装饰鎏金飞檐；乾隆十三年（1748年），第三世色多活佛阿旺丹贝坚赞捐银4000两，加固大金瓦殿中的大银塔塔基，并在寺北建过门塔，亦称"四门塔"或"门洞塔"，成为塔尔寺山门；乾隆二十二年（1757年），由当时任第二十八任法台的第三世却藏活佛阿旺图登旺秋首建塔尔寺医明经院，翌年又修缮三世达赖灵塔；乾隆四十一年（1776年），第二世关嘉活佛扎巴坚赞任第三十一任法台期间，由阿嘉和第三世土观活佛罗桑却吉尼玛、拉萨尔大喇嘛罗桑却太尔等出资，再次扩建大经堂，使之成为具有154根大柱的宏伟建筑，同年由拉科头人桑杰伦珠在寺前广场建成如来八塔；嘉庆二十年（1816年），第二世却西活佛阿旺雪珠丹贝尼玛任第四十五任法台时，由第三世阿嘉活佛罗桑加央嘉措帮助维修大金瓦殿，砌以绿色玻璃砖墙；翌年，第二世却西活佛建成塔尔寺时轮经院；道光六年（1827年），在当时的第四十九任法台本巴尔活佛阿旺却吉尼玛的支持下，由第五世色多活佛益希图旦嘉措和第三世当彩活佛罗桑克珠尼玛两人负责集资建成塔尔寺印经院，正式开业印经，后所印经典不仅供塔尔寺和青海各藏传佛教寺院僧人学习之用，而且远销西藏、甘肃、四川、内蒙古等地的寺院。经过历年修建，塔尔寺在清代乾隆年间最盛时各种建筑9300多间，僧人多达3600人，设有显宗、密宗、时轮、医明四大经院和演习宗教舞蹈的欠巴扎仓，其规模仅次于西藏拉萨三大寺和日喀则的扎什伦布寺，为国内藏传佛教格鲁派第五大寺。由于它是格鲁派创始人宗喀巴大师的降生地，一直是广大信徒向往朝拜的出名佛教圣地。历史上，第三、四、五、七、十三、十四世达赖喇嘛，第六、九、十世班禅大师以及其他佛教高僧曾来此朝拜驻锡。同时，它受到历代中央王朝的高度重视和扶持，朝廷多次赐赠匾额、法器、佛像、经卷、佛塔等。据有关汉藏史籍，康熙三十七年（1698年),清廷向塔尔寺赐赠"净土津梁"匾一面；乾隆十四年（1749年),章嘉国师意希丹贝仲美·若贝多杰从京城来塔尔寺，带来乾隆皇帝御赐的"梵教法幢"匾1面、用50两白银制成的"曼扎"(供坛)1座，用33两白银制成的"八吉祥图"1幅，亲自献给大金瓦殿，另带来乾隆帝亲赐的"梵宗寺"匾额1方，挂于大经堂;乾隆四十四年（1779年）藏历十月十六日，六世班禅大师贝丹意希（1738—1780年）赴京途经青海一度住居塔尔寺，向大金瓦殿献右旋白螺和150两纯银制成的曼扎（供坛）等法器。六世班禅驻塔尔寺期间，乾隆皇帝向班禅大师赐"阐宗演庆"紫匾，并赠释迦牟尼佛、十六尊者等铜佛像32尊，各高3尺，赠《甘珠尔》大藏经105函，另赠其他大小佛像、佛塔、法座等，班禅大师全部献

第七章　明代以来格鲁派的弘传

203

给塔尔寺。该寺原有近 80 名活佛,不少人受到中央王朝的册封或授给名号。阿嘉、赛赤、拉科、却藏、色多、香萨、西纳、却西等系统,在清代被封为呼图克图或诺们汗。其中,阿嘉、赛赤、拉科为驻京呼图克图,有的当过北京雍和宫和山西五台山的掌印喇嘛。正是因为这些特殊原因,塔尔寺发展迅速,规模越来越大,成为蜚声国内外的藏传佛教格鲁派六大寺院之一,是青海省境内最主要的圣地和旅游景点。现塔尔寺共占地 40 万平方米,总建筑 1 万余间,约占地 10 万平方米,殿堂 25 座,主要有大金瓦殿、大经堂、九间殿、花寺、小金瓦殿、大拉让(班禅行宫)、弥勒佛殿、释迦佛殿、依怙殿、达赖遍知殿、隆波护法殿、达赖寝宫(森康贡玛)、达赖宝座殿、密宗经院、医明经院、时轮经院、法舞院欠巴扎仓、印经院、大厨房等。整个建筑依山就势,具有鲜明的民族特色和地方风格。依照不同地形,构成 20 多座建筑群。各建筑群,以殿堂、经堂等主体建筑为中心,组成院落,分布在山坡、沟旁和平地,疏密相间,瑰丽壮观。由于历史积累,该寺文物极为丰富。富丽堂皇的建筑、琳琅满目的法器、千姿百态的佛像、画技纯熟的壁画、浩如烟海般的文献藏书等等,使之成为一座庞大的艺术宝库。特别,该寺的绘画、堆绣、酥油花,被称为"艺术三绝",驰名中外。现全寺共有僧侣 534 人、活佛 11 人。依照传统,每年农历正月、四月、六月、九月分别举行四次全寺性的法会,称之为"四大观经"。会期有展佛、跳欠、转经等各种活动。届时,各地群众云集,规模盛大。此外,在农历十月下旬有纪念宗喀巴圆寂的"燃灯五供节"和年终的送瘟神活动。

历史上,塔尔寺曾几次失火,造成较大损失。清同治七年(1868 年)四月,密宗经院、时轮经院、达赖遍知殿、森康贡玛(上寝宫)以及拉科、西纳、却西、土观、嘉木样、当彩、嘉雅等活佛的府邸曾毁于战火。新中国成立后,塔尔寺受到中国共产党和人民政府的高度重视和保护。1961

年3月4日，国务院将塔尔寺列为首批全国重点文物保护单位，国家先后拿出人民币393万元专款，用于塔尔寺建筑的修缮。但由于寺院地处高原，地形条件复杂，周围植被遭到人为的破坏，地表水长期侵蚀古建筑群，加之地震等自然灾害的影响，致使一些殿堂建筑不同程度地出现地基下沉、墙体裂缝、梁柱脱铆，面临倒塌损毁的险情。20世纪80年代中期开始，国家经过考察论证，决定全面抢修加固。1992年起，国务院先后拨出3700万元专款，青海省人民政府提供270余万元的配套资金，加之香港知名人士邵逸夫先生慷慨捐助300万元港币，总投资达4300余万元，对塔尔寺进行了为时5年的全面修缮，这是塔尔寺历史上最大规模的维修工程，体现了党和国家对民族宗教文化遗产的重视和保护。经过这次维修，塔尔寺根除了险情，再生光辉，更加气势磅礴，宏伟壮观。

塔尔寺向以活佛众多、有严格的学经制度出名。不少活佛、格西学识渊博，论著颇多。有的受到清朝皇帝册封，驻锡京城。其中，寺主阿嘉和拉科活佛，受封为"禅师""驻京呼图克图"，还有一些活佛也在朝廷和西藏上层有过重要影响。许多活佛，既是塔尔寺活佛，又是其他寺院的寺主。塔尔寺建成后，通过这些活佛进一步扩大影响，并为格鲁派在青海地区传播起了重要作用。如该寺的色多活佛，始于明万历年间的阿旺赤列嘉措，相传他是今民和地区的一位土族高僧，曾跟随三世达赖去内蒙古土默特部，在那里传教化缘。三世达赖去世后，他从土默特随四世达赖喇嘛去西藏，将化缘所得银两悉数献给拉萨小昭寺，作为铺盖金顶的费用。鉴于他对佛教的贡献，四世达赖授给他"色多岱青"的名号。"色多"是藏语，金顶的意思，成为该系统的佛号。色多活佛既是塔尔寺的一位主要活佛，又在湟中境内建有自己的寺院色多寺，在湟中、大通、海晏、刚察等地有较大影响。色多寺现址在湟中县上五庄乡峡口村，故亦称峡口寺。色多转世活佛系统至今共历 8 世，有的是蒙古族，有的是藏族，对塔尔寺的发展多有建树。其中，第六世罗桑楚臣嘉措（1845—1915 年），今湟中县人，学经于色多寺和塔尔寺，曾任塔尔寺密宗经院堪布、塔尔寺总法台和化隆夏琼寺法台，是一位学识渊博的高僧，他于 1903 年写成的《续修塔尔寺志》，是继土观《塔尔寺志》之后，全面记载反映塔尔寺历史的志书；他所著《藏文文法根本颂色多氏大疏附表解》，简称《色多文法》，与《司徒文法》齐名，是学习藏族语言文字者必读的语法著作。

塔尔寺的嘉雅活佛始于噶辛然坚巴噶桑俄智（法名亦作扎巴坚赞）。他是凉州加多地方人，明末去西藏学经，因博通显密经典和五明文化，第五世达赖喇嘛授给他"摩诃班智达"（大学者）的称号及印信，并赐赠给自己的画像等圣物。约在清初，噶桑俄智回到故乡，在今甘肃天祝创建嘉雅寺，全称"嘉雅却科达吉林"，清史作"札雅寺"，后由三世土观罗桑却吉尼玛创建该寺显宗经院，乾隆五十五年（1790 年）清廷赐"延禧寺"匾额。噶桑俄智在天祝地区传教，颇有声望，被塔尔寺所属六族之一的申中族昂锁拜为上师，请来湟中传教，献给土地，为他修一寺庙，称嘉雅朗日寺（在湟中境内，后消亡）。当时的多巴昂锁也尊他为上师，献多巴新寺和扎麻隆静房以及寺属土地。自此，噶桑俄智移居湟中，其家族一些成员亦随之迁来湟中俄希村，当地人称之为"凉州家"。噶桑俄智的历辈转世称嘉雅活佛，后成为塔尔寺的一个活佛系统，至今共历 6 世（按宗教追认习惯，噶桑俄智前尚有 7 世）。按噶桑俄智为第一世计，二世嘉雅罗桑达吉，被清朝封为"额尔德尼察汗呼图克图"；五世格桑楚臣丹贝尼玛（1858—？年），今湟源县蒙古族，为固始汗第八子后裔，获有"林塞噶居"学位，曾任塔尔寺密宗经院堪布和塔尔寺总法台，清光绪四年（1878 年）、光绪十二年（1886 年），两次去蒙古车臣汗部，于根噶林、代吉林等寺庙讲经传法，于库伦拜见哲布尊丹巴，还朝拜过山西五台山、北京、西藏萨迦等地佛教寺院圣地，著有《塔尔寺密宗经院志》等；六世嘉雅罗藏丹贝坚赞（1916—1990年），青海海晏县蒙古族，1935年出任塔尔寺第九十任法台，1939年起，选任为十世班禅大师的经师，1951年随班禅大师进京，参加协商和平解放西藏事宜，同年陪伴大师进藏，为西藏的和平解放和班禅大师的成长起过重要作用，历任青海省政协副主席、青海省佛教协会副会长、全国政协委员、中国佛教协会副会长等职。

塔尔寺的巴周活佛，其第一世曲结金巴嘉措，出生于西藏聂塘寺附近，本寺为民和县境内的巴周寺。据色多六世的《塔尔寺志》，早在清军入关前，金巴嘉措奉四世班禅和五世达赖之命去盛京（今沈阳），被皇太极奉为上师。据《皇朝藩部要略》等史籍记载，明末固始汗入据青海后，为了稳住蒙古诸部，在青海站住脚跟，进而武力控制整个涉藏地区，早在明崇德二年（1637年）即向满洲贵族"遣使通贡"，积极结纳。1636年，固始汗亲往拉萨密会达赖、班禅，主要内容之一是协商与清政权建立联系，约于1640年，西藏格鲁派集团首次派出使团，以固始汗侄孙伊拉古克三活佛为首席代表前往盛京，于崇德七年（1642年）抵盛京。因此，曲结金巴嘉措可能是使团成员之一。色多《塔尔寺志》说，金巴嘉措在盛京向清王室和臣民传法，预言如能信仰宗喀巴之教，做其施主，将于某年某月可为转轮王（指可以统一天下）。此后，藏历木猴年（1644年）三月十九日李自成起义军攻占北京，明朝覆灭，清军趁吴三桂献山海关之机攻占北京，藏历五月初一日，顺治帝登基。因形势发展一如金巴嘉措所预言，金巴嘉措备受尊崇，遂住于皇宫。该书还说，金巴嘉措为祝愿清朝国运昌盛，在北京皇宫紫金殿中专供一塔，内装吉祥天女（格鲁派最主要的护法神）画像，在黄殿之间称作"神山"的山顶上专门筑造巨塔一座，塔前立吉祥天女主仆三尊的石像。他还在京城北隅主持修建了东黄寺，后来五世达赖进京觐见顺治皇帝，即住此寺。由于金巴嘉措为清王朝与格鲁派建立密切联系有过重大贡献，顺治帝封他为灌顶国师，赐给印册，并敕建巴州寺，赐"敕建弘善寺"匾额。金巴嘉措死于北京，其灵塔存放于皇宫，以后历辈转世，称为巴周活佛，成为塔尔寺的一个活佛系统。巴州寺，即弘善寺《西宁府新志》作"洪善寺"，长白文孚《青海事宜节略》作"宏善寺"云"顺治二年（1645 年）建修，康熙三十四年（1695 年）敕赐'慈云殿'匾一面"。该寺藏语全称意为"巴州寺佛教讲修兴旺洲"，现址在民和县西沟乡的白家藏村，故亦称"白家藏寺"或"白家寺"，由当地称作"灵山活佛"的白姓喇嘛（俗称"白佛爷"）世代转世，执掌政教。20 世纪 50 年代，该寺活佛白钟秀在当地积石山山麓天井峡口为本寺喇嘛坟茔所立碑文称：初有西藏佛僧 4 人，于明永乐初来内地，辅佐明廷，因忠烈昭著，钦赐灌顶普慧弘善大国师，至清康熙年间，官封远东自在王职，加呼图克图，敕赐匾、剑、印，授给香火银 500 两，于天井峡外旨修寺院经堂。碑文未言资料出处，但基本说出了"弘善"的来历和来自西藏的高僧建寺的情形。弘善寺自清代以来受到中央王朝支持，香火极盛，旧时有香粮地 7200 亩，分布在西沟、东沟、柴沟、古鄯、总堡、联合等地。相传初为塘尔垣寺属寺，后来独立，下辖民和县境内的嘉古寺、李家红滩寺、铁家寺、慈利寺、巴州静房（火烧坡寺）和化隆县境内的赛支寺、安关寺等。清道光年间，有僧 200 余人，建有两座高大经堂、三世佛殿、护法殿等主体建筑和加央曲结、赛钦曲结、梅干曲结、三洛阿洋等四大活佛的囊欠院，并设有显宗、密宗、时轮、医明四大经院，是一座正规的格鲁派大寺。清同治年间，毁于兵燹，光绪二十一年（1895 年）再毁，民国年间仅有僧 40 余人。20 世纪 50 年代减至 25 人，现有僧 8 人。相传寺内原藏有顺治帝所赐皇冠、衣饰、念珠以及清朝所赐匾额等，后均荡然无存。

塔尔寺当彩活佛，以其第一世罗桑多杰出生于祁家川的当彩村而得名。祁家川为塔尔寺的香火地，罗桑多杰因建塔尔寺的小金瓦殿，故当彩活佛成为塔尔寺的主要活佛之一，在塔尔寺建有当彩噶尔哇（府邸）。当彩·罗桑多杰于清康熙三十一年（1692年）出任塔尔寺第十七任法台，由他筹资修建了小金瓦殿，藏语称"赞康钦莫"，意为"大护法神殿"，主要用来供奉护持、庇佑塔尔寺僧人及殿堂的各种护法神像，其中最主要的一尊护法神称"赤列嘉布"，由当彩·罗桑多杰请自西藏哲蚌寺。殿堂落成后，建立了每年农历四月初六日塔尔寺举行法会时迎请护法神像巡行全寺的制度。清嘉庆十四年（1809年），铺盖该殿鎏金铜瓦殿顶，与大金瓦殿相比美。自此，始有小金瓦殿之称。该殿为藏汉结合式建筑，由前院、中院回廊、大殿三部分组成，矩形平面，突出中轴线，对称布置。地基铺设石条，围以藏式青砖红墙，边麻墙体，饰有铜镜、藏窗。殿内供各种护法神像，回廊上陈列着熊、野牛、野羊等动物标本，威严神秘，传为护法神之坐骑。汉式门亭及金顶两旁平顶，置有幡幢、宝瓶等饰物，更显得肃穆庄严。当彩活佛共传6世、第六世图丹晋美诺尔布，即十四世达赖喇嘛之兄，今平安县石灰窑乡红崖村（即当彩村）人，1950年由西藏出境去印度，后居美国，加入美国国籍。历辈当彩活佛亦为今平安县境内的夏宗寺和安家寺寺主。夏宗寺位于寺台乡瓦窑台村，地处阿尼吉利山脉的夏宗林场，夏宗是"夏哇日宗"的缩写，意为"鹿寨"，指鹿类生息的地方。这里层峦叠嶂，林木茂盛，兼有山泉流水，环境幽静。它与今海南兴海县的智革尔贝宗（亦称赛宗）、海东乐都县的班摩却宗（亦称普拉央宗）、黄南尖扎县的阿琼南宗，并称为"安多四宗"，在历史上是藏传佛教僧人闭关修持的出名静地，故夏宗寺藏语称"夏宗珠代"，意为"夏宗修行处"。据传，早在东晋安帝隆安三年（399 年），僧人法显（约 337—422 年）与法友慧景、道整、慧应、慧嵬等赴印求经，曾途经此地，一度居留活动。宋代，这里即建有静房，有藏僧修炼。南宋高宗建炎年间，宋朝在这里找到唃厮啰的后裔宜麻当正，赐名赵怀恩，令其措置湟鄯事，夏宗静房得到扩建。元至正十九年（1359 年）西藏噶玛噶举派黑帽系第四世活佛乳必多杰（1340—1383 年）应元顺帝（妥懽贴睦尔）之召去北京，路过青海，一度居住夏宗静房，给刚满 3 岁的宗喀巴在这里授近事戒。青海地区更有许多名僧，如宗喀巴的启蒙师即夏琼寺的创建者曲结顿珠仁钦、塔尔寺的首任法台鄂色嘉措等，都在此修行过。据《安多政教史》记载，噶玛巴乳必多杰（亦译若贝多杰）去世后，有位叫南安然坚巴的修行者在此建造乳必多杰的灵塔和一座佛堂；清初五世达赖阿旺罗桑嘉措（1617—1682 年）时期，罕达隆活佛又在夏宗开辟出一个新的修行处，五世达赖赐名"具喜园"；清乾隆十一年（1746 年），塔尔寺的第一世安加苏活佛罗桑衮噶住持夏宗，新建一座经堂；乾隆四十四年（1779 年），塔尔寺的第二世当彩活佛益希噶桑住持夏宗寺，塑立释迦佛、弥勒佛、不动佛等佛像；后来，第三世当彩活佛罗桑克珠尼玛再次修建夏宗寺经堂。从而，该寺发展成一座较大规模的寺院，以塔尔寺为母寺，历辈当彩活佛为其寺主。夏宗寺在清代有僧 40 余人，建筑 400 余间。全寺依山临水，由经堂、噶玛、八卦亭三个建筑群组成。其中，经堂在山根平地，三转五大开间，为全寺主体建筑；噶玛区是在乳必多杰居住过的石窟基础上扩建而成的，依山岩建有 7 层高佛宇，内保存有乳必多杰用过的法座、法器、供物、佛像、经卷等，还有一塔，是宗喀巴受戒纪念塔，内装宗喀巴的袈裟、靴子等物；八卦亭在山腰，三面绝壁，壁高 50 余米，挺拔险峻，巍峨霄汉。此外，有株古柏，相传从宗喀巴受戒剃发处长出，一直被视为寺院圣物；寺院南面石岗上，有座"本康"，是为阿尼吉利山神而建。

该寺在 1958 年有僧 13 人，后来建筑遭到破坏，20 世纪 80 年代部分修复，现有僧 7 人。安家寺位于今平安县古城乡的角加村西南隅，由塔尔寺的安加苏活佛建于清乾隆五十二年（1787 年），亦为塔尔寺属寺，后由历辈当彩活佛任寺主，1958 年有僧 34 人，建筑 135 间，现有建筑 9 间，4 名僧人，规模甚小。

塔尔寺还有许多来自其他寺院的活佛，如赛赤活佛来自今黄南州尖扎县的德千寺；却藏活佛本为互助佑宁寺五大囊活佛之一，是互助却藏寺、化隆夏琼寺、湟源扎藏寺、海西都兰寺等寺寺主；关嘉活佛的本寺是贵德县郭密却典格寺（亦名白马寺）；西纳活佛源自西纳喇嘛，是湟中西纳寺寺主；米纳活佛是贵德县乜纳寺寺主；卓仓活佛来自乐都县瞿昙寺等等。塔尔寺正是通过这些活佛、与各寺紧密联系，使格鲁派得到发展。

塔尔寺作为青海最大的格鲁派寺院，开设有显宗、密宗、时轮、医明四大经院和宗教舞蹈学院，其学经制度最为完备，在格鲁派寺院中具有导向作用。从明朝万历四十年（1612 年）起，塔尔寺每年于农历正月、四月、六月、九月举办四次全寺性的法会，称之为"四大观经"会。此外，有一些小型的法会和年终称作"送阿依班玛"的驱瘟迎新活动。主要法会上举行跳欠、晒佛、亮宝、转金佛、展出酥油花等传统的宗教活动，亦有较大影响。这些均在以后章节中专文叙述。

二、佑宁寺的建立及其相关寺院

佑宁寺，藏语全名"郭隆弥勒洲寺"，简称"郭隆寺"，"佑宁寺"是清雍正十年（1732 年）清王朝所赐汉文寺额，位于今青海互助土族自治县五十乡的哲加地方。寺院所在地后称"郭隆"，意为寺沟。寺处藏、土、汉族聚居地，僧源有藏族，但多为土族，故亦认为是青海主要的土族寺院。当地相传，早在 14 世纪初，这里建有萨迦派寺院，规模还不小，噶玛巴四世乳必多杰来青海后，曾一度在这里活动。明代，青海东部地区萨迦派衰落，一些寺院相继改宗格鲁派，但从土观罗桑却吉尼玛的《佑宁寺志》看，佑宁寺初建时，原来寺宇建筑已不复存在。至于何以如此，尚不得而知。明万历十年（1582年），第三世达赖喇嘛应请去内蒙古参加土默特部首领俺答汗葬仪第二次来青海，曾辗转今海南、海东、海北及甘南等地，传播佛教教义，发展格鲁派。万历十二年（1584年），三世达赖传教到今佑宁寺所在地的哲加，见山势峥嵘，景色秀丽，建议当地部落头人在此修建寺院，以弘扬格鲁派教法。相传三世达赖还在这里讲经传法，听众多达10余万人，使格鲁派进一步深入人心。三世达赖去内蒙古圆寂后，格鲁派上层出于政治需要，认定俺答汗的曾孙为第四世达赖喇嘛。万历三十年（1602年），四世达赖云丹嘉措去西藏坐床，途经哲加。这时，该地已有了建寺的群众基础，周围十三部落头人联名提出建寺的请求，要求西藏派高僧来主持修建工作。翌年，四世班禅罗桑却吉坚赞和四世达赖从西藏派第七世嘉色活佛顿悦却吉嘉措来青海，主持建寺事宜。七世嘉色，西藏达布地方人，早年学经于达布扎仓，后住持达布扎仓，是当时西藏很有声望的高僧。明万历三十二年（1604年），嘉色活佛在第一世松巴丹曲嘉措等人的协助下，初建成大经堂、嘉色寝宫等，并开设显宗经院。此后，该寺受到入据青海的和硕特蒙古首领固始汗的支持，固始汗曾向寺院布施给大批土地和百姓，并于清顺治四年（1647年），与四世班禅、五世达赖联合发给寺产执照，从此发展很快。至清康熙年间，寺僧剧增到7000余人，大小院落2000多座，设有显宗、时轮、密宗、医明四大经院，成为青海湟水以北地区最大的寺院。历史上，下辖有49座属寺，分布在今青海省的互助、大通、乐都、化隆等县和甘肃省的天祝、肃南、张掖等地，另在新疆、东北亦有其属寺。佑宁寺由于属寺众多，且不少寺院由该寺僧人主持修建，故称为

"湟北诸寺之母"。寺内有大小活佛20多名，最出名的有章嘉、土观、松巴、却藏、王佛等五大囊活佛和李家、杜固、色尔当、加定、五十、霍尔郡、群察、林嘉、郭莽等九小囊活佛。其中，章嘉、土观为驻京呼图克图，在甘青、内蒙古、北京、西藏影响很大，特别章嘉系统，从二世阿旺却丹（1642—1714年）起，因协助清朝调解漠北蒙古内部纠纷，劝说青海蒙古诸部归顺清朝，极受清室器重，历任国师，住持内蒙古汇宗寺，管理京城、内蒙古等地宗教事务，与达赖、班禅和蒙古的哲布尊丹巴，并称为"黄教四圣"。

佑宁寺还以辈出名僧闻名于涉藏地区，该寺制度严格，学风极盛。康熙年间，拉萨三大寺首届考取的5名拉仁巴格西中，来自佑宁寺的学僧就占3名。该寺的第三世章嘉、土观、松巴都是藏族史上最出名的学者。其中，三世章嘉若贝多杰（1717—1786年）精通藏、汉、蒙古、满文，曾蒙译《甘珠尔》经，编修《同文韵统》，编校《四体合璧清文鉴》《首楞严经》、满文《藏经》，指导藏译《金刚经》，编定《喇嘛神像集》《诸佛菩萨圣像赞》，厘定《造像度量经》，写成《七世达赖喇嘛传》《正字智源》等；三世土观罗桑却吉尼玛（1737—1802年）一生著述15函，其代表作《诸派源流晶镜史》全面评述印度教、藏传佛教各派、藏族本教以及汉地道教的形成发展情况及其教义，名扬中外；三世松巴益希班觉（1704—1781年）出身于青海和硕特蒙古王族，为二世章嘉和二世土观之弟子，深造于哲蚌寺，曾任哲蚌寺郭莽扎仓堪布、锡金吉蔡寺法台，乾隆二年（1737年），陪同三世章嘉若贝多杰去京，校对内地印制的藏文经籍，获得"额尔德尼班智达"名号，被乾隆皇帝委为内蒙古汇宗寺法台，在青海曾任佑宁寺、羊官寺（在今乐都寿乐乡）、龙沟寺（在今乐都引胜乡）、白扎寺（在今互助县丹麻乡）、都哇寺（在今大通县青山乡，亦名祁家寺）等寺法台，他精通显密和医学、工巧、医算、梵文、声韵、文法、绘画等，一生涉足甘青、卫藏、内蒙古和祖国内地，阅历丰富，几乎对西藏文化所有学科都有论著，是一位博学多产的大学者。一生著述凡 9 函 68 部，其代表作《如意宝树史》系统论述印、藏、汉、蒙佛教史，资料极为丰富，已有英、德、俄文和汉文译本。此外，第一世松巴丹却嘉措（？—1651 年），是佑宁寺的创建者之一。他是今互助县哈拉直沟松布村人，土族，学经于西藏扎什伦布寺和哲蚌寺郭莽扎仓，曾任昌都寺的讲经轨范师，人称"松巴（青海通称松布）大师"，青海的第一世章嘉扎巴鄂色、第一世丹麻崔臣嘉措、小松巴丹却坚赞等名僧皆为其传法弟子。佑宁寺的却藏活佛，第一世南杰班觉（1578—1651 年），西藏堆垅德庆人，为哲蚌寺僧人，受四世达赖指派来安多弘法，先后被入据青海湖地区的土默特蒙古火洛赤部、喀尔喀蒙古却图汗、和硕特蒙古固始汗以及塔尔寺所属的西纳昂锁等奉为上师，曾任佑宁寺法台，创建著名的却藏寺；第二世罗桑丹贝坚赞（1652—1723 年），曾任佑宁寺、塔尔寺、广惠寺等寺法台，为七世达赖喇嘛在塔尔寺时的经师；第三世阿旺图登旺秋（1725—1796 年），系三世章嘉国师若贝多杰之弟、三世拉科活佛阿旺丹增嘉措之兄，清朝封为"呼图克图"，七世达赖授"阿齐图额尔德尼诺们罕"名号，建塔尔寺医明经院，在夏琼寺兴建大经堂和却藏活佛院，自此历辈却藏为夏琼寺寺主，他也是一位出名学者，著有《夏琼寺志》《三世章嘉传》（均 1787 年成书）等。佑宁寺的王佛，也是该寺五大囊活佛之一，始于第二十八任法台王曲结·扎巴班觉。他是今互助县城关镇大寺村人，土族，才识精湛，敏于思索，擅长诗作，被誉为高僧；其第二世噶桑图登意希达吉（1739—1804 年），今互助县东沟乡土族，曾受章嘉国师若贝多杰的派遣，去内蒙古做科尔沁王的受供喇嘛，长期传教于科尔沁、敖汉等地，1783 年被乾隆帝封为呼图克图，自此该系统通称"王呼图克图"，简称"王佛"，二世王佛数任佑宁寺法台，一生去内蒙古活动五六次之多，在内蒙古的科尔沁、敖汉、土默特、翁牛特、奈曼、达尔罕等部均有影响；三世王佛噶桑图登丹贝尼玛（1805—1845年），门源朱固人，1830年任佑宁寺第六十一任法台；四世王佛罗桑崔臣达吉嘉措（1846—1906年），门源仙米人，曾两次出任佑宁寺法台，协助六世土观修建佑宁寺经堂，长期传教于内蒙古的敖汉、奈曼、扎噜特、达尔罕、扎赉特等地；五世王佛阿旺钦饶嘉措（1906—1963年），今互助县五十乡保家庄人，土族，亦两次出任佑宁法台，聪明好学，擅长历史、书法，所著《佑宁寺志》，是继三世土观《佑宁寺志》之后有关佑宁寺历史的专著，已有汉文译本。佑宁寺由于名僧辈出，著作宏富，加上章嘉、土观、松布（即松巴）、却藏、王佛等呼图克图的活动和影响，发展很快，成为安多湟水北部地区最大的格鲁派寺院，其影响甚至一度超过塔尔寺。

历史上，佑宁寺拥有大量的房屋土地和其他生产资料，豪富一方。据三世土观的《佑宁寺志》，该寺建立后，来青海的厄鲁特蒙古准噶尔王巴图洪台吉及女王阿娜等做施主，将达那寺以上地区的全部土地献给该寺作香火庄，并向寺院经常送去供养僧众的布施财物。明崇祯十年（1637年），固始汗自新疆率部入牧青海，消灭却图汗部后，将代措湖以上、夏柯合（在今大通县境）以下的华热、宗喀和浩门河流域的农牧区全部献给郭隆寺，并于清顺治四年（1647年）会同达赖、班禅，联合签发了寺产印诰执照。约在明崇祯十一年（1638年），西藏的吉雪活佛丹增罗桑嘉措来安多传法，女王阿娜将黄河边夏尔仲头人所属的500户人家赠送给吉雪活佛，吉雪又转献于郭隆寺。从上述记载看出，佑宁寺早在明末初建不久，即有大批土地、田产和属民。又据土观《佑宁寺志》，清顺治七年（1650年），赞布顿珠嘉措辞去郭隆寺法台，去赛柯合（今大通县东峡乡）地方建果莽寺独立，从原郭隆寺的香火庄中分去两千户牧民。后来，两寺为寺产发生争执，果莽寺凭借青海湖地区蒙古首领车臣洪台吉的势力，武力抢夺郭隆寺的一部分香火庄（后称之为"赞萨"，意为"强占地"），将甘禅寺、加多寺、朱固寺等原郭隆寺的属寺强行变为果莽寺的属寺。两寺多年纠纷后经藏王拉臧汗等调解平息，郭隆寺的香火庄较前虽有所减少，但仍占有大批土地、山林、牧场。据统计，20世纪40年代末，佑宁寺和当地昂锁共占有耕地5万多亩。

佑宁寺建成至今近400年间，饱经历史沧桑，三次被毁重建。雍正元年（1723年），青海和硕特蒙古首领罗卜藏丹津起兵反清，果莽寺、郭隆寺等因与当时蒙古贵族的密切关系，部分僧人"随青海蒙古谋逆"，参与反清活动，二寺受到株连，次第被清军烧毁（郭隆寺毁于雍正二年正月）。雍正十年（1732年），雍正帝敕令重建，分别赐额"广惠寺""佑宁寺"，并"敕赐牌文，限令每寺延僧二百人常住熏修，将番地所输之粮，每岁按寺给发，以为口粮衣单之资。其印诰缴于礼部，不准世袭。"[1]后来，经章嘉、土观等驻京呼图克图活动，清廷如前器重佑宁寺，乾隆十四年（1749年），又敕赐"真如权应"匾一面；乾隆三十五年（1770年），敕赐"广慧寺"匾一面。在清王朝和当地信众的支持下，佑宁寺很快恢复，并得到发展。清同治年间，西北回族人民奋起反清，佑宁寺大经堂等又毁于兵燹，后由第六世土观活佛罗桑雪珠旺秋(1839—1894年)负责重建于光绪年间，前后历时15年。重建后有院落500多处、僧侣1000余人。20世纪40年代末，有各类建筑2300余间、僧侣3000余人、活佛16人。60年代，佑宁寺再次遭到严重破坏，除土观囊等少数院落，多数建筑和珍贵文物皆荡然无存。80年代起再次重建，先后建成嘉色康（嘉色寝宫）、贤康（弥勒佛殿）、尼达康（土地神殿）、卓玛拉康（度母殿）、噶当什则（噶当殿）、

---

[1]［清］长白文孚著，魏明章标注：《青海事宜节略》，青海人民出版社1993年版，第770页。

章嘉佛殿、赞康（护法神殿）、夸觉什则（空行殿）、小经堂（密宗经堂）、嘉色囊、土观囊以及大经堂。现除 10 余座活佛囊房尚未建成外，其他基本恢复原貌。现共有殿堂 13 座、僧舍 135 院 170 余间，全寺占地共 460 亩。各殿堂围绕大经堂依山而建，高低错落有致，组成完整的汉藏结合式建筑群。目前有僧 200 余人，寺僧仍多为土族，其香火来源除本县外，尚来自湟水两岸和祁连山南北。寺院每年有大量的布施收入，据 1989 年、1990 年统计，布施收入每年约现金 73500 元、粮食 15 万斤，还有可观的茶叶、酥油、毡毯等实物收入。该寺还实施以寺养寺方针，植树造林，发展旅游、养殖、服务行业，自办商店、印经院、藏医门诊所等，僧人生活丰裕。通过收集、挖掘，部分文物失而复得，主要有印度造释迦牟尼佛像、"骡子天王"像、金刚持像、相传安多地区最早的佛像"吐浑头杰干保"像以及明朝永乐和宣德年间所造钗钹等法器。另寺院后山半坡尚存第一世章嘉扎巴鄂色墓葬和明代古柏旃檀各一株等。传统宗教活动恢复正常，于每年农历正月初二日下午至十六日上午，举办正月祈愿大法会，期间初八和十五日为观经日，有跳欠、晒佛等活动；三月十五日至四月十五日为全寺辩经期会，评定学僧等级，期间四月十五日为佛祖释迦牟尼诞生、出家、成道纪念日，亦有晒佛、跳欠活动，是当地较大的庙会；六月初二日下午至初九日上午为纪念佛祖转法轮的六月法会，初八为观经日；腊月底举办夏日多勒（骡子天王）经会。佑宁寺由于其历史影响和宗教地位，受到国内外宗教界和学术界的广泛重视，不少外宾和港澳台同胞，以及蒙、藏、土族地区信众纷纷来寺观光朝拜。十世班禅大师、西藏帕巴拉格列朗杰活佛等曾亲临寺院巡礼视察。

旧时，佑宁寺所辖 49 座属寺，多为五大囊活佛的附属寺院。其中，属土观囊的寺院，有今互助县境内的华严寺（亦作花园寺，在松多乡）、曼头寺（在丹麻乡）、金刚寺（在丹麻乡）、扎兹寺（亦名扎兹卓玛桑迥玛拉康，在李家乡），在乐都县境内有章嘉寺（在李家乡）、扎德寺（在今共和乡努木池沟），在大通县境内有祁家寺（在青山乡），在甘肃境内有天祝藏族自治县的嘉雅寺、张掖地区的马蹄寺；属章嘉囊的寺院，有今乐都县引胜乡的鹿角哇寺、大通县宝库乡的章嘉寺，另在东北、内蒙古、北京、山西五台山等地也有不少寺院；属松布囊的寺院，有互助县五十乡的天门寺（寺内原设有佑宁寺的曼巴扎仓），乐都县境内的马营寺（在马营乡）、山城沟寺（在达拉乡）、红卡尔寺（在芦花乡），大通县境内的平安寺（在多林乡，寺内原设有佑宁寺的丁科扎仓）、奴木齐寺（在逊让乡）、松布尔寺（在宝库乡）等；属却藏囊的寺院，有互助县的却藏寺、化隆县的夏琼寺、湟源县的扎藏寺、贵德县尕让乡的白马寺、甘肃省肃南裕固族自治县的乃曼寺、新疆焉耆县的却藏苏木寺、新疆和靖县的夏日苏木寺等。

以上寺院中，较有影响的寺院有今互助县南门峡乡却藏滩的却藏寺、湟源县巴燕乡的扎藏寺等。却藏寺曾异写为"朝藏寺""吹布宗寺"等，由出生于西藏堆垅德庆地方的第一世却藏活佛南杰班觉始建于清顺治六年（1649 年）。清雍正元年因罗卜藏丹津事件被毁，当时住持寺院的第二世却藏活佛罗桑丹贝坚赞亦被处死。雍正十年，清朝敕令重建，赐名"广济寺"。乾隆三十年（1765 年，清廷赐"广教寺"匾一面，于寺前山门，许建九龙壁一座，规模巨大。不久，清朝再赐"祥轮永护"匾额。当时处于极盛时期，有僧 800 余人。同治年间，部分建筑再次毁于兵火。光绪十三年（1887 年）第五世却藏活佛罗桑图登雪珠尼玛（1859—1913 年）重修，僧侣 300 余人，建有大小经堂、千佛殿、拉木桑佛堂、贤康（弥勒殿）以及却藏、章嘉、赛赤、归化、丹斗、阿群、麻干、莲花、夏日、拉科等十位活佛的府邸和都兰王的王府，共 94 个院落，设有显宗、密宗、时轮经院，采用西藏哲蚌寺教程，影响远及今海北州门源县的皇城、苏吉滩和刚察县，海西州的都兰、乌兰县以及新疆等地。1958 年有僧 150 余人、活佛 9 名，现 20 余僧。每年农历正月和六月分别举行祈愿法会，群众赶会往观，成为群众性的宗教活动，兼具民族贸易和文艺活动性质。

扎藏寺是一座以蒙古族为主要僧源的寺院，位于今湟源县巴燕乡的莫尔吉沟口。当地林木茂密，景色秀丽。据西北民族学院却太尔教授于 1982 年写给扎藏寺管家年官布却有关该寺历史的一份材料，远在东汉末年，有汉僧在此活动建有僧舍；唐贞观十五年（641 年），文成公主进藏，吐谷浑首领在此迎接公主；宋代，在今扎藏寺南莫尔吉河对岸的哈毛尔达哇山上由当地蒙古族僧人建成塔雁静房，信奉藏传佛教萨迦派。明万历六年（1578 年），三世达赖喇嘛来青海，曾到此讲经传法，该静房改宗格鲁派。明崇祯十年（1637 年），在当时入据青海的和硕特蒙古首领固始汗的支持下，由五世达赖的传法弟子扎藏曲结加央喜饶北迁塔雁静房于莫尔吉沟口，正式建成扎藏寺，全称"扎藏噶丹群科林"（意扎藏县喜法轮洲寺），成为安多地区十三大寺之一。加央喜饶的历辈转世为寺主，封号"车臣诺们汗"。雍正元年罗卜藏丹津反清失败，扎藏寺作为反清据点之一，受到打击，雍正六年在册老僧有 120 名。清乾隆年间，第三世却藏活佛阿旺图登旺秋（1725—1796 年）任该寺法台，寺院一度复兴。自此，扎藏寺成为却藏寺属寺。乾隆八年（1743 年），乾隆帝敕赐"佛光普照"匾额。同治年间，扎藏寺毁于兵乱，光绪元年（1875 年）由五世却藏罗桑图登雪珠却吉尼玛（1859—1913 年）主持重建。1966 年再次拆毁，1984 年后重建，现有大小经堂和僧舍等共 97 间，寺僧 13 人。

扎藏寺是原和硕特蒙古在青海的出名寺院，在海北、海西等地蒙古族群众中很有影响。民国二十年（1931 年）青海省设都兰县以前，扎藏寺一直是青海蒙古 29 旗联合协商政务的中心，为青海左右翼蒙古盟长代表常设办事处所在地。寺内建有七座和硕特蒙古王公的府邸，俗称之为"衙门"，即北左末旗的茶卡王衙门、西后旗的柯柯贝勒衙门、北右旗的宗贝子衙门、西右前旗的默勒扎萨衙门、南左后旗的托茂公衙门、南右末旗的居里盖扎萨衙门和西前旗的乌兰亲王衙门。在清代，朝廷每年于农历七月二十五日派一名钦差来寺，与诸王公祭海会盟，扎藏寺是最主要的活动场所。

扎藏寺原有建筑 600 余间，主体建筑为总领全寺的大经堂和三世佛殿、弥勒殿、寺主车臣诺们汗的曲结囊欠等，多为藏汉合璧风格的楼式建筑，颇为宏丽。寺内保存有固始汗用过的盔甲、战刀等遗物，藏有藏、汉、蒙三种文字合璧的《甘珠尔》经 1 套，极为珍贵。全寺设有居巴、静房、贝勒三大扎仓，均属密宗经院。其中，居巴扎仓为全寺性经院，采用塔尔寺教程；静房扎仓和贝勒扎仓分别为塔雁静房和贝勒尕卡（西藏扎什伦布寺驻扎藏寺代表）所属经院，均采用扎什伦布寺教程。

佑宁寺除许多直接管辖的属寺，还有一批由佑宁寺僧人创建、关系密切的寺院，这些寺院的建立和发展，也是佑宁寺辐射的结果。在清代，佑宁寺除五大囊和九小囊活佛，还有著名的丹麻珠钦和柳家贡干、柳家珠钦等高僧，为这种辐射做出过突出贡献。丹麻珠钦，意为"出生于丹麻地方的大修行者"，真正的法名是崔臣嘉措，于明万历十五年（1587 年）生于今互助县丹麻乡，早年学经于佑宁寺，万历四十一年（1613 年）去西藏，游学于哲蚌寺和达布扎仓，学有成就，尤通佛教空性理论，被称为四世班禅在空性学说方面的四大名徒之一。返回安多后，曾为同仁隆务寺曲哇活佛罗桑丹贝坚赞（1581—1659 年）和第一世夏日仓活佛噶丹嘉措（1607—1677 年）的经师。明崇祯十年（1637 年）出任佑宁寺第八任法台，卸职后去今甘肃天祝建一寺，该寺后于 1647 年由第四世东科尔活佛多居嘉措（1621—1683 年）扩建成著名的天堂寺。清顺治十一年（1654 年），他又在今青海互助县巴扎乡建成甘禅寺，该寺后来成为青海大通县广惠寺的属寺。丹麻珠钦以苦修密法取得成就闻名于世，去世后形成一个新的转世活佛系统。称之为"丹麻佛"，为甘郸寺寺主，至今共历六世。其二世阿旺丹增赤列（1666—1723 年），今大通县人，早年学经于广惠寺，后去西藏，1710 年任佑宁寺密宗经院首任堪布，1723 年任佑宁寺第二十六任法台，同年因参与罗卜藏丹津反清事件被清军杀害；三世阿旺克珠尼玛（1727—? 年）；四世贝丹图登坚赞（1774—1847 年），曾任佑宁寺密宗经院第二十六任堪布，1809 年、1819 年两任佑宁寺第五十一、五十五任法台；五世晋美益希图登嘉措，于 1890 年任佑宁寺第九十任法台；六世晋美嘉措，现为互助县政协副主席。

柳家贡干和柳家珠钦是叔侄二人。柳家贡干，意为出生于柳家村的老修行者，法名根敦达吉，今互助县丹麻乡柳家村人，与丹麻一世崔臣嘉措为同窗教友，同学经于佑宁寺，亦以苦修出名，清初于今乐都县引胜乡的马圈沟建成长嘴沟寺，藏语称"日朝三旦则"，为与其侄相区别，人们称他为"柳家贡干"。其侄根敦罗哲，明崇祯四年（1631 年）生，幼年从叔学经，聪颖勤奋，后入藏深造，学通显密，获"噶居"学位。返回安多，一度闭关修持，人称"柳家珠钦"（柳家的大修行者）。他一面修持，一面继续在佑宁寺投拜第八世嘉色活佛罗桑丹增、第二世章嘉活佛阿旺罗桑却丹等，进一步学习各种佛经，曾捐资修建佑宁寺弥勒殿，于其叔所建长嘴沟寺塑立弥勒佛像。清康熙二十六年（1687 年），根敦罗哲倡建羊官寺，康熙三十年（1691 年）再建羊官寺显宗经院。根敦罗哲因以修行闻名于世，遂称其转世系统为"贡依仓"，又因出生于柳家村，俗称"柳家佛"，历代为羊官寺等寺寺主，至今共传 10 世。其第二世却智坚赞（? —1723 年），青海湖地区若索部落人，学经于佑宁寺和拉萨哲蚌寺郭莽扎仓，返回后住持羊官寺，雍正初年再次入藏朝拜，七世达赖喇嘛噶桑嘉措授给"额尔德尼呼图克图"名号，并赐金刚橛等法器。自此，该系统世袭其名号。羊官寺位于今乐都县寿乐乡，是乐都北山地区的出名古刹。对其创建年代，尚存疑问。《西宁府新志》中有明嘉靖三十七年（1558年）十月哈咂部抢掠羊官寺的记载，有人据此推断羊官寺始建于明永乐年间或嘉靖初年（见《乐都县志》）。但《安多政教史》记载羊官寺由佑宁寺僧人根敦罗哲建于藏历第十二饶迥的火兔年，即1687年，并云根敦罗哲亦名根敦桑布，尊称"贡依珠钦"，羊官寺的藏语全称为"东霞扎西曲林"。"贡依珠钦"，实际是"贡依仓"和"柳家珠钦"的合写，"东霞"是乐都北山地区的藏语名称，"扎西曲林"意为吉祥法州，当为羊官寺的法名。羊官寺清朝赐名"福祥寺"，康熙年间敕赐"福寿"斗字金匾，道光八年（1828年）又御赐"禧寿寺"斗字金额紫匾2方。在清代有僧300余人、活佛5名，除寺主贡依仓，另有夏杂仓、湾塘夏茸、斯俄夏茸等。寺院建于群山怀中，照山呈狮子拜佛状，高耸入云，松桦参天，鹿麝共栖；后山拉伊山，亦峻峭秀美。寺前溪水潺潺，两侧宝塔林立，木桥横跨溪上，景色清幽。主体建筑大经堂汉藏合璧，琉璃光芒四射。整个布局玄妙，错落有致。历史上，羊官寺曾统管乐都北山地区的2/3地方，下辖引胜沟的龙沟寺（贡依仓一世根敦罗哲之侄柳家然坚巴顿悦罗哲所建）和长嘴沟寺，所属香火地有湾塘族（今乐都中岭、李家乡）、阿拉族（寿乐乡曹岭顶一带）、大巴族（寿乐乡土官沟）、小巴族（共和乡华连沟）等四族所居广大地域，总称为羊官寺的"三寺四族"。寺内存有明朝所赐诰命、敕谕，清朝所赐匾额，明清两朝所赐朝服蟒袍。该寺活佛曾受封为僧纲、呼图克图，赐有诏书以及铜印、象牙碗、珊瑚树、金佛、木牌等。现有僧15人，由第十世贡依仓活佛罗桑顿珠尖措（俗名鲁顺思，任乐都县政协副主席、省政协委员）主持寺务。

据《安多政教史》记载，早在藏历第十饶迥的木猴年（1584年，明万历十二年），三世达赖索南嘉措第二次来青海后曾去今海北门源县的仙米一带传教，发展格鲁派。他在这里加持地基，授记建寺，并赐未来所建寺院的法名为"噶丹达吉林"。此后，仙米地方有位叫喜饶嘉措（？—1650年）的僧人去前藏，被当时的西藏地方政府封为化缘喇嘛。喜饶嘉措回到故乡后收化布施，让其侄衮噶嘉措将所得布施财物不断送往西藏，从而与西藏宗教界联系密切。后来衮噶嘉措从西藏请来叶尔巴寺（在拉萨郊区）的拉日堪钦·才旦顿珠主持建寺，在当地信众的支持下，于明天启二年（1623年）建成了仙米寺。仙米寺当初规模不大，主要是一座16柱的"扎康"（供诵经、住宿在一起的房屋）。拉日堪钦去世后，仙米寺僧人遵照拉日堪钦的遗嘱，从佑宁寺请来僧人丹却坚赞任第二任法台，住持仙米寺。丹却坚赞是协助嘉色活佛创建佑宁寺的第一世松布丹却嘉措的弟弟，兄弟二人皆通佛学，在佑宁寺颇负盛名，分别称大小松布大师（轨范师）。丹却坚赞于1633年选任佑宁寺第七任法台之前，住持仙米寺达10年之久，他于明天启六年（1626年）建成一座四层楼高的大佛堂，创办显宗经院，寺僧增至百余人，崇祯五年（1632年），又建成具有60根大柱的大经堂。至此，仙米寺始具规模，成为青海省海北地区有影响的格鲁派寺院。清雍正二年（1724年）五月，仙米寺因罗卜藏丹津事件被清军烧毁。翌年，清朝派一等侍卫散秩大臣达鼐来青海办理善后事宜，重建仙米寺，并题寺额"显明寺"。仙米寺在雍正二年焚毁前一直为郭隆寺（佑宁寺）子寺，重建后隶属关系中止，清代最盛时僧人达到500余人，有阿群、郭莽、堪布夏让等4位活佛。其中，阿群佛也称"仙米佛"，为从西藏请来拉日堪钦负责建寺的衮噶嘉措的历辈转世，是仙米寺寺主，其第二世丹增赤列嘉措（1655—？年）出生于甘肃庄浪城一个姓宁的汉族家庭，由四世班禅罗桑却吉坚赞认定，于康熙元年（1662年）坐床，16岁起学经于佑宁寺，23岁获"林塞噶居"学位，24岁出任仙米寺第十五任法台，对寺院建设多有建树，康熙三十一年（1692年）去西藏朝拜，五世达赖喇嘛授予他"额尔德尼达尔汗曲结"的名号，是该系统中较有影响的一位。其后有三世索南丹增、四世罗桑却智尼玛（1762年生）、五世益希丹增却智等。郭莽佛也称"郭莽堪布"，其第一世郭莽喇嘛丹却，出生于仙米万果部落的"智"姓家族，21岁时离家去西藏，从第二世章嘉活佛阿旺罗桑却丹出家，后由第五世班禅大师罗桑益希（1663—1737年）授比丘戒，任命为哲蚌寺郭莽扎仓堪布，83岁圆寂后，六世班禅巴丹益希认定仙米万果部落出生的索南鄂色为其转世，从而形成郭莽堪布转世活佛系统。仙米寺为原门源哈尔岱、本加、万果、桑巴、秀保等藏族部落的寺院，其管辖范围，东起门源珠固鱼龙滩，西至今门源县克图乡的香卡村，北抵今甘肃天祝藏族自治县永峰乡的德欠村。寺主阿群活佛为该地区政教首领，寺院除在所属各部落取得给养外，还有权处理各种民事案件。该寺还以建筑宏伟和风景优美闻名于世，20世纪50年代，全寺有殿堂13座、活佛囊欠6院，设有显宗经院。寺院依山面水，周围松柏茂密，树木成荫，寺内红墙绿瓦，金碧辉煌，更兼假山流水，花卉翠竹，尤添姿色。现主要有大小经堂各1座，寺僧11人。

第八章

清代格鲁派进入极盛时期

第一节　格鲁派在政治上的胜利及其
在青海的进一步弘传

　　17 世纪初，西藏格鲁派与噶玛噶举派的矛盾进一步激化，后藏的藏巴汗联合入据青海的却图汗和康区的白利土司，欲共灭格鲁派。却图汗系漠北喀尔喀蒙古一首领，明崇祯七年（1634 年）因内乱被逐，率部 4 万余众来青海，征服了土默特火洛赤部而入据驻牧于青海湖地区。却图汗信奉噶玛噶举派，杀害和监禁了许多格鲁派僧人，与康区白利土司相呼应，切断青海格鲁派信徒与西藏的联系。17 世纪 30 年代，德格白利土司顿悦多杰向四周扩张势力，一度出兵占领昌都各地和青海玉树的囊谦地区，他在宗教态度上，素来信本反佛，迫害格鲁派和其他佛教教派，关闭康区的佛寺，不少僧人被投进监狱，在囊谦焚毁了著名的根蚌寺，并戮僧多人。明崇祯八年（1635 年）冬，却图汗派其子阿尔斯兰将兵万人入藏，四世班禅罗桑却吉坚赞、五世达赖及其囊佐索南群佩派佑宁寺的两名僧人到新疆向厄鲁特蒙古求援。当时驻牧于天山北麓的厄鲁特蒙古和硕特部首领固始汗（1582—1656 年）早慕青海湖地区水草丰茂，遂接受了西藏方面的请求，同年乔装为商客去拉萨，会见四世班禅和五世达赖，在大昭寺释迦牟尼佛像前被拥上宝座，尊为"丹增曲杰"（意为持教法王）。固始汗此行，与格鲁派上层共议消灭敌对势力的大计，其中包括共派代表到盛京（今沈阳）与清政权取得联系和支持这一决策，同时实地考察了运兵康藏的路线地形。崇祯九年（1637 年），固始汗与准噶尔蒙丰酋长巴图尔珲台吉结成联盟，联军南下，一举消灭了喀尔喀却图汗部，占据了青海湖地区。崇祯十一年（1639年）藏历五月，固始汗运兵康区，击败白利土司，是年十一月二十五日缚白利土司敦悦多杰。平定康区后，固始汗即于同年进军后藏，第五世达赖喇嘛的囊佐（管家，旧译商卓特）索南群佩率领格鲁派僧兵助战。崇祯十三年（1641 年）正月，固始汗部陷日喀则，俘藏巴汗丹迥旺布，统一卫藏，结束了噶玛巴在西藏的地方政权。随后，固始汗向五世达赖喇嘛和四世班禅额尔德尼献卫藏地方税收权，作为格鲁派集团的政教活动费用，自立为汗王，总揽西藏行政大权。还在蒙古兵进军后藏时，格鲁派集团曾以固始汗侄孙伊拉古克三活佛为首席代表，率一使团前往盛京，皇太极考虑到藏传佛教在蒙藏地区的广泛影响和清王室入主中原的战略需要，欲与西藏结盟，并利用藏传佛教安定众蒙古，释去北顾之忧，遂对达赖的使者极表欢迎。《清实录·太宗卷》载，早在天聪九年（1635 年），皇太极从察哈尔部墨尔根喇嘛处得到八思巴用千金所铸护法神嘛哈噶喇（亦译摩诃伽剌）金佛像，在沈阳修建了实圣寺，并专建嘛哈噶喇佛楼奉祀之。翌年，大清立国，与明朝分庭抗礼，曾于崇德四年（1639 年）"遣察汉喇嘛赞等致书图伯特汗"，给达赖嘛写信说："朕不忍古来经典泯绝不传，故特遣使延至高僧,宣扬佛教,利益众生,唯尔意所愿耳"。虽然双方使者在途中没有相遇,但表明双方都急于建立联系。伊拉古克三一行于 1641 年离开西藏，次年抵达盛京。使团受到特殊礼遇的情形在《清实录》中记载颇详："崇德七年……，图伯特部落达赖喇嘛遣伊古克三胡土克图、戴青绰尔济等至盛京。"皇太极"率诸王贝勒大臣出怀远门迎之，还至马馆前，上率众拜天，行三跪九叩礼。"西藏使者朝见时，皇太极起迎，立受达赖喇嘛书信，并于御榻旁"设二座于榻右，命两喇嘛坐"，皇太极还"设大宴宴之"。伊拉古克三等逗留盛京期间，皇太极又"赐大宴于崇政殿"，给予最高礼遇，并且"命八旗诸王贝勒各具宴，每五日，一宴之"，可谓极其隆重。伊拉古克三一行在盛京居留活动 8 月之久，然后返回，临行前皇太极赠送了大量的珍贵礼物，亲自"率诸王贝勒等，送至演武场，设大宴饯之，复以鞍马银壶等物，赐伊拉古克三呼图克图喇嘛"，"送至永定桥"后，"复设宴饯之"，这是最隆重的送行仪式。皇太极为了直接与西藏上层接触，以加强业已建立的关系，还派"察干格隆、巴喇衮格尔格隆、喇克巴格隆、诺木齐格隆、诺莫干格隆、萨木谭格隆、衮格垂尔扎尔格隆等"，代表皇太极，陪"同伊拉古克三呼图克图喇嘛前往达赖喇嘛、班禅呼图克图、红帽喇嘛噶尔马、昂邦萨斯及济东呼图克图、鲁克巴胡土克图、达克龙呼土克图、藏巴汗、固始汗处"[①]给达赖、班禅等的书信,言辞诚恳热情,表现出结好的诚意和决心。伊拉古克三率领的代表团朝见皇太极，是西藏格鲁派集团与清朝的第一次正式接触，为后来取得清王朝的支持奠定了基础。而皇太极建国称帝之后，审时度势，不失时机，推崇藏传佛教，很好地处理了与西藏的关系，使满、蒙、藏民族之间的关系牢固地建立于政治、宗教基础之上，从而混一蒙藏，

---

① 《清太宗实录稿本》卷三十八。

一统中华，并对清朝260多年的统治具有重大的历史意义。

　　1644年清军入关后，西藏格鲁派与清王朝关系更加密切，往返使者络绎不绝。顺治九年（1652年），五世达赖喇嘛进京晋见顺治皇帝，受封为"西天大善自在佛所领天下释教普通瓦赤喇怛达赖喇嘛"，被尊为藏传佛教领袖。清朝对五世达赖的这一封号，沿用明朝永乐皇帝给大宝法王得银协巴的部分封号和明朝所封顺义王俺答汗赠给三世达赖的尊号，以中央王朝政府的名义确定了达赖在宗教上的地位。自此，格鲁派跃居藏传佛教的统治地位，青海地区的格鲁派随之进一步传播，迅速发展壮大，许多其他教派的寺院纷纷改宗格鲁派，如前文所述河湟流域著名的隆务寺、瞿昙寺等外，还如玉树囊谦地区今毛庄乡境内的尕丁寺，初建于明嘉靖年间，原属宁玛派，清顺治十年（1653年）五世达赖罗桑嘉措返藏途经玉树时改宗格鲁派，今囊谦乩扎乡的尕达寺亦在此时由囊谦王等奉五世达赖之命扩建而成；今治多县的岗察寺和今玉树市安冲乡的邦古寺，均初奉直贡噶举派，于此时改宗格鲁派。稍后于七世达赖喇嘛时期，今玉树市下拉秀乡著名的龙喜寺亦由直贡噶举派改宗格鲁派，并由七世达赖赐寺额"拉秀龙喜嘎顶群科林"，意为"拉秀龙喜具喜法轮洲"，开设显密两宗经院，采用西藏哲蚌寺教程，发展成玉树市境内最大的格鲁派寺院。特别是在清朝"兴黄教即所以安众蒙古""修一庙胜用十万兵""用僧徒导化"等施政方略的引导和影响下，青海地区又出现了一大批新的格鲁派寺院。在这些寺院的兴建过程中，青海各地方势力特别是和硕特蒙古各王公贵族表现出极大的宗教热忱，他们纷纷做施主檀越，出资兴建并添置称为佛教"能依和所依"的寺庙殿堂和佛像、佛经、佛塔等三所依圣物，资助僧人的学经、修持及各种佛事活动，从而到清康熙年间，青海地区藏传佛教达到了历史上的鼎盛时期。这期间，最有影响的寺院有广惠寺、德千寺、东科尔寺等。

广惠寺位于今大通县东峡乡的衙门庄,藏名"郭莽寺",或写作"果莽寺",源于其倡建者为西藏哲蚌寺郭莽扎仓学僧。又以当地地名呼为"赛柯合寺",还因为由赞布·顿珠嘉措所创建,故又叫"赞布寺"。"广惠寺"是青海罗卜藏丹津事件之后雍正帝于1731年所赐寺额。广惠寺在历史上与塔尔寺、佑宁寺、夏琼寺和隆务寺齐名,并称为青海五大格鲁派寺院。该寺创建者赞布·顿珠嘉措(1613—1665年),前藏噶哇栋人,早年出家为僧,学经于哲蚌寺郭莽扎仓,曾为青海郭隆寺(即佑宁寺)第一世丹麻活佛崔臣嘉措(1587—约1665年)的近侍弟子,并一度去达布扎仓学经,获"然坚巴"(指通晓经典的博士)学位。清初,奉五世达赖喇嘛之命,来安多弘法。三世土观罗桑却吉尼玛所著《佑宁寺志》引用《丹麻活佛传》中的材料却说,赞布·顿珠嘉措"禀性暴烈,嘴害如蒜",故得绰号"赞布哇",并说他在西藏时,为人粗暴,与人不和,唯与丹麻珠钦·崔臣嘉措相合,曾获罪达赖、班禅,故逃来安多。色多《塔尔寺志》则云,赞布·顿珠嘉措在郭莽扎仓学经时与塔尔寺的甲拉然坚巴·曲扎坚赞关系友善,故来安多后,初随曲扎坚赞住塔尔寺,后与其他僧人不和,愤而离寺,去大通河流域(今海北门源一带)活动,约于明崇祯六年(1633年)出任门源仙米寺第三任法台。该书亦云,赞布·顿珠嘉措后来又出任塔尔寺第七任法台,时在明崇祯十五年(1642年)至清顺治四年(1647年)。他在任职期间,于顺治元年(1644年)资助门源朱固地方的仙米尼丹巴、多龙贡巴、哇萨贡巴等人,将当地原有的一座"日朝"(修行静房)扩建成朱固寺,成为门源地区最有影响的格鲁派大寺。《青海记》称该寺清代有僧150人,20世纪中叶,有大小殿堂7座、房屋1226间、囊欠10院,有南贡、堪布、加那、扎哈、神江、贡巴、巴扎、昙化、查科、多兰巴、勾什扎、加多、知不切等13位活佛,设有显宗和密宗经院。清顺治五年

（1648年），赞布·顿珠嘉措又任郭隆寺（即佑宁寺）第十任法台。顺治七年（1650年），他辞去郭隆寺的法台职务，去赛柯合地方另建寺独立，此即后来的广惠寺。据《安多政教史》记载，广惠寺初建时仅有一座小经堂和供赞布·顿珠嘉措起居生活的赞布囊欠，真正形成寺院规模是在第一世敏珠尔活佛时期。第一世敏珠尔，法名赤列伦珠（1622—1699年），群科赞摩纳（今青海海晏县境内）人，青年入藏，学经于哲蚌寺郭莽扎仓，从顺治九年（1652年）起，任郭莽扎仓堪布，直至康熙三年（1664年），凡13年。康熙四年（1665年），经当时驻牧浩门河南部今大通地区固始汗第三子达兰之长子墨尔根珲台吉提请，第五世达赖喇嘛封他为"敏珠尔诺们汗"，意为"成熟解脱法王"。同年，离藏回故土，来到广惠寺。时值赞布·顿珠嘉措去世，当时该寺仅有三四十名密宗帐房僧，敏珠尔因有学识和威望，被拥戴主持寺务。敏珠尔·赤列伦珠主持寺务后，首建该寺显宗经院，建立讲经学法制度，寺院发展甚快。自此，敏珠尔历辈转世，成为广惠寺寺主，并从第二世敏珠尔·罗桑丹增嘉措起，受封为驻京呼图克图、"净照禅师"，历辈驻京，地位甚尊。关于广惠寺的敏珠尔究竟始于何人，尚存不同说法。在清代的一些藏文典籍中，也称敏珠尔诺们汗为"赞布诺们汗"。鉴此，一些研究者以该寺的创建者赞布·顿珠嘉措为第一世敏珠尔。"敏珠尔"的佛号来自五世达赖对赤列伦珠的封号，若以赞布·顿珠嘉措为第一世，则应是追认，赤列伦珠当为赞布·顿珠嘉措的转世。但有关藏文佛教史均明确记载赞布·顿珠嘉措去世于藏历第十一饶迥的木蛇年，即清康熙四年（1665年），而赤列伦珠生于藏历第十饶迥的水狗年的，即明天启二年（1622年）。赤列伦珠44岁时在西藏得到"敏珠尔诺们汗"封号，回到安多，正值赞布·顿珠嘉措去世，遂由他绍继衣体，主持寺务，但按藏传佛教惯例规制，作为转世，则年龄上不好衔接，无法做出合理的解释。

此外，土观的《佑宁寺志》和佑宁寺第五世王佛阿旺钦饶嘉措所著《佑宁寺志》，均以清乾隆八年（1743年）出任佑宁寺第三十一任法台的加定拉仁巴·罗桑顿珠为赞布·顿珠嘉措的转世。罗桑顿珠是令互助县加定乡人，自他起，佑宁寺又出现一个新的转世活佛系统，称"加定佛"，为佑宁寺"九小囊"活佛之一。这一系统若以赞布顿珠嘉措为一世，加定拉仁巴罗桑顿珠为二世，则三世为罗桑三智，曾任佑宁寺密宗经院第十五任堪布，1802年任全寺第五十任法台；四世健贝嘉措，任佑宁寺密宗经院第三十三任堪布，1846年和1851年先后出任全寺第六十七任和第七十任法台；五世桑结嘉措，于1896年任佑宁寺第九十三任法台；六世罗桑丹却嘉措，约于1931年任佑宁寺密宗经院第七十三任堪布，曾两次出任佑宁寺大法台。按此，赤列伦珠为一世敏珠尔为宜。

敏珠尔转世系统中的活佛，不少是蒙古族，广惠寺及其寺主敏珠尔在蒙古族中很有影响，与青海和硕特蒙古更有特殊关系，因而受到清王朝的高度重视，建成后发展很快，清康熙末年，僧侣多达700余众。清雍正元年，因罗卜藏丹津事件，寺院被清军焚毁。雍正四年(1726年)，清朝派人到西藏，将正在学经的第二世敏珠尔活佛罗桑丹增嘉措（1700—1736年）召请到京，被雍正皇帝加封为"敏珠尔呼图克图"，驻京供职，地位仅次于章嘉国师，并敕赐帑金，重修被毁寺宇，颁赐寺额。自此发展更快，一直是青海湟北地区仅次于佑宁寺的格鲁派大寺，建有赞布、却藏、先灵、玛仓等活佛院，设有上下显宗、密宗、密咒、医明等五大经院和总领全寺的大经堂，下辖今门源县境内的朱固寺、班固寺、二塘寺和加多寺，互助县的松番寺（亦称辛隆寺），大通县境内的张家寺、曲隆寺，甘肃天祝县境内的大宛寺、达隆寺等，共9座属寺，其香火庄有兴巴（夏吾奈）、向化（阿藏）、新顺（加多）、归化（班固）、那童（那楞）等5个族（部落），总称为广惠寺的"九寺五族"，其领地包括今大通、门源、祁连、互助四县的东峡、朔北、向化、宝库、桦林、南门峡、克图、仙米、朱固等地域，东西长约200里，南北宽约30里，另在新疆塔城地区也有其属寺和蒙古族信徒。20世纪40年代，有耕地近万亩，森林约35000亩，马120多匹，牛300多头，羊1500多只，经济实力雄厚。1958年有僧250人、活佛9人。现有僧33人，活佛多已还俗。旧时，因历辈敏珠尔均学经于哲蚌寺郭莽扎仓，故多采用郭莽扎仓教程，唯上显宗经院采用色拉寺吉宗教程，故该寺向有上、下两个显宗经院。广惠寺原有10多位活佛，除寺主敏珠尔佛，先灵（亦作显灵）佛位居第二。"先灵"是藏话"夏鲁"的异写。夏鲁在后藏，东距日喀则约30里，当地有布顿大师曾经住持的宋代古刹夏鲁寺。先灵佛源于广惠寺的高僧罗桑贝丹。罗桑贝丹曾由衮珠诺们汗·罗桑仁钦曲扎嘉措认定为大修行者夏鲁哇·勒巴坚赞的转世，故称之为"夏鲁佛"，即先灵佛。罗桑贝丹的转世为阿旺丹增格勒嘉措。雍正十二年（1734年），第二世敏珠尔罗桑丹增嘉措奉召赴京，委职于先灵佛罗桑贝丹。自此，敏珠尔驻京期间，先灵佛是广惠寺的代理寺主。广惠寺于雍正九年重修后，雍正十年（1732年）清廷赐"广惠寺"匾1面，乾隆年间赐"法海寺"匾1面，乾隆四十七年（1781年）又敕赐"大利益殿"匾1面。现"法海寺"匾额仍存。另寺存明永乐八年二月初一明朝皇帝所赐"灌顶圆修净慧大国师勃隆迪瓦桑尔加领真"的圣旨1轴，第九世班禅来广惠寺时写给该寺的藏文挂轴3幅、敏珠尔的"净明禅师之印"以及广惠寺20世纪60年代被毁前的全景照片等。

清初，青海黄河流域新建的格鲁派大寺是位于今黄南藏族自治州尖扎县能科乡的德千寺。德千寺于康熙二十一年（1682年）由第三世拉莫活佛所倡建，故又称"拉莫德千寺"。拉莫活佛的名称来源于其第一世措尼嘉措的出生地。措尼嘉措，与三世达赖同时代，于明代中叶出生于西藏拉莫地方（在今达孜县境内，亦异写为拉木），早年学经于哲蚌寺郭莽扎仓，后奉三世达赖之命，来安多弘扬格鲁派教法，受到土默特蒙古俺答汗之子火洛赤的供养，火洛赤献今尖扎县境内阿坝·多杰桑布所建阿哇绛曲林寺供他居住讲经，后去世于今贵德县的木干扎仓寺，其历辈转世称"拉莫活佛"。拉莫二世罗哲嘉措（1610—1659年），系火洛赤之子，认定后常住阿嘎寺和洛多杰扎岩。固始汗入据青海后尊他为上师，奉为福田。清顺治三年（1646年），他在丹麻曲结·鄂色扎西的协助下于今尖扎县加让乡黄河边建成古鲁寺，聚僧300余人，委鄂色扎西为首任讲经堪布。史载该寺建筑壮丽，造像精美，所供释迦牟尼金身佛像堪与拉萨大昭寺的觉卧佛比美。拉莫二世在信众中颇有威望，曾调解喀尔喀和厄鲁特蒙古之间以及化隆巴燕与卡力岗部落间的纠纷，得到成功，受到固始汗、巴图尔珲台吉等蒙古首领的赏识，奉为上师，并向他献今化隆县境内的角扎、格许等部落属民和格许寺。拉莫三世阿旺罗桑丹坚赞（1660—1728年）出生于托索湖一带牧区（今贵德县境），12岁和20岁时两次进藏，学经于哲蚌寺郭莽扎仓。清康熙十九年（1680年）从西藏返回青海，以岱青昂锁为施主，征收贵南茫拉川、沙沟以及同德巴曲河流域以东、化隆巴燕以西广大地区的税收，于康熙二十一年（1682年）建成德千寺，并从古鲁寺迁来显宗经院。康熙四十四年（1705年），三世拉莫去北京，清朝为其颁发"察罕诺们汗"诏书，并封为"扎萨克喇嘛"。康熙五十三年（1716年），七世达赖喇嘛噶桑嘉措从理塘被迎来青海塔尔寺驻锡，三世拉莫为达赖喇嘛的受戒堪布和主要经师之一。自此，他与七世达赖关系极为密切，七世达赖后来封他为"阿齐图诺们汗"。他在当时青海佛教界是最出名的高僧，学识渊博，五世东科尔、二世赛赤、二世智干仓活佛等当时的这些名僧皆为其弟子。同时，他有雄厚的经济实力，史载他前后5次入藏，最后一次在拉萨大祈愿法会上曾向与会僧人各施黄金1两、白银1两、绸缎半匹，被称之为"拉莫大施"，传为美谈。他在青海蒙古族中更有影响，青海左右翼蒙古一切头人都尊他为上师。雍正年间罗卜藏丹津事件后，清朝将青海蒙古各部收为内藩，依照内蒙古扎萨克制度，划定游牧地界，统一分编29旗，察罕诺们汗旗为其中的独立旗，拉莫三世为察罕诺们汗旗一等台吉大喇嘛，是贵南、同德西部、贵德南部、尖扎、化隆西部、泽库部分地方以及海北海晏地区的政教领袖，蒙语称"察罕诺们汗"，汉译为"白佛"，藏译为"夏茸尕布"，现一般称"夏茸尕布"。夏茸尕布至今共历8世。四世罗桑图登格勒坚赞（1729—1796年）、五世潘代旺秀克尊嘉措（1797—1831年）、六世阿旺却珠丹贝坚赞（1832—1873年），均有一定建树。七世根敦丹增诺尔布（1873—1927年），民国初年受封为"广大明智汗王"赐有九十两重的虎头银印和"永安寺"匾额，1916年建贵南托勒寺和查那寺，1922年维修西宁大佛寺。八世罗桑洛柔丹巴嘉措（1928—1991年），通称"夏茸尕布"，海晏县人，历任青海省政协委员、海北州州长、青海省人大常委会副主任、青海省体协会长等职。

德千寺是夏茸尕布活佛的根本道场，向以建筑宏伟、文物丰富、活佛众多闻名。1958年前，建有经堂两座、佛堂26座、活佛院24座、僧舍115院1725间，总建筑面积200余亩。全寺共有耕地2094亩、马307匹、牛4031头、羊1664只、园林1800亩，广有寺产，豪富一方。其主要香火庄原总称"昂拉八庄"，包括昂拉、雷松、措玉、能科、当索、雷什刚、尖扎滩和羊直八个部落，分布在今尖扎县昂拉、当顺、尖扎滩、能科、加让、马克堂等六个乡镇的58个村庄。该寺1958年有僧522人，现有172人。转世活佛相传最多时达到51位，据1955年统计资料，共有18位，他们是寺主夏茸尕布和赛赤、智干仓、塔秀仓、麻卡仓、羊江仓、尕麻仓、嘉仓、羊直仓、督仓、刚察仓、茂仓、拉德仓、洛江仓、拉仁巴仓、郭芒仓、夏玛尔仓和李加仓。其中，夏茸尕布、赛赤和智干仓是该寺三大活佛系统，统领全寺和各属寺以及所辖地区的政教事务，有权任免法台和其他重要僧职人员，检查教规的执行情况等。藏语"赛赤"，意为"金座"，指格鲁派的根本道场甘丹寺的法台宝座，登此宝座者，称之为"甘丹赤巴"，是格鲁派的总教长，从格鲁派高僧中选任。德千寺的罗桑丹贝尼玛被认定为第四十四任甘丹赤巴罗哲嘉措的转世，故该系统称之为"赛赤"，至今共历10世。从二世罗桑丹贝尼玛起，亦为青海驻京呼图克图之一，在京驻福祥寺。因赛赤活佛在塔尔寺建有其府邸，故赛赤亦为塔尔寺活佛之一。智干仓始于罗桑扎西（1647—1713年），罗桑扎西又名扎巴嘉措，系察罕诺们汗旗所属巴曲河流域尼措部落头人之子，25岁时与第三世拉莫结伴入藏学经，从五世达赖受比丘戒，在藏学经7年，获拉仁巴格西学位，后入下密院专学密宗。康熙十九年（1680年）返回故乡，协助第三世拉莫活佛创建德千寺，并于康熙二十一年首任德千寺法台，是当时的出名高僧，传法弟子众多，他曾整修寺宇，健全学经制度，还出任过夏琼寺等寺法台。智干仓二世罗桑丹增嘉措（1716—1781年），曾于1734年至1781年任德千寺法台48年，足见其地位之尊。

德千寺在历史上属寺众多，传有40多座，现存30座，即今尖扎县境内的古鲁寺、俄让寺、结什当寺、阿哇寺、桑主寺、拉日寺、宗囊寺、昂拉赛康寺、洛多杰扎寺、噶卡寺、尕布寺，今贵南县境内的塔秀寺、托勒寺、查那寺，今贵德县境内的荣一寺、铁瓦寺、拉扎寺、加毛寺、尼尔寺、加卜查寺、周屯寺、贡赛寺、香毛切寺、卷木寺、却毛寺，今化隆县境内的格许寺和若索寺，今海晏县境内的白佛寺、新寺（原名福海寺，在湟源县境内）和麻秀寺。这些寺院多为德千寺活佛所倡建，或历史上献寺于德千寺，至今与德千寺有密切的宗教联系。

东科尔寺是青海湟源县境内最大的格鲁派寺院，位于日月乡寺滩村。寺院坐北望南，北依日月山（黑山），南临东科河。该寺初由第四世东科尔活佛多居嘉措建于清顺治五年（1648年），故址在湟源县城垣东门外百米处，地名今称旧寺台，雍正年间毁于罗卜藏丹津反清事件。乾隆元年（1736年），由第五世东科尔活佛索南嘉措于现址重建，将原名"东科尔噶丹群科林"（具喜法轮洲）易名为"图登雪珠林"（佛教讲修洲）。因该寺从西康的东科尔寺发展而来，故一般称"西宁东科尔寺"，以示区别。东科尔一世，法名达瓦嘉措（1476—1556年），西康东科尔地方人，早年学经于西藏色拉寺，学成后回故乡，约于明弘治年间建西康东科尔寺。明万历年间，第二世东科尔活佛云丹嘉措（1557—1587年）跟随三世达赖喇嘛索南嘉措来青海，与移牧青海湖牧区的土默特蒙古建立了密切联系，曾代表三世达赖，传教于内外蒙古。自云丹嘉措起，东科尔转世系统的活动中心从康区转向青海等地，后与和硕特蒙古建立供施关系，联系密切。《安多政教史》记载，东科尔寺初建时，受到固始汗的大力支持，固始汗将湟源、日月山一带的大片土地献给多居嘉措，作为东科尔寺的属地，并颁金银券书为凭。湟源旧称"丹噶尔"，即东科尔的音变。清顺治十六年（1659年），四世东科尔多居嘉措以"番民信仰，奉旨进京，颁给"诺们汗"名号，任职京师"，康熙四年（1665年）三月，赏"蛮朱什哩禅师"之印和敕封，成为青海驻京呼图克图之一。由于这些原因，东科尔寺在历史上广有寺产，拥有很大的政治权势，《丹噶尔厅志》载其"地土之广，田租之多，遍丹邑皆是也。且毗接于西宁县迤西各庄，设立各等苛虐刑罚，权埒官吏而冤横过之。僧徒众盛至百数十人。"其"掌财赋收纳之柄者，唯管家一人所司，寺僧得为管家柄利数年，家资累千万金，富雄一乡矣。"[1] 是说虽有言过其实之嫌，但亦可窥见该寺豪富之大概。东科尔寺原占有今湟源县东南部的大部分土地以及海晏、共和、贵德县的一部分土地，寺院将这些土地租佃给当地农民，每年收取租粮。20 世纪 40 年代，第十三世东科尔曾将 5 万亩寺田献给马步芳，足见寺院土地之多。寺院建筑豪华，殿堂多为楼阁，气宇轩昂，内皆柏木地板，松木顶篷，殿柱金龙缠绕，门饰兽头铜环，金钉镶嵌，巧饰点缀，佛像数千尊，多系镀金铜像，购自京城等地，宝幡佛龛，庄严无比，寺院规模在原丹噶尔厅首屈一指。原辖 5 座属寺，即湟源县境内的金佛寺、下拉拉寺，贵德县的曲乃亥寺，甘肃省天祝县的天堂寺和肃南县的马蹄寺。其中最大的是天堂寺，由丹麻一世崔臣嘉措初建于明崇祯年间，清顺治四年（1647 年），经四世东科尔扩建，成为东科尔寺的属寺。相传旧时东科尔寺在内蒙古、察哈尔等地亦有属寺数处，现无联系。东科尔寺在 1958 年时有僧 132 人、活佛 5 人，除寺主东科尔呼图克图，尚有索合布仓、尕仓、曲华仓、冯家仓、翁则仓（亦称刘家佛）等活佛。设有显宗和时轮经院，采用色拉寺杰宗教程。寺僧注重密法修持，以胜乐、集密、大威德三大本尊金刚彩粉坛场的修供活动最为出名。现有僧 18 人。

　　清初，除上述主要格鲁派寺院外，在贵德城内建有属于格鲁派的米纳官康（护法殿），传由米纳活佛建于雍正年间，内供三世佛和大威德像，为当地藏汉群众所崇信。在今循化县境内，著名的古雷寺约于清顺治元年（1644 年）正式改宗格鲁派；顺治十四年（1657 年）前后，文都寺的第一世赛卡活佛索南嘉措创建岗察寺，康熙年间，由德合盖活佛建尕楞静房，宗噶活佛德仓麻尼巴·喜饶扎西建斗合道寺，小宗噶活佛麻尼巴丹增赤列（1691—1734 年）建多吾寺，尕得合活佛阿旺鄂色建秀日寺；在今化隆县

---

① 王昱主编：《青海方志资料类编》，青海人民出版社 1988 年版，第 1095 页。

境内，康熙十六年（1677年），第一世嘛呢哇罗桑鄂色合并原有小寺，正式建成著名的赛支等，第一世才旦堪布华旦嘉措先后建成土哇寺、尕洞寺等；在同仁县境内，继隆务寺、夏卜浪寺、郭麻日寺、瓜什则寺等之后，又先后建成年都乎寺、叶什姜寺、扎西其寺、隆务贡寺、格当寺、乙格寺、沙尕夏寺、西关寺、察加寺、德钦寺、满丛德庆寺、宗噶寺等；在泽库县境内，则建成迪仓寺、索乃亥寺等；在尖扎县境内，又先后建成噶卡寺、结什当寺等；在贵德县境内，继贡巴寺、珍珠寺、多勒仓寺、铁瓦寺、官庄寺等寺之后，又先后建白马寺、尕旦寺、毕家寺、加毛寺等；在贵南县境，则建日安扎仓寺、塔秀寺等；在同德县境内，则建赛力亥寺；在今果洛地区，先后建成久治县的龙格寺、甘德县的夏日乎寺；在今海西地区，建成都兰寺等。都兰寺是青海著名的蒙古族寺院，位于今乌兰县铜普乡他延山麓，早在明万历年间，有位叫道希汗的禅师在今寺北秀克尔特山沟禅修，曾专程去塔尔寺拜谒从西藏来青海的第三世达赖喇嘛，清顺治元年（1644年）起，经4年时间，霞巴丹津扩建道希汗禅师的静虑室成为一座正规的格鲁派寺院，即都兰寺，霞巴丹津的历辈转世封号"丹津呼图克图"，为该寺寺主。都兰寺不仅是后来和硕特蒙古西前旗的主要寺院，寺内建有王府，而且也是海西地区蒙古王公的政治活动中心，各王公台吉在寺内设有自己的行署。这样，至清代康熙末年，格鲁派寺院几乎遍及青海各地，盛极一时。

第二节　罗卜藏丹津反清事件及其影响

　　如前所述，藏传佛教格鲁派在以固始汗为代表的和硕特部蒙古贵族势力的支持下跃为西藏占统治地位的教派，并受到清朝中央政府的尊崇扶植，得到迅速传播和发展。据东噶·洛桑赤列先生的《论西藏政教合一制度》，到五世达赖晚年，仅西藏格鲁派寺院剧增到534座，僧人近10万，均占当时寺院、僧人总数的1/3①。同时，固始汗通过支持格鲁派，将其势力扩伸到西藏，成为统治西藏的汗王。他自己坐镇西藏，将其10个儿子大多安排在青海，以青海为和硕特部的根据地，除在青海驻牧，还以康区的赋税作为生活补贴。他在青海的诸子，各领一部，互不统属，有"青海八台吉"之称，主要驻牧活动于青海湖周围、西宁以北大通河流域和河西走廊的武威、张掖附近的草原地带，以及今青海海西、黄南等地。《蒙藏民族关系史略》称，当时"甘青地区的藏族各部也归属和硕特部管辖"。清顺治十一年（1654年）固始汗去世后，由其长子达颜汗在西藏继承汗位，"达赖五世派遣哲蚌寺的堪苏霍尔阿旺赤列伦珠到青海召集诸台吉，将青海和硕特部划分为左右两翼。沿湟水上游、青海湖、布哈河到额纳河为界，以东以北为左翼，以西以南为右翼，左翼包括今海北藏族自治州、柴达木盆地东北部、河西祁连山草原及额济纳河流域，右翼包括今海南、黄南、玉树、果洛等藏族自治州及柴达木盆地西南部。"②清朝平定西宁地区后，经青海佑宁寺大活佛章嘉呼图克图阿旺罗桑却丹的劝说，康熙三十六年（1697年），当时在世的固始汗幼子达什巴图尔召集诸台吉在青海湖东畔的察罕托罗亥会盟，一致议定归附清朝，并于年底率诸台吉到京，觐见康熙帝。翌年正月，康熙帝封达什巴图尔为"和硕亲王"，对其余台吉封给"多罗贝勒""固山贝子""辅国公"等爵位。至此，青海和硕特部正式成为清朝的藩属。

固始汗去世后，西藏蒙藏贵族之间的关系逐渐发生变化。一方面，格鲁派已牢牢扎根于西藏，但作为最高佛教领袖的达赖喇嘛尚未掌政，整个卫藏政权，掌握在固始汗及其子孙手中，由他们任命高级官吏，发布一切

---

① 东嘎·洛桑赤列著，陈庆英译：《论西藏政教合一制度》，西藏民族出版社1985年版，第60页。
② 王铺仁，陈庆英编著：《蒙藏民族关系史略》，中国社会科学出版社1985年版，第212页。

行政命令，而作为达赖代表的第巴，只是"副署盖印"，不过是汗王手下的官员；另一方面，固始汗在西藏的子孙们由于世袭的封建特权，一般都昏庸无能，政治上没有什么建树，却独断专横。对此，策仁旺杰的《颇罗鼐传》有过详细的记述。由于双方隔隙，1682年五世达赖病故后，第巴桑结嘉措秘不发表，近在身边的蒙古汗王达赖汗竟然毫无所闻。康熙四十年（1701年），达赖汗因饮食中毒而死，拉藏即汗位，蒙藏贵族争权的斗争进一步激化，发展到兵刃相见的地步，为了独霸统治西藏的权力，双方都在你死我活地拼搏，康熙四十四年（1705年）第巴桑结嘉措的死，随之第六世达赖喇嘛仓央嘉措的被废除等，都是这场斗争的结果。此后，康熙五十六年（1717年），准噶尔部首领策旺阿拉布坦派其弟策楞敦多布引兵入藏，袭杀拉藏汗，亦意在取代和硕特部在西藏的军事统治。在青海，达什巴图尔于康熙五十三年（1714年）去世后，由其子罗卜藏丹津袭和硕亲王爵位，在青海和硕特诸部中权势最为显赫。仓央嘉措被废除后，拉萨三大寺以四川理塘出生的噶桑嘉措为仓央嘉措的转世，青海罗卜藏丹津和博硕克图济农之子、受清封"多罗贝勒"的察罕丹津等也力主噶桑嘉措为达赖喇嘛。康熙五十五年（1716年）十月，罗卜藏丹津等派人从理塘迎请噶桑嘉措经德格来青海塔尔寺供养，并奏请康熙帝由他们护送入藏坐床。康熙五十九年（1720年）二月，清廷册封噶桑嘉措为达赖喇嘛，九月，派"平逆将军延信以兵送达赖喇嘛入西藏坐床"。当时，罗卜藏丹津以亲王的身份会同噶丹额尔德尼等一部分和硕特部首领也率兵护送。噶桑嘉措从塔尔寺启程，于康熙六十年（1721年）九月初抵达拉萨，九月十五日在布达拉宫坐床。

据《皇朝藩部要略》和章嘉国师的《七世达赖喇嘛传》等，罗卜藏丹津等从理塘迎噶桑嘉措来青海，力图控制在自己手中，即防止噶桑嘉措被西藏的拉藏汗所控制，也不愿他处在清朝的控制之下，进而以护送入藏为功，要清廷像五世达赖时期册封固始汗一样，册封自己，以恢复和硕特蒙古在西藏的统治，即所谓"觊为唐古特长"[①]。但残酷的现实使其幻想破灭，这时的清王朝，经顺治、康熙两代80年的经营，已成为强大的中央集权制国家，再不容有第二个固始汗继续称雄西藏，使"但知有蒙古，不知有厅卫营伍诸官"的局面持续下去，虽然延信等入藏后，先由清朝军队暂管西藏事务，罗卜藏丹津曾和延信临时共同管理过一段时间的西藏地方行政，但清朝很快决定由噶伦联合掌管西藏地方政权。康熙六十年（1721年）春，清朝决定废除汗王和第巴制度，以加强中央集权统治，保持西藏地方的稳定。二月，"命公策旺诺尔布驻防西藏，论取藏功，封第巴阿尔布巴、康济鼐为贝子，第巴隆布奈为辅国公，"[②]即设三噶伦共同管理西藏行政事务，从而使罗卜藏丹津无权过问西藏的政务。同时，清朝在1720年春派噶尔弼、岳钟琪从康区进藏时，建立了对康区的直接统治，由四川具体管理，不再归属和硕特部汗王，自然废止了原来康区赋税供给青海和硕特部的规定。这一切，引起罗卜藏丹津等人的强烈不满。据《安多政教史》和《青海史》的记载，罗卜藏丹津在七世达赖噶桑嘉措的坐床曲礼上即受到冷遇，他还为准噶尔部策楞敦多布指定的傀儡第巴达孜哇拉嘉热丹求过情，但遭到了清朝的拒绝。于是他串通其他蒙古首领，曾在佛像前发誓要为恢复和硕特部的"霸业"而举行反叛。只是由于清朝大军还在拉萨，他们的行动才没有公开。但清朝对罗卜藏丹津等人的活动有所察觉，在和硕特部诸首领从西藏返回青海后，清朝立即采取了"众建分治"的策略，即通过多立头目，分化瓦解各部，以随延信进军西藏功绩，封察罕丹津为"亲王"，封固始

---

① ［清］祁韵士撰：《皇朝藩部要略》卷十一。
②《清史稿》卷八。

汗第三子达兰泰之孙额尔德尼额尔克托克托鼐为"郡王",厚给赏赐,并命罗卜藏丹津与察罕丹津同领青海右翼,察罕丹津牧河东近松潘(今青海黄南藏族自治州河南县、四川阿坝藏族自治州等地),罗卜藏丹津牧河西近隆吉尔(今青海海西都兰县等地),以黄河为界。清朝的这一措施是对罗卜藏丹津的极大冷落,使他由原来总领青海和硕特部下降到只与察罕丹津共领右翼牧地的地位,更使他不能容忍,从怨恨清廷,到积极筹划反叛。1722年冬,罗卜藏丹津趁康熙帝去世,雍正新立,镇守西宁的允禵回京奔丧,"阴约策妄阿拉布坦援己",于雍正元年(1723年)五月,"复诱青海台吉等,盟察罕托罗亥,令如所部故号,不得复称王、贝勒、贝子、公等爵,而自号达赖珲台吉以统之"①,并煽动郭隆寺、郭莽寺等部分格鲁派寺院的少数宗教上层分子,联络蒙、藏、土族中的部分群众起来共同反清。当时,察罕丹津和额尔德尼额尔克托克托鼐受封"亲王"和"郡王",拒绝会盟反清,于是罗卜藏丹首先发兵攻击察罕丹津和额尔德尼额尔克托克托鼐。左翼的额尔德尼额尔克托克托鼐不支,率残部投奔清朝到西宁,后又内迁到甘州(今甘肃张掖)。清廷闻讯后,于同年七月派兵部侍郎常寿抵海南大河坝,会见罗卜藏丹津,劝其罢兵,服从清室,结果遭到拒绝,常寿反被扣执。九月,罗卜藏丹津击败察罕丹津部,兵至河州。十月,攻打西宁南川申中堡、西川镇海堡,进而占领北川新城,移兵向西宁,气焰十分嚣张。这时,清朝下决心予以平息,从陕西、四川、甘肃、内蒙古等地调集大军,命抚远大将军年羹尧、奋威将军岳钟琪率兵主攻青海,派平逆将军延信守住甘州,派靖逆将军富宁安驻守安西,防备罗卜藏丹津与准噶尔合兵,又派总兵官周瑛领兵两千进藏,截断罗卜藏丹津逃往西藏的道路。年羹尧、岳钟琪部在青海进行武装镇压,先后历时4月,于雍正二年(1724年)二月基

---

① [清]祁韵士撰:《皇朝藩部要略》卷十一。

本平定动乱，罗卜藏丹津自青海湖经柴达木，西越沙漠入南疆，逃往准噶尔。30年后，于乾隆二十年（1755年），清军平定准噶尔后，俘获罗卜藏丹津及其二子，被解送京师。清朝免其死罪，软禁终年。

　　青海湟水流域许多寺院从修建到发展，都受到蒙古各部首领的支持，和硕特蒙古是其主要施主。因而在罗卜藏丹津反清事件中，各寺院普遍参与了反叛。《清实录》中记载，雍正帝在回顾了清朝对藏传佛教的扶植以及对五世、七世达赖的册封恩赐后，痛斥青海地区僧众忘恩负义，助恶为乱，下令严惩参加叛乱的僧人。土观·罗桑却吉尼玛的《佑宁寺志》中记载"（罗卜藏丹津反清）事件发生之前，各寺均由蒙古人以武力操持，对汉人（政府）多不尊重，有些寺院的主事者魔入于心，互相争伐，捉住盗贼断其手，点燃火漆焚烧等，做出许多出家人不该干的事。加多寺（在今门源县东川乡）的喇嘛赛柯合巴·朗达列却杰自为带兵官，引加多藏兵攻打汉人城地，赞布寺（即以后的广惠寺）的不轨僧人赛青然坚巴引自族的僧兵作战，许多贪财的僧人抢劫财物，被汉兵抓获。这些个别坏人的恶行使许多寺院受到危害。兔年（指雍正元年，1723年），汉兵攻陷广惠寺，却藏仁波切（即却藏活佛罗桑丹贝坚赞，七世达赖之经师）本无罪过，只因当时是寺院住持，故以他为首的17名老僧被诱至衙门庄活活烧死。同时，郭隆寺的百余名无辜僧人被杀害，大经堂、藏经楼等被焚之一炬。汉兵还毁坏夏吾柯合（今大通县境内）一带的3座佛寺，大通河流域的仙米寺、加多寺，霍戎一带的扎德寺等亦被焚毁。塔尔寺地处上部，与犯罪寺院距离较远，故只杀死30余名老僧，整个寺院未受损失。"[①] 该志在记述佑宁寺参与反清事件遭到清朝镇压的情况时说："由于时常来郭隆寺做生意的回族商人诬告

第八章　清代格鲁派进入极盛时期

郭隆寺暗通青海湖部落（指和硕特蒙古罗卜藏丹津等部），木龙年（1724年）正月，汉兵进军郭隆寺。当时，华热曲结·阿旺扎西等审时度势，劝阻大家'与其反抗，不如远逃'。但多哇管家、嘉则管家和阿宛领经师等人鬼魅附身，鼓动众人说：'现在到了勇士们所教的时刻了'。众僧轻信其言，召集农牧部落人马迎战，结果未及半天，便溃不成军，阿宛领经师等一些僧人战死沙场。郭隆寺大经堂、藏经楼以及《甘珠尔》《丹珠尔》等14部经卷尽遭火焚。"[1]在清军洗劫郭隆寺前，郭隆寺的法台（住持）丹麻活佛阿旺丹增赤列（1666—1723年，丹麻珠钦崔臣嘉措的转世，为二世丹麻）已被清军杀害。土观和王佛的《佑宁寺志》均记载被杀经过说：由于章嘉阿旺罗桑却丹是康熙帝的老师、清朝的国师，土观活佛又正在北京供职，所以雍正皇帝即位后很看重郭隆寺，按理只要郭隆寺"稍加克制，便能保全"，当时任法台的丹麻活佛和一些老僧，共同前往西宁，向年羹尧、岳钟琪禀告事件的前后经过情形，将军们不仅赦免其罪，还赐送了一些礼物。但在返寺途中，遇见赞布寺的赛青然坚巴被清兵羁押，哭着求救。老僧们没有理睬，继续返回寺院。而丹麻活佛却折回西宁城，为赛青然坚巴说情。将军们认为，丹麻为这样罪大恶极的人开脱罪责，必定是同伙，不但没有释放赛青，相反拘押了丹麻，后与赛青一起被砍杀于西宁城外。

罗卜藏丹津反清事件是青海地方史和宗教史上的一次重要事件，从清史到后来的研究者都给予了高度重视，但其中不乏失真的地方，有关寺院和活佛参与事件的情况很值得质疑，主要有：

第一，一些研究者根据清史中的某些失真记载认为，罗卜藏丹津起事后，清朝派兵部侍郎常寿前往劝说，罗不听劝阻，"复以塔尔寺大喇嘛察

---

[1] 土观·罗桑却吉尼玛著：《佑宁寺志》第二十六任堪布条。参见尕藏、蒲文成等汉译本，青海人民出版社1990年版，第64—65页。

罕诺们汗召西宁及巴尔喀木等地藏族部落志兵抗清"①，或认为"由于罗卜藏丹津的煽动、威胁，塔尔寺的大喇嘛察罕诺们汗等也追随聚众反清。"②因此，"年羹尧攻塔尔寺，察罕诺们汗被迫投降。年羹尧以其'虽势穷来降，情难姑恕'，将察罕诺们汗等大喇嘛处死。"③前文已述，察罕诺们汗，即拉莫活佛，或称"夏茸尕布"和"白佛"，是今尖扎县德千寺寺主活佛，按照罗卜藏丹津的起事年代，当时的察罕诺们汗应为第三世，法名阿旺罗桑丹贝嘉措。1716年，七世达赖噶桑嘉措由青海和硕特蒙古首领从理塘迎来塔尔寺，此佛与却藏活佛罗桑丹贝坚赞（1652—1723年）为七世达赖出家受戒的堪布，因此在塔尔寺有相当的影响。但在阿旺罗桑丹贝嘉措的有关传记中，均无他参与罗卜藏丹津反清的记载。章嘉国师若贝多杰的《七世达赖喇嘛传》中说他与赤钦加那巴于水虎年（康熙六十一年，1722年）十月去西藏朝拜七世达赖，翌年参加达赖喇嘛在布达拉宫举办的新春喜宴，同年夏初，离拉萨回青海。在向达赖辞行时，达赖见赤钦加那巴聪颖，欲留他住西藏学经，阿旺罗桑丹贝嘉措回禀自己年迈，寺院要靠赤钦加那巴住持，于是准行。按此，罗卜藏丹津起事时，察罕诺们汗尚在旅途，且已年迈。文中的赤钦加那巴，法名罗桑丹贝尼玛（1689—1762年），系拉莫三世之兄额尔沁台吉之子，为甘丹赤巴罗哲嘉措的转世，通称"赛赤"，后为驻京呼图克图，拉莫三世说要其侄住持的寺院指德千寺，而非塔尔寺，此其一。其二，有关拉莫活佛传记的藏文资料皆载拉莫三世卒于藏历土猴年（清雍正六年，1728年）四月初八日，并云是年西藏发生阿尔布巴之乱，时局动荡，七世达赖奉雍正帝命，于十一月二十三日启程去四川乾宁县惠远庙，次年二月抵理塘寺后，曾为察罕诺们汗圆寂做荐亡回向法事。这与

---

① 青海省志编纂委员会：《青海历史纪要》，青海人民出版社1980年版，第65—66页。
② 青海省志编纂委员会：《青海历史纪要》，青海人民出版社1980年版，第65—66页。
③ 《清实录》，世宗卷十四，雍正元年十二月戊午条。

所谓察罕诺们汗被清兵杀死于 1724 年的说法相违。《清代藏事辑要》所载雍正元年十二月年羹尧给清廷的奏章中说："……再堪布诺们汗，亦率属人来投。……堪布诺们汗系边口内塔尔寺喇嘛，乃察罕丹津亲侄，唆令罗卜藏丹津叛逆，又令伊等喇嘛与我兵交战，虽势穷来投，情难姑恕，到日臣即行正法。"[①]此奏文中的堪布诺们汗即于 1717 年就任塔尔寺第二十任总法台的嘉堪布阿齐图诺们汗，法名罗桑顿珠，汉译"善慧义成"。《安多政教史》所载和硕特蒙古固始汗世系谱称：固始汗第五子策凌伊勒都齐生二子，即罕都和达尔扎勒博硕克图。达尔扎勒博硕克图生有 4 子，长子巴勒巴尔，次子丹津策布坦，三子戴青和硕齐，四子根特尔。其中，第三子戴青和硕齐为察罕丹津的封号，长子巴勒巴尔封号岱青巴图尔，生有 3 子，长子额尔克岱青，次子敦多布，第三子即阿齐图诺们汗。故嘉堪布阿齐图诺们汗罗桑顿珠确为察罕丹津亲侄，堪布诺们汗为其略称。但色多活佛罗桑崔臣嘉措的《塔尔寺志》不载嘉堪布阿齐图诺们汗主动投诚。该书说："大清第三代皇帝雍正元年水兔年（1723 年），蒙古兵进犯西宁等内地汉族城镇，杀戮抢劫。清朝将军年羹尧、岳钟琪等奉命将兵数万至，郭隆寺、赛柯合等诸寺与青海湖蒙古串通，坏人作恶，寺院被毁。藏历十二月二十五日，兵至塔尔寺，除留 300 老僧，余皆被遣回故土。（嘉）堪布恐惧，大军来时出逃，结果丧命。"[②]据此，嘉堪布阿齐图诺们汗很可能是出逃后被擒杀的。年羹尧在雍正二年（1724 年）三月的奏章中说："据侍卫达鼐报称：'三月初三日与副将纪成斌等搜寻罗卜藏丹津属人，探得夹木灿堪布喇嘛在布代山后藏匿，恐由西藏一路逃遁。'遣人往调台吉济木巴等，派蒙古兵往西藏邀截，即率兵前进，至梭罗木地方，夹木灿堪布等拒战败遁，我兵随

① 张其勤原稿，吴丰培增辑：《清代藏事辑要》，西藏人民出版社 1983 年版，第 95 页。
② 色多·罗桑崔臣嘉措著：《塔尔寺志》藏文本，青海民族出版社 1982 年版，第 62 页。

后剿杀，济木巴台吉等抄路迎贼，将夹木灿堪布、垂扎木素二人擒斩。"[①]藏僧同名者颇多，汉译又十分混乱，奏章中未言夹木灿堪布为何寺喇嘛，故尚难断言夹木灿堪布即嘉堪布，但完全可以肯定，当时清军处死的塔尔寺大喇嘛，是嘉堪布阿齐图诺们汗而非德千寺的察罕诺们汗。

第二，《蒙藏民族关系史略》依据《清实录》世宗卷十五雍正二年（1724年）正月甲午条的记载，认为郭隆寺的章嘉在该寺上层喇嘛裹胁下"参加了叛乱"[②]，《青海历史纪要》第六十二节中也云："公元1724年正月，岳钟琪引兵进攻西宁东北的郭隆寺。郭隆寺张家呼图克图传集喇嘛及东山一带藏族部落在哈拉直沟迎战"，是说亦不合史实。文中的张家呼图克图实指"章嘉呼图克图"，按章嘉世系谱，二世阿旺罗桑却丹去世于康熙五十三年（1714年）三世若贝多杰于康熙五十六年（1717年）生于凉州（今甘肃省武威），4岁迎入郭隆寺坐床，7岁由却藏活佛罗桑丹贝坚赞（1652—1723年）剃度出家，并授沙弥戒。据年羹尧奏章，雍正二年正月，郭隆寺喇嘛聚众操演，十一日齐集拒战，十二日与清军战于哈拉直沟。当时章嘉年不及8岁，如此稚童，殊难传集僧俗部众迎战清军。实际情形如五世王佛阿旺钦饶嘉措的《佑宁寺志》所记，清军平定郭隆寺后，雍正帝即谕令年羹尧和岳钟琪二将军："朕师章嘉大国师之胡必尔汗。变乱中无罪，务延请至京"，"二将军即将八岁的章嘉活佛请至西宁，后送往北京"。

清朝平定罗卜藏丹津之乱，对青海地区的蒙古贵族和格鲁派势力是一次严重打击。事后，川陕总督、抚远大将军年羹尧上奏清廷《青海善后事宜十三条》和《禁约青海十二事》，建议清朝将青海蒙古各部收为内藩，依照内蒙古建立扎萨克制度，划定青海蒙古各部的游牧地界，统一分编为

---

① 张其勤原稿，吴丰培增辑：《清代藏事辑要》，西藏人民出版社1983年版，第100页。
② 王辅仁，陈庆英编著：《蒙藏民族关系史略》，中国社会科学出版社1985年版，第217页。

旗；对青海各喇嘛寺院严加整顿和管束；改变以往青海地区藏族各部隶属蒙古和硕特部的现象，将藏族各部收归清朝直接管辖，清查户口，划定地界，对其各部领袖人物分别安置为各级土官，由清朝的道、厅和卫所等衙门管辖。雍正二年（1724年）五月，雍正帝采纳了年羹尧上奏的建议，决定下令执行。第二年，清朝将西宁卫改为西宁府，设置驻西宁办事大臣，发给"总理青海蒙古番子事务大臣"的关防，加强清朝对青海蒙藏民族的监督和统治。在整顿和管束藏传佛教寺院方面，年羹尧曾在奏疏中称："查西宁寺庙喇嘛，多者二三千，少者五六百，……番民交喇嘛租税，与纳贡无异"，因此他在《青海善后事宜十三条》中力主整顿藏传佛教寺院，对寺院规模加以限制。首先处死了一批参与叛乱的上层僧人，然后规定各地寺院房舍不得超过200间，僧人多者300人，少者数十人，清朝每年派遣官员稽查两次，令为首的喇嘛具结，保证不滋生事端。还规定寺院不得向百姓收租要粮，寺院所需粮食、衣物、银两等生活需用物品，全部由清朝政府发给，由当地地方官按每年用度酌量支付。整顿后的青海河湟地区藏传佛教寺院僧数，据《青海事宜节略》载：雍正五年（1727年）时，"各处喇嘛衣单口粮，贵德厅应支衣单口粮喇嘛六百四十名，巴燕戎格厅三百六十二名，西宁县二千二百四十四名，碾伯县七百三十六名，大通县一千三百二十三名，丹噶尔厅二百二十六名。以上应支衣单口粮喇嘛五千五百三十一名内，每名各支不等，共应支仓斗粮八千九百九十〇石六斗二升六十六合六勺。循化厅河源寺应支仓斗粮一百二十二石，哈家寺二十五石六斗，二寺共支粮一百四十七石六斗。"① 按此，当时在今青海海东、西宁地区和贵德等地，共有度牒的僧人近6000名，足见整顿后僧数依然可观。清朝整顿青海藏传佛教寺院的另一举措是革除明代喇嘛封号，清代长白文孚著《青海事宜

---

① 长白文孚著，魏明章标注：《青海事宜节略》，青海人民出版社1993年版，第72—73页。

节略》载，雍正四年（1726年）十月，副都统达鼐奏称："西宁一带寺庙喇嘛，前明多有颁给国师、禅师名号印册，师徒相传，无所底止。国初间亦有之，应请令其陆续缴销。"[1]清代素纳著《青海衙门纪略》说载："雍正五年（1727年）副都统达鼐、西宁镇周开捷条奏：西宁、河、洮沿边各寺庙喇嘛有名国师、禅师者，有名囊（昂）锁者，收管明季敕语、印信，管辖部佃，征收租徭，名曰香粮面。罗卜藏丹敬（津）叛乱，伊等间有助逆者，虽经王法，但国师二字名目不顺，宜革其职衔，查收敕印，给以僧纲、都纲之空衔。原管佃户改隶民籍，私征粮石归纳官仓。每年分给该僧以为衣单口粮，令其焚修。蒙俞（谕）允遵办。所收敕印，移交藩司，解交内部。自兹沿边民人而无寺族分隶之辖。"[2]由于清朝的限制，青海河湟地区的藏传佛教寺院一度出现了萧条景象，许多藏文史书都描写过这种令佛教人士悲叹的情形。当时著名的塔尔寺，"只选留一百名老成持重的僧人，发给印信执照，其余的全部遣散，并明令禁止僧人在寺院中聚众议事"（《蒙藏民族关系史略》）。土观《佑宁寺志》说，当时郭隆寺一带"一度无出家人装束者，寺僧皆着村民服装，住于俗家"。王佛《佑宁寺志》说："从木龙年（1724年）起5年内，由于战乱，僧侣避居三个修行处。当时，由松巴法王彭措南杰于绛曲林寺聚集僧众，自任讲经喇嘛。"直到土鸡年（1729年），彭措南杰被选任为郭隆寺第二十七任法台，寺院活动才趋于正常。《安多政教史》中记载，郭莽寺（即后来的广惠寺）大喇嘛二世敏珠尔因于1722年去西藏学经，幸免于这次战乱。雍正四年（1726年），他应召赴京，途经青海郭莽寺时，见寺院一片瓦砾，"僧人隐居，见穿汉服者即逃，常穿村民服装乞食，所穿袈裟黑白相间，不伦不类，不敢来见敏珠尔。"[3]但清

---

① 长白文孚著，魏明章标注：《青海事宜节略》，青海人民出版社1993年版，第3页、第41—42页。
② 长白文孚著，魏明章标注：《青海事宜节略》，青海人民出版社1993年版，第41—42页。
③ 智贡巴·贡去乎丹巴绕布杰：《安多政教史》，甘肃民族出版社1982年版，第101页。

廷镇压罗卜藏丹津，旨在削弱青海蒙古势力，与之有关的寺院不过受到株连。至少清朝尊崇扶植藏传佛教的政策并没有改变。事件一发生，雍正帝便命请年仅八岁的章嘉若贝多杰到京，雍正四年（1726年）又诏令在西藏学经的敏珠尔活佛罗桑丹增嘉措到京。后来，在达赖、班禅、土观、章嘉、敏珠尔等人的积极活动下，清朝又很快取消了限制寺院规模的规定，并且及时修复郭隆寺和郭莽寺，雍正帝亲赐寺额，分别命名佑宁寺和广惠寺。及至乾隆时期继续延请上层僧人到京供职，进一步巩固和加强了设置驻京呼图克图的制度。在镇压罗卜藏丹津事件中，青海各寺院的政治经济特权本来就没有废除，寺院势力很快得到恢复。同时，罗卜藏丹津事件之后，由于整个形势的变化，各寺院政治上的作用有所削弱，转而注重于宗教活动和寺院自身的建设，这样便促使青海格鲁派寺院再次发展，又出现了一批新建的寺院，其中较大的有拉加寺、石藏寺、都兰寺等。

拉加寺位于今果洛藏族自治州玛沁县的拉加乡，原属海南藏族自治州同德县管辖。拉加寺是黄河上游河谷地带最出名的格鲁派大寺，由阿柔格西坚赞鄂色创建于清乾隆三十四年（1769年），初名"扎西功德林"（吉祥广安洲），后更名为"甘丹扎西迥尼"（具善吉祥源地）。阿柔格西坚赞鄂色（1726—1803年），阿柔部落（亦写作阿力克部落，今黄南州河南县宁木特乡和海北刚察县有此部族）人，乾隆七年（1742年）17岁入藏，在色拉寺杰巴扎仓学经13年后，转入下密院深造，曾先后师事普布觉寺的绛巴活佛、七世达赖噶桑嘉措及其经师阿旺却丹、章嘉国师若贝多杰等，终于博通显密，成为一代名僧。后奉六世班禅之命返回安多，于乾隆三十四年（1769年）创建拉加寺，班禅大师授给他"额尔德尼墨尔根堪布"名号，并命他按色拉寺杰巴扎仓教程建立拉加寺显宗经院。于是阿柔格西奉命再建显宗经院，亲自主持寺务，他从严要求僧众潜心钻研佛理，精读背诵重要经文，不可追求生活享受。在他的管理下，拉加寺学风蔚然，不少人能熟练背诵出《现观庄严论》及其释本《庄严论疏要》、宗喀巴大师的《善言藏论》、色拉寺吉宗巴的般若学教材等。同时，阿柔格西一直致力于寺院建设，曾募化于广大牧区，在拉加寺修建了许多佛殿、佛塔，添置佛像、佛经和其他法器，使该寺发展成青海牧区黄河岸边最大的寺院。阿柔格西主持寺务 24 年之后，于乾隆五十七年（1792 年）授权香萨活佛罗桑达吉嘉措管理寺务，自己云游安多地区各静修圣地，传教于海南、黄南、湟中各地寺院，有不少灌顶传法的蒙藏弟子。他一生严守律仪，生活清苦，宗教收入所得，皆用于书写经文、绘制佛像、布施给寺院或救济穷人等，在僧俗中颇有声望。清嘉庆八年（1803 年），他于今海南藏族自治州共和县当家寺附近的一静修处圆寂，终年 78 岁。后由香萨罗桑达吉嘉措认定第五世夏茸尔布潘代旺秀克尊嘉措（1797 年—1831 年）的胞弟罗桑丹增群佩为其转世，该系统后住阿柔帐房寺。

自阿柔格西付权于香萨·罗桑达吉嘉措后，历辈香萨成为拉加寺寺主。香萨是青海著名大活佛，授有"班智达"和"普济法师"名号，在湟中塔尔寺、尖扎拉莫德千寺、同仁隆务寺、贵德贡巴寺等亦有其府邸。关于"香萨"名称的来由一般有两种说法，第一种认为香萨第一世出身于宗喀巴母亲香萨阿切的家族，故名"香萨"；第二种，按《安多政教史》的说法，其第一世香萨贡钦巴出生于阿柔部落一个造船木匠家，藏语木匠叫"香索"，后音变为"香萨"，可能因"香索"不雅而音转。关于香萨活佛的传世辈次，因有追认习俗，说法多不一致，有至今已历 16 世、11 世、6 世等多种说法。按色多《塔尔寺志》所记，在香萨阿切之前，该系统共传 8 世，香萨阿切之后，依次有珠钦那喀巴·塔尔贝坚赞、擦钦罗萨嘉措、强林巴罗桑顿珠、嘉堪钦噶桑热吉、香萨贡钦巴。按照《安多政教史》的可信记载和拉加寺的创建历史，暂以香萨贡钦巴为第一世计，至今共传 6 世，各世简况如下：

一世香萨贡钦巴（？—约 1758 年），清康熙年间出生于阿柔部落（今青海同德县黄河边）一造船木匠家，藏族，自幼持律苦修，获得成就，人称"贡钦巴"，约于乾隆二十三年（1758 年）圆寂。二世罗桑达吉嘉措（1759—1824 年）亦阿柔部落人，8 岁时由藏哇罗桑群培剃度出家，10 岁时由拉加寺创建者阿柔格西坚赞鄂色认定为香萨贡钦巴的转世，13 岁迎入拉加寺坐床，开始系统接受各种宗教训练。乾隆四十年（1775 年），由阿柔格西派往西藏深造，曾于色拉寺杰巴扎仓学经 13 年，先后师事六世班禅罗桑贝丹益希、八世达赖坚贝嘉措、隆多喇嘛、第十世嘉色活佛噶桑图登晋美嘉措等。13 年后转入下密院，又系统学习密宗 4 年，并任该院执事僧官。乾隆五十七年（1792 年）回到拉加寺，接替阿柔格西任全寺总法台，并成为该寺寺主活佛。嘉庆十八年（1813 年），出任塔尔寺第四十四任法台，自此历辈香萨又是塔尔寺活佛之一。后来，他还担任过今尖扎县拉莫德千寺、同仁县隆务寺的法台，曾去内蒙古鄂尔多斯部传过教，在青海阿柔三部、桑擦部落和果洛等地颇有影响。道光四年于拉加寺圆寂，终年 66 岁。三世罗桑丹贝旺秋崔臣彭措（1825—1896 年），为固始汗第五子伊勒都齐的第七代孙，蒙古族。其父衮布多尔济于乾隆五十六年（1791 年）袭和硕特部南左翼中旗扎萨克一等台吉，驻牧黄河南一带。香萨三世 7 岁时从阿柔赤干强巴赤列热吉受近事戒，并正式出家为僧，翌年被迎入拉加寺坐床，于该寺显宗经院习经。清道光二十六年（1846 年），由赛康巴活佛罗桑丹增嘉措授给比丘戒。自此，到处讲经，曾应请传法于果洛的康干、阿什姜等部落以及四川若尔盖牧区、青海湖地区、阿柔部落等广大川青地区，极有声望。咸丰十一年（1861 年），应阿嘉活佛之请，出任塔尔寺第五十八任法台 3 年，其间曾迎请西藏热振活佛来寺讲经，协助阿嘉护寺等，贡献良多。同治三年（1864年），出任隆务寺法台，光绪二年（1876年），应却西和嘉雅活佛之请，再次住居塔尔寺近3年，专事讲经传法，清朝授"班智达"名号。光绪五年（1879年），应请去内蒙古传教，沿途朝拜五台山和北京各佛教寺院，光绪七年（1881年）回到拉加寺。此后，又一直讲经于拉加寺、塔尔寺、夏琼寺等安多各大寺院，曾维修塔尔寺大金瓦殿，兴建拉加寺香萨活佛祀殿"赛康钦莫"（大金殿），铺盖鎏金金顶，塑立阿底峡尊者的鎏金像等。一生传法弟子众多，人称"香萨班智达堪钦"。光绪二十二年（1896年）于贵德贡巴寺圆寂，终年73岁。香萨四世法名罗桑克尊协珠丹曲嘉措（1898—？年），曾任塔尔寺法台，光绪帝授"香萨班智达"名号，国民政府封为"普济法师"。相传他常外出传教，曾到过印度、尼泊尔、香港、南京、天津等地，寺务主要由其文保（旧时活佛喇嘛的管家或寺院监理人，多为其侄或孙）丹德尔主持。丹德尔颇有宗教威望，20世纪50年代，曾任同德县县长、海南州州长、青海省政协副主席等职。五世加日央（1939—1956年），法名罗桑隆柔丹贝坚赞，海北门源人，1956年死于心脏病。六世丹增却吉坚赞，1980年生，青海省天峻县人，藏族，曾于拉加寺学经。

拉加寺除香萨活佛外，尚有阿尕仓、加哇仓、加利仓、西钦仓等20多位转世活佛，其中阿尕仓在香萨活佛加日央病故后主持全寺寺务，先后担任西北民族委员会委员、青海省政协副主席等职。

拉加寺在1958年共有僧侣867人，下辖有今久治县的隆格寺，甘德县的年贡寺，祁连县的阿柔大寺、百京寺、百户寺、德芒寺，同德县的赛力亥寺，贵南县的鲁仓寺、托勒寺，兴海县的塔秀寺，贵德县的贡巴寺等属寺，总属于西藏色拉寺。全寺共有佛殿12座、囊欠17院，总建筑约1300间。该寺与班禅、章嘉等宗教关系密切，寺内建有班禅行宫，一直保存着班禅大师和章嘉国师赐给香萨活佛的锦幢。寺僧兼学显密，且有学医传统，代出高僧，有不少传世著述。其中，西合作桑热的《历算概要》、香萨的《证理论》《因理论释》以及《赛康哇全集》等享誉涉藏地区。香萨拉让的印经院，原藏有《甘珠尔》等木刻版5万余件，所印大藏经通称"拉加版"，亦颇有影响。拉加寺现有殿堂5座、囊欠3院，总建筑710间，寺僧484人，活佛2人，即佐日和曼秀，分别任寺管会正副主任。其中，佐日，1946年生，毕业于中国藏语系高级佛学院，现任果洛州佛协副会长、玛沁县政协副主席等职。

石藏寺是原青海同德地区仅次于拉加寺的格鲁派大寺，位于今海南藏族自治州同德县河北乡境内的果什布地方，由藏班智达丹巴嘉措（1737—1780年）初建于清乾隆三十年（1765年）。丹巴嘉措是阿柔部落人，传为色拉寺高僧藏格的转世。藏格为后藏乃亥麻地方人，精通五明文化，获"然坚巴"学位，故称之为"藏班智达"，并成为该转世系统的佛号。丹巴嘉措习经于青海隆务寺，后入藏到色拉寺杰巴扎仓深造，5年后获得拉仁巴格西学位，《安多政教史》载他在色拉寺与托美格西就《释量论》中的有关问题辩论，得到六世班禅的高度评价。他返回故乡后，在和硕特蒙古前首旗河南亲王多杰帕兰和阿柔部落的支持下，与其弟噶果尔喇嘛罗桑丹增嘉措一起，共建石藏寺，并成立显宗经院。石藏寺也称"藏寺"，皆为藏语"后藏"一词的变音，源于创建者藏班智达的前生藏格的出生地。该寺与班禅大师及其主寺扎什伦布寺关系密切，乾隆四十四年（1779年），六世班禅洛桑巴丹益希进京途经青海驻锡塔尔寺时，接见前来拜谒的丹巴嘉措，封为"精通五明的大班智达"，并接受石藏寺为扎什伦布寺子寺，六世班禅被应邀作石藏寺的名誉寺主，还为石藏寺制定了寺规。阿柔部落亦称"藏阿柔"或"阿力克"部落，是石藏寺的主要香火部落和僧源地，受该部落迁徙的影响，相传石藏寺亦数迁寺址，先后迁到兴海中铁、同德的尕巴羊拉和草托地方，寺主藏班智达出身于阿柔部落。藏班智达亦称"石藏仓"，至今共传5世，即一世丹巴嘉措。二世有两位灵童，《安多政教史》称一为根登土丹雅派，夏吾乃尔部落人，尼古豆噶加之子，10岁往色拉寺学经，25岁获拉仁巴学位，但英年早逝；一为索南群则，果洛要什道地方（今班玛县灯塔乡）人，父名娘加本，初于壤塘学习觉囊派教法，30岁时迎入石藏寺坐床，曾去西藏朝拜，享年近60岁。三世罗桑曲扎嘉措，为索南群则的转世，1840年出生于果洛旺达地方，在第三世嘉木样座前出家为僧，11岁迎入石藏寺学经，17岁赴藏深造，25岁受近圆戒。四世罗卜藏图丹尼玛，阿柔部落人。罗卜藏图丹尼玛之后，该系统派生为两支，一为石藏仓黄江洋，1941年生，甘南人，现为海南州人大常委会副主任；一为阿芒仓。石藏寺除藏班智达外，历史上曾任过寺主的还有拉卜楞仓、拉干查仓、噶果尔仓和阿尕查仓等。据《安多政教史》记载，在清代还有参果仓、噶瓦堪布、哇秀堪布、大小吉仓、大小日杰仓、玛堪活佛、贡塔尔仓、藏格西、尼仓、依俄合俄然巴、扎月仓、阿柔赤巴、卓仓等活佛，都在石藏寺建有府邸。其中，噶果尔第一世法名丹增曲嘉，巴乃亥噶果尔部落人，该系统第四世罗桑丹增嘉措为藏班智达丹巴嘉措之弟，曾协助其兄修建石藏寺，其转世罗桑年智嘉措，1785年生，土尔扈特蒙古人，从赛康巴受近圆戒，曾师从甘丹寺红眼格西加内敦珠受学多种教法，有著作传世，是石藏寺很有影响的转世活佛系统之一。此外，有影响的还有堪拉卡智钦的历辈转世。清初，察罕丹津曾向七世达赖喇嘛请求派高僧来其管辖的河南牧地传教，受达赖派遣，西藏高僧哇索吉仲与其弟堪拉卡智钦来今青海河南县传教。后来，堪拉卡智钦留住王府，其转世阿旺克尊年智，同仁铁吾部落人，经河南亲王奏请清廷，封为"达赖呼图克图"。第三世年智嘉措，今甘南夏河县甘加人，曾建甘加哲盖寺密宗经院，清乾隆三十年藏班智达倡建石藏寺后，年智嘉措捐资扩建石藏寺经堂，并多活动于同仁的瓜什则寺。第四世根敦图多嘉措，固仓（今兴海县境）人，学经于拉卜楞寺，后被藏班智达索南群则请来石藏寺，建成自己的噶尔哇（活佛院），并建石藏寺八十柱大经堂，从此成为石藏寺的住寺活佛之一。第五世罗桑索南嘉措（1846—1926 年），亦固仓人，1924 年，经九世班禅大师首肯，于今河南县县治优干宁镇东隅建成拉卡寺，为当地斯柔琼哇九部落的主要寺院，教权直属班禅。六世罗桑贤巴图丹热吉嘉措（1926—1969 年），白龙江流域尕曲卡洼地方人，1954 年起任河南蒙古族自治县副县长，1955 年主持修建拉卡寺 80 柱大经堂，是九曲黄河南北蒙藏地区有影响的大活佛。

石藏寺在历史上有属寺 3 座，即今青海同仁县的瓜什则寺、河南县的拉卡寺和四川省的达龙寺。1941 年 2 月，石藏寺建筑被毁，寺僧一度流亡甘南桑科地方。1950 年重建，1958 年时有僧 583 人，活佛 25 人，即藏班智达黄江洋、拉干查仓、阿芒仓、藏朱古、堪拉卡、噶果尔仓、吉赤干、哇秀、列吉仓、霍尔仓、香萨、尔德、旦白尼玛、堪布仓、阿柔仓、参果、赞吉、隆务资玉合、贡太、麻堪、夏排、日血、哇玉、宗俄、资玉合洛热等。全寺建筑 2668 间，设有显宗、密宗、时轮、医明 4 个经院，采用西藏色拉寺吉宗教程。现有僧 508 人，有活佛黄江洋、阿芒、日血、藏朱古等 4 位，由黄江洋任寺管会主任。

如前文所述，都兰寺是青海海西地区著名的蒙古族寺院，始建于明万历年间第三世达赖喇嘛来青海活动时期，其主要施主衮楚克达什于雍正十三年（1735 年）袭扎萨克多罗郡王，乾隆四十二年（1777）病故，由其子索诺木多尔济袭王位，乾隆五十六年（1791 年）以功赏亲王品级。《安多政教史》载衮楚克达什父子笃信佛教，因为是出家的王爷，被称之为"拉尊",意为"僧王"。袞楚克达什父子地位崇高,大力倡导佛教,曾数次从甘肃拉卜楞寺迎请第二世嘉木样大师官却晋美旺布（1728—1791年）来都兰寺讲经传法,寺院规模进一步扩大,寺僧学经蔚成风气。当时该寺出身于和硕特王族的索南达哇获拉仁巴格西学位,他与拉卜楞寺的第十五任法台索南昂杰、第十七任法台索南扎巴齐名,称为当时安多地区佛法精深的"索南三尊"。

第三节 清代青海驻京呼图克图

早在宋元时期,青海藏传佛教僧人多有去中央王朝政府任职者。明朝建立后,承袭元制,并有发展,实施"多封众建"政策,对各教派人士普遍给予册封,著名的有法王、王、西天佛子、灌顶国师、禅师等。法王地位最高,王次之,国师又分大国师和国师。黄奋生《藏族史略》称明朝对藏传佛教上层的封赐不断增加,"元璋时封国师、大国师的喇嘛不过四五人。朱棣时更加提倡,除封二法王及阐化王等五王外,封西天佛子二人,灌顶大国师九人,灌顶国师十八人。永乐以后,受封的法王、国师、禅师、僧官更多。"[1]明朝正是通过这种怀柔政策来维系对广大涉藏地区和其他民族地区的统治。据历史记载,明朝所封喇嘛中,最著名的是三位法王和五位王。三位法王是：永乐五年（1407年）封噶玛噶举派黑帽系第五世活佛得银协巴为"大宝法王",永乐十一年（1413年）封萨迦派的袞噶扎西为"大乘法王",宣德九年（1434年）封格鲁派的释迦也失为"大慈法王"。五位王是：永乐元年（1403年）封帕竹噶举派大喇嘛扎巴坚赞（《明史》作"吉

① 黄奋生著：《藏族史略》,民族出版社1989年版,第197页。

刺思巴坚赞巴藏卜")为"阐化王",永乐四年(1406年)封著思巴儿监藏为"赞善王",同年又封八思巴第五代侄孙南哥巴藏卜为"护教王",永乐十一年(1413年)封南渴勒思巴为"辅教王",同年又封直贡噶举派活佛领真钦巴吉坚藏(《明史》作"必力贡瓦僧"或"必力工大喇嘛")为"阐教王"。明朝所封僧职,还有僧纲、都纲等。僧纲,即管理僧人之官。明洪武十五年(1382年)置僧录司,各省、府置僧纲司,州置僧正司,各县置僧会司,专管佛教事宜。其中,僧纲司设都纲1人,品秩从九品;副都纲1人,品秩未入流。僧纲和副僧纲,一般由通晓经义、恪守清规、在僧俗中有威望的僧人充任,为政府管理僧人和宗教事务的官员,由礼部移咨吏部注册。洪武二十六年(1393年)今乐都县的瞿昙寺竣工后,明朝于同年设置西宁都纲司,以瞿昙寺的三罗喇嘛为都纲,管理西宁卫各地佛寺。此后,又在河州设藏汉二僧纲司,藏僧端月监藏任番寺都纲,故元国师魏朱刺监藏为汉寺都纲,均给予符契。永乐十年(1412年),明廷封瞿昙寺的班丹藏卜为"灌顶净觉弘济大国师",赐镀金银印1颗、重80两。是年,又封索南坚赞为"灌顶广智弘善国师",赐象牙图章1枚。班丹藏卜受封后,其子侄辈有的人任昂锁,专管瞿昙寺所属乐都七条沟地方民事,于是该家族被称为"衙门家"。宣德二年(1427年),明宣宗尚册封隆务寺昂锁为千户,亦准予世袭。据《安多藏族史略》,永乐十六年(1418年),明朝封丹斗的马尔藏活佛为"广济妙净国师";宣德元年(1426年),明朝依据征安定、曲先两卫之功,加封国师宛卜格刺思巴临藏为"净觉普应大国师"、仓奔宛卜查失儿监藏为"弘善广智大国师"、吒思巴领占为"普觉净修大国师"、达日吉坚参为"妙慈通慧大国师",皆秩四品,赐诰命、银印;同时,还封可惠为"西宁卫番僧都纲"、列藏为"西宁卫灌顶弘教翊善国师"、西纳喇嘛为"灌顶国师",并封领占星吉、尝来班丹为"禅师";弘治六年

（1493年），又命西宁卫静修寺的完卜锁南巴藏袭"灌顶大国师"名号。这些都是青海河湟地区受封的大喇嘛。该书还说，当时"仅在西宁地区就封了大国师3人、国师5人、都纲2人、禅师2人"。[①]

上述这些法王、王、西天佛子、大国师、国师等名号，均给予印诰，准予世袭。清初基本沿用了明代所封各种名号，雍正元年青海罗卜藏丹津事件后，革除明代喇嘛封号，但清朝沿用前朝"因其教不易其俗"的策略，异常重视藏传佛教，极力处理好与宗教上层人士的关系，借以"化导西土"，安定边陲。特别看重格鲁派，要求"广布黄教，宣讲经典，使番夷僧俗，崇法慕义，亿万斯年，永跻仁寿之域，则以佑助王化，实有神益"。（《惠远庙御制碑文》）。清朝除对青海许多寺院颁赐匾额、法器、财物外，还对许多著名喇嘛进行了册封，按照其道行、学识程度、功德大小等分别赐给呼图克图、诺们汗、班智达、堪布、赛赤、仓等名号。根据《西陲宣化使公署月刊》1936年一卷第六期的记载，清代在青海地区（包括甘肃夏河拉卜楞寺）所封大喇嘛如下：

一、呼图克图12位

章嘉（佑宁寺）、赛赤（亦称"甘丹赛赤"，《清史》作"噶勒锡丹"、"噶尔丹锡埒图"，（德千寺）、阿嘉（塔尔寺）、敏珠尔（广惠寺）、土观（佑宁寺）、东科尔（东科尔寺）、拉科（塔尔寺）、嘉木样（拉卜楞寺）、却藏（却藏寺）、松布（佑宁寺）、甘珠尔瓦（广惠寺）、沙里瓦（广惠寺，亦称先灵佛）。

二、诺们汗5位

察罕诺们汗（德千寺）、赛多诺们汗（塔尔寺）、车臣诺们汗（扎藏寺）、夏日诺们汗（隆务寺）、麦知候诺们汗（拉卜楞寺）。

① 黎宗华，李延恺著：《安多藏族史略》，青海人民出版社1992年版，第124页。

三、班智达 6 位

兴萨（即香萨，拉加寺）、夏玛尔（支扎寺，亦作德扎寺）、阿绕（隆务寺）、究迈（宗葛寺）、藏（石藏寺）、贡塘（拉卜楞寺）。

四、堪布 10 余位

郭莽（亦作贡蒙，佑宁寺）、夏琼（夏琼寺）等。

五、赛赤若干

作吾、三木咱（今通写作萨木察，拉卜楞寺）等。

六、仓 68 位

古浪（南宗寺）、派加（塔尔寺）、仙米（仙米寺）、加瓦（隆务寺）、德阳（夏琼寺）等。

限于资料，对上述这个大概名单还不能作更多的补充。实际情形，不仅仅如此，如妙舟《蒙藏佛教史》称察罕诺们汗为"广大明智呼图克图"，罗发西等编《拉卜楞寺概况》称，该寺的萨木察仓，清朝政府曾封为"赤钦那木喀呼图克图"，喇嘛尕若仓，其第一世亦被清朝政府封为呼图克图。另外《安多政教史》载，清朝曾向佑宁寺的松布授给"班智达"名号，才旦夏茸的《夏琼寺志》称该寺的夏琼堪布为"堪布呼图克图"等。至于被称为"仓"的活佛，远不至于 68 位。从前面列出的名单看，除古浪仓为青海著名的宁玛派大活佛外，其他均为格鲁派上层或高僧，基本上都是河湟流域寺院的僧人。六类封号中，地位最高的是呼图克图。呼图克图，是蒙语，意为圣者，是清朝中央政府授给藏、蒙古、土族等地区大活佛的封号。凡属这一级活佛，均载入理藩院册籍。西藏的大呼图克图有出任地方政府摄政的资格。在青海，一部分驻京供职，称"内呼图克图"或"驻京呼图克图"，不驻京的为"外呼图克图"。清代青海驻京的呼图克图，包括拉卜楞寺的嘉木样，共有 8 位，全部属格鲁派。其他 7 位是，今青海塔尔寺的阿嘉、拉科，佑宁寺的章嘉、土观，广惠寺的敏珠尔，德千寺的赛赤和东科尔寺的东科尔。这些呼图克图，在内蒙古地区亦颇有影响，特别是章嘉系统，后来一直是内蒙古地区的最高宗教领袖。妙舟《蒙藏佛教史》中说，东科尔呼图克图亦作为内蒙古敖达沁旗的呼图克图，阿嘉为内蒙古汇宗寺呼图克图，敏珠尔、阿嘉、拉科（亦作喇果）、赛赤（亦作噶尔丹锡垺图）等亦为归化城土默特旗的呼图克图。

清王朝鉴于藏传佛教格鲁派在藏、蒙、土等民族地区的深远影响和广泛的群众基础，始终实行尊崇黄教的政策。设置驻京呼图克图，是其宗教政策的重要内容和一贯措施，在历史上为促进各民族的联系和文化交流，稳定边疆，维护国家统一等起过积极作用。下面就今青海境内的章嘉、土观、敏珠尔、阿嘉、拉科、赛赤、东科尔7位呼图克图的驻京缘由及各系统历辈活佛的生平事迹等略做介绍。各系统的辈次，说法多不一致，主要因追认造成，本书以该系统在青海的活动事迹为主来确定其辈次。

1. 章嘉呼图克图

章嘉和土观为佑宁寺五大囊活佛。章嘉系统的佛号得名于其第一世扎巴鄂色的出生地。扎巴鄂色约于明万历年间出生于今青海省互助县红崖子沟乡的张家村，幼入郭隆寺学经，以一世松巴丹却嘉措为师，后去哲蚌寺郭莽扎仓学通显宗五论，于昂仁寺获"然坚巴"学位。返回本寺后，经一世松巴举荐，于明崇祯三年（1630年）任郭隆寺第六任法台，任职3年，因督僧学经风气较盛，已稍有名气，但宗教地位不高，受该寺喜饶嘉措等老僧攻击，卸职后愤然离寺，去今化隆县金源乡的丹斗寺静修。当时，今民和县塘尔垣乡的龙合寺建成显宗经院不久（1625年建成），急需高僧住持，闻扎巴鄂色博学，遂请去龙合寺任法台，全寺讲辩经论蔚成风气。一次，龙合寺僧人去郭隆寺辩经，驳倒对方。扎巴鄂色因之声名大振，被请回郭隆寺。崇祯十四年（1641年）扎巴鄂色圆寂后，郭隆寺寻找灵童建立转世系统，初以"张家"为号，康熙年间易名"章嘉"。

章嘉系统驻京始于二世阿旺罗桑却丹（1642—1714年）。他出生于湟水南岸伊格沟的达秀村，疑在今青海省湟中县境内，父名张益华，系一移居青海的山西商客，母名塔摩措，藏族，笃信佛教。出生不久，被当时任龙合寺法台的一世丹麻·崔臣嘉措（1587—1665年）选中，并禀报四世班禅罗桑却吉坚赞认定为扎巴鄂色的转世。5岁时，即被送往龙合寺学习藏文，顺治七年（1650年）迎来郭隆寺学经，顺治十八年（1661年）去西藏朝拜，学经于哲蚌寺郭莽扎仓，3年后五世达赖喇嘛授给比丘戒，康熙七年（1668年）获哲蚌寺"林塞噶居"学位，然后转入下密院学习密宗，并于前后藏地，访拜大德名师，从而学通显密，成为一代名僧。二世章嘉在藏求学23年，康熙二十二年（1683年）40岁时返回郭隆寺。他在藏学经期间，阿旺罗哲嘉措是其主要经师。康熙二十五年（1686年），阿旺罗哲嘉措奉命去外蒙古调解扎萨克图汗与土谢图汗之间的纠纷，途经青海郭隆寺，因师徒关系，携二世章嘉同往。在外蒙古，经他们宣谕劝说，使两部和好如初。翌年，二世章嘉随师进京具奏，受到康熙帝嘉奖，是为章嘉系统与清廷直接联系之始。康熙二十年（1688年），二世章嘉回到郭隆寺，任该寺第二十任法台两年。他与和硕特蒙古首领达赖洪台吉联系密切，曾亲往青海湖牧地授法、治病、禳灾、荐亡等，进行宗教活动。《卫藏通志》辑《御制语录后序》称：康熙三十二年（1693年），康熙帝以他"梵行精纯，圆通无碍，西藏蒙古中外诸士之所皈依，僧俗万众之所钦仰"召来北京，尊为他的讲经喇嘛，驻锡法源寺。康熙三十六年（1697年），二世章嘉奉命去西藏向刚公开的六世达赖仓央嘉措送封文，道经宁夏、青海，顺路劝导达什巴图尔等青海蒙古首领内附清廷。第二年从西藏返回交旨。康熙四十年（1701年）多伦诺尔汇宗寺建成后，康熙帝授权他为多伦喇嘛庙总管喇嘛事条之扎萨克喇嘛，住持汇宗寺。康熙四十五年（1706年），被封为"灌顶普惠广慈大国师"，赐金册金印，印重八十八两八钱八分。康熙五十年（1711年），康熙的第四子拨款购买巴图咱那的房舍，扩建法源寺，维修各殿，翌年竣工，清朝赐名嵩祝寺，成为章嘉梵修之所。二世章嘉在北京、内蒙古等地传教深得清廷赏识，雍正九年的《御制善因寺碑文》中说他"道行高超，证最上果，博通经品，克臻其奥，有大名于西藏诸部，蒙古咸所尊仰"，要蒙古各汗王、贝勒、贝子、公、台吉等对章嘉呼图克图"敬信无二"，"率其部众，听从诲导，胥登善域"。《蒙藏佛教史》载，康熙帝还面谕二世章嘉说，蒙古各旗奉法，"均尔一人之力，黄教之事，由藏东向，均归尔一人掌管"。自此，章嘉成为格鲁派在内蒙古地区的最高教主，与达赖、班禅和外蒙古的哲布尊丹巴，并称为黄教"四圣"。乾隆五十一年（1786年），乾隆钦定驻京喇嘛班次，章嘉为左翼头班，位居各驻京呼图克图之首，赏御用金龙黄伞、黄车，地铺黄毡，可"乘轿自由出入东华门"。康熙五十三年（1714年）五月二十六日，二世章嘉于多伦圆寂。年底，其遗体龛座运回郭隆寺。他一生著述7函，多为佛学著作，附于北京版《丹珠尔》之后。

三世章嘉若贝多杰（1717—1786年），又名益希丹贝仲美，凉州人，父仓巴格日丹津，为地方小官，4岁认定后迎入郭隆寺。雍正二年（1724年），清朝恐他在罗卜藏丹津事件中受害，命请至京师。雍正九年（1731年），清朝于多伦诺尔建成善因寺，赐予章嘉。雍正二十年（1734年），被封为"灌顶普惠广慈大国师"，受赐银印封册，奉命与雍正之弟（康熙第十七子）和硕果亲王等去四川看视因西藏阿尔布巴之乱移居惠远庙的七世达赖喇嘛，第二年护送七世达赖入藏。在西藏，由五世班禅罗桑益希授给比丘戒。乾隆元年（1736年）回京，赐给管理京师寺庙喇嘛扎萨克大喇嘛印。乾隆十六年（1751年），再赐"振兴黄教大慈大国师"之印。乾隆二十二年（1757年），因七世达赖圆寂，奉命入藏主持选定转世灵童事宜。乾隆二十四年（1759年），认定八世达赖，写成《第七世达赖喇嘛传》，翌年回京。乾隆三十年（1765年），回青海任佑宁寺第三十任法台5年。乾隆四十三年（1778年）。奏请六世班禅到京，并于乾隆四十五年（1780年）陪同六世班禅去热河等地讲经。乾隆五十一年（1786年）圆寂，龛座供于五台山镇海寺。三世章嘉是藏传佛教史上最出名的学者之一，他会汉、藏、蒙、满等多种文字，博通佛典群籍，乾隆元年（1736年），曾奉命蒙译《甘珠尔》经，后协助庄亲王修《同文韵统》，编校《四体合璧清文鉴》《首楞严经》，指导藏译《金刚经》，编写《喇嘛神像集》《诸佛菩萨圣像赞》，厘定《造像度量经》等。乾隆二十四年，他于拉萨依据当时西藏的档案材料和本人的亲身经历，写成《第七世达赖喇嘛传》，这是一部清康熙四十六年至乾隆二十二年西藏50年历史的编年体史料长编。乾隆三十八年（1773年），他曾奉命按藏文悉心校核所有蒙汉文藏经，将《大般若》《大宝积》《大集华严》《大般若涅槃》《中阿含》等经及《大乘律》全部译为满文。此外，他的《文典智源》(亦译《正字智源》)，被土观《宗教流派镜史》称为"蒙语译经不可缺少之书，后世翻译佛经文义之眼目"。[1] 总之，他在发展西藏文化、沟通汉藏蒙民族文化交流方面有过重要的贡献。

四世章嘉益希丹贝坚赞（1787—1846年），今青海省互助县南门峡乡却藏滩藏族。乾隆五十九年（1794年）奉召去京。嘉庆五年（1800年）去西藏学经，嘉庆十一年（1806年）受比丘戒后回京。嘉庆二十四年（1819年）旨封"管理京都喇嘛班第扎萨克大喇嘛掌印喇嘛"，办理一切黄教事。

---

[1] 土观·罗桑却吉尼玛著：《宗教流派镜史》，青海民院藏文油印本，第559页。

道光八年（1828年），赏银质镀金大国师印。道光十四年（1834年）又赏大国师金印。道光十九年（1839年），回青海任佑宁寺第六十五任法台。道光二十六年（1846年），清朝将汇宗、善因寺以及从康熙五十三年至雍正九年间所修各寺和免职诺们汗在察哈尔之牛羊寺产等均归章嘉管理。同年六月圆寂，终年60岁。

五世章嘉罗桑图登达吉（1849—1874年），今甘肃省天祝县藏族。道光二十九年（1849年），于雍和宫掣签认定，8岁去京。同治元年（1862年）入藏学经，于同治七年（1868年）受比丘戒。同治九年（1870年）回京任职，敕封大国师，赏金印。同治十三年（1874年）在京圆寂，享年27岁。

六世章嘉罗桑丹增坚赞（1875—1888年），又名罗桑益希嘉措，藏族，青海多隆基人。光绪十二年（1886年）十二月莅京，曾巡礼于多伦、五台山，光绪十四年（1888年）九月初七日圆寂于善因寺，享年14岁。

七世章嘉罗桑贝丹·丹贝仲美（1892—1957年），又名却央益希多杰，藏族，与四世章嘉同乡，光绪二十五年（1899年）奉旨入京，封为扎萨克掌印喇嘛，任职京师，管理多伦汇宗、善因寺及京城的嵩祝、法渊、知珠、法海诸寺，兼管青海佑宁寺和五台山镇海、善乐、广安等寺。民国初年，因"赞助共和并劝导内蒙古归属中国"，"拥护民国"，多次增加俸银。民国元年（1912年），在前辈"灌顶普惠广慈大国师"的封号上加封"宏济光明大国师"名号，民国五年（1916年）再加"昭因阐化"四字，并赐金册。一如清代，仍为管理京城、内蒙古、察哈尔、五台山、热河、多伦等处各寺庙掌印，并任大总统府高等顾问、国民党政府蒙藏委员会委员、蒙旗宣化使。台湾《革命人物志》称他"传承有自，化迹昭彰，宿慧甚深，行持亦谨，通汉、满、蒙、藏语文"。民国年间奉命"赴蒙宣化"，足迹遍于北国汉蒙各地。他曾致力于中国佛教会的重建工作，于1947年出任中国佛教会首届理事长。1957

年卒于台湾。

2.土观呼图克图

第一世名罗桑拉丹，明末土观庄（位于今青海省互助县五十乡）人，早年出家于郭隆寺，后去西藏扎什伦布寺学经，为四世班禅罗桑却吉坚赞的传法弟子。返回故乡后，曾任郭隆寺、大通寺（今甘肃天祝县东大寺）法台，康熙十八年（1679 年）圆寂。三世土观在其《佑宁寺志》中说："罗桑拉丹家族为当地土官"。后来一些学者考证说他是湟中李土司后裔。有人认为该转世系以"土官"不雅而改写为"土观"。《甘肃通志稿》载，土观罗桑拉丹曾由清世祖派往宣谕噶尔丹有功，赏给绣龙黄伞，顺治九年（1652 年）被封为"净修禅师"。

二世土观阿旺却嘉措（1680—1736 年），亦作罗桑却吉嘉措，土族，今青海省互助县东山乡岔尔沟人。早年在郭隆寺学经，为二世章嘉阿旺罗桑却丹的弟子。后去西藏，以第一世嘉木样阿旺宗哲等多人为师，苦学显密经论。康熙四十三年（1704 年）起任郭隆寺第二十四任法台 8 年。康熙五十四年（1715 年）奉召入京，封"呼图克图净修禅师"名号。康熙五十九年（1720 年）夏，二世土观奉命与甘珠尔大喇嘛专程从北京来青海，护送七世达赖入藏坐床。罗卜藏丹津事件后，经他与三世章嘉等努力，郭隆寺等青海湟北被毁诸寺皆得修复。乾隆元年（1736 年）圆寂于本寺。

三世土观罗桑却吉尼玛（1736—1802 年），藏族，今甘肃省天祝县彭措沟人，初由二世嘉木样官却晋美旺布认定，迎至当地的天堂寺居住。6岁时接到佑宁寺坐床。11 岁由三世松巴主持举行出家仪式，正式入佑宁寺显宗经院学经。19 岁去西藏哲蚌寺郭莽扎仓深造，在藏 6 年，先后以七世达赖、六世班禅、二世嘉木样、三世章嘉、普布觉寺的绛巴喇嘛等 40 余名高僧为师，终于成为一代名僧。期间，21 岁受比丘戒，23 岁任后藏夏鲁寺法台。25 岁离藏时，七世达赖授"显扬佛法额尔德尼诺们汗"名号，赐印章及各种法器。回到安多后一度静修密法，后经三世松巴等举荐，于乾隆二十六年（1761 年）任佑宁寺第三十六任法台。乾隆二十八年（1763年）正月奉召入京，受敕赐封诰，驻锡北黄寺。乾隆三十三年（1768 年）因在京不服水土，告假回佑宁寺居住 3 年。乾隆五十二年（1787 年）起，在青海夏琼寺任第四十二任法台，第二年兼任佑宁寺第四十四任法台，第三年又兼任塔尔寺第三十五任法台，一身兼任三寺要职，足见其威望之高、经济势力之雄厚。因夏琼寺为宗喀巴大师早年学经之地，系格鲁派之法源，经三世土观奏请，乾隆帝于 1788 年向夏琼寺敕赐汉、满、蒙、藏四体合璧的"法净寺"匾额。三世土观于嘉庆七年（1802 年）圆寂，他与三世章嘉、三世松巴益希班觉齐名，是藏传佛教史上的知名学者，一生著作宏富，计15 函，500 余篇，木刻版 5746 页。其中，乾隆四十年（1775 年）所著《佑宁寺志》（全称《郭隆寺志诱引智者使》），较详细地记述了佑宁寺从初建起 171 年的历史和该寺的主要建筑、佛像文物以及经济来源等，是有关佑宁寺的最早文献；1801 年所著《宗教流派镜史》，更传颂士林，名扬中外，该书全面评述印度外道、佛教和藏传佛教各宗派、藏地本教以及汉地道教的形成发展情况及其基本教义。印度人达斯早于 19 世纪末译为英文，国内由刘立千先生等译成汉文。此外，他所写喇勤贡巴饶赛、二世土观却嘉措、三世章嘉若贝多杰等人的传记，亦对于研究藏族历史和宗教具有重要的学术价值。

四世土观罗桑图登·却吉坚赞（1803—1826 年），今甘肃天祝县金强川藏族，初学经于佑宁寺，后去哲蚌寺郭莽扎仓深造，道光元年（1821 年）返回。道光四年（1824 年）任佑宁寺第五十八任法台，不久应召赴京，道光六年（1826 年）圆寂。

五世土观系今青海省互助县东沟乡昝扎村土族，幼亡。

六世土观罗桑雪珠旺秋（1839—1894年），天祝夏玛尔（俗称野狐川）藏族，13岁入塔尔寺显宗经院学经，翌年转学于拉卜楞寺。咸丰三年（1853年）进京任职，3年后告假回佑宁寺，以四世松巴坚贝崔臣丹增为师，系统学习显密典籍。同治三年（1864年）奉召再去北京，执掌喇嘛印务处事务。后曾于光绪三年（1877年）、十六年（1890年）两次告假回青海，处理佑宁寺寺务。光绪二十年（1894年）在京圆寂。

七世土观噶桑丹却尼玛（1898—1959年），天祝古城藏族，光绪二十六年（1900年）掣定，光绪三十一年（1905年）进京，赏呼图克图和静修禅师名号，授副扎萨克大喇嘛职衔。光绪三十二年（1906年）告假去拉卜楞寺学经。民国元年（1912年），因"劝导徒众，宣赞共和"，加封为"圆觉妙智静修禅师"。1924年佑宁寺失火，由他主持维修被焚殿堂。1925年，陪同九世班禅去北京，沪杭一带行香。1948年被选为国民党国大代表、立法委员，1959年病故。

八世土观加木样罗桑丹贝尼玛，1980年生，青海循化县文都乡秀措村人，藏族，俗名格桑才让。1993年7月1日，由嘉木样活佛等主持在拉卜楞寺经食团问卜认定，同年8月迎入佑宁寺坐床。现在甘南拉卜楞寺学经，任佑宁寺寺管会主任。

3. 敏珠尔呼图克图

敏珠尔的本寺为广惠寺。一世敏珠尔名赤列伦珠（1622—1699年），今青海省海晏县群科滩赞摩纳人，蒙古族，早年在哲蚌寺郭莽扎仓学经，从顺治九年（1652年）起任该扎仓堪布13年。康熙四年（1665年），经固始汗第二子鄂木布之子墨尔根洪台吉提请，五世达赖喇嘛授给他"敏珠尔诺们汗"的名号（意为"成熟解脱法王"），返回故乡。三世松巴《青海记》

说他回到青海后，召集蒙古诸部首领，分定驻牧地，从而形成蒙古左右翼。同年赞布·顿珠嘉措圆寂，遂由赤列伦珠主持广惠寺寺务。他在墨尔根洪台吉的支持下，创建该寺显宗经院，扩充僧数，大兴讲辩经论之风，寺院发展很快，所著《摄类学略论》是安多地区格鲁派寺院广为采用的因明学教材。康熙三十八年（1699年）圆寂后，该寺上层寻其转世，出现敏珠尔系统，并为广惠寺寺主。

二世罗桑丹增嘉措（1700—1736年），今青海化隆县夏琼寺附近冲察贡阿人，藏族，幼年在夏琼寺学经，康熙四十七年（1708年）迎入广惠寺坐床，从二世却藏丹贝坚赞出家，并受沙弥戒。康熙六十一年（1722年）去西藏朝拜学经。第二年，郭莽寺（即广惠寺）因罗卜藏丹津事件被焚。雍正四年（1726年），清廷鉴于郭莽寺及其寺主在青海蒙、藏民族中的影响，派使持敕封敏珠尔呼图克图的封文、印章入藏，召他去北京。雍正五年（1727年），二世敏珠尔到京，雍正帝厚礼相待，并敕赐帑金重修郭莽寺。同年四月，二世敏珠尔返回青海。雍正七年（1729年）重建寺宇，恢复了显宗、密宗、密咒及医明四大经院。雍正九年（1731年），雍正帝赐"广惠寺"寺额。雍正十年（1732年），二世敏珠尔任门源珠固寺法台。雍正十二年（1734年）三月奉召去京，五月抵京，驻锡东黄寺，受任多伦诺尔掌印大喇嘛。乾隆元年（1736年）九月，于汇宗寺圆寂，遗体运回本寺。由于广惠寺的重要位置和敏珠尔的影响，历辈敏珠尔均受清廷器重，其地位仅次于章嘉，居驻京喇嘛右翼头班。

三世阿旺赤列嘉措（1737—1785年），今青海省吉隆沟蒙古族，属辉特部南旗。乾隆二十四年（1759年），赴藏学经，乾隆四十五年（1780年）起驻京任职，翌年赐"净照大禅师"银印，乾隆五十年（1785年）圆寂于东黄寺。

四世绛白却吉丹增赤列（1789—1838 年），蒙古族，乌兰母拉（今青海省海晏县托勒乡的察哈乌苏）人，亦学经于哲蚌寺郭莽扎仓。嘉庆四年（1799 年）入京供职，道光十八年（1838 年）圆寂于东黄寺。所著《赡部洲广论》是一部介绍印度及我国涉藏地区地理的名著，有英、俄、法文节译本。

五世噶桑图登赤列嘉措（1839—1881 年），藏族，青海门源仙米人，为佑宁寺四世王佛罗桑崔臣达吉嘉措之兄。咸丰三年（1853 年）入京供职 3 年后，去哲蚌寺郭莽扎仓学经，同治七年（1868 年）回京。光绪元年（1875 年）回广惠寺，光绪五年（1879 年）返京，受命去多伦诺尔任职，光绪七年（1881 年）于彼地圆寂。

六世俄科（1883—1904 年），今青海省祁连县阿力克藏族，初学经于本寺。光绪二十年（1894 年）入京，掌管驻京喇嘛印务，光绪二十五年（1899 年）赴藏朝拜学经，光绪二十九年（1903 年）奉召回京，翌年圆寂于多伦诺尔的广宗寺。

七世多杰加（1905—1937 年），青海和硕特蒙古西右翼前旗人，该旗亦称默勒扎萨克旗。多杰加二兄袭绰罗斯部南右翼首旗扎萨克多罗贝勒，兼青海蒙古右翼盟长，三兄袭和硕特部南左翼末旗扎萨克辅国公，四兄雅楞丕勒袭和硕特部西右翼前旗扎萨克辅国公。多杰加本人宣统元年（1909 年）于雍和宫掣签认定，迎入广惠寺坐床，民国二年（1913 年）加封"广慈弘教净照禅师"名号，后去哲蚌寺郭莽扎仓学经。返寺后因权落襄佐麻管家之手而郁郁不得志，遂于 1921 年往多伦，1928 年由多伦抵北京，驻东黄寺。1931 年返回青海，于广惠寺附近创办小学 3 处，有学生 80 多名，因此受到国民政府"热心教育"的嘉奖。从 1932 年冬起，任青海七大呼图克图驻南京通讯处（1933 年改为办事处）处长。

八世罗桑阿旺赤列尼玛（1939—1961年），青海省兴海县人，藏族，1940年由西藏扎什伦布寺俄其活佛认定，1945年坐床，并入广惠寺显宗经院学经。1958年4月起，在青海西宁南滩第二砖瓦厂劳动改造，1961年病故。

九世罗桑华旦益西，1980年1月生于青海贵南县，藏族，父名桑杰嘉措，母名南措吉，1995年10月4日由塔尔寺阿嘉活佛认定并坐床。

敏珠尔呼图克图及其广惠寺原辖有甘青9座属寺和兴马、向化、新顺、归化、那童等五族5000余户。据妙舟《蒙藏佛教史》，在北京管理东黄寺等僧俗徒众牧丁300余名，多伦诺尔广宗寺等僧徒60余名、牧丁100余户，方圆40余里。

4. 阿嘉呼图克图

阿嘉和拉科为塔尔寺大活佛。关于阿嘉佛号的来历，《安多政教史》载其第一世出生在姓阿的人家，因此"阿嘉"可能是汉语"阿家"的转写。但有人认为，藏语的阿嘉意为父亲，相传阿嘉第一世是宗喀巴父亲的转世，故被塔尔寺五族七川之民众尊为寺主。宗喀巴生于元至正十七年（1357年），其父鲁本格曾任地方官达鲁花赤。塔尔寺从宗喀巴母亲香萨阿切于明洪武十二年（1379年）建塔，到明万历五年（1577年）仁钦宗哲坚赞建弥勒殿，初具寺院规模，历时近200年，阿嘉转世系统出现于17世纪，故阿嘉系统以《安多政教史》的说法更为可信，此前当为追认。

一世阿嘉喜饶桑布，今青海湟中西纳川人，约生于清顺治年间，卒于康熙四十六年（1707年）。他从康熙二十五年（1686年）起任塔尔寺第十六任法台4年。于康熙二十六年（1687年）主持扩建大拉让，康熙二十八年（1689年），将明崇祯十二年法台加哇曲结·扎西顿珠和西纳喇嘛班觉坚赞、班觉仁钦叔侄所建30柱经堂扩建成80柱经堂。从此被尊为塔尔寺寺主。

二世罗桑丹贝坚赞（1708—1768年），乾隆十一年（1746年）奉召进京，敕赐"述道伯勒各图诺们汗"之印和封诰，给俸留京，驻锡雍和宫。乾隆十三年（1748年）于察哈尔敕赐游牧地一段。此后，他与三世土观罗桑却吉尼玛等出资，又将塔寺大经堂扩建成具有154根大柱的宏伟建筑。

三世罗桑加央嘉措（1768—1816年），青海郭密族所属贺尔加庄（今贵德县境）人，早年学经于拉萨色拉寺，因博通佛学，八世达赖强白嘉措授给"额尔德尼班智达"称号。乾隆十五年（1785年）进京，封为"显能禅师"，任雍和宫和多伦诺尔掌印扎萨克大喇嘛。嘉庆十二年（1807年）任塔尔寺第四十任法台，不久应请去蒙古国库伦，任第四世哲布尊丹巴·罗桑图登旺秋晋美嘉措的经师。嘉庆十六年（1811年），因功加封为"诺们汗"。嘉庆十九年（1814年）告假回塔尔寺，嘉庆二十一年（1816年）在本寺圆寂。

四世益希克珠嘉措（1817—1869年），亦名益希噶桑克珠嘉措，亦郭密族贺尔加庄人，初学经于塔尔寺，道光七年（1827年）进京当差。道光十一年（1831年），敕赐多伦诺尔慈福寺。道光十三年（1833年），入藏拜佛朝圣，考察经典。道光十五年（1835年），赏"述道禅师"之印和封诰。道光二十三年（1843年），奉命去库伦致奠五世哲布尊丹巴·晋美丹贝坚赞。咸丰六年（1856年）因病回本寺。咸丰十一年（1861年），与三世香萨·罗桑丹贝旺秋·崔臣嘉措等重修大金瓦殿金顶。同治二年（1863年），西北回民反清，战火燃及塔尔寺，他曾督率团勇，武装护寺，并援解西宁城之围，因日夜辛劳，历时6载，以致积劳成疾。同治七年（1869年），义军与清军在塔尔寺一带交战，他避居湟源，同年于湟源城圆寂。

五世罗桑丹贝旺秋索南嘉措（1870—1909年），亦贺尔加庄人，经雍和宫金瓶掣签认定，于光绪四年（1878年）迎入塔尔寺坐床。光绪十四年（1888年）从香萨活佛受比丘戒后去京，奉旨掌管喇嘛印务处及弘仁寺事务，授任扎萨克大喇嘛。光绪三十一年（1905年）因病回青海，宣统元年（1909年）在塔尔寺圆寂。

六世罗桑隆朵丹贝坚赞（1910—1948年），郭密人，由国民党蒙藏院主持在雍和宫签订，封为"述道显能聪慧觉普宗化禅师"，任副扎萨克大喇嘛、原国民党北平喇嘛寺庙整理委员会副主任委员、青海省参议员、立法委员等职，有一定佛学造诣。

七世阿嘉洛桑图旦·晋美嘉措，1950年生，青海海北海晏县蒙古族，属原绰罗斯部北中旗（水峡贝子旗）人，曾任中国佛教协会副会长、青海省政协副主席、青海省佛教协会会长。

5. 拉科呼图克图

拉科，也写作"拉果""喇果""拉课"等，得名于该系统第一世的出生地。拉科系统之源流册档原存于塔尔寺，据传同治年间毁于兵火，加之自二世起驻京，主要活动不在青海，故有关藏文文献记载简略。

一世名却扎西，17世纪后半叶明末清初人，生于塔尔寺所属六族之一龙本族的拉科庄（今青海省湟中县境内），其学经生涯不详，从清顺治十五年（1658年）起任塔尔寺等十任法台5年。

二世喜饶群觉（1673—1755年），湟中县人，早年学经于哲蚌寺郭莽扎仓，学成后回归故乡，创建拉科静房。妙舟《蒙藏佛教史》载，康熙五十八年（1719年），二世拉科受达赖喇嘛派遣，"晋京叩请圣祖仁皇帝圣安，召见时，嘉奖好喇嘛，着留京当差。"第二年，赏扎萨克大喇嘛之职，奉职管理热河喇嘛事务。康熙五十五年（1716年）至五十九年（1720年），七世达赖喇嘛噶桑嘉措由青海蒙古诸首领从四川理塘迎来塔尔寺驻锡。七世达赖每年派堪布、昂锁各一员赴京向清朝皇帝请安，二世拉科喜饶群觉很可能就是七世达赖住塔尔寺时被作为堪布派往北京，得到康熙帝的赏识而留京，成为驻京呼图克图的。据色多《塔尔寺志》，他于康熙六十一年（1722年）曾任塔尔寺密宗学院第十七任堪布，整顿寺规，学经制度极严。翌年罗卜藏丹津反清时，年羹尧领兵来塔尔寺，见拉科与80名僧人在学院从容念经，得到官兵敬慕，故未毁寺。雍正九年（1731年）起任塔尔寺第二十三任法台3年，乾隆二十年（1755年）圆寂。

三世阿旺丹增嘉措（1757—1813年），系三世章嘉若贝多杰和三世却藏阿旺丹贝旺秋之弟，凉州藏族。乾隆三十三年（1768年）去京当差，五十四年（1789年）补授扎萨克大喇嘛。嘉庆十一年（1806年），进藏迎请在藏学经的四世章嘉回京。嘉庆十八年（1813年）圆寂。终年57岁。

四世拉科（1814—1859年），法名不详，青海互助县却藏滩人。道光四年（1824年）进京。赏食扎萨克大喇嘛钱粮。道光十七年（1837年）掌管京师喇嘛印务处事务。

五世拉科（？—1920年），光绪十年（1884年）入京，任副扎萨克大喇嘛职。光绪三十年(1904年)回塔尔寺,1913年再次进京,国民政府颁令,称他"赞助共和，素为蒙旗信仰，兹复来京谒见，备抒悃忱，深堪嘉尚。应加给虔修静善名号，并赏坐黄车，赉予银两千元，以昭激劝"，仍留京任副扎萨克大喇嘛。1915年2月，由章嘉代请，换给"虔修静善阐教禅师喇果呼图克图"新印。后往五台山朝拜,驻锡弘全寺。1920年7月圆寂后,骨灰遗龛运回塔尔寺。

六世名罗桑霞珠丹贝尼玛（1921—1979年），塔尔寺附近人，曾任塔尔寺第九十四任法合。1958年被捕入狱,新生后一度在青海甘都农场劳动。

6.赛赤呼图克图

藏语"赛赤"，意为金座，代指甘丹赤巴，也写作"甘丹赛赤"。赛赤呼图克图的本寺是今青海省黄南藏族自治州尖扎县能科乡的拉莫德千寺，故在藏文史料中常写作"拉莫赛赤"，以别于其他"赛赤"。拉莫赛赤以前在塔尔寺建有噶尔哇"府邸"，所以通常也把他看作是塔尔寺的活佛。

赛赤一世即二世章嘉的主要经师阿旺罗哲嘉措（1635—1688年），出生于塔尔寺所属的米纳族，一些佛教史称他为佑宁寺第一世松巴丹却嘉措的另一转世[1]，学经于哲蚌寺郭莽扎仓，康熙四年（1665年）任郭莽扎仓堪布，康熙十二年（1673年）任下密院法台，康熙二十二年（1683年）选任为第四十四任甘丹赤巴。康熙二十五年（1686年），清朝要求五世达赖派人协助清廷调解外蒙古扎萨克图汗和土谢图汗的纠纷。此时，五世达赖已经圆寂，由掌握西藏实际权力的第悉桑结嘉措派他前往外蒙古，第二年返回故乡米纳庄。康熙二十七年（1688年）于原籍圆寂。

以德千寺为本寺的赛赤系统真正始于罗哲嘉措的转世即第二世赛赤罗桑丹贝尼玛（1689—1762年），他是拉莫德千寺的创建者第三世拉莫活佛之侄。三世拉莫阿旺罗桑丹贝坚赞（1660—1728年）于康熙二十一年（1682年）建德千寺，康熙四十四年（1705年）清廷赐号"察罕诺们汗"，封为扎萨克喇嘛。七世达赖驻锡塔尔寺期间，任达赖的授戒堪布和主要经师。雍正年间设青海蒙古29旗，拉莫三世为察罕诺汗旗一等台吉大喇嘛。康熙二十六年（1687年），甘丹赤巴罗哲嘉措从北京回到青海，三世拉莫和其兄额尔沁台吉亲往米纳庄园拜谒。康熙二十九年（1690年），在超度固始汗第六子多尔济达赖洪台吉的法会上，二世章嘉和三世拉莫认定额尔沁台吉之子为罗哲嘉措的转世，康熙三十二年（1693年）在德千寺举行出家

---

[1] 参见松巴堪布益希班觉著：《如意宝树史》，西北民院藏文油印本，第652页；色多·罗桑崔臣嘉措著：《塔尔寺志》，青海民族出版社1982年版，第170页。

仪式，授名加央嘉措，康熙六十一年（1722年）受比丘戒，取法名罗桑丹贝尼玛。他博通佛学，曾获拉仁巴格西学位，加上与章嘉的关系和前世在京的活动，雍正十二年（1734年）被召去北京，第二年赐"慧悟禅师噶尔丹锡呼呼图克图"名号，授给印章、封诰。乾隆七年（1742年），他奉命协助三世章嘉蒙译《甘珠尔》经。乾隆九年（1744年），奉命修建雍和宫。第二年，仿西藏各大寺之制在雍和宫设神变祈愿法会，成立显宗、密宗、医明、声明四经院。乾隆十六年（1751年），赏"慧悟禅师"印，敕建仁寿寺，为在京驻锡之所，乾隆二十七年（1762年）圆寂。著有佛学著作4函，刻有木版。

三世加央丹增赤列嘉措（1763—1772年），系固始汗第五子伊勒都齐四代孙旺舒克喇布坦之子，属青海和硕特蒙古南左中旗（即拉加旗，驻牧青海同德县境今拉加寺一带）其父为扎萨克一等台吉，家族显赫。幼年即去京，乾隆三十七年（1772年）去世，年仅10岁。

四世阿旺图登旺秋·贝丹赤列嘉措（1773年—？年），今青海省互助县南门峡乡却藏滩藏族，系三世却藏图登旺秋的索本（司膳堪布）阿旺伦珠之侄。乾隆四十二年（1777年）认定后迎入却藏寺。乾隆四十五年（1780年）于塔尔寺由六世班禅贝丹益希授给沙弥戒。乾隆四十九年（1784年）入京朝觐。乾隆五十二年（1787年）回乡，仍入却藏寺学经，并去西藏朝拜巡礼。嘉庆元年（1796年）从三世却藏受比丘戒后，驻京供职，奉旨署理京城扎萨克大喇嘛印务。嘉庆十年（1805年）曾奉旨赴西藏祝贺九世达赖坐床。

五世阿旺图登丹贝尼玛，塔尔寺所属米纳族人，为六世拉莫（夏茸尕布）罗桑崔臣嘉措之兄。道光六年（1826年）迎入塔尔寺。道光九年（1829年）往京供职，约卒于道光二十六年（1846年），享受20多岁。

六世罗桑图登嘉措（1847—1902 年），贵南茫拉川琼察部落人，其父却尼加为该部落头人。咸丰元年（1851 年）5 岁时迎入德千寺坐床，7 岁时举行出家仪式。咸丰八年（1858 年），经塔尔寺入京朝觐，咸丰帝循例敕封。咸丰十一年（1861 年），返回本寺继续学经。同治五年（1866 年）受比丘戒。同治十三年（1874 年），再往北京供职，奉旨管理京师 28 座寺院寺务。光绪五年（1879 年），告假回德千寺。光绪八年（1882 年）任塔尔寺第六十七任法台，曾与五世阿嘉、六世色多等整顿律戒，补充五世达赖所定寺规，写成《取舍明鉴》，是为塔尔寺最完整的寺规。卸职后一直于德千寺、塔尔寺及今尖扎县的昂拉赛康、洛多杰扎等寺活动。光绪二十八年（1902 年）于德千寺圆寂。

七世根敦隆朵尼玛（1904—1932 年），今青海省湟中县境内的曲噶尔地方人，1917 年坐床，1930 年作为青海藏族代表，赴京出席国民政府召开的西藏会议，受"妙悟安仁"封号。1932 年返回青海时途经宁夏磴口县，遭土匪杀害，龛座供于德千寺。

八世罗桑夏珠丹贝坚赞（1933—1960 年），俗名华藏，今青海省贵南县过马营乡过芒村人，1939 年 4 月由第九世班禅大师认定，学经于塔尔寺和德千寺。50 年代曾任塔尔寺法台、青海省黄南藏族自治州副州长。

九世曲杰罗哲嘉措，1969 年生，青海化隆县石大仓乡人。8 岁起在尖扎县能科小学读书，11 岁于德千寺出家为僧。1993 年 1 月 27 日在塔尔寺经食团问卜认定，同年坐床。

7. 东科尔呼图克图

东科尔，旧译"洞阔尔"，为青海省湟源县日月乡东科尔寺寺主，佛号得名于第一世的出生地。

一世名达瓦嘉措（1476—1556 年），喀木（原西康地区）东科尔地方人，青年时期学经于色拉寺杰巴扎仓，学成后返回故乡，建东科尔桑钦多杰林（大密金刚洲）寺，其法事活动主要在西康，享年81岁。

二世云丹嘉措（1557—1587年），亦喀木人，明万历七年（1579年）23岁时，巡礼今四川甘孜、甘肃甘南藏族自治州境内诸寺，辗转来青海仰华寺，拜见被俺答汗请到青海的三世达赖喇嘛索南嘉措，并由三世达赖授给比丘戒。同年夏，俺答汗经三世达赖劝说东归，二世东科尔作为三世达赖的代表随往内蒙古土默特部本土。在内蒙古，他居住数年，进一步宣传自派教义，扩大影响，为巩固格鲁派和蒙古王公已建立的联系起过很大作用。后来又奉三世达赖之命去察哈尔传教，使那里的蒙古族从信仰萨满教改奉格鲁派。他还一度传教于漠北蒙古，曾为阿巴岱汗倡建的漠北第一座格鲁派寺院额尔德尼昭（光显寺）主持过开光仪式。从他起，东科尔活佛是格鲁派与蒙古诸部的主要联系者，很有影响，得到明清朝廷的重视，这是该系统后来驻京的主要原因。二世东科尔于明万历十年（1582年）入藏朝拜，向各寺奉献布施，曾任色拉寺堪布数年，万历十五年（1587年）圆寂，龛座供于喀木东科尔寺。他著有《续部总论·持明游戏喜宴》等佛学著作。

三世杰瓦嘉措（1588—1639年），康区达桑人，万历二十二年（1594年），7岁时，即来青海湖地区的火洛赤部，由俺答汗后裔奉为上师供养，28岁前，主要在今青海省海南、海北、果洛地区传教。《西藏王臣记》中说和硕特部首领固始汗25岁时（即1606年）调解漠北喀尔喀和漠西厄鲁特蒙古之间的争端，受到喀尔喀汗王和东科尔活佛的赞赏。由此可见他在大漠南北有极高威望，万历四十三年（1615年），三世东科尔应请去厄鲁特蒙古传教，他"以达赖喇嘛的身份"，"劝说当时作为厄鲁特"四部联盟丘尔干（盟主）的和硕特部长拜巴噶斯皈依黄教[1]，著名的咱雅班智达南喀嘉措（1599

---

① 参见马汝珩，马大正著：《厄鲁特蒙古史论集》，青海人民出版社1984年版，第20页。

—1662年）就是在此时作为拜巴噶斯的义子由他剃度出家的。因此，不少学者认为格鲁派是由东科尔首先传入厄鲁特蒙古的[①]。

四世多居嘉措（1621—1683年），凉州（今甘肃武威）汉族。《安多政教史》载，三世东科尔圆寂后遗体运往喀木东科尔本寺，行至苏曲河畔，遇一刚死的19岁汉族青年正送往坟地，三世东科尔魂识飞入该青年尸体。该青年死而复苏，自称是"东科尔"[②]。这是藏传佛教的一种特殊的转世方式，称之为"夺舍转世"。该青年遂同三世遗体一并送往喀木东科尔寺，途中由一世却藏南杰班觉（1578—1651年）剃度出家，授名加央嘉措，是为四世东科尔。清顺治三年（1646年），四世东科尔入藏朝拜，从四世班禅罗桑却吉坚赞受比丘戒，取法名多居嘉措，在藏极受五世达赖及其襄佐索南群佩以及固始汗的器重，后受五世达赖指派，来安多建寺弘法。清顺治四年（1647年），他先于今甘肃省天祝藏族自治县西部的天堂乡扩建天堂寺，并成为该寺寺主。顺治五年（1648年），于今青海省湟源县城垣东门处建东科尔寺。顺治六年，因蒙藏民众信仰，被召至北京，授给"诺们汗"名号。康熙初年回青海，曾调解丹噶尔（今湟源县）地区格鲁派与宁玛派之间的教派纠纷。康熙四年（1665年），奉旨再往北京，康熙帝赏"蛮朱什哩（亦作曼殊室利）禅师"印及封诰，自此历辈任职京师，成为驻京呼图克图。四世东科尔在青海建寺，主要得到固始汗的支持。固始汗将湟源日月山一带大片土地划作东科尔寺属地，该寺后来"地土之广，田租之多，遍丹邑皆是"[③]，是东科尔活佛的根本寺院。

五世索南嘉措（1684—1753年），今青海省黄南藏族自治州尖扎县昂拉乡尖巴昂人，系当时尖扎部落头人祖多加之子。早年学经于安多、西康，

---

① 参见马汝珩，马大正著：《厄鲁特蒙古史论集》，青海人民出版社1984年版，第21页。

② 智贡巴·贡去乎丹巴绕布杰著：《安多政教史》，甘肃民族出版社1982年版，第186页。

③ 王昱主编：《青海方志资料类编》，青海人民出版社1988年版，第1095页。

博通各派经典。雍正元年（1723年）罗卜藏丹津反清时，他避居今黄南州同仁县年都乎乡的叶什姜寺，东科尔寺毁于兵燹。乾隆元年（1736年），由他于今湟源县日月乡重建东科尔寺，易名"图登雪珠林"，意为佛教讲修洲，并由他认定第二世嘉木样晋美旺布（五世东科尔之侄），主持坐床，后教授经文，授沙弥戒。乾隆十七年（1752年）往五台山朝拜，翌年圆寂于返回途中。

六世加央丹增嘉措（1754—1798年），今青海省同仁县人。7岁时于塔尔寺削发为僧，后入拉卜楞寺学经。乾隆四十年（1775年）入京朝觐。后去西藏朝拜，在色拉寺麦扎仓学习显宗五论，由六世班禅授给比丘戒。乾隆四十九年（1784年）任色拉寺麦扎仓堪布，后兼任药王山寺、夏鲁寺堪布，当时的东嘎、朱拉堪钦、达巴等活佛皆为其传法弟子。乾隆五十一年（1786年）返回青海东科尔寺，翌年赴京供职，嘉庆三年（1798年）圆寂。

七世噶桑加央嘉措（1799—1811年），青海阿力克部落人，由香萨活佛剃度出家，嘉庆十六年（1811年）去西藏色拉寺麦扎仓学经，同年藏历十一月去世，时年13岁。

八世图登晋美噶桑（1813—1819年），7岁幼亡。

九世图登晋美嘉措（1820—1883年），出生地不详，由四世却藏罗桑图登热吉（1797—1858年）剃度，并授比丘戒，曾长期以赛康巴·罗桑丹增嘉措等人为师学经，学成后驻京供职，掌管多伦诺尔扎萨克印务，继掌京城喇嘛印务处正印事务。咸丰元年（1851年），因配合清朝平息各地起义，于雍和宫念平安经，清廷加赏"慧聪"封号。同治十一年（1872年），为朝廷献马700匹，后又因念经祈雨等，颇得清廷赞扬。光绪九年（1883年）在雍和宫圆寂，龛座送回湟源东科尔寺。

十世噶居嘉措，今湟源县日月乡人。光绪十九年（1893年）在雍和宫通过金瓶掣签认定,光绪二十五年(1899年)奉召赴京供职,宣统元年(1909年)八月在口外（今内蒙古）圆寂,享年约15岁。

十一世东科尔楚臣嘉措(1910—1918年),察哈尔人。民国二年(1913年)晋封"明净慈祥"名号,9岁幼亡。

十二世东科尔罗桑绛曲丹增嘉措（1920—1983年）,今甘肃省天祝县朱藏沟人。从13岁起在塔尔寺学经,20世纪50年代初任甘肃省佛协副会长、天祝县政协副主席。1957年去印度,1983年去世。

第四节 青海藏传佛寺格局的定型

明末清初,格鲁派在青海地区广泛传播,重点在河湟流域。相比之下,边远的玉树、果洛地区,格鲁派势力的发展相对缓慢,主要是部分他派寺院改宗了格鲁派。在果洛,宁玛派寺院一直占绝对优势；在玉树,噶举派和萨迦派寺院大部分被保存下来,占有重要位置。根据民国八年（1919年）金陵大学社会历史调查组的《玉树调查记》中所统计的寺院及僧人数据,当时玉树地区有寺院96座, 其中噶举派53座, 占55.2%；萨迦派和宁玛派（该书皆作红教, 似误）24座, 占25%；格鲁派19座, 占19.8%。全区共有僧人10423人, 其中噶举派4003人, 占38.4%；萨迦派和宁玛派2060人, 占19.8%；格鲁派4360人, 占41.8%。这个数据说明, 在玉树格鲁派寺院虽少, 但规模较大；格鲁势力在这里虽不断发展, 但其他教派仍占相当位置, 格鲁派未能像河湟流域和海北、海南等地一样占据绝对优势。玉树地区藏传佛教的这一特点与现在状况相同, 说明在清代后期或清末青海藏传佛寺的格局基本定型。清末以来, 教派间的改宗绝少发生, 各地各教派主要修葺和扩建原有寺院，很少有新的大寺出现。新建的寺院主要为格鲁派，规模一般都较小，如位于今河南蒙古族自治县柯生乡的香扎寺建于 1905 年，位于河南县优干宁镇附近柯代沟的拉卡寺和赛尔龙乡的达参寺建于 1924 年，位于该县宁木特乡的曲格寺建于 1937 年。这些近代所建蒙古族寺院，多为甘肃拉卜楞寺的属寺。1923 年，同仁隆务寺的阿饶仓活佛于今兴海县建成著名的赛宗寺，这是这一时期新建的少数格鲁派寺院中最大的一座。

赛宗寺藏语全称"扎嘎哲宗托桑云丹达吉林"，意为"白岩猴寨闻思功德兴隆洲"。位于今海南藏族自治州兴海县县治西南桑当乡的赛宗山下，故名赛宗寺。赛宗山，藏语称"扎嘎哲宗"，与今尖扎县的南宗、平安县的夏宗和乐都县的普拉央宗齐名，并称为"安多四宗"，是安多地区藏传佛教僧人禅修的著名地方。赛宗山山势峻美，状如饮水巨象，象鼻下垂于山前切莫沟中。山上沟壑纵横，洞窟遍布，苍松古柏，葱茏秀丽。当地传说宁玛派祖师莲花生大师、格鲁派创始人宗喀巴以及隆务寺高僧第一世夏日仓活佛噶丹嘉措等都先后在此活动，留有遗迹。至今有所谓"吉祥坡""如意奶牛蹄印""莲师修行洞""宗喀巴大师法座""练经洞"等古迹名胜。由于盛名遐迩，各地信徒常来此静修或朝山。相传在清末，果洛纳哇活佛来这里修炼，在山下曾建一座参康（静修密室）。嗣后，隆务寺的第二世阿饶仓活佛洛桑隆柔嘉措（1808—1886 年）来此巡礼，发愿要建一道场。1923 年，第三世阿饶仓大师洛桑隆朵丹贝坚赞（1888—1959 年）为实现前世的遗愿，亲自来赛宗山，筹建寺院，后在当地阿粗乎部落千户香三木、百户索洛、兴海夏卜浪部落千户才盖、祁连阿力克部落头人南喀才昂、刚察千户华宝藏、果洛苟日部落头人丹德尔等人的支持下，先后建成阿饶仓囊欠、大小经堂、文殊殿、弥勒殿、护法殿等，前后持续 30 余年，使之发展成海南地区著名的格鲁派大寺和佛教文化中心。至 1958 年，全寺共有建筑 1086 间，寺僧多达 619 人，其中转世活佛 28 人。主体建筑百柱大经堂于 1954 年落成，堪与西藏甘丹寺经堂比美，寺内佛像、佛经、佛塔、法器等之丰富，与格鲁派六大寺齐名。寺主阿饶仓活佛是青海著名的爱国宗教人士，曾任青海省政协副主席和中国佛教协会常务理事。另有祁加、卡加、藏哇仓、科乃亥、加羊夏茸、祁加夏茸、拉加、加赛、普什扎次正木、直格尔、塔秀、德芒、夏布拉、查哇、石乃亥夏茸、萨加、多仁巴、萨什加、庄有、尕日美、毛存、桑洛等活佛。现有僧 377 名，由直格尔活佛主持寺务。该寺于 1929 年建立显宗经院，设有"尕龙巴"学位，寺规严格，学风极盛。学僧获得"尕龙巴"学位后，可留寺任经师、管家、干巴等职，有资格外出念经或考取"格西"学位。

民国建立后，青海藏传佛教上层和各大寺院普遍赞诩共和，寺院得以保存，原有封号基本沿用。20 年代以来，马步芳家族掌握青海军政大权，挑拨各民族间的关系，制造各种矛盾，曾数次运兵果洛、玉树、黄南等地，残酷镇压藏族人民的反抗，不少寺院遭到严重破坏。据有关记载，1922 年，马麒在玉树建立的支队司令马青山向邦沟寺摊派粮秣，该寺无力交纳，遭到武力镇压，戮僧 10 余人。1937 年，马驯继任玉树支队司令，更加重了对各部落的赋税，曾先后屠杀玉树休马、百日多玛部落，血洗竹节寺，打死僧侣 30 多人，抢走牛羊 1600 多头（只），竹节寺被焚，佛像法器、财物被抢夺一空，佛经典籍化为灰烬，活佛求吉尼玛亦被迫逃亡。同时，附近的休马寺亦遭马驯部抢戮。1940 年，玉树支队司令马绍武乘百日多玛与扎武部落争夺歇武，布庆与扎武部落争夺草山等机会，挑拨各部落间关系，协同扎武，进攻仁保与布庆，遭到失利，即去电向马步芳告急，马步芳命马得胜率部于同年 5 月往玉树镇压，曾洗劫邦布寺，诛僧多人，贵重财物被抢掠一空，并将邦布寺的主寺让娘寺活佛高尤仓以及该寺僧人60余人杀害，同时洗劫了龙喜寺和查鲁寺等，抢夺财物，奸污尼姑，灭绝人性。1941年，马步芳再度镇压玉树藏族，令韩有禄部在果洛剿除沙科、西千部落后，转向玉树，包抄百日多玛部落，曾血洗赛航寺，属杀活佛1人、僧侣300多人，将所掠财物就地拍卖，"得黄金40余两，银圆1600多块"，临离去时将寺院建筑焚毁，相传燃烧了整整7昼夜。其后又将所搜刮的棉布、牛皮等800余驮物资运往西宁。同年8月，马步芳借口拉秀寺掩护了布庆、拉秀、隆保等部落与他作对，令马得胜进袭，"将该寺劫掠一空，杀害寺僧20余人，获牛480余头、羊5000余只、马200余匹以及其他什物670余驮，运至结古拍售"[①]。

位于今黄南藏族自治州同仁县曲库乎乡南3公里处东山坡上的达江寺，为隆务寺早期的十八禅院之一，约建于明末清初，创建者益俄合·三木旦嘉措修大威德金刚，获得成就，是隆务寺著名的堪欠活佛系统的传出者。1937年，马步芳为修建甘都公馆，指令马朴强征同仁长牙昂藏族民工到麦秀森林砍伐木材，并征集苛捐杂税。长牙昂藏族不堪忍受，奋起反抗，遭到血腥镇压。同年夏，马步芳所派旅长马元海和马忠义第二团马得胜部血洗长牙昂，屠杀多瓦、瓜什则等24个村庄藏族400余人，勒令寺院及所有村庄按人口交纳"鞋脚钱"，刮去银圆8万多块，抢掠走牲畜1万多头（匹）。同时纵火焚烧了达江寺，因火势凶猛，附近森林亦被点燃，燃烧达一周之久。幸存僧侣被迫于西卜沙后山修建"当切拉让"暂居。与此同时，附近之德钦、宗吾、宗科日、古德、江龙尕萨尔等5座寺院同遭厄运，财物被劫一空。1939年至1942年间，马步芳为报复同仁兰采藏族的抗税斗争，先后派马朴、马元海、谭成祥、马生龙等，4次出兵兰采血腥镇压，抢劫隆务贡、叶什

---

① 黎宗华，李延恺著：《安多藏族史略》，青海人民出版社1992年，第208页。

姜等寺，使寺院损失严重。据同仁地区的口碑资料，位于今年都乎乡曲玛村西山坡上的当格乙麻寺，由刺杀吐蕃王朝最后一个赞普达磨的拉隆·贝吉多杰逃来青海后传教形成，其始建年代可追溯到宋代，是同仁地区最古老的藏传古刹，其古建筑亦被马步芳军队约于 1939 年焚毁。今曲库乎乡和日沟口的瓜什则寺由同仁瓜什则乡的瓜什则寺派生而成，是曲库乎瓜什则和泽库瓜什则二部落先民的主要寺院，已有 300 多年历史，亦在这一时期被焚毁，后于 1945 年重修。

从 20 世纪 20 年代起至 40 年代，马麒、马步芳前后七次派兵镇压屠杀果洛藏族，更是惨绝人寰。这期间，不少寺院亦遭到严重破坏，如仅1938 年马步芳派马得胜骑兵团第六次攻打果洛，屠杀康干、康赛、阿什姜藏族部落群众千余人，其中妇幼 600 余人。"这次大屠杀中，马军共掠获犏牛 2000 余头、马 400 余匹、羊 28000 余只、各种杂物 500 余驮，并捣毁、焚烧了白玉、加贡巴（即阿什姜贾贡巴寺）、扎西果莽等 5 处寺院及 80 余顶帐房。接着他们又向黄河南岸搜索，掳康干等部落妇女 200 余人、小孩百余人以及牛 5000 余头、羊 5 万余只、马 600 余匹，悉数解抵海晏。[①]除玉树、黄南、果洛地区，海南地区部分寺院亦有类似情形，1923 年初，今同德县谷芒乡赛力亥寺周围牧民不堪马麒的苛捐杂税，击毙一名征税者，并驱逐了住在赛力亥寺的全部征税人员。同年夏天，马麒派其侄马步元和马全喜率骑兵千余人来赛力亥寺一带报复，劫掠该寺佛像、经典、法器等物，除大经堂外，其他建筑被付之一炬。管家洛藏和僧侣 23 人以及寺院附近牧民百余人惨遭杀害，其他僧人一度逃往他寺栖身。直至 30 年代，经寺主第三世加查赤干仓和阿柔仓、吾加仓年乃亥仓等活佛努力，赛力亥寺始得重建。同德县河北乡的石藏寺，亦于 1941 年 2 月被洗劫和焚毁，寺僧

---

① 黎宗华，李延恺著：《安多藏族史略》，青海人民出版社 1992 年版，第 203 页。

一度流亡甘南桑科地方，1950 年才得以重建。

如上所述，20 世纪以来，青海藏族聚居区虽也曾出现少量格鲁派寺院，部分寺院也曾遭到严重破坏，但清末以来形成的基本格局没有改变。50 年代以后，由于各种原因，各地寺院亦数次被破坏，或关闭或拆毁，宗教生活一度很不正常。直到 70 年代末以后，各寺相继恢复开放，基本上保持了原来的教派信仰和寺院分布，人民政府认真贯彻宗教信仰自由政策，为了保障和满足信教群众进行宗教活动的需求，在信众比较集中的地方，还设立了一定数量的宗教活动点，从属于一定寺院管理。对于塔尔寺、瞿昙寺等历史上有重大影响被列入国家重点文物保护单位的寺院，拨出巨款修葺，使之重放光彩，更加光辉夺目。

第五节　十四世达赖喇嘛和十世班禅额尔德尼降生青海

达赖和班禅是藏传佛教格鲁派的两大活佛转世系统，以往均出生于西藏、西康或蒙古土默特地方。青海地处青藏高原东隅，是连接西藏、新疆与祖国内地的重要纽带区，由于这里不少地方汉、藏、蒙古族等民族杂居相处，在文化传统上具有多元性。历史上，青海地区的藏传佛教僧侣为促进汉藏文化交流，加强民族团结和国家统一等，做出过卓越贡献。近代在国土破碎、西藏亲英势力猖獗的形势下，青海成为十四世达赖喇嘛和十世班禅额尔德尼的故乡，一方面是藏传佛教界爱国力量和青海重要战略地位的一种体现，另一方面使青海的知名度进一步提高，促进了青海格鲁派的发展。

1933 年 10 月 30 日，第十三世达赖喇嘛土登嘉措圆寂后，西藏噶厦地方政府和拉萨格鲁派三大寺上层组织三个寻访团，分别到青海、西康和西藏南部寻访达赖喇嘛的转世灵童。来青海的色拉寺吉昌仁波切先到塔尔寺，向九世班禅额尔德尼·却吉尼玛请示，大师加派策墨林佛和恩久佛两人，襄助一切，并写信给青海省政府主席马步芳，请"多予援助"。1937 年，吉昌仁波切等根据十三世达赖圆寂时面向东北方，尼穹护法神降神谓达赖将降生东北方汉藏交界地，以及摄政热振活佛所观西藏群科杰地方拉姆拉措湖湖景等，历时两年查访，终于在青海祁家川的当彩村（今平安县石灰窑乡红崖村）找到 1935 年 5 月 5 日出生的祁却才仁之子拉木登珠为达赖"灵童"，即呈报西藏噶厦政府并转呈国民政府。国民政府遂拨护送费 10 万元，命马步芳派骑兵营护送进藏。1939 年 7 月，拉木登珠一行从西宁动身，10 月抵拉萨，住罗布林卡。同年，国民政府派蒙藏委员会委员长吴忠信入藏主持达赖喇嘛灵童的掣签坐床仪式。当时共寻到三位灵童，热振活佛肯定拉木登珠，否定其他两位灵童，为避免掣签，乃上书国民政府，称青海灵童灵异卓著，全藏僧俗公认，经民众大会决议，不再举行掣签仪式，请求中央政府同意免于掣签。1940 年 2 月 5 日，国民政府颁布命令："青海灵童拉木登珠慧性湛深，灵异特著，查系第十三辈达赖喇嘛转世，应即免于抽签，特准继任为第十四辈达赖喇嘛，此令。"[1]1940 年 2 月 22 日，在布达拉宫举行坐床典礼。不久，在大昭寺由热振活佛剃度出家，授沙弥戒，取法名阿旺洛桑益希丹增嘉措，由噶厦政府分给庄园、农奴等，十四世达赖开始系统地接受经学教育。1941 年，热振卸职，达扎继任摄政。1947 年 4 月 14 日，热振活佛因反对分裂被捕入狱，5 月 7 日惨死狱中，达赖之父祁却才让亦因与热振交厚而被毒毙。1950 年 10 月，中国人民解放军

① 牙含章编著：《达赖喇嘛传》，人民出版社 1984 年版，第 330 页。

进藏部队分兵三路，强渡金沙江，解放昌都，打开了进军西藏的大门。摄政达扎挟持达赖喇嘛到亚东，欲往印度，遭到广大僧俗民众的反对而未遂。公元 1951 年春，摄政王达扎去职，达赖喇嘛亲政，历任第一届全国人大常委会副委员长、第一届全国政协委员、西藏自治区筹备委员会主任委员等职。公元 1956 年 11 月，应邀赴印度访问，并参加释迦牟尼涅槃 2500 周年纪念活动。公元 1959 年 3 月 5 日通过辩经考试，获拉仁巴格西学位。同年 3 月 17 日晚，逃离拉萨，31 日进入印度，现居印度达兰莎拉。

公元 1923 年，九世班禅额尔德尼却吉尼玛由于同达赖喇嘛失和，离开西藏至祖国内地，辗转各地 15 年。公元 1936 年 3 月底始从塔尔寺启程回藏，12 月到达玉树。这时，英国向国民政府施加压力，反对班禅卫队和中央人员进藏，拉萨当局的一些人亦设置障碍，阻止大师返藏，加之公元 1937 年抗日战争爆发，国民政府电令"暂缓西行"，大师无奈从巴塘折回玉树，11 月患病，延至 12 月 1 日在玉树结古寺圆寂。嗣后，班禅堪布会议厅经西藏地方政府同意，于公元 1940 年 11 月组织 400 余人护送大师灵柩前往扎什伦布寺建塔供奉，并由罗桑坚赞负责办理寻访灵童事宜，于公元 1941 年在今青海循化县文都乡寻访到公元 1938 年 2 月 3 日（农历正月初三）出生的贡保慈丹为九世班禅的转世灵童，灵童时年 4 岁。迨至公元 1944 年，被迎至塔尔寺供养。4 月 15 日，举行出家仪式，授居士戒、近事戒和沙弥戒。由拉科仓削发，起法名为"洛桑赤列伦珠·却吉坚赞贝桑布"，简称却吉坚赞。自此，住嘉雅噶尔哇，开始系统学习佛法。1948 年，西藏噶厦政府宣称也找到两位班禅灵童，通知扎什伦布寺派人迎回青海灵童，以便掣签确定。扎什伦布寺派遣前世班禅之秘书长王乐阶回青海，转达噶厦通知，商量掣签事宜。1949 年春，堪布会议厅派计晋美赴广州，向国民党政府代总统李宗仁请求批准贡保慈丹为九世班禅的转世灵童，免于掣签。同年 6 月 3 日，李宗仁颁布命令，谓"青海灵童贡保慈丹，慧性澄圆，灵异夙著，查系第九世班禅额尔德尼转世，特准继任为第十世班禅额尔德尼。"①8 月 10 日（藏历七月三日），由国民政府专使关吉玉和青海省政府主席马步芳主持，于塔尔寺文殊殿前讲经院举行坐床典礼。不久，移居海西香日德寺。10 月 1 日，中华人民共和国宣告成立，班禅即致电毛泽东主席和朱德总司令："钧座以大智大勇之略，成救国救民之业，义师所至，全国腾欢。班禅世受国恩，备荷优崇，二十余年来为了西藏领土主权之完整，呼吁奔走，未曾稍懈。第以未获结果，良用疚心。刻下羁留青海，待命返藏。兹幸在钧座领导下，西北已获解放，中央人民政府成立，凡有血气，同声鼓舞。今后人民之康乐可期，国家之复兴有望。西藏解放，指日可待。班禅谨代表全藏人民，向钧座致崇高无上之敬意，并矢拥护爱戴之忱。"②同时致电中国人民革命军事委员会副主席兼人民解放军第一野战军司令员彭德怀将军，电称："西北已获解放，边民同声欢乐。今后人民之康乐有期，国家之复兴可待。即久被忽视的西藏人民，亦莫不引领而望，卜庆来苏，乃你领导义师，解放西藏，肃清叛国分子，拯救西藏人民。"③12 月 9 日，又令计晋美向毛泽东和朱德发报，请求迅速解放西藏。电文说："顷闻西藏拉萨反动当局以'亲善代表团'名义，派遣非法代表赴美等国活动，表示西藏'独立'，企图勾结帝国主义，反抗人民政府，以达其脱离祖国，出卖西藏的阴谋。西藏系中国领土，为全世界所公认，全藏人民亦自认为中华民族之一。今拉萨当局此种举动，实为破坏国家领土主权完整，违背西藏人民意志。谨代表西藏人民，恭请速发义师，解放西藏，肃清反动分子，

①丹珠昂奔主编：《历辈达赖喇嘛与班禅额尔德尼年谱》，中央民族大学出版社 1998 年版，第 674 页、675 页。
②同上。
③同上。

驱逐在藏帝国主义势力，巩固西南国防，解放西藏人民。本厅谨率西藏爱国人民，唤起西藏人民配合解放大军，为效忠人民祖国奋斗到底。"[1]翌年6月，他从青海都兰香日德回到塔尔寺，再次派计晋美等人为代表，前往西安会见彭德怀将军，提出有关解放西藏的建议。此时，拉科活佛因年事已高，辞去经师职务，聘嘉雅活佛为第一经师，1951年4月，班禅亲率堪布会议厅主要官员去北京，竭诚支持中央人民政府和西藏地方政府关于和平解放西藏事宜的谈判。5月23日。《关于和平解放西藏办法的协议》正式签字。24日，班禅率领堪布会议厅主要官员，向毛泽东主席致敬，献藏、汉两种文字的"中国各族人民的大救星"锦旗，以及长寿铜佛、银曼扎、藏香等礼物，祝贺《协议》的签订。同时致电达赖喇嘛，指出《协议》的签订是西藏僧俗人民的意愿和伟大胜利，表示他"愿竭绵薄，精诚团结，在中央人民政府和毛主席的英明领导下，协助您和西藏地方政府，彻底实行《协议》，为和平解放西藏而奋斗。"[2]嗣后，赴天津、上海、杭州等地参观、访问，返回塔尔寺。12月19日，班禅及堪布会议厅全体官员从西宁启程返藏，西北军政委员会副主席习仲勋专程来西宁送行，举行了隆重的欢送仪式。班禅一行经湟源、青海湖、茶卡、都兰、野马滩，抵香日德，休整一月后，绕道玉树，经曲麻莱，抵青藏分界线维活赛雄，穿越唐古拉山口，再经聂荣宗、那曲、热振寺、吉日等，历时133天，于1952年4月28日安抵拉萨，受到中央驻藏代表张经武上将和西藏军区司令员张国华、政委谭冠三以及僧俗群众的热烈欢迎。下午前往布达拉宫，在日光殿会晤达赖喇嘛。6月23日，返回后藏扎什伦布寺。1954年9月，同达赖喇嘛联袂到北京，出席首届全国人民代表大会第一次会议，当选为常务委员会委员。同年12月，

---

[1] 丹珠昂奔主编：《历辈达赖喇嘛与班禅额尔德尼年谱》，中央民族大学出版社1998年出版，第676页。

[2] 蒲文成、何峰、穆兴天：《十世班禅大师的爱国思想》，载《青海社会科学》1995年5期。

出席全国政协二届一次全体会议，当选为副主席。1956年4月，西藏自治区筹备委员会成立，班禅出任第一副主任委员。同年11日，应印度政府邀请，同达赖一道去印度参加释迦牟尼涅槃2500周年纪念活动，并在印度各地朝圣和参观访问，被婆罗奈斯佛教大学授予荣誉佛学博士学位。1958年在日喀则扎什伦布寺辩经大法会上，考取"噶钦"学位。他精心研读宗喀巴大师的佛学著作，著《菩提道次第广论简释》《双身喜金刚生圆次第论》等。1959年3月，西藏上层集团撕毁和平解放西藏的协议，发动武装叛乱，班禅大师坚决站在人民一边，拥护中央"边平叛、边改革"的方针。3月28日，国务院总理周恩来发布命令，解散原西藏地方政府，由西藏自治区筹委会行使地方政府职权，任命班禅为代理主任委员。班禅即致电毛主席和周总理，拥护国务院决定，并赴拉萨主持西藏自治区筹备委员会工作，对平息西藏叛乱、实现民主改革，做出积极有益的贡献。4月，他又当选为全国人大常委会副委员长。在"文革"期间受到冲击。1980年重新当选为全国人大常委会副委员长。自此多次赴涉藏地区各地视察，指导工作，解决民族和宗教问题，曾倡议成立"援助西藏发展基金会"，为发展西藏的政治、经济、文化，日夜操劳，不遗余力。1988年在北京黄寺创办中国藏语系高级佛学院，亲自担任院长。1989年1月在扎什伦布寺主持五世到九世班禅额尔德尼合葬灵塔祀殿开光典礼，28日在德庆格桑颇彰圆寂，终年52岁。十世班禅大师是中国佛教界的伟大领袖，是一位伟大的爱国主义者，他继承和发展了历世班禅的爱国传统，一生热爱中国共产党，热爱祖国，热爱自己的民族，热爱自己信仰的宗教，自始至终旗帜鲜明地反对分裂，维护祖国统一，促进民族团结，把爱民族与爱祖国、爱教与爱国高度统一起来，为建设团结、富裕、文明的社会主义新西藏，为促进各民族的共同繁荣，终生奋斗，竭尽全力，做出了不可磨灭的贡献。

第九章

觉囊派及其在青海的传播

第一节　觉囊派概说

　　觉囊派曾是藏传佛教的重要流派之一,始于宋代,形成于元初。在元代,该派寺院遍布卫藏,盛极一时。明初,其宗见中观他空学说受到其他教派的非议,加之缺乏地方世俗政治势力的支持,一度衰落。明万历年间,西藏觉囊寺座主多罗那他得到后藏藏巴汗地方政权的支持,一度中兴觉囊派,建达丹丹曲林寺,并将该派发展到今四川省的阿坝、甘孜和青海省的果洛等地。后因后藏噶玛政权失势,又日渐衰微。清初,格鲁派在涉藏地区跃居统治地位,第五世达赖喇嘛将达丹丹曲林寺改为格鲁派寺院,易名噶丹彭措林寺,卫藏其他觉囊派寺院亦相继改宗格鲁派,该派遂在今西藏地区基本衰绝,但在相对闭塞、偏僻的四川阿坝州的壤塘、马尔康、阿坝三县和青海果洛州的班玛、久治、甘德三县保存下来,今仍存觉囊派寺院34座,有僧约 4053 人（号称 7000 人），仍在沿袭本派的教法传承，有其独特的修习方法和活动方式。

觉囊派和藏传佛教其他各派一样，亦主张从教证二门通达佛法真谛，注意密法修炼，也很看重显宗经典的学习。该派认为，在我国涉藏地区，普遍流行大手印、大圆满和中观学三大修法传承，其中中观学又分自空和他空二见，觉囊派在显宗方面所持的他空之见，源于佛祖释迦牟尼生前的第三次讲经传法，后由龙树菩萨光大，其宗见的继承人依次有印度的无著、世亲、刚噶麦智、噶瓦扎巴、迦湿弥罗的迥尼、希瓦、萨阇阇那，西藏的依译噶贝多杰、智美喜饶、堆巴·达玛宗哲、笃巴年·益希迥尼、加敦·绛曲加和循奴绛曲昆仲、觉敦巴·曼兰楚臣、柔贝拉智和吉敦巴，然后由觉囊派的先哲所绍继。该派对其密教渊源，认为由佛祖传于因陀罗菩提而传出，再经许多男女瑜伽修法自在大德修持，形成在密乘方面现证自然空乐智慧的许多方便法门而弘传后世。其中《时轮经》及其修持方法是觉囊派最为重视的法门，该法从印度的堆夏钦波大师起，至西藏觉囊寺的创建者衮蚌·图杰宗哲，共经 15 代传人，内有 11 代，是西藏的上师，而宇摩·牟觉多杰是西藏觉囊派时轮教法的实际开创者。

宇摩·牟觉多杰，公元 11 世纪西藏宇摩地方人，曾名达巴杰布（译言信王），后取法名牟觉多杰，译言"不动金刚"，是一位居家瑜伽行者，以苦修出名。他曾拜见喀且班钦·达哇贡布（月怙），善结法缘，请求传授时轮教法，后成为喀且班钦的大弟子召敦·南则（天积）的心传弟子，学到《时轮根本续》及其全部注释和秘诀，前后学习 5 年后，往邬裕的加尼地方长期实践修持，获得成就，成为西藏卓系时轮传承的第八代传人，最后年寿 82 岁而终。他成名后，从事著述，写经多部，认为世间一切事物都具有永恒不变的真实体性，是绝对存在的，这个存在就是至高无上的佛，由于人们认识上的错误，以本体为空，故事物的性空只能是"他空"，而不是"自空"，要认识这种事物本体的真实性，必须学修时轮金刚法，通过长期的瑜伽坐静，细心体会，才能纠正错误认识，透过事物的表层迷雾，洞见真实体性，从而他将中观他空见与时轮金刚的密修方法结合起来，为后来觉囊派的形成最先奠定了理论基础。因此，一般以他为西藏觉囊派的始祖。

宇摩·牟觉多杰有很多弟子，最著名的心传弟子是却吉旺秋（法自在），亦作达玛夏拉，是他名字的梵音。却吉旺秋是宇摩 56 岁时所生之子，12 岁从父学法，悟解精深，有少量著作，颇有辩才，为卓系时轮传承的第九代传人。却吉旺秋再传南喀鄂色（虚空光），南喀鄂色传觉本，觉本传赛莫切哇·南喀坚赞（虚空幢），分别为第十、十一、十二代传人。觉本与赛莫切哇为姐弟关系，皆为却吉旺秋所亲生，由此可以看出，时轮教法早期多在家庭相传，不少是父子传承，也有得道的女性修士。赛莫切哇，简称"赛钦"，晚年于后藏的奥隆沟创建赛莫切寺，标志着时轮教法在西藏进一步弘传，教徒日益增多，作为独立派系的觉囊派日趋形成。第十三代传人坚萨哇，法名喜饶鄂色（智光），后藏娘兑地方人，主要师从赛莫切哇，学经于姜都、仲穹等寺，博通三藏，定力高深，曾创建姜都寺时轮经院，并于山间建修禅院，使时轮教法更弘传于后藏等地。坚萨哇的著名弟子却古鄂色（法身光），生于藏历第四饶迥的木阳狗年，即南宋嘉定七年（1214 年），自幼受到佛化家庭的环境熏陶，通晓佛教诸论，曾是密集金刚教授的主要传人，人称"衮钦"，意为"一切智"。后受其父指使，往谒坚萨哇，受学时轮教法，亦曾求教于坚萨哇之师赛马莫切哇，成为第十四代传人。按卓系传承，从喀且班钦·达哇贡布（月怙）来西藏传出时轮教法，传至却古鄂色的弟子衮蚌·图杰宗哲，共传 10 代，近 250 年。这期间历代传人及其弟子们主要活动于后藏年楚河流域一带，曾建禅院和时轮经院，并建赛莫切寺，开西藏密宗他空见先河。但这一时期时轮教法的传播，以单纯宗教关系的师徒传授为主要特征，由于缺乏世俗势力的支持，一直未能形成有影响的根本传法道场。直至衮蚌·图杰宗哲建觉囊寺，作为藏传佛教独立分派的觉囊派才最后形成，并以寺名而定派名。

衮蚌·图杰宗哲（1243—1313 年），译言"悲精进"，后藏拉堆绛地方靠近萨迦的达恰邦岗村人。早年学经于萨迦寺，曾为八思巴弟子，学习卓弥译师所传道果法，后师事却古鄂色，学习卓系所传有关时轮经的灌顶法门和续释经论，据传他仅听受六支加行（亦称六支瑜伽）修法的教诫竟达 17 种之多。学有所成后，任娘兑地方姜都寺的"曲本"，即讲经堪布，开始与后藏的一些地方势力接触，并去过拉萨、叶尔巴等前藏地区，讲经传法，进行宗教、社会活动。30 多岁时，离俗循世，专事修炼，被称之为"衮蚌哇"，意为"离一切事务者"。由于他博通佛典，精通时轮六支加行修法，具有神通，一时声名大著，遂被拉堆绛地方的首领那曼王请到觉摩囊地方传教。觉摩囊地处今拉孜县境内的那加吉祥山，该地山势险峻，僻静秀丽，自古是藏僧静修的圣地，建有一些静房，出过不少修持获得成就的大德。衮蚌·图杰宗哲初到觉摩囊时，这里有 30 多人常住修炼，他在此基础上得到那曼王的支持，建成觉摩囊寺，后通称"觉囊寺"，时在藏历第五饶迥的水蛇年，即元至元三十年（1293 年）。衮蚌哇建寺后，聚众讲经传法，将一直耳传的无上瑜伽收摄、禅定、运气、持风、随念、三摩地等时轮金刚六支加行修法首次用文字记录下来，取名《续部要义本释》，成为后来觉囊派的主要修行法门。史载他每年在寺内举办两次大型讲座，讲授《续部要义本释》，每次听讲者多达 600 余人。从而以觉囊寺为基础，发展出觉囊派。当时，原有的仲穹、姜都、赛莫切等寺，均以觉囊"他空见"

为宗见，成为早期的觉囊派寺院。

　　觉囊派形成初期，主要通过衮蚌哇及其弟子们的传法活动来传播教义，拓展势力。衮蚌哇建成觉囊寺后，受到周围地方一些首领的拥戴，曾应请去僧宗、却合保、吉浦代丹等地讲经传教。他弟子众多，最出名的有 4 人，其中绛森·杰哇益希（1257—1320 年）是其法位继承人，为该派时轮教法的第十六代传人，曾于觉囊寺附近再建德钦寺，另外还开辟过一些修法禅院。这时，觉囊派的社会影响日益扩大，甚至一些萨迦、噶举派僧人慕名前来觉囊寺拜师学法。绛森的弟子克尊·云丹嘉措（1260—1327 年），译言"德海"，后藏夸娘地方人，家族世奉宁玛派，青年时期入萨迦寺学经，后改宗觉囊派，元延祐七年（1320 年）61 岁时继任觉囊寺座主，成为第十七代传人。

　　克尊·云丹嘉措的弟子和继承人笃布巴是觉囊派教法的集大成者，为第十八代传人。笃布巴（1292—1361 年），法名喜饶坚赞，译言"智幢"，阿里笃布地方人，故名笃布巴。笃布巴早年为萨迦寺高僧吉敦·加央扎巴的弟子，为在家学佛居士，系统学习过《现观庄严论》《入中论》《俱舍论》《量决定论》等显宗经文和《金刚鬘灌顶法》、热系所传时轮教法等 70 余种密法。21 岁于萨迦寺出家为僧，翌年受比丘戒。31 岁到觉囊寺，从克尊·云丹嘉措学习觉囊教法，并依法实修，获得证悟。35 岁任觉囊寺座主，至 70 岁去世，共主持寺务 35 年。他在任职期间，日夜操劳，致力于寺院建设，曾主持修造著名的觉囊寺"衮本吞卓钦莫"大塔，常会弟子两千余众，广泛传播觉囊派教义，其传法活动从后藏扩展到前藏，出现了创宗以来的第一次兴旺局面。同时由他完善了觉囊派理论，在显宗方面集了义中观学之大成，弘广龙树的"理聚六论"、弥勒的"慈氏五论"以及《赞颂集》《教诫集》《入行论》和各种般若经论；在密宗方面，命弟子玛德班钦和译师罗哲贝改译《时轮经》，他以此为依据，著《时轮金刚无垢光大疏偈颂释》《吉祥时轮经智慧品深奥了义集要》《时轮意坛现证广论》等以及有关时轮金刚灌顶仪轨、修炼方法等方面的论著多部。他所著《山法了义海论》《山法海论科判》和《第四结集》等阐述了觉囊派他空见的基本教义，成为该派的经典著作。此外，还著有《究竟一乘宝性论释》《现观庄严论释》《佛教总释》等。因而，也有的学者认为由笃布巴系统建立了代表觉囊派根本教义"中观他空见"的理论体系，觉囊派在笃布巴时期才正式形成。笃布巴的传法弟子最出名的 13 人，加另一名再传弟子擦门巴·索南桑布，共14 人，是笃布巴事业的重要继承者和发展者，其中乔列南杰和聂宛巴曾任觉囊寺座主，分别为该派第十九、二十代传人，另有罗哲贝和玛德班钦是出名译师，罗哲贝曾代任觉囊寺和昂仁寺座主，玛德班钦曾建萨桑噶丹寺。由于笃布巴及其弟子们的弘法活动，在元代觉囊派盛极一时，如《青史》所记，当时"守持三年三月为期、立誓专修觉囊派六支瑜伽的修士遍布于前后藏一切地区山谷"，"以六支瑜伽导修的舞姿遍行于拉萨诸寺庙庄园"）[1]。格鲁派创始人宗喀巴大师在藏求学时，广参名师，其中不少老师是觉囊派高僧。当时，觉囊派教法开始传播到卫藏以外的其他地区，成书于明成化年间的《青史》说："至今在黄河河畔有许多守持三年三月为期誓约而修的修士"[2]，至于康区、安多去藏学习觉囊派教法者则更多。

觉囊派在笃布巴师徒时期经过一段兴旺之后，至 15 世纪初叶明宣德、正统年间，由于缺乏有力地方势力的支持，自派无有影响人物的出现以及其他教派的非议等，渐趋消沉，中经百余年 7 任座主，至 16 世纪末叶多罗那他时，才一度中兴。多罗那他（1575—1635 年），出生于前后藏交界

① 桂译师循奴贝著：《青史》（藏文本），四川民族出版社 1985 年版，第 910 页。

② 桂译师循奴贝著：《青史》（藏文本），四川民族出版社 1985 年版，第 910 页。

地带的觉摩喀热地方，今称"群科顶"，属前藏。祖父是一位修密咒的宁玛派教徒。4 岁时，由觉囊寺座主堪钦·隆柔嘉措认定他为该寺前任座主衮噶卓却的再次转世，迎入觉囊派坐床。8 岁时举行出家仪式，起名衮噶宁布扎西坚赞，意为"遍喜藏祥幢"。出家后，拜依嘉央衮噶坚赞等多师，学习觉囊派教义以及有关时轮的灌顶、续释、六支瑜伽修法，兼学萨迦、塔波、噶举、噶丹、香巴噶举、夏鲁诸派法要。20 岁受比丘戒。21 岁时，自己根据梦境所示，自己命名"多罗那他"。这是梵音，意为"解脱怙主"，成为他后来通用的名字。明万历二十三年（1595 年），继任觉囊寺座主，曾扩建寺院，维修属寺，整顿寺规，多有建树。特别得到藏巴汗彭措南杰的大力支持，获得大批寺属庄园，寺院经济势力增强。万历四十三年（1615 年），他在藏巴汗支持下建达丹丹曲林寺。该寺有殿堂 20 余座，僧舍百余间，亦云寺僧曾多达 2500 人，规模可观，成为当时整个觉囊派的主寺。多罗那他是藏传佛教史上公认的出名学者，一生著述等身，由罗哲丹巴编纂出其著作全集，于清康熙三十三年（1694 年）由西藏噶丹彭措林寺（即原达丹丹曲林寺）木刻印行，共 17 函，272 种，内容极为丰富，既有《他空中观之精要》《他空中观庄严论》等反映自派宗见的显宗论著，也有有关时轮、胜乐、密集、喜金刚、大威德等生圆次第修习方面的密乘释论和密法仪轨等著作，也有佛教史、高僧传记以及祈愿、礼赞方面的文章。其中《印度佛教史》《度母传》《后藏志》等现木刻或铅印出版。据王森《藏传佛教发展史略》，多罗那他建成达丹凡曲林寺后不久，漠北蒙古汗王派人到西藏延请喇嘛到蒙古传经。这时，藏巴汗势力方盛，为和漠北蒙古汗王取得政治联系，利用宗教扩张自己的势力，遂请多罗那他去蒙古。临行前，四世达赖赠给他"迈达理"（梵文弥勒菩萨的蒙语读音）的称号，因此蒙古人称他为"迈达理活佛"。他在蒙古常驻库伦，在漠北蒙古活动了近 20 年，得到蒙古汗王的信奉和支持，称他为"哲布尊丹巴"，这是蒙藏僧人对精通佛法又严守戒律高僧的尊称。多罗那他在外蒙古建立了不少寺庙，1634年在库伦圆寂，享年60岁。妙舟《印度佛教史》则认为多罗那他去外蒙古喀尔部，是藏传佛教上层的安排，"大喇嘛之由西藏而住于蒙古者以此为嚆矢"，他"灵异昭著，喀尔喀人极信仰之"，被选为蒙古的掌教喇嘛，众尊以"大慈诺们汗"之号，并上"博硕克图济农"，号为"转金轮彻辰济农汗"，其历辈转世，为蒙古佛教领袖，即著名的哲布尊丹巴。但对于多罗那他究竟是否去过蒙古并在那里圆寂，学术界尚有不同看法，根椐《多罗那他自传》，多罗那他却未去过漠北蒙古。对此，有待于进一步挖掘资料，以得出合乎历史事实的正确结论。

多罗那他之后，由其高足堪钦·仁钦嘉措（宝海）主持达丹丹曲林寺。明崇祯十五年（1642年），青海和硕特蒙古首领固始汗率兵击溃藏巴汗噶玛丹迥旺布政权，统辖全藏。继后，对追随藏巴汗政权的噶玛噶举派、觉囊派寺院给予毁灭性打击，特别是五世达赖喇嘛赴京，会见清朝顺治皇帝，受到礼遇和册封，从而以达赖、班禅为首的格鲁派跃为西藏占统治地位的教派。这样，一度中兴的觉囊派失去有力的政治支持而面临着严峻的形势。同时，该派的他空见教义更受到格鲁派等教派的非议，认为觉囊派的宗见是古印度外道（非佛教学派）诸派学术观点的翻版，落于常断二边，是一种邪见。这样，使觉囊派寺院的改宗成为必然。约在17世纪50年代以后，五世达赖喇嘛阿旺罗桑嘉措凭借其拥有的政教势力，将后藏觉囊派主寺达丹丹曲林寺改为格鲁派寺院，易名"噶丹彭措林寺"。继之，前后藏的其他觉囊派寺院亦相应改宗。从此，觉囊派在西藏基本绝传，甚至有的学者把西藏觉囊派改宗格鲁派视为整个觉囊派历史发展的结束。清顺治六年（1649年），漠北蒙古土谢图汗之子罗桑丹贝坚赞年届15岁，到西藏朝拜学经，接受五世达赖要求改宗格鲁派的条件。他在西藏拜四世班禅却吉坚赞为师，受沙弥戒，并由四世班禅正式认定为多罗那他的转世，成为第一世哲布尊丹巴。他于顺治八年（1651年）拜见五世达赖，接受金刚鬘灌顶，并受到封赏，是年冬天，返回外蒙喀尔喀部，由于得到西藏最高佛教领袖的承认，其宗教地位才被确立，成为外蒙古地区的最高宗教领袖，同时漠北蒙古原有寺院均改信格鲁派。时至现代，人们很少知道，在17世纪初叶西藏觉囊派曾在广袤的漠北蒙古草原有过广泛的传播。值得注意的是，清初西藏觉囊派寺院改宗后，原有建筑仍存，许多传统的修炼方法、活动方式等也不同程度地保留下来。川青地区遗存或后建的觉囊派寺院仍和卫藏改宗了的觉囊派诸寺有较多的宗教联系，不少人还去噶丹彭措林等寺深造和朝拜。

今四川省阿坝地区的壤塘、马尔康、阿坝三县是保存觉囊派寺院最多的地区，现仍存26座觉囊派寺院。觉囊派传入阿坝地区的历史可追溯到14世纪中叶。可信的记载是由嘉绒藏族仲·噶玉哇·仁钦贝（1350—1435年）初传于中壤塘，建成著名的却尔基寺，相传明宣德年间寺僧多达千人，曾是壤塘地区政教合一的统治中心。明正统年间，仲·噶玉哇·仁钦贝的弟子泽东基·然那格日德于却尔基寺侧再建泽布基寺。中经两个多世纪，至清顺治十四年（1657年）以后，西藏达丹丹曲林寺座主多罗那他及其法位继承人堪钦·仁钦嘉措的弟子罗哲南杰。以及稍后的恰隆哇及其侄阿旺丹增南杰次第来壤塘传教，并于雍正八年（1730年）建藏哇寺，形成壤塘地区后来最大的藏哇系统。藏哇系统又分上下两个系统；以阿旺丹增南杰的历辈转世为"上藏哇"，也称"藏钦"；以恰隆哇的历辈转世为"下藏哇"，称"藏哇尕玛"。藏哇系统的藏钦与却尔基和泽布基两个转世活佛系统，并称川区觉囊派三大转世系统。藏哇寺和原有的却尔基寺和泽布基寺，三寺毗连，合称壤塘寺或中壤塘寺，是觉囊派后期的中心寺院，且以藏哇寺的历任金刚上师为觉囊派教法的正宗传人。藏哇寺建立后，中壤塘三大寺成为整个藏区的觉囊派中心，清代乾隆年间，三寺僧侣多达3000余众。这时，觉囊派以中壤塘为中心，向朵麦地区各方辐射发展，其中藏哇系在今四川省壤塘、阿坝二县和青海省果洛藏族自治州的班玛、久治、甘德三县形成众多子寺，却尔基系在原有的"约合肖五寺"等基础上进一步在今阿坝州马尔康县境内发展出一些子寺，基本形成目前川青藏族聚居区的觉囊派格局。

觉囊派主张的他空见，认为事物皆有其真实体性，所谓性空，是人的"虚妄分别"，是"他"。因此，说性空，只能是"他空"，不能是"自空"。他空的是胜义谛，常恒不变；自空是断空，即世俗谛，欲求解脱，必须舍弃。王森先生认为"这和其他派别不同。其他派别遵循龙树的中论义，说一切事物并无常存不变的实体，它本身就是虚妄的，所以才说性空。性空是说事物自体本性是空，对'他空义'而言，这也叫作'自性空'。他空义说事物有它的实性，特别是引申到一切众生皆有佛性，在众生位的佛性和佛的佛性，无二无别。这些说法骨子里是与印度教的湿婆派一脉相承。因此，藏传佛教其他派别的喇嘛们都驳斥'他空义'的见解，认为觉囊派见解不是佛教"①。觉囊派注重显密双修，以密修为主，僧人修学的内容古今有较大差异。以往重视印度学者的论述，近代则以自派高僧的各种释论为主，多以笃布哇、多罗那他和近代壤塘学者曼木达哇·图登格勒嘉措（1844—1904年）的著作为教材，基本内容有因明学、般若学、俱舍学、时轮经、中观学和戒律学。在修习方法上，倡导时轮金刚的六支加行合修法，这是《时轮根本续》所说主要密法之一，指修习无上瑜伽时轮金刚圆满次第时，于

---

① 王森著：《藏传佛教发展史略》，中国社会科学出版社1987年版，第159页。

所缘境上进行的收摄、禅定、运气、持风、随念和三摩地等6种修炼方法，一般在金刚上师指导下在禅院集体修炼，修期多为3年。显宗经文的学习、除自派规定的典籍，也兼学宁玛、格鲁等派的经典。

第二节　觉囊派在青海果洛地区的传播

果洛藏族自治州位于青海省东南部，是全省仅存觉囊派寺院的地区。这里南接四川阿坝，加之地处偏僻，交通闭塞，为觉囊派从壤塘地区传入并能保存至今创造了条件。全州藏传佛教信仰以宁玛派为主，格鲁派和觉囊派次之。据笔者20世纪80年代末实地调查，境内班玛、久治、甘德三县现存觉囊派寺院8座[①]，占全州寺院总数的12.5%，据《青海藏传佛教寺院明鉴》，8座寺院共有僧1548人，其中活佛48人。基本情况如下表：

县　名	乡　名	寺院名	僧数	其中活佛	说明
班玛县	江日堂乡	阿什姜寺	65	5	1382年初建，奉宁玛派，1717年改宗觉囊派
	莫巴乡	浪本寺	48	4	1943年建
甘德县	下贡麻乡	隆什加寺	700	19	常住僧300人
	青珍乡	龙格寺	40	2	1983年建
	下藏科乡	扎西曲朗寺	195	5	1734年建
	青珍乡	恰依龙寺	96	2	1812年建
久治县	索乎日麻乡	尖姆寺	254	5	1849年建
	康赛乡	日酿曲噶尔寺	150	6	1865年建

---

① 据笔者20世纪80年代末调查数，全省觉囊派寺院8座。据中共青海省委统战部和省宗教局1996年普查数，全省觉囊派寺院为6座。

一、传入班玛情况

班玛县大部地处马可河谷地，气候相对温和，这里的小块农业区是果洛藏族的发祥地。作为觉囊派最早传入果洛地区的阿什姜部落故土即在班玛县马可河畔的亚尔堂滩，今通称"阿什姜"，由庄芒、肖合琼、尕托、格玉、尕玛果等村组成，著名的觉囊派古刹阿什姜寺（全称阿什姜贾贡巴寺）即在亚尔堂滩中心的庄芒村。该寺亦称"亚尔堂寺"，是原来阿什姜所属三部贡麻仓、康干、康赛三部落共同供养的寺院，故址在亚尔堂滩东南侧的智格果山头，故亦称"智格果寺"。据该寺于1982年新修的寺志，六百年前约在明洪武十五年（1382年），阿什姜部落总头人年萨美朵托坚之子托特尔和托特尔之子果洛喇嘛群本倡建智格果寺，属宁玛派，为今四川省甘孜藏族自治州白玉县噶陀寺子寺，后经300余年，至清康熙末年，仍为宁玛派寺院，当时由东杂喇嘛衮噶扎西主持寺务，阿什姜部落总头人索南丹增达吉（《隆什加寺寺志》作丹增扎巴）为主要施主。清康熙五十六年（1717年）西藏噶丹彭措林寺高僧即觉囊派第三十二代传人阿旺丹增南杰（1619—1738年）应嘉绒察科昂锁和中壤塘第五世却尔基活佛果加哇·伦珠扎巴（1674—1736年）之请，来朵麦藏区传教。这时，西藏觉囊派虽在名义上改宗格鲁派，但作为该派特点的修法传承继续存在，鉴于当时形势，从西藏向壤塘地区转移和发展，并不断影响毗连壤塘的果洛班玛地区。阿旺丹增南杰，今西藏谢通门县境内的加工姜拉地方人，家中代出觉囊派名僧，叔侄相传，为觉囊派正宗传人。如多罗那他的著名弟子罗哲南杰（1618—1683年）继堪钦仁钦嘉措之后任达丹丹曲林寺座主，为该派第三十代传人，清顺治十四年（1657年）亲来四川壤塘传教，历时12年，弘法于杜柯河流域、上中下壤塘地区和马可河流域，曾为许多人做时轮金刚、金刚鬘等灌顶，主持出家仪式，传授比丘大戒等，直到康熙七年（1668年）才离开壤塘返回后藏。罗哲南杰之侄恰隆哇（1654—1723年），法名阿旺赤列，继罗哲南杰之后，任改宗后的噶丹彭措林寺座主。为第三十一代传人。当时，作为觉囊派宗见的他空见在西藏断灭，但该派的修持法门仍予保持，相传恰隆哇曾创建恰隆金刚岩地方的六支加行禅院，甚至于藏历铁龙年（1700年）在拉萨格鲁派大寺哲蚌寺和甘丹寺还设立了觉囊派的修法机构和法产。他一生任过许多寺的住持，向五世班禅罗桑益希等重要人物授过密法，一度传法于蒙古和青海玉树等地。阿旺丹增南杰是恰隆哇之侄，从8岁起跟随恰隆哇学习藏文和经典，10岁起接受灌顶，学习觉囊派传统密法，并师从多人，受学显密，20岁受近圆比丘戒。康熙五十三年（1714年），陪侍其叔恰隆哇去蒙古等地传教3年。此后，壤塘寺第五世却尔基活佛等派人到西藏，迎请恰隆哇到朵康地区传教，恰隆哇忙于在定浦彭措格佩寺等寺讲经，不能成行，遂派阿旺丹增南杰代替他来朵康。据说他本名"阿旺南杰"，临行前恰隆哇在原来的法名上增加"丹增"二字，意为"持教"，寓意他将主持朵康地区的觉囊派教法。从阿旺丹增南杰起，西藏觉囊派真正实现了战略转移，活动中心正式移至壤塘，形成藏哇系统。"藏哇"，直译为"后藏"，含义是来自后藏高僧的转世系统。这是觉囊派时轮教法传承的主支，阿旺丹增南杰为第三十二代传人。

阿旺丹增南杰于康熙五十六年（1717年）离西藏来安多，未抵壤塘前先到班玛阿什姜的亚尔堂滩。在这里，他受到当时的阿什姜头人索南丹增达吉（简称丹增）和智格果寺住持东杂喇嘛衮噶扎西为首的广大僧俗信众的拥戴，居留半月（亦云一年余），向信众讲授《因果经》、大威德金刚法等，为许多人灌顶，传授密法。由于他来自西藏，本人经法高深，许多信徒皈依他，头人索南丹增达吉和东杂喇嘛遂将智格果寺献给阿旺丹增南杰，让他担任寺主，在宗教上完全归他管理。索南丹增达吉还将寺院所在的马可河以东、壤塘资什尕达察地方以上大片地区及属民献给阿旺丹增南杰，作为寺院的给养和主要僧源。这一切标志着智格果寺完全改宗觉囊派，成为果洛地区的第一座觉囊派寺院。阿旺丹增南杰接管智格果寺后，将寺院从山头迁到山下平地重建，取名"多俄雪珠林"，意为显密讲修洲。因重建的寺院在亚尔堂滩，故通称"亚尔堂寺"。后来，阿旺丹增南杰的转世系统藏钦活佛为藏哇寺寺主，定期从壤塘派出"喇察布"，代替藏钦活佛来亚尔堂管理寺务。清咸丰六年（1856年），四川壤塘寺的第三世藏钦的高足藏哇比丘阿旺群佩的弟子亚尔堂贾喇嘛成为该寺寺主，故又称该寺为"阿什姜贾贡巴寺"，仍为藏哇寺子寺。

亚尔堂贾喇嘛（1827—1886年），法名阿旺贡却，亚尔堂寺附近艾盖维村人，父名贾居居，母名霍尔萨，清道光七年（1827年，藏历第四饶迥火阴猪年）生。幼年在家，15岁从阿迦喇嘛习经。道光二十七年（1847年）21岁时去壤塘，拜藏哇比丘阿旺群佩为根本上师，学习《时轮经》中所讲大密金刚乘二次第道六支加行法3年，并学习胜乐、阎摩敌等随许灌顶法门和笃布巴、多罗那他等本派高僧的著作全集。此后还师事西康佐钦寺的巴珠活佛、藏哇寺金刚上师阿旺群帕等，学修精勤，较有声名。咸丰五年（1855年），阿什姜所属三部落头人派人到壤塘，要求阿旺贡却回故乡，主持亚尔堂寺务。翌年，阿什姜贡麻仓部落头人诺布扎都、阿什姜康干部落头人邬金、阿什姜康赛部落头人格桑扎都等共同商议，决定献亚尔堂寺给阿旺贡却。同年，阿旺贡却回到亚尔堂，任亚尔堂寺主，建度母大塔。第二年重建经堂，随后又建尊胜塔和金刚橛塔（亦名伏魔塔）。至此，该寺的主体建筑完工，形成现在的格局。阿旺贡却所建三塔均系实心石塔，高40余米，共9级，内以许多佛经、佛像和印度、尼泊尔、我国涉藏地区等各圣地以及内地五台山的土、石、木、水等装藏，塔顶镶嵌有如意宝珠，规模宏伟，造型别致，在果洛、阿坝地区颇负盛名。同时，阿旺贡却进一步完善寺院学修制度，他于清同治五年（1866 年）在寺院东北面山坡上建成六支加行禅院，该寺实成上下二寺，上寺主修六支加行法，禅僧称之为"觉周哇"，首批有 13 人；下寺主学尼古六法、生起次第等，禅僧称之为"尼古哇"和"杰仁巴"。寺院建筑告一段落、学修走上轨道后，阿旺贡却又从壤塘藏哇寺请来金刚上师阿旺群帕讲经传法，进一步扩大宗教影响。他自己则多次去果洛上下部昂欠本部落（今班玛县牧区和达日县一带）传教，获得大量布施财物，不断给寺院以经济支持，保证各项开支，并添置佛像供物等，从而使寺院迅速发展，出现历史上最兴旺的时期，故以后通称亚尔堂寺为"阿什姜贾贡巴寺"。光绪十二年（1886 年，藏历第十五饶迥的火羊狗年）藏历十月八日，阿旺贡却去世，由其侄温布丹萨代理寺务。自此，该寺亦设温布一职，主管行政事务。后来，该寺尊阿旺贡却为第一世贾喇嘛。第二世贾喇嘛名阿旺丹增桑布（1896—? 年），资仁地方人，相传主持寺务长达 47 年，他既是活佛，又有家室，生有 3 子，即夏智华、贾丹瑙和相曲华，均住寺院，具有活佛的地位。其中，相曲华又为第三世贾喇嘛的经师，曾任该寺寺管会主任。第三世贾喇嘛阿旺丹增嘉措，俗称"俄合里"，1950 年生，今四川省壤塘县南木达乡人，5 岁时由班玛县智钦寺寺主图巴活佛等认定，迎来阿什姜贾贡巴寺，由相曲华负责教授藏文读写和经文念诵，8 岁坐床。1958 年后回故乡，曾师事壤塘曲塘寺喇嘛阿旺罗哲扎巴等。80 年代任壤塘县政协副主席，现常住阿什姜贾贡巴寺。该寺在"文化大革命"期间基本拆毁，1980 年重新开放后，人民政府先后拨款 45000 元，并由群众集资，重建经堂、佛塔、禅院等。现有僧 65 名，其中六支加行修士"觉周哇" 40 余人，具体由堪布喜饶华负责学经和修禅事宜。

班玛县境内的另一座觉囊派寺院是浪本寺，法名亦称"多俄雪珠林"

（显密讲修洲），位于莫巴乡的浪本村。它是近代四川云尕部落僧人俄却合在原有的帐房寺基础上建成的觉囊派小寺，为原德昂部落群众所信奉。德昂部落属阿什姜贡麻仓部落系统，班玛藏族也把德昂部落列为班玛本八大部落之一。相传今班玛县莫巴乡德昂牧委会的部分藏族来自四川壤塘，约在明万历年间德昂部落头人堪贡时期，壤塘资什尕（即今南木达一带）农区的部分藏族迁来德昂部落游牧，初来德昂时即有一座信奉觉囊派的帐房寺。这里的藏族群众至今与壤塘资什尕保持着较多的联系，部分人去世后还送往壤塘天葬。土房浪本寺的倡建者喇嘛俄却合（1889—1950年），法名阿旺丹增桑布，与第二世贾喇嘛同名，是今壤塘县尕多乡人，父名尕多华江，母名索措，13岁于藏哇寺出家，以当时的金刚上师阿旺群觉为根本上师，学修有关六支加行的各种知识，并向藏哇比丘阿旺群佩的弟子齐洛玛喇嘛学法。有些资料称他是齐洛玛的弟子，也称为"德昂喇嘛云丹贝"，曾受学于扎西拉则寺金刚上师俄巴喇嘛衮噶年尼。他20岁起于藏哇寺禅院长期修持实践，30岁往让古寺弥勒洞，向康玛格西罗桑却珠嘉措学习慈氏五论，曾捐资协助康玛格西修建让古寺经堂，并向江日岗寺捐赠过不少法器。40岁时游学于四川德格一带，请回全套《甘珠尔》经和五十余卷《丹珠尔》经到班玛德昂部落，一边传教，一边积极筹建土房浪本寺，经数年准备，于20世纪30年代始建土房浪本寺。寺院建成后，他定居浪本寺，主持寺务，在该寺建立祈愿法会、怙主补酬法会、六月供养会等制度，每年定期举办，成为定制。50岁后，因博通佛法，先后被聘为普日杂喇嘛珠旺、阿什姜贾贡巴寺贾丹瑙活佛等人的经师。1949年58岁时，曾任阿什姜贾贡巴寺的住夏堪布。第二年，在他主持下，浪本寺亦实行住夏制度，住夏人数多达40余人。62岁时，应邀前往今壤塘县上杜柯乡的西穷村，调解地方纠纷，不久患病，回本寺去世。俄却合通达曼木达哇·图登格勒嘉措、康玛格西罗桑却珠嘉措以及拉卜楞寺第一世嘉木样活佛阿旺宗哲等大德的著作，为僧众讲经，或为弟子传法，均以上述诸师所论为依据，颇受徒众欢迎。同时，他修六支加行等密法也很有成就，相传具足多种神通，还能为人治病。平生著述 5 函，主要有《堆扎论》《阿德加行导引文》《大悲白莲鬘灌顶法》等。主要弟子有喇嘛云丹仁钦等。浪本寺建成后，俄却合首任金刚上师，指导六支加行修炼，并兼为讲经堪布，下设"觉尔本"，辅导僧人学修。该寺在 20 世纪 50 年代有土房经堂和僧舍 30 多间，住寺僧人 70 余人。现有僧 48 名，其中 23 人是六支加行修士。金刚上师云丹成烈，简称云成，四川壤塘县人，全面负责经院和禅院的学修指导和具体事务。

二、传入久治情况

久治县位于果洛藏族自治州的东南部，南接本州班玛县和四川阿坝县，西北与本州甘德县相连，宗教联系一直密切。新中国成立以前，该县境内有康干、康赛和哇赛三大部落，康干部落的尖姆寺和康赛部落的康赛日酿曲噶尔寺是觉囊派寺院。康干、康赛二部落头人的故土即在阿什姜贾贡巴寺所在的亚尔堂，通称"阿什姜"，包括庄芒、肖合琼、尕托、格玉、尕玛果五村，历来关系极为密切，直至果洛地区解放，在阿什姜仍有康干、康赛二部落的属民和农田，康干、康赛部落和甘德境内的贡麻仓部落一直是阿什姜贾贡巴寺的重要经济支持者。因此，久治县境内的觉囊派传播与阿什姜贾贡巴寺有直接的渊源。

尖姆寺位于久治县智青松多镇西 87 公里处，坐落在今索乎日麻乡尖姆沟口的羊日秀莫山坡。寺院所在地左为章达河，前有尖姆河，两河夹滩，地势平坦开阔，牧草丰美。清道光二十九年（1849 年），康干所属贾果里和昂果里两个小部落受阿什姜贾贡巴寺影响，在俄昂群佩倡导下共同创办一座帐房寺，称"贾果昂果曲噶尔"，随部落牧帐迁徙，无固定寺址。后来，寺院发展，要求有固定的寺址，以便于经文学习和密法修炼。近代，由中壤塘藏哇寺派人主持修建事宜，在贾果昂果曲噶尔帐房寺的基础上，建成土房尖姆寺，宗教上隶属于藏哇寺。该寺在20世纪50年代僧侣发展到128人，有活佛2名。1986年被批准开放为宗教活动点，经群众集资，先后建成经堂、经院、禅院、转经房、僧舍等。现在僧254人，常住寺院者百余人，由活佛加华南杰和堪布黑热布负责寺务。该寺是目前久治县境内最大的觉囊派寺院，有正规的学修制度，教规严格。近年来，尤以完整的时轮金刚六支加行修炼闻名于川青藏族聚居区。

清末，阿什姜贾贡巴寺的日协喇嘛到久治县境内的康赛部落下属的日酿部落传教，并建帐房寺一座（亦云由果洛喇嘛洛桑创建于1865年），称之为"康赛日酿曲噶尔"，因信奉觉囊派，又称"康赛觉囊赛日德"。初无定址，随部落牧帐迁移于门堂草原，有僧40人、活佛1名。原康赛部落还有一座格鲁派寺院，称"康赛沙日玛寺"，故址在门堂草原所在的黄河西岸，1937年移至黄河东岸今康赛乡境内的尤合郭沟口，1958年有僧百余人，同年被拆毁。从1980年起，今康赛乡群众在县治智青松多镇南7公里今康赛乡境内沙科河东岸的宁友地方重建寺院1座，称之为"宁友寺"，由原康赛沙日玛寺和康赛日酿曲噶尔寺所属的两派僧人共同使用，成为格鲁派和觉囊派合住寺院。1986年，两派僧人各自分建寺院，属于觉囊派的日酿曲噶尔寺现有大经堂1座30间，转经房2座4间，转经长廊1排50间，活佛囊欠两座10间，僧舍30院120间，僧侣150人，由俄昂、洛周等主持寺务。

三、传入甘德情况

甘德县位于果洛藏族自治州中部，新中国成立以前属"三果洛"中的"中果洛"，称为"阿什姜本"，有阿什姜贡麻仓、大武麦仓、然洛仓、查科、跨科、藏科、布查日麻、下莫巴、哈什科等九个较大的独立部落。其中，贡麻仓为阿什姜三部之一，与久治的康干、康赛部落传有血缘关系，是甘德境内最大的部落，原有属于觉囊派的隆什加寺；藏科部落是贡麻仓部落的外部落之一，原有属于觉囊派的扎西曲朗寺。

清代中壤塘藏哇系统形成后，觉囊派迅速发展，影响波及果洛藏族地区，果洛不少人去壤塘学经，因果洛班玛毗连壤塘，起初最多的是班玛农区的僧人，今班玛南部灯塔乡的要什道等地和亚尔堂一带不少人去中壤塘藏哇等寺出家为僧，修学觉囊派教法，有的成为出名的觉囊派大德。如藏哇寺第三任金刚上师衮噶贝丹（1829—1891年）、阿什姜贾喇嘛阿旺贡却等。同时，中壤塘的却尔基、藏哇系统的不少转世灵童在班玛县的要什道一带寻获，如第六世却尔基活佛额顿丹巴达吉（1742—1776年）第七世却尔基活佛晋美贝吉僧格（1788—1835年）、第八世却尔基活佛牟盘曲吉贤巴（1859—1883年）、第三世藏钦贡却晋美南杰（1790—1837年）等，均出生于要什道等村。其中三世藏钦的很多传法弟子是果洛人。后来甘德、久治牧区也陆续有去壤塘等地学经者，其中最有影响的是甘德隆什加寺的开创僧加喇嘛阿旺仁钦桑布。他是19世纪人，生于阿什姜贡麻仓部落所属的德朗小部落，受学于藏哇寺第三任金刚上师拉哇喇嘛衮噶贝丹，并师事西康宁玛派的掘藏大师阿宗周巴等。他继承了觉囊派时轮金刚六支加行的修法传承，同时也很推崇宁玛派，精通宁玛派的《佛意直会论》《洁舌论要旨》等典籍和莲花生大师传出的大圆满法等，并且戒行严谨，具足菩萨品格，在信徒中有很高威望。他学成返回故乡，很快得到贡麻仓部落的拥戴，特别是他熔觉囊派修法与宁玛派教义为一炉的传教方式更适应果洛群众向以信奉宁玛派为主的实际。在他的努力下，成立一座帐房寺，称之为"乃亥噶尔"，为贡麻仓部落群众所信奉，随牧帐活动于今甘德县下贡麻乡境内草原。1920年，青海军阀马麒派兵300余人，赴果洛阿尼玛卿雪山一带武装采金，激起果洛藏胞的反抗。贡麻仓等部落集众歼其采金兵员大部，并劫杀马麒派往玉树的收税官员。1921年3月，马麒派其弟马麟亲率精锐两千余骑，对贡麻仓等部落进行报复性屠戮，贡麻仓部落牧民在然洛女头人统率下，奋起抗敌，终因武器欠精而败绩。马军逢人便杀，遇帐纵火，数以千计的藏胞被杀殉命，财产牲畜被洗劫一空。加喇嘛阿旺仁钦桑布曾收集死者尸骨，合以药泥，或制成佛像，或修塔存放，并进行追荐活动。同时，他以自己的宗教收入制成大白帐篷一顶，献给乃亥噶尔帐房寺作经堂使用，称之为"达嘎古尔钦"（意为白绸大圆帐）；将当地赛秀活佛格勒加贝嘉措的著述刻石，以此为原料，于东柯河口科多建成一座大塔；经常用自己的宗教收入为乃亥噶帐房寺住夏的僧人提供生活资具和费用等。这一切使他在信教群众中树立了更高的威望，他的帐房寺得到很快的发展。加喇嘛阿旺仁钦桑布约于20世纪30年代初去世，他去世后寺院一度未能确定住持。数年后的1935年，由当时贡麻仓部落头人贡布拉钦和活佛丹增嘉措提请东央喇嘛曼兰桑布任第二任住持。

东央喇嘛曼兰桑布（1887—1952年），是贡麻仓部落下辖的东央小部落人，幼年在家学读藏文。稍长，往久治白玉寺，依止白玉拉智活佛，受学有关宁玛派的基础教义，白玉拉智给他赐名曼兰桑布，15岁去壤塘藏哇寺，拜藏哇比丘阿旺群佩的弟子阿旺群觉嘉措（1864—1910年）为根本上师。阿旺群觉嘉措当时任第四任金刚上师，向他传授觉囊派所传的金刚瑜伽深奥法要和各种灌顶法门。他学习勤奋，得其真传。此后，又学法于萨玛喇嘛年智和阿旺措尼嘉措等师。25岁起，先后于达隆静房、察卡日宗玛修行洞、达阿静房等地实际修持，成为教证圆满、较有影响的人物。成名后，曾在藏哇寺、萨玛华则寺（红土寺）、扎玛寺等寺院讲经或负责六支加行的修炼等，还一度由他出资维修过藏哇寺下禅院。1935年，他年届49岁，应请返回甘德故乡，出任乃亥噶尔帐房寺住持，自此，至1952年藏历十一月十一日去世，在该寺主持寺务达17年之久。他主持寺务期间，主要讲授觉囊派教法，传授的主要法门，除时轮金刚六支加行修法外，还有称作"香曲"的香巴噶举派修法和尼古六法的生圆次第等。在他的努力下，觉囊派在甘德贡麻仓所辖的上、下尕多部落和久治的索乎日麻等部落迅速传播，不少人热衷于六支加行修炼，相传许多患有顽疾者通过修炼恢复了健康，还有许多神奇的传说。其传法弟子遍于果洛、壤塘、阿坝以及嘉绒地区，相传听他讲经传法的弟子计有两千余众。信徒们称他是青海宁玛派名僧夏嘎巴·措周让卓的转世，也有人称他是噶举派名僧米拉日巴的转世，在信徒中有很高的威望。相传他著有道歌、教诫、祈愿文之类的著作数函，著名弟子有兰果堪钦旺桑俄嘉措、吾扎喇嘛益希桑布、萨德合喇嘛却热布、加喇嘛班玛南杰等。他去世后，信徒们营造银制舍利灵塔，送往中壤塘藏哇寺供奉，另建一纪念塔，矗立在今下贡麻乡东柯河河阳图兰木沟口的隆什加滩。东央喇嘛的转世1954年生，其父然什加里，为久治白玉寺塔哇，属刚科部落人。

东央喇嘛曼兰桑布在他去世前的1951年，即指任弟子兰果堪钦·阿旺桑俄嘉措继任其法座，出任乃亥噶尔帐房寺的第三任住持。兰果堪钦·阿旺桑俄嘉措（1894—1960年），系甘德贡麻仓部落所辖兰果小部落人，父名兰果桑丹，母名才措。他自小出家，往中壤塘藏哇寺，曾以金刚上师衮噶克珠旺秋（1862—1914年）为根本上师，受学六支加行等法，继后又师事赞尼喇嘛衮噶阿旺、阿旺措尼嘉措等，凡16年。然后返回故乡，闭关修炼数年，声名渐著，被委为乃亥噶尔帐房寺的经院堪布，称之为"兰果堪布"或"兰果堪钦"。他协助曼兰桑布管理寺务，倡导僧人讲修结合，以弘广觉囊派教法，同时也虚心向东央喇嘛曼兰桑布求教，为其助手和弟子。他在显宗经典学习方面，主要依据曼木达哇·图登格勒嘉措的著述，强调僧人对于因明、般若、中观诸学和菩提道次、密宗道修法次第的学习。曼木达哇是拉卜楞寺等一世嘉木样活佛阿旺宗哲的崇拜者和追随者，因此，他所提倡的显宗学习内容具有明显的格鲁派特色。1951 年，他受东央喇嘛曼兰桑布的委托，继任住持。这时，第一任住持加喇嘛阿旺仁钦桑布在东柯河河口所建科多塔处，因居住的僧人增多，形成一个藏僧定居点，称之为"科多多卡"，亦由兰果堪钦负责管理。兰果堪钦阿旺桑俄嘉措主持寺务期间，除重视对僧人的经典讲授外，指导六支加行修炼和其他密法修炼。有关传记说，当时设有六支加行、尼古六法、金刚心、生起次第等数种修法班级，称之为"曲参"。每个修法班级多至 20 至 30 人。在经院中亦设学法班级，也称"曲参"，每日讲经 4 座，在他的主持下，该寺讲经学法之风盛极一时。1958 年，该寺僧人剧增至 250 人，有活佛和管家 10 人，僧官 3 人。由于寺院的发展，需要有固定的寺址，于是在兰果堪钦的主持下，在隆什加滩东央喇嘛曼兰桑布纪念塔处固定下来，正式形成隆什加寺，取法名为"牟居德钦林"，意为"不变大乐洲"。寺院内部分"曲噶尔"（经院）、"曲周哇"（六法修院）、"珠扎哇"（禅院）3 个系统。珠扎哇内又分六支加行（觉周）、上幻轮（上冲科）、下幻轮（下冲科）3 个班级。寺主为东央喇嘛，总受贡麻仓部落头人丹增嘉木措管辖。兰果堪钦于 1960 年去世，著述 2 函，皆为佛教仪轨之类，查格隆·楚臣达吉为之写有秘传传世。

1983 年落实宗教政策，隆什加寺重新开放，于东柯河河阴的图兰木沟口重建，现建有土房大经常和活佛囊欠各 1 座，均为木石结构，出于河州工匠之手，为汉藏合璧建筑，装饰华丽。禅院、僧舍等仍为帐篷，多至数十顶。现有僧 700 人，其中常住寺院者 300 人，由寺主加喇嘛阿旺班玛南杰（通称加喇班南）兼任金刚上师，总管寺务，下辖有本县恰依龙寺。

恰依龙寺是今甘德县青珍乡境内的一座觉囊派小寺，位于东柯河西岸的恰依龙沟内，原为阿什姜贡麻仓部落下属的上藏科部落所属，最初也是一座帐房寺，其开创僧尼丹伦珠嘉措，为青珍牧区人，生于19世纪初，学经于中壤塘的藏哇寺，为第三世藏哇活佛贡却久美南杰的弟子，学成后奉师命回故乡传教，创办帐房寺。他去世后该寺以仓巴古穹为其转世，因前辈受法于藏哇寺，故以"藏哇"为佛号。第三世洛周南杰，1935年生，甘德青珍乡人，他受学于隆什加寺前身乃亥噶尔帐房寺的住持兰果堪钦阿旺桑俄嘉借，后又成为隆什加寺的转世活佛之一。在他主持下，1987年在青珍乡境内的西柯曲河东岸恰依龙沟建土房经堂1座20间，另建囊欠、商店、僧舍百余间，寺院始固定下来，通称恰依龙寺。现有僧200多人，其中常住寺院者96人，寺主洛周南杰，兼任隆什加寺寺管会主任。

甘德青珍乡境内东柯河上游的龙格滩，有寺名龙格寺，亦分建于本县隆什加寺。1983年，由于原隆什加寺活佛白玉巴求和班玛父子有妻室，不能返回本寺，遂建龙格寺，亦称"巴求寺"。现有土房经堂、僧舍、伙房、转经房以及大小佛塔等建筑，有僧40人，由白玉巴求父子主持寺务。大型宗教活动一般去隆什加寺共同举行。

果洛境内的觉囊派寺院在宗教上均隶属于中壤塘的藏哇寺，其中多数寺院总属于上藏哇系，唯独甘德县的扎西曲朗寺属于下藏哇。扎西曲朗寺位于下藏科乡境内东柯河畔的扎西曲朗地方。清雍正十二年（1734年），藏哇寺叶合多噶尔经堂的活佛阿西·更欧合（传为下藏科部落第四代头人）来甘德下藏科牧区传教，由他倡建一座帐房寺，称"藏科曲噶尔"亦称"藏科寺"。历史上，这是一座政教合一的寺院，寺主藏哇更欧合，既为活佛，又是下藏科部落头人。藏科部落主要游牧于今甘德县境内的东柯河流域，其中上藏科在上游今青珍乡境内，下藏科在下游，1957年有129户，由更欧合（亦称藏哇朱古）统辖，下辖加科、加木日、窝科、美科、百科、扎科、曲科等7个小部落。扎西曲朗寺1958年时有僧168人，活佛有更俄合等12人，全寺有作为经堂用的大帐房2顶，作为僧舍的小账房40顶。1984年后新建土房经堂、佛堂、转经房、僧舍及佛塔等。现有僧195人、活佛5人，由藏哇朱古更俄合主持寺务。历史上，该寺与藏哇寺的下藏哇系统关系十分密切，不少僧人学经深造于藏哇寺的叶合多噶尔经堂，下藏哇活佛亦常来该寺指导学修，现第五世下藏哇活佛阿旺晋美乔列南杰常居此寺。

第十章

青海藏传佛教文化概览

第一节　建筑特色

　　青海藏传佛教寺院，除和汉地佛寺一样多建于名山风景区外，一般依山势而建，形成鳞次栉比、错落有致的壮丽景观。建筑风格大体上可分为三种：第一种是汉族殿宇式建筑，以乐都瞿昙寺最为典型，多在东部农业区。这种建筑外观类似官署殿宇，组群建筑为主，成方形四合院或二至三重院落组合群。建筑的平面布局是一般在纵轴线上安置主要建筑，左右两侧依横轴线分别以体形较小的次要建筑相对陪衬，即主体建筑置于中轴线上，附属设施置两侧。各大建筑常用走廊连接，或用围墙环绕，成为封闭性较强的整体，门窗向内。建筑内部，采用传统的木架结构，以木为梁柱，形成间架，分承建筑上部荷载；以斗拱增强结构的稳定与美观。顶式以脊、面构成的不同，分为单体和组合两种类型，以庑殿、歇山、重檐等顶式最为常见。一般以筒瓦铺顶，个别殿堂覆盖镀金铜顶，称之为"金顶"，最为尊贵，其次覆盖琉璃瓦，多为绿色，次于金顶。顶之正脊，安装宝瓶、喷焰摩尼（火焰掌）、法轮、金鹿等；垂脊四面为飞檐挑角，挑角上安装有水怪鳌头等饰物。第二种是藏式建筑为主要建筑形式，见于大部分涉藏地区，它以碉楼式建筑为其外观风格，自成一体。建筑式样以方形作为空间隔定的一般形式，依山就势，以石砌或用土夯筑为墙，下宽上窄，四周或单面开窗，正面建筑稍低，以平顶封闭，形似碉楼。大多建于河谷山间的平缓地带，有的依山而建，主体建筑居中，附属建筑散布四周，多不匀称，各种建筑循山顺势，错落重叠，密若鳞栉，远望似多层楼阁耸立，主体建筑雄立其中，装饰精彩，有统一全局效果。墙之上部分为上宽下窄边麻墙和藏式窗，相间布局。边麻墙上，按一定间隔嵌饰铜镜，门旁顶部边麻墙两边，一般各镶圆形铜质鎏金十相自在梵文宝境，金光闪烁，尤为壮观。回廊以四棱柱托起梁枋挑椽，以砖封檐平顶，顶脊置铜制法轮，两侧金鹿，作闻法状。门外石墩，上插旗杆，竖五色梵幡，更添藏式建筑特色。门框上书美术体藏文或梵文，殿内四棱柱或圆柱托起整个建筑，或明或暗，数量不等，有的明柱裹以布套或柱毯，壁面彩绘，中悬彩色绸缎的法幢、柱面幡以及各种佛像唐卡（卷轴画）等，肃穆庄严。第三种为汉藏合璧式，多见于汉藏交汇地带，以塔尔寺最为典型，充分反映出藏汉文化的相互吸收和融合。这种建筑，一般下部多为藏式，上部多为汉式，各取所长，互为补充。如塔尔寺的大金瓦殿，呈三层重檐歇山顶藏汉合璧宫殿式建筑风格，殿墙、门窗、装饰等皆为藏式，上两层则为重檐歇山式金顶；大拉让（班禅行宫），是一座由上下左右五个院落、五华门、牌坊等组成的藏汉结构结合的建筑群，正殿为双层藏式平顶楼，墙基、女墙、假窗等均为藏式，而正门五华门及其琉璃瓦歇山顶以及梁坊、斗拱、檐椽脊角、油彩绘画等，均为清代营造手法（《青海塔尔寺维修志》）；祈寿殿更是一座精巧玲珑的典型汉藏结合式建筑，殿形为矩形两层重檐歇山顶建筑，院门、琉璃围墙等皆以汉式艺术处理，殿内又是藏式建筑结构，柱廊门饰等全为藏式处理法。再如原西宁市大佛寺，由前院、后院、马房和花园等组成。前院建有山门、经堂、僧舍，后院有一大殿，是一组两进两侧院的建筑群，其布局风格有明显的汉式特色。大殿为三层空心阁楼，重檐歇山屋顶。飞檐起翘，青色筒瓦铺顶，正脊装有宝瓶，两端设有兽吻，下部为藏式大墙面碉房式建筑，上下汉藏建筑艺术自然结合，融为一体。

藏传佛教寺院一般由经堂、佛殿、扎仓、佛塔、活佛府邸、大厨房、僧舍、转经轮房等组成。

经堂 藏语称"督康"或"磋钦督康"，意为"僧伽大会殿堂"，一般都是全寺的主体建筑，规模最大，为全寺僧人集体诵经和进行大型佛事活动的重要场所，同时它又是该寺的显宗经院（参尼扎仓）。大型经堂一般三面有回廊，墙面设嵌框，内有大型间唐壁画，多以布幔围之，非大纪念日不揭去，平时难以目睹。殿门双扇，有的设中门和两边侧门，门侧墙面绘生命轮回图。门扇多以铜皮镶包，或以紫红色油漆，门钹门环镂刻花纹虎头，门框上书藏文或梵文字。殿内宽敞，陈设考究，三面贴墙设佛龛，供有各种佛像、佛塔及佛经。对着殿门一面，是主要供佛处，重要佛像均供此方，佛前有供台香案和法台宝座等，供台上陈列香花、净水、油灯等各种供品。地面一般铺有木地板，设长条禅座，上铺藏式坐毯，供僧安坐诵经。殿内灯光昏暗，肃穆森严。

佛殿 藏语称"拉康"，但因殿内主供佛像之不同，具体名称各异，如主供释迦牟尼报身像（藏语称"觉卧"）的殿堂称"觉康"，主供弥勒佛的称"坚康"，主供大威德金刚等依怙尊（藏语称"贡保"）的称"贡康"，主供护法神的称"赞康"等等。佛殿多为独殿,殿内为了扩大空间,常用短、长两种明柱,中间通天柱直抵梁枋头拱,形成上下两层。下层正中供奉主供佛像,直达中央通间,二层四周为小型回廊,上有取光设施。小型佛殿为一层,类于一般房舍,内部陈设与经堂雷同,只是规模较小,不设禅座。

扎仓 意即"经院",是学僧学习、念诵佛经的场所,一般由经堂、佛堂、拉让、吉哇、加康等建筑组成,实成一座小型寺院。经堂为主体建筑,屋面设铜制鎏金宝瓶,四角各置铜制鎏金法幢。殿前屋顶中心设法轮,两侧为卧式金鹿,经堂内陈设基本同于全寺性大经堂,供诸佛法器,设有法座和禅座,供堪布讲经和僧众讽诵经典。佛堂有两种情形,一种是单独建立,一种是经堂内部采取中央局部升高手法,形成一层中央上方直抵二层殿顶,第二层四周成回廊,内设佛堂。拉让是扎仓堪布和执事僧官的行宫,内设佛堂、办公室、居室等。吉哇是扎仓的行政事务机构,加康是伙房兼库房。

佛塔 藏语称"却典",也是藏传佛教寺院中的主要建筑。佛教认为,佛像为身之所依,佛经为语之所依,佛塔为意之所依,佛塔作为"三所依"之一,与佛像和佛经具有同等重要的位置。塔在印度有两种形式:一为埋葬佛舍利的"窣堵波",属于坟冢性质;一为没有舍利的"支提",属于塔庙性质。[①]藏传佛塔两种皆有,第一种又内分舍利塔和肉身塔,均称"灵塔",多用金银珠宝镶嵌,豪华无比,常置室内供奉。第二种从功能分,有纪念塔、经塔、镇煞塔等;从外形分,有通卓塔(直译为"见之即得解脱塔")、菩提塔、吉祥多门塔、神变塔、尊胜塔、神降塔、息净塔,莲聚塔、涅槃塔、莲花合瓣塔、善逝塔、法轮塔等;从建筑材料分,有石塔、砖塔、土塔等,多在室外,体形高大,也有木塔或金属塔,多在室内,体形较小。还有一种常见的轮塔,一般为纪念时轮金刚灌顶法会而筑造,目的在于祈求风调

---

① 段玉明著:《中国寺庙文化》,上海人民出版社 1994 年版,第 202 页。

雨顺、四季太平、佛法兴隆、万民幸福。塔身高大，基座平面为四方形，整个造型为藏式瓶形塔。塔身三级或四级，塔腹瓶形，由基座承托，第二层莲饰庄严；第三层中为时轮金刚十字咒文宝龛，两侧各一小塔，塔侧和四角上装饰棱柱，支撑塔瓶，基座四面设四塔龛，内供四大天王，意在守护四方；第四层为塔瓶，中间有一塔龛，供金刚力士护法神像，塔瓶形处设有一大塔瓶，内供时轮金刚塑像；塔瓶颈自下而上由粗变细，依次安有铜质鎏金法相轮，顶部装有仰盘、覆盘及日月宝鉴。青海地区，以塔尔寺和海西都兰寺的时轮塔最为出名。果洛班玛县的阿什姜寺，是著名的觉囊派寺院，寺内有实心石塔3座，分别名度母塔、尊胜塔和金刚橛塔，3座各高30米，底宽14米，塔身圆形，各五至八层不等，塔基四周各建佛堂1座，门楣彩绘佛画，各层设佛龛若干，顶层四面塔壁，描绘出佛眼，形象逼真，样式奇特，为青海藏族聚居区所仅有。

活佛府邸　青海藏传佛教寺院内有三种叫法，即"噶尔哇""拉让"和"囊欠"，也可译为活佛院，是寺院建筑中的重要组成部分，其规模因活佛的地位和经济实力而不同，修建规格和装饰有严格的要求。如正面墙体的装修，有的是边麻墙加饰藏窗和铜镜；有的是红墙饰以藏窗和铜镜；有的墙体只允许下面刷白灰，上部装饰藏窗和"蜈蚣"墙；有的只是白墙，上部为条带式红墙。府邸内佛堂顶脊正中安装的宝瓶，有的铜制鎏金，有的则是砖制宝瓶；府邸门前或院内竖立的牦纛经幡杆，有的可以竖立，有的不允许竖杆等等，均根据活佛对寺院贡献的大小和品级的高低而定。大型的活佛府邸，由经堂院、办事接待院、活佛起居院、管家办公宅居院、侍僧院、杂物院及马厩（今之停车院）等诸多院落组成，是一个庞大的建筑群，有经堂、佛堂、卧室、办公室、接待室、伙房、库房、僧舍等建筑物。庭院布置多为青海"庄廓"式四合院，各院连接，有门供出入。院内有花坛，种植各类花草树木。外围以藏式墙，正面围墙下部砌石，上为红墙，其上是边麻墙，有藏窗、铜镜相间布局。门侧立有旗杆，上挂经幡，以示活佛地位。总门设正门和两边侧门，平时正门很少开放，多从侧门出入。较小的活佛府邸则为独立院落，内有佛堂、活佛起居室、办公接待室、管家起居工作室以及伙房等其他房舍。其中佛堂为主要建筑，多设在居室、会客室顶部阁楼，内有各种镂刻精美的佛龛，佛像以铸造的铜像为主，四壁、顶棚裱糊，地面铺有地毯，肃穆豪华、干净幽雅。

转经轮房　藏语称"嘛呢朗科"，一般在殿堂之间的回廊，正面开间，长条木架上安装转经轮筒，筒身朱漆金字观音六字真言"嗡嘛呢叭咪吽"，轮之上下两端以轴承固定，底边装有手柄，用以转动嘛呢轮。嘛呢轮内装有佛教经文，佛教谓转动嘛呢轮，表示即念诵六字真言和经文，功德无量，故朝拜者争相顺时针方向转动。藏文典籍中有关藏民族起源的神话称观世音菩萨最初以悲力化为一只神猴，与圣救度母所化的罗刹女媾和，生出6子，由此繁衍出藏族先民。还说吐蕃王朝时期，藏王松赞干布看见天空现起六字真言，放出五色光彩，辉映于山石，自然现出观世音菩萨、救度母圣像。因而藏传佛教认为，藏地是观世音菩萨佛力加被之地，观音、度母为身之主要所依，六字真言为语之主要所依，并云六字真言具足无量三昧法力和微妙不可思议之功德，若此真言着于身，触于手，藏于家，或书于门，刻于石，皆得逢凶化吉，遇难成祥。因此，信仰藏传佛教的藏民族有广泛的观音信仰，以达赖喇嘛为观音之化身，对其六字真言不绝于口，处处可见嘛呢轮、嘛呢房、嘛呢石、嘛呢康等。嘛呢轮有大有小，大者安置在寺院殿堂回廊或专门修建的嘛呢轮房，大型的须用绳索拉动，小者手摇，为老年信仰者所必备。嘛呢石是镂刻或书写有六字真言的石块，多为石版，上以彩色油漆涂字。嘛呢康即诵嘛呢之所，类似内地村庄中的庵、观、祠堂，是附近村民进行民间宗教活动的重要场所。

僧舍 为僧人居住生活之所，建筑较简陋，如同农舍，主要有居室、伙房等，一般成独立院落，称之为"扎血合"，以血缘或师徒关系成员为居住单位。扎血合一般为私产，由僧人的俗家（通称"娘家人"）于寺内修建，或出资购置，死后可由其家人变卖给其他僧人。有的僧人家境贫寒，或孑身无依，则租赁以居。僧人生活平时由其俗家供给，自携粮蔬、肉食，寺院有一定补贴，供给部分口粮，重大宗教活动时，常集体准备饭食。各扎血合一般有简易伙房，有的居室即伙房。

大厨房 （藏语称"加康钦莫"），是全寺僧人举办诵经、法会等集体佛事活动时提供饮食的地方。基本饭食是茶水和米饭，统称"滚芒加"，费用由全寺财务支出，也有各大活佛等私人出资的。大厨房内的基本设施是生铜锅，铸造而成，因需供应多人食用，锅多特制，大得出奇。如塔尔寺大厨房共有5口大生铜锅，其中3口锅口径2.6米，深1.3米；两口锅口径1.65米，深0.9米，均为清代专门铸造。

第二节　寺院组织

藏传佛教各派，特别是格鲁派，都有一套严密的组织机构，以保证寺院内部宗教和行政事务的正常开展，保持寺院经济的发展。各寺的组织机构，除总分行政和宗教两大系统，以及设法台、堪布、管家、僧官、引经师、果尼（殿堂管理员）等僧职这些共同性内容外，又因地区和建寺的实际情况、教派和规模的不同等，各寺在组织管理机构方面有各自的一些特点。青海格鲁派寺院的组织，以塔尔寺最完备和典型。塔尔寺的最高权力机构是全体僧人经堂会议，会议由总法台主持，没有固定时间。全体僧人经堂会议的常务委员会议叫"噶尔克会议"，参加的人员有：法台、大襄佐、大僧官、大老爷和六族干巴。法台是全寺的总负责人，代表寺主总管全寺宗教和行政事务，藏语称"赤哇"，相当于汉地佛寺的方丈，驻锡大拉让，一般由该寺或寺外很有影响、经济实力雄厚、佛学知识渊博、宗教界有相当声誉的高僧（多为转世活佛）担任。其产生过程先由六族干巴提名，噶尔克会议研究决定，全体僧人经堂会议通过，无固定任期，多数以3年为限。襄佐相当于管家，负责管理财产、财务、对外联系、接待施主等事务，多为活佛亲信，有大法台、经院堪布和活佛府邸的管家3种。塔尔寺的大襄佐指总法台的管家，因驻锡大拉让，故亦称"大拉让襄佐"。大僧官藏语称"格贵"或"协教"，俗称"铁棒喇嘛"，是负责管理僧人生活和学经纪律、纠查犯戒行为、掌管僧人名册的僧职。大老爷是大吉哇的负责人，一般由来自塔尔寺六族、得到噶仁巴学位的僧人轮流担任。大襄佐和大僧官作为法台的助手和代理人，由法台提名并任命，与法台同进退。六族干巴是塔尔寺六族部落僧人的代表，一般由大僧官负责推举，每部落1人，任期1年。以上噶尔克会议的参加人员除法台外共9人，所以俗称"九人会议"。全寺的一切重大事情都必须通过这个会议讨论决定，并由法台提交全体僧人经堂会议通过后执行。噶尔克会议和全体僧人经堂会议的执行机关叫"吉索"，其办公地方叫"大吉哇"。大吉哇因此也是吉索的代名词，由3名吉索吉巴、藏汉文秘书和管理杂务的人员组成。吉索吉巴意为行政负责人，一人总管全寺内部事务，俗称大老爷；一人负责对外联系，俗称二老爷；一人负责财务，俗称三老爷；管理杂务的人员俗称四老爷。大吉哇负责管理全寺的资金、债款、租粮、布施、地租等收入，制定分配方案，负责全寺僧人口粮的供应、各佛殿香火及人员的调配等，并代表寺院对外联络，凡交接官府、接待施主、收取布施、放债取息、经商活动等都由大吉哇经手。此外管理寺属土地和属民（其中住居寺院附近、完全依附寺院的，藏语称塔哇），向属民摊派差役，接受属民、佃户的财产诉讼，审理各类僧俗案件等。大吉哇还有两个下属机构，一是"哲康"，即粮食仓库，有粮食管家2人，文书3人，负责租粮保管、口粮发放等事宜；一是"巴日康"，即印经院，有大小管家各1人，负责经典印刷、赠送、销售等。

以上为全寺的行政组织系统。宗教组织系统是，全寺的学经和宗教活动仍由法台总负责，这方面法台的助手有总引经师（藏语称"翁则"，俗称"经头"）1人，在熟悉各种经典及念诵仪式中声音洪亮悦耳的僧人中选任，负责在大经堂领头诵经。另有大僧官1人及其随从数人。负责经堂内诵经时的纪律等。此外还有大经堂的果尼，管理经堂内的财务、法器，负责卫生、供品等。

与全寺一级的组织机构相类似，各经院（扎仓）也有自己的行政和宗教管理组织。经院的总负责人为堪布（堪布也叫法台，为区别扎仓堪布，称全寺性法台为总法台，曼巴扎仓和丁科扎仓的堪布又叫"洛本"），堪布下设襄佐、僧官、吉哇第巴（亦称吉哇老爷），共同组成经院的"喇吉会议"，为决定本经院重大事务的组织机构，其执行机关亦为吉哇，有干巴4人，协助堪布等管理各种行政事务。堪布居住的院落称"扎仓拉让"，由其襄佐管理。经院内部的学经、宗教活动等，亦由经院自己的引经师、格贵（僧官）协助堪布管理。堪布等各僧职一般任期为两年，任满后不再连任，堪布一般是有佛学造诣的转世活佛，全寺性的总法台往往从堪布中选任。

其他教派寺院的组织与格鲁派大同小异，所谓不同点，主要有名称的不同以及教派和地区的一些特色。比如萨迦派的结古寺，管理全寺行政宗教事务的会议组织叫"尕周"，由寺院座主（法台）、活佛、确禅（管理行政事务的僧官）、翁则、本寺的根本施主以及寺院所属部落的千户、百户等人组成，其常设机构为"拜班"，由5人组成。拜班的负责人称"结古第巴"任期通常为1年。宁玛派寺院有两种，一种是出家僧人住居的"贡巴"，须远离村庄，在僻静处修建，其寺规和组织情况和格鲁派基本相同；一种是在家宁玛派教徒进行宗教活动的场所"俄康"，相当于"居士林"。在俄康参加活动的教徒叫"俄华"，俗称"本卜子"和"宦"，平时居家生产，有妻室，定时去俄康参加集体活动。俄康的最高权力机构是全体俄华会议，称"俄芒央"，由寺主活佛主持，无固定时间。平时的寺务喇嘛多杰增巴（金刚上师）、格贵（僧官，现在多为寺管会主任）、翁则（经头）、勒那（执事）、扎干（老僧，相当于理事）等组成管理委员会，具体负责管理行政和宗教事务。格贵等每年或3年轮流任职，一般由管委会提名，须经寺主活佛审批。

觉囊派寺院的组织也雷同于其他教派，分宗教和行政两个系统，由寺主活佛或赤哇（总法台）统管。宗教系统又分经院和禅院两个部门。经院藏语叫"雪扎"，主持人是堪布，一般由熟谙经典、精通佛法的"格西"担任，主要负责讲经，主持佛事活动等，任期一般为3年，可以连任。堪布以下，有格贵、翁则等。禅院藏语叫"珠扎"，主持人是金刚上师，藏语称"多杰洛本"，也译为金刚教师或金刚阿阇梨，由精通显密、密修有成就的喇嘛担任，负责和指导禅僧修炼密法。金刚上师之下，有"吞宦"和"仓哇"若干人，吞宦具体负责管理修炼事宜，仓哇主要负责禅僧的饮食、生活等。觉囊派寺院的行政系统主要由温布或管有负责。温布一般为大活佛之兄弟、子侄或其他近亲，由大活佛委任，终身任职，死后再由新活佛的近亲继任。温布负责掌管寺院的一切公用收入、开支，并代表活佛管辖下属寺院。因此，在寺主活佛幼年时期，温布是寺院的实际负责人。温布下设管家若干人，协理经济、行政、外交和一切内部事务。有些寺院不设温布，直接由管家管理行政。

旧时，青海的部分藏传佛教寺院曾是当地区域性政教合一统治的中心。李翌灼先生在其《藏传佛教略史》中论述政教合一的这种政治制度曾在历史上起过某种积极的社会作用。他说："政力之不能达者，则教以通之；教力不能及者，则政以弼之。教为政之所依，政为教之补助"，认为政教相资，恒相辅行，是社会得到治理的保证，二者"互资则有功，背驰则两败。可并行而无可淆乱，可分举而不可偏重，斯盖一定不易之理。若有教而无政，或逐末而弃本（即有政而弃教）而能为国者，盖未之闻也。"[①] 当然，他讲的主要是立国治国的道理，也反映了政教合一的某种理论基础。以往，青海青南地区有不少政教合一的寺院，活佛即部落头人，或活佛管辖千、百户，在该地区有至高无上的权力。寺院可委派代表"喇察布"到所辖部落代表活佛管理属民，甚至可以设置监狱，兼行司法。如同仁县隆务寺的夏日仓诺们汗，是隆务寺和所辖 35 座属寺的总寺主，也是所辖十二部落的总首领，历辈转世掌握当地的政教大权，有固定的崇高地位，地区内一切重大事情均由他最后裁决，具有无上的权威，当地僧俗尊称他为"坚贡"，意为救世怙主，可以说是最高的称谓了。隆务寺的总法台基本上由寺主夏日仓任命，作为隆务十二大部落总头人的"隆务昂锁"亦在隆务诺们汗夏日仓的管辖之下。总法台代表夏日仓具体负责管理寺内行政宗教事务。隆务昂锁下设昂锁府，管辖所属千、百户部落。据 1951 年的统计，隆务昂锁所辖的千、百户仅在今同仁县境内，有千户 8 名，百户 27 名。

第十章　青海藏传佛教文化概览

----

① 陶长松等编《藏事论文选》，西藏人民出版社 1985 年版，第 14 页。

第三节 学经制度

过去，学僧入寺学经的年龄没有严格的规定，有 3～7 岁的童僧，也有成年后入寺为僧的，但多数从小入寺，自幼接受寺院教育。入寺学经基本上有四种情况：一是小孩被选定为活佛的转世灵童后，迎入本寺接受宗教训练，由所属噶尔哇（或囊欠、拉让）负责一切费用；二是小孩的父母家长在佛前或寺院许下心愿而送子入寺的，一般由其家庭负担衣食生活问题；三是因家中有几个男孩，且生活比较贫寒而自愿送孩子到寺院学经，其衣食费用除自备一部分外，可得到寺院发放的口粮补贴；四是寺院原有的活佛或僧人为了有人继承他的学业和私有财产，将自己的侄子、侄孙、外甥、外孙或其他亲属子女带到寺内为僧，作为自己的继承人，其生活费用则由领来的僧人负责解决。真正因人生道路上受到挫折或其他原因而入佛门的比例较小，且多年龄较大。

学僧初入寺，先受近事戒，即居士戒或优婆塞戒，仪式可在俗家或寺院僧人家中举行，时间不定，塔尔寺一般在农历八月十五日。授戒之日，洒扫庭院，要内外整洁，点灯焚香，在佛像前由规范师传授五戒，即戒杀生、偷盗、邪淫、妄语、饮酒，弟子跪听上师训戒，或随师父念说。自此，标志着受戒人皈依三宝，成为佛弟子，可居家信佛。也有的不受近事戒，于七八岁时直接举行剃度出家仪式，受沙弥戒，仪式必须在寺内佛堂举行。"沙弥"藏语谓"格楚"，须受十戒，即在近事五戒上增加不著花衣和好香涂身、不歌舞亦不往观听、不眠坐高广严丽床座、不得非时食、不蓄金银财宝。受沙弥戒后，由上师赐给法名，称之为"完德"。完德在寺内须投拜师父，师父多为其伯父、叔叔、舅父、兄长等亲属或其他老师，在师父的指导下先学习藏文拼音写读，同时帮助老师做力所能及的家务劳动。当有了一定的藏文基础后,开始学念背诵简单经文,如《皈依颂》《度母赞》《忏悔经》等,一些常念经须背得滚瓜烂熟。到 12 岁左右,由师父带到有关经院(首先多为显宗经院),经考试合格,并向大僧官和经院格贵、翁则等献礼,被编入班级,正式接受寺院的正规教育。成为经院的学僧后,须由家人和或启蒙师父为他准备僧衣僧帽、茶饭碗具、念珠、坐垫等必需品。

经院都在称为"贡巴"的正规寺院。正规寺院所设经院的数量一至五座不等,小寺可以是一座经院,大寺则有好几座,如塔尔寺设显宗、密宗、时轮、医明、法舞等五座经院,或称学院,藏语谓扎仓。各经院因教派、地区、隶属关系等的不同,学习的内容、时间等也不尽相同。兹以塔尔寺为例,简述如下:

一、显宗经院(参尼扎仓)

显宗相对于密宗而言,是佛祖释迦牟尼为信众公开宣说之教,是正统理论、佛教之根本,为广大普通学僧必须学习的主要课程。显宗经典总分经、律、论三藏,内容庞杂,典籍浩瀚。塔尔寺的显宗经院和其他格鲁派寺院一样,分因明学、般若学、中观学、俱舍学、戒律学五部分课程。

因明学　是有关推理、论证方法和思维方法的学问,通过宗、因、喻三支所组成的辩论方式,确定论题,从驳他宗、立自宗、断除诤论三个方面使学僧掌握蕴、处、界三科各种名相,以提高思辨和"考定正邪、研核真伪"的能力,故也称佛教逻辑学。这方面的基本著作是印度法称论师的《释量论》。该书共四品,主要是评论和疏释印度陈那的《集量论》的六章要义。学习因明学的基本方法是以学习广惠寺赞布·赤列伦珠所著《摄类学略论》入手,继学第一世嘉木样活佛的《悟慧论》(亦译《心类学》)《因理论》(亦译《因类学》)等。分卡多、堆仲、堆钦、达柔、洛柔五个班级,每级 1 年,合计 5 年。

般若学　是指依靠佛教净慧达到灵性觉悟，使佛教真理现前，以渡达智慧彼岸的学问。基本教材为弥勒菩萨五论之一《现观庄严论》。此论主讲定学，将《般若学》划分为八品七十义来逐品解释，即第一品一切种智十义；第二品道相智十一义；第三品一切智九义；第四品圆满一切相现观加行十一义；第五品顶现观加行八义；第六品渐次现观加行十三义；第七品一刹那现观菩提加行四义；第八品法身四义。八品中，前三品解释三智慧境地，即学佛人应明之三境界：一切现象的智慧、道路的智慧和普遍的智慧；次四品解释行，即学佛人进行的四种实践，直接了解一切的实践，真到最高的实践、在道次中的实践和突然了悟的实践，这是学佛者应修之行、成佛之因；后一品解释果，即学佛人最后证得的自性身、圆满报身、变化身和法身等果。因此，《现观庄严论》从境、因、果三个方面论述般若教义，阐明成佛次第，不仅是格鲁派必学的课程，而且为藏传佛教各派所重视。塔尔寺显宗经院分央萨、杰宗噶当布、敦莽噶当布和噶玉哇四个班级，学习般若学，每级一年，其中，央萨班级意为新论班级，选用第一世嘉木样活佛阿旺宗哲的《八种共道成就事师七十义善言不败上师语》；杰宗噶当布班级意为杰宗第一品班级，选用色拉寺杰宗·却吉坚赞的《般若辨析善言金鬘智者顶饰》；郭莽噶当布，意为郭莽般若第一品班级，采用拉萨哲蚌寺郭莽扎仓的《现观庄严论疏·般若总义遍明宝灯》；噶玉哇，意为般若第四品班，选用第一世嘉木样活佛阿旺宗哲的《般若大疏宝鬘智者顶饰》。

中观学　是佛教关于不执着有无二边、观察中谛之理的学问，认为"诸法因缘生，不生亦不灭，不常亦不断，不一亦不异"，其宗见"不许一切法有自相"，但又许有实境，所安立的世俗法有能所二生和能所二作等一切作用。中观宗内又分自续、应成二学派；以清辨、静命、莲花戒等论师为代表的中观自续派不许诸法有自相，而许名言中有；以佛护和月称二论师为代表的中观应成派则主张于名言中亦不许有自相、有自性等。主要经典是月称的《入中论》，该论主要解释龙树的《中观论》，阐明"假有性空"、不着有无二边的中道观点。对《入中论》，又有各种疏释本，塔尔寺显宗经院采用的主要释本是色拉寺杰宗·却吉坚赞大师的《入中论大疏疑难明示总义善言福德弟子之顶饰》，主要在吾玛班（中观学班级）学习，共学习两年。

俱舍学　专讲佛教的世界观和人生观。主要经典是印度佛学家世亲的《俱舍论》和无著的《集论》，并称为上下对法（阿毗达磨），是说一切有部的重要论典。《俱舍论》共三十卷，本颂分为八品，前二品即分别异品和分别根品，简称领域品和根品，解释世间与出世间所有之法；次三品即分别世间品、分别业品和分别随眠品，简称世界、羯磨和幻觉品，解释流转轮回之不纯洁因果及次第；后三品即分别道及补特伽罗品、分别智品和分别定品，简称圣人、智慧和静修品，主讲证得解脱的方法和次第。该论以四谛学说为总纲，指明痛苦的来源和解脱之道，阐释佛教"诸法无我"的根本观点，总结性地将构成宇宙万法的基本要素归纳为五位七十五法，即色法十一、心法一、心所法四十六、不相应法十四、无为法三，是为佛教教义的基础。因此，此论亦为各派所重视。塔尔寺采用的主要释本是五世达赖喇嘛阿旺罗桑嘉措的《俱舍论统·对法宝库》，主要在佐（俱舍）班级学习，学期亦两年。

戒律学　戒律是规范僧人和其他学佛者言行的种种规定。佛教认为，守戒才能保证个人证得解脱，并以一切善行饶益有情，受全戒的比丘须严格遵守 253 条戒律，即使是受近事戒的居士，亦须守持戒除杀、盗、淫、妄、酒五戒。戒律学的内容，总括十七事三科，主要讲未得戒时如何得戒之法，得戒后如何守护之法，若有违犯如何遵律还净之法等。主要论典是印度功德光的《戒律本论》。此论实为对佛祖释迦牟尼所说小乘律藏《律分别》《律本事》《律杂事》和《律上分》四种律典的释论。塔尔寺在都哇（即戒律）班学习，选用的注释本为班钦德勒尼玛著的《律藏所有密意正解·嘉言具缘宝鬘》，学期1年。

上述法称的《释量论》、弥勒的《现观庄严论》、月称的《入中观》、世亲的《俱舍论》和功德光的《戒律本论》，为格鲁派学习显宗的主要教科书，通称"五部大论"，一般要花10～15年时间攻读。此外，还开设有噶仁巴班级，开始学习宗喀巴大师的《菩提道次第广论》，学期1年，主要采用四世班禅洛桑却吉坚赞的疏释本《菩提道次第导引》。综上，塔尔寺显宗经院共设有13个班级。经过这13个班级的学习，学完显宗方面的全部课程。学僧经过10年左右时间的学习，学完因明学和般若学的课程，能熟读《现观庄严论》和《释量论》，通晓其大意，且能初步立宗辩论，取得较好名次者，由大法台授给"然坚巴"名号。如果学完五部大论的全部课程，经辩论取得规定名次者，由大法台授给"噶仁巴"名号。获得噶仁巴称号后，不再参加日常的讲辩活动，可在自己的住处博涉群籍，自行钻研，准备参加学位考试。显宗学位有两种：第一种是"林塞格西"，意即不同讲经院的学僧混合辩经后取得的格西学位，取得噶仁巴称号后，塔尔寺的上下辩经院以及郭莽、杰宗等班级学僧集中到上辩经院进行混合辩经考试，取得名次者授给林塞格西学位，也称"噶居巴"或"夏仁巴"，相当于硕士；第二种是"拉仁巴格西"，相当于博士，必须到拉萨三大寺考取。

二、密宗经院（居巴扎仓）

密宗称为"金刚乘"，意为依止方便智慧无二之金刚道而现证三门金刚（佛的化身），觉悟成佛。因修密多依秘密真言，故藏语一般称之为"桑俄"，意为密咒乘。藏传佛教认为，密宗非一般根器者所能学修，它有即身成佛之功效，故为佛教之精髓，为各派所重视。因此，人们把藏传佛教从总体上划归密宗或密教，要说中国密教，应以藏传佛教（严格说藏传佛教密宗）为主要内容。塔尔寺的密宗经院是密宗学僧学修密宗经典，修持本尊胜乐金刚、密集金刚、大威德金刚等无上瑜伽法门的专门学府。这里的学僧主要有两种情形，一种是自小进入密宗经院，和显宗经院的学僧一样，先是念诵和背诵一些基础经文，但内容多为密宗方面的。然后逐渐修习有关密宗本尊金刚和护法的密法、建坛知识、修坛仪轨以及经咒的念诵、降神作法的本领等，如求雨、防雹、驱魔祛病方面的基本经文及操作方法，学到一定程度即可外出为人念经禳灾、降神测算等，也可主持一般性的民间宗教活动，如祭祀俄博、春旱祈雨、秋季防霜防雹等。这部分人不参加学位考试，培养的主要目标是充当降神的法师、经咒念诵师等。第二种是学完显宗课程的学僧，不论是否取得显宗学位，均可进入密宗经院，系统学习密宗教义和仪轨，包括制作各种坛城、赞唱金刚歌、作金刚舞、演奏法乐、烧施护摩、闭关修持等方面的知识。这些人是密宗经院的主体学僧，学到一定时候，则在上师的指导下实地修持，通过理论与实践的结合，进一步证悟佛法真谛。实修时，往往去一些专供修行的静房（旧译"阿兰若"，藏语叫"日朝"），作长时间的闭关。此外，还有一些专门来密宗经院修行的老年僧人，他们一般无需再苦学经论，而以面壁苦修为主，通过潜心修持，"明心见性"，"觉悟成佛"。

藏传佛教密宗内容繁多，一般有"四续"（或四部）之说，即事、行、瑜伽和无上瑜伽四部。无上瑜伽内部又分方便续（大瑜伽或父部）、智慧续（随类瑜伽或母部）和方便智慧无二续（最极瑜伽或无二部）。因此，藏传密宗又有"六续"（或六部）之说。所谓密宗是指瑜伽修法，瑜伽意为"相应"和"规则"，是指修持密法，须循从一定的规则要求，以求得相应的效果。其仪轨极为复杂，对设坛、供养、诵咒、灌顶等均有严格的规定。诸续修法的共同要求是，严持戒律、身口意三密相应、调息炼气、凝神观想等，所谓禁戒、持戒、坐势、制感、调息、持摄、静虑、三摩地等瑜伽八支，是对修法者的基本要求。但诸续各有侧重，事续以祭祀上的单一和经典缺乏严密的系统为特点，侧重于结坛、设供等事项；行续以《大日经》为主要经典，除注重结坛修供等外在的祭仪外，以念诵真言为主，通过修行来体认与佛的同一性；瑜伽续以《金刚顶经》为主要经典，着重于瑜伽五相成身观法，即依止某一本尊，手结其印契、口诵其真言、心作观想，通过瑜伽超越外在的形式而达到一种内在的体证；无上瑜伽续以进一步修中脉、风息、明点为特点。其中，方便续又称摩诃瑜伽，以《一切如来金刚三业最上秘密大教王经》为主要经典，通过纯禅定思维达到诸法与佛无二的境界，重修风息，故亦名"命瑜伽"；智慧续又称阿努瑜伽，以《胜乐经》等为主要经典，通过瑜伽想象中的性命双修达到自身与佛为一的境界，重修明点，故亦名"勤瑜伽"；无二部又称阿底瑜伽，则以《时轮经》等为主要经典，主讲生圆双运光明次第，通过"乐空双运"的双身修法，获得悉地，即身成佛。总之，通过修持，以风息、明点之力开启信息通道，引发神通智慧，以圆证三身五智而成正果。在具体修持方法上，因传承有异，各派都有一些自派的特点，但塔尔寺密宗经院不持门户之见，在一些别法方面，有修噶举派"那若六法"的，也有修宁玛派"颇瓦法"的。塔尔寺学僧正是继承了宗喀巴大师显密兼修、博采众长的传统，不少上师获得修密成就。学僧在密宗经院学习 3～10 年后，对宗喀巴大师的《密宗道次第广论》《集续四合大疏》《生起次第近修四支瑜伽》《圆满次第六支瑜伽》等有了深入的学习和了解，通达生圆二次第道要义者，在全寺僧伽大会上立宗答辩，成绩优异者于秋季法会上被授予"俄仁巴"格西学位，相当于密宗博士。这种学位每年全寺只取 1 名，获取者可称之为"曲结"，意为"法王"，是密宗经院最高的学位。

三、时轮经院（丁科扎仓）

时轮经院，亦称"时轮修法院"，是学习时轮金刚修观密法和藏族天文历算知识的场所。藏传佛教密宗无上瑜伽部中，父部奉密集、大威德金刚为本尊，母部奉胜乐、喜金刚为本尊，无二部奉时轮金刚为本尊，此即五大金刚修行法。佛教基道果三位的建立，均与内、外、别三种时会密切相联系，并认为宇宙轮转与时季变化，犹如一个运行规则的巨轮，昼夜不息、年复一年地运转，故称"时轮"。主宰此轮的时轮金刚，简称"时轮"，又称"三界轮王""方便智慧王""无始怙主""第一佛"等，在塔尔寺时轮经院经堂内主供的时轮金刚像，红铜鎏金，其造型有 1000 只手、1000 颗头，俗称"千首千臂时轮金刚佛"，犹如车轮，形象别致。《时轮经》即以时轮金刚为本尊的密宗经典，其内容是联系宇宙自然界、日、月、星辰的运动和人体的五行、脉络、气穴、明点等讲述密宗修习之路径，主要为《时轮根本续》和《时轮摄续》以及《时轮根本续无垢光大疏》《时轮根本续无垢光大疏摄要》等各种释本。其中，根本续共 1041 颂，每颂 4 句，每句 21 字；无垢光大疏，共分五品，即器世间品，内有情界品、灌顶品、修习法品和智慧品，也就是从外部世界的构成和生（形成）、住（存在）、异（变化）、灭（毁灭）的规律，讲到五欲界、六欲天、十六色界、四无边处等三十一有情世间三界众生，经过灌顶，作切实修持，最后证得佛智。塔尔寺时轮经院在学习时轮教法时采用四世班禅罗桑却吉坚赞的《时轮广释》、代赤·嘉木样图旦尼玛的《时轮生起次第论》和克珠杰的《时轮圆满次第笔录》《时轮教授秘诀念修四支》《瑜伽加行六支》等，以这些释本作为必学的教材，学僧先受时轮灌顶，继听经院堪布和讲经师讲授经文，然后绘制彩粉坛场，农历每月十五、十六日修供时轮金刚，春季法会时专门诵修时轮金刚法。

在时轮经院，结合学习《时轮经》，还学习藏族的传统历法、天文学等知识，通过传授推算仪和图谱，观测经纬和星座位置，掌握天干地支结合运用法、日期节令推算法、占卜法等。在夏季法会期间，还学习结手印法以及快诵、缓诵、音调变化等方面的知识和方法；住夏安居时，练习跳神舞姿，学习弹线画坛方法等；在秋季法会上，学习击打和吹奏法乐方面的知识等。藏族历法是藏族和藏传佛教学者十分重视的一门学科，这方面的学者能比较准确地解释和预测一年中总的气象趋势、季节变化、雨水多寡及各种灾害，并能预报日、月食日期和地震的发生等，已引起有关部门的重视。

该院僧人学完《时轮根本续》及其规定的疏释本，能熟练背诵《时轮根本续》，牢固掌握了天文历算、星占、堪舆等知识和内、外、别时轮知识，经一定考试后，向成绩优秀者授予"孜仁巴"格西学位，意为历算学博士。按该院规定，也可破例授给"孜仁巴格西"的荣誉学位。

四、医明经院（曼巴扎仓）

医明经院，准确讲应该是藏医学院，是专门学习藏医理论和诊断、治疗知识以及采药、制药技术的地方，故亦译医明学院。藏医药学是中华医药学的重要组成部分，它起源很早，有记载的始于吐蕃时期的名医宇妥·元丹贡布，约在公元8世纪中叶。在长期的历史发展中，藏医吸收了汉族医学和印度医学的部分内容，不断研究实践，形成具有民族和地方特色的医学体系和理论，并对蒙古族医学产生过重大影响。藏医诊断方法有脉诊、闻味、问发病史、舌诊、检查大小便、验痰等。治疗方法有内服药、外敷药膏、艾灸、放血、药浴、拔火罐等。所用药物有植物、动物、金属、矿物等。内服药的配制方法是，将各味生药按方配合，研成细末；或用蜂蜜和酥油和成丸药、药物制成后由僧人诵经祈祷，举行加持，以增强药效。药物多自行采制，也有外购的，其中不少是青藏高原特有的药物，对一些慢性顽症的治疗有奇效或显效。塔尔寺曼巴扎仓的学僧除参加全寺性和本院的佛事活动外，在藏医方面主要学习《四部医典》《药王月诊》《晶珠本草》《辨识药物分类》等。其中，宇妥·元丹贡布的《四部医典》是最基本的教材，全书共分四部分。第一部分总则部，论述藏医理论体系和纲目，以树为喻，用树干、枝叶形象地示意人体结构及病理。第二部分为叙述部，系统讲述生理、病理、药物、配方及治疗原则等；第三部分为密诀部，论述各类疾病的分类及治疗；第四部分为后序部，论述诊断、药物炮制、针灸、外科手术等方法。《晶珠本草》类似《本草纲目》，记有2000多种药物，其中临床常用的有四五百种。

该院按《四部医典》开设四个班级，由堪布分类授课，所有学僧必须学习藏医特有的"辨病示意树绘图""石子投穴图"、人体解剖图、经络示意图等医学理论知识，掌握人体结构和诊断方法。对于药物的分类、采集、配制方法等十分重视，药物按草、木、石、土、金等部分类，鉴别药材的根、茎、叶、实、味、气、性以及温凉寒热等功能，学会煎剂、独味特效药剂、粉剂、泻剂、补剂的配制法以及药浴、流浸膏制法、蜂蜜干膏制法、焖煅法、扎穴放血法、导引便秘法等系统技艺。每年夏令安居解制之后的7月，上师带领学僧到本县帐房台的白水滩静房所在地实地采集药物7天，以提高实践能力。该院除学习藏医药知识外，也学习《菩提道次第广论》等显宗经典，还须学会结立坛场、念药师真言、跳法舞、练手印和赞佛音律、吹奏法乐等基本知识，定期举办修供本尊药师、金刚大威德、普明十七尊等的宗教仪轨，可以说是经医并重双修，学医有浓厚的宗教特色。该院学僧学通《四部医典》等教材，对其理论能熟练应用于实践，在全寺僧伽大会上就《四部医曲》的内容及难点进行立宗签辩，成绩优异者，于秋季法会（农历八月十五日）授给"曼仁巴"格西学位，相当于医学博士，对有的也可授名誉学位。

五、法舞学院（欠巴扎仓）

该院虽称扎仓，但并无学经制度，无固定的学僧，故不在寺院四大扎仓之列。它是临时性地培训法舞演员以便为寺院大型佛事活动服务的机构，学员从其他四个经院临时抽调而来，练习演跳佛教舞蹈，掌握吹弹打奏佛教音乐等知识。学院的负责人称"欠本"，设正副职各1人，正职负责管理全院的一切事务，副职专门负责训练跳舞演奏，故从熟悉各种舞蹈、乐器者中选任。该院的主要任务，一是在全寺举办的重要法会上跳法舞演出，藏语称"跳欠"；二是在晒大佛、转金佛、抛撒朵马（食子）、接待来寺的重要喇嘛施主时，由欠本派人陪侍大护法的降神师。因此，欠本及其学员是举办重大佛事活动中不可少的角色。但跳欠等宗教活动在有条件的大寺院中进行，对一般性的小寺院并不严格要求。因此，除个别大寺外，一般寺院并不设法舞学院。

塔尔寺除法舞学院，其他各经院把一年分为若干学经的"学期"，藏语称"却拉"（意为法苑，因学经活动多在有围墙的园子内进行，故以法苑称学期），也称"曲托"（意为在学时期）。各院学期的划分不尽相同，如塔尔寺显宗经院一年分7个学期，密宗经院分10个学期。每个学期，各班级都规定有一定的课程，学僧必须集中精力从事学习和讲辩，按期学完规定的课程，学僧于每日黎明闻锣声迅速起床，穿衣洗漱，默诵《忏悔经》。快日出时，响一声长号，学僧即口诵《无缘大悲赞》，徐步入经堂，开始一天的学习生活。全天分早读（雪措）、上午学经（贡措）和下午学经（贡曲）三堂，一般通过集体诵经、讲辩经文和经师讲授等方式进行学习。每个学僧都有自己拜依的主要经师，除集体活动外，学僧还在规定的时间里请教经师释疑解难，在经师的指导下有计划地学习，这是学僧获得知识的重要途径。学期以外的时间称为"曲参"，意为学经间歇期，是参加寺院的宗教法会和学僧自己活动的时间。

塔尔寺每年举行春夏秋冬四季法会。这种法会有寺院统一组织的，也有各经院自己组织的，法会时间基本相同，法会内容多属唪经、讲经、辩经、修持等，因此也是一种集体性的学经活动，故称"学期法会"。各种学位即在这种法会上授予。

以上是塔尔寺学经制度的一些基本情况，其他寺院不一定全是如此，格鲁派以外的教派也有各自的特点。如萨迦派僧人总体上分"完德班"和"究班"两个班级，完德班学僧年龄一般在 18 岁以下，由堪布教授藏文、语法及佛学基础知识。19 ~ 35 岁的僧人则编入究班，修学该派的"道果教授"和萨班大师的《三律仪论》《正藏论》《萨迦格言》等经籍。格鲁派兴起后，受其影响，究班的学僧尚需学习格鲁派的十三部显宗经论。学僧不设学位，在青海学完规定经典后，须往西藏萨迦寺或俄尔寺，由座主主持授给比丘戒。觉囊派主张以显密双运现证菩提，显为密之根基，入寺僧人在 15 岁左右正式进入经院学习，学完规定课程需 10 ~ 15 年，其间可自筹资斧，赴西藏、四川等地朝拜佛教圣地，或入大寺拜师习经，或择地静修。约在 25 ~ 30 岁显宗学业结束后，再入禅院修炼密法。僧人经过 2 至 3 年的理论学习，并在禅院修习六支加行法 3 年，始称之为"扎哇"，学完全部规定的课程，经过长期的密法修炼，完成圆满次第，有资格的为他人灌顶授法者，始称之为"喇嘛"，意为上师，这是很高的荣誉。

第四节　宗教节日及活动

藏传佛教的节日，主要来源于佛祖释迦牟尼以及本教派创始人的诞辰、忌日以及对他们创教弘法业绩的纪念活动。各派节日的时间和活动内容各不相同或不尽相同。如四月法会，格鲁派以农历四月十五日为佛祖诞生、成道（亦云出家）和涅槃三大行迹纪念日，一般在初八至十五日间举行，而宁玛派却于农历四月十九至二十四日间举行。最后一日，格鲁派展佛，宁玛派跳欠。即使同一教派内部，各寺亦有各自的特点和具体内容。但各派也有一些共同的活动，如每年农历年底称作"岗索"的娱佛活动，一般从腊月二十二日起，僧众向诸佛菩萨奉献供品，顶礼膜拜，以娱悦诸佛菩萨，感戴酬谢其恩泽，同时忏悔过失，念诵祈愿经文，以祈福禳灾等。下面仍以塔尔寺为例，说明主要宗教节日及活动：

一、四大观经会

塔尔寺每年举行四次祈愿大法会，会上除诵经、讲经、辩经、祈祷、施供等外，还有跳欠、展佛、转金佛等佛事活动，当他僧俗群众纷纷往观，从而形成传统的佛教节日，俗称"四大观经"，这是当地口语，也有人写为"四大观景"或"四大官经"。

正月祈愿法会　藏语称"曼兰钦莫"，源于明永乐七年（1409 年）正月宗喀巴大师在拉萨大昭寺举办的一次大规模的法会。这次法会名誉上纪念佛陀在印度战胜外道诸派的业绩，祈祷佛教昌兴，实际上是当时在西藏刚刚崛起的格鲁派的一次誓师会，标志着格鲁派已经形成，有 8000 余僧众参加。自此，大昭寺于每年正月举行，成为定例，并为格鲁派一切寺院所遵行。塔尔寺于每年农历正月初八至十五日举行，为期 8 天。法会期间，十四日以前主要是献供祈祷、讲经说法，向当地土地山神念经祈祷等；

十四日下午演出法王舞；十五日最为庄重热烈，白天仍诵经祈祷，沐浴诸佛，从下午起展出酥油花，直到深夜，至此，作为全寺性的法会结束，但仍有两天的收尾工作；十六日，于大金瓦殿内汇集各经院格贵喇嘛、引经师以上全寺僧职人员，在百盏佛灯前浴佛、回向，向诸护法神敬献神饮，施供朵马；十七日早晨诵经结束后，在寺内转金佛。总引经师带领各院诵经师在文殊菩萨殿念诵《沐浴经》。诵毕，去大拉让吉祥新宫赴僧宴，正月祈愿法会才算最后告终。

四月祈愿法会 藏语称"兑钦松宗"，意为"三重节"，纪念佛祖于此月诞生、出家、涅槃，故名。于农历四月初八至十五日举行，亦 8 天。会上照例献供、祈祷、诵经，并在十一日举行"发心供养"仪式，众僧在佛像前发愿，要"众生无边誓愿度，烦恼无尽誓愿断，法门无量誓愿学，佛道无上誓愿成"。十四日下午跳法王舞，十五日上午在寺院东侧的莲花山坡举行瞻佛仪式，俗称"晒大佛"，下午跳马首金刚舞。是夜，在大经堂、各经院、佛殿以及活佛府邸、僧舍屋顶，都要点燃数十至数百盏酥油灯，藏语称"兑钦松宗林美"，意为"三重节灯火"。

六月法会 藏语叫"曲科兑钦"，意为"转法轮节"，是纪念释迦牟尼在印度鹿野苑首次向信徒讲经传法的法会，同时也是祈愿未来佛弥勒出世的祈愿会，农历六月初三至初八日，共举行 6 天。初六日前主要在经堂集体诵经祈祷；初七日上午晒大佛，展出释迦牟尼或弥勒佛堆绣像，下午跳法王舞；初八日举行转金佛仪式。

九月法会 藏语叫"拉瓦布兑钦"，意为"降凡节"，是纪念佛祖释迦牟尼在忉利天为其母摩耶夫人说法后重降人间、弘法度众的法会。从农历九月二十至二十三日，共举行四天。法会期间，除在大经堂集体诵经祈祷外，二十二日举行顶礼佛宝（俗称"晾宝"）仪式，二十三日上午跳马首金刚舞。

这次法会还有辩经活动，辩经结束后，在法螺声前导下，活佛、僧官带领僧众到各佛殿磕头顶礼。

除上述四大观经，塔尔寺每年还举行两次小型法会，即每年农历十月纪念宗喀巴圆寂的活动和年终的祈祷会，亦为重要的宗教节日。农历十月二十五日是宗喀巴大师入灭的忌辰，从这月起用白灰粉刷僧舍外墙，表示为大师涅槃戴孝致哀；二十二日起，举行九天的纪念活动，起初几天，主要讽诵经文，赞颂大师的弘法业绩；二十五日晚，在寺院的殿堂、僧舍屋顶墙头摆设酥油灯，同时点燃万盏油灯，象征佛光普照，燃灯五夜，谓之燃灯节，期间由大拉让供应斋茶斋饭；二十九日，在大金瓦殿宗喀巴纪念塔前进行祭供仪式，诵经祈祷。十一月初二，是六世班禅大师洛桑巴旦益希的忌辰，同样燃灯纪念。年终祈祷会从腊月二十三日起举行五天，旨在除旧迎新，期间主要仪式是讽诵"岗索经"（意为酬补经）酬补神佛，谢其恩泽，弥补祭祀亏缺，以消罪过。二十五日早晨，向度母和吉祥天女奉献食子（朵马），二十六日举行"十六食子"祭供法事，二十七日起两天，献送神食子，作放生慈善活动。此外，年终还有所谓送"阿依班玛"的送瘟神活动。

二、主要法事活动

在上述宗教节日，除了一般性的供佛礼佛、诵经祈祷等仪式外，主要的法事活动跳欠、展佛、转金佛、顶礼佛宝等，为藏传佛教最引人注目的风景线。

跳欠　可译为跳神舞。"欠"指藏语"欠姆"，通常译为"羌姆"，即舞蹈，但它有自身独特的佛教文化内涵和形式特点、艺术风格，不同于一般舞蹈。其佛教文化内涵，除宣传佛教"诸行无常、诸法皆空"、止恶从善、培育菩提、出离轮回、求得解脱、饶益众生、利乐有情等方面的基本教义外，且有驱病魔、祛灾难、保泰安、求丰收等功用。跳欠的形式是面具舞，面具有四种类型：一是各类佛、菩萨、天王、法王、罗汉、本尊、明王等，多为忿怒猛相；二是皈依佛教的各种本教神祇；三是汉地和尚、罗汉以及重要施主等；四是鹿、象、牛、羊等各种动物。其中主要角色有法王（大威德）、马首金刚、玛哈嘎拉（亦作摩诃伽剌）、巴丹拉姆等。塔尔寺有法王舞和马首金刚舞两种，皆分五场演出，需两小时多。法王舞主要在农历正月十四、四月十四、六月初七演出；马首金刚舞在四月十五，六月初八、九月二十三演出。法王指大威德金刚或明王，梵名"阎曼德迦"，藏名"久协"或"曲吉丹加"，是文殊的化身、无上瑜伽宝生部本尊、藏传佛教五大金刚之一，寺内常作护法神供奉，有塑像、鎏金铜像以及彩绘或堆绣的唐卡像等。塑像多九头二十四臂十六足，拥抱明妃罗浪杂娃，足踩一牛，牛下仰卧一男人体。其舞蹈面具为牛头，面黑；顶前饰五骷髅，最上部呈黄色，表智慧；头发束髻，喻修炼有成；两只弯角，貌似阎王，表二谛；面目狰狞、寓示降伏阎王之残暴。法王为法王舞的主要角色，另有"托干"（骷髅人）、"巴吾"（天界勇士）、"夏雅"（鹿和牛面人）、"多尔达"（死神）、施主等角色。共分五场，分别称托干、巴吉、夏雅、多尔达和欠芒（意大合舞）。马首金刚，也作马头明王，藏语谓"丹正"，是观音菩萨的化身，为密宗本尊之一，尤为宁玛派所崇拜。其像马首人身，头饰马头，形象忿怒威猛。面具红脸阔面，头饰骷髅冠牌，顶部前有马头三颗，作鸣叫状。马首金刚舞也叫"坚桑舞"，除马首金刚外，还有"阿杂拉"（游方僧，勇士）、"森格"（黄面雄狮）、"曲生"（蓝脸水怪）等角色。跳欠时，配有铙钹、喇叭等打击乐和吹奏乐，气氛热烈而肃穆。

展佛　也叫"晒大佛"，佛像缎制堆绣，一般长30多米，宽20多米，多为释迦牟尼、弥勒、狮子吼、金刚持、宗喀巴等像。晒佛旨在纪念祈祷，浴佛增辉，饶益有情、离苦得乐，在重大法会期间举行，每次展出一尊大佛像。先由百余名僧俗肩扛大佛像卷，僧人仪仗队打着黄色伞盖和各色幡幢，在佛乐声中前导，将大佛像请至固定展佛的山头，黄伞盖居中，两边是幡幢乐队。这时，无数善男信女在山坡下拈香迎佛，殿堂、僧舍顶上煨桑点灯，供献净水香花，以示奉佛。少顷，在佛乐声中将大佛像从山顶向下徐徐展开，山下人山人海，纷纷敬献哈达，顶礼膜拜，领经师带领众僧齐诵有关赞颂和祈祷经文，并由降神的护法神师敬献哈达、神镭，抛撒朵马食子。浴佛完毕，诵经卷像，仍由仪仗队前导，送回寺内珍藏。

转金佛 是在六月法会上举行的祈愿未来佛弥勒及早出世的活动。转金佛仪式开始时，先将寺内供奉的弥勒金身像请到一乘特制的彩轿内。彩轿四角饰飞檐，玲珑精巧，由僧俗信众扛抬绕寺。或用黄色轿车，由大众推拉。行进时，彩旗飘扬，华盖幡幢蔽日，喇叭鼓声喧天，按顺时针方向绕寺一周。中途，布席于地，佛前设供桌，陈列供品，僧众诵经祈祷，以净水沐浴弥勒金佛，僧俗群众争献哈达，顶礼朝拜。仪式毕，敲响铜锣，继续绕转。所到之处，皆煨桑点灯，于屋顶供献净水、鲜花、焚香礼拜。同时，寺院护法神降神，降神师头戴身穿特制的护法神衣帽，手持弓箭或利剑，骑马或步行，尾随金佛。此仪式亦称"弥勒绕寺"。

顶礼佛宝 俗称"晾宝"或"亮宝"，一般在九月法会上举行。塔尔寺于农历九月二十二日进行，从清晨开始，广大农牧民信众云集塔尔寺，在密宗经院排成长队，等候依次顶礼佛宝。寺院僧官将供放在佛龛里宗喀巴大师穿过的袈裟、戴过的黄色僧帽、大师母亲的银包额骨盒等请出来，由僧官、活佛捧在手中，向前来顶礼的信众展示，并在头顶上分别放一下，即示顶礼佛宝。此仪式只举行两个小时，逾期不候。

驱瘟或送瘟活动 除法会上的这些活动外，各寺在农历年终都要举行一种驱瘟或送瘟活动。塔尔寺的这种活动，俗称送"阿伊班玛"，规定三年一小送，六年一大送，以求消灾免祸，诸事如意。送瘟前，先派人制作大小四个轿架（大的约高3丈，小的约高2丈），并用彩色花线网制成六角塔式花轿。轿身四周油漆彩绘，轿内数层，每层摆设中有方孔的圆形铜钱、木制火炮、香火等供品，中层放置用酥油糌粑捏制的瘟神阿依班玛身像及其三侍从像，皆穿戴衣着首饰，色彩艳丽。与此同时，在附近找一位愿意充当阿依班玛"娘家人"的人（一般是乞丐或其他穷人），从寺属村庄调集带车厢的马车30多辆待用，寺院还将10余石青稞用水浸泡发霉，作为给瘟神的"礼物"。送瘟前三四天，接"娘家人"及其帮办到寺，酒食款待，将发霉的青稞装入经过净赞仪式的马车厢。送瘟开始时，从大吉哇院抬出花轿，"娘家人"头戴红顶裘帽，身着红缎长袍，外罩黄缎马褂，足登黄纹靴子，项挂红枣念珠，走到花轿前，祷告阿伊班玛随他回家，不能在寺为害。然后引花轿前行，其后10余僧骑马执鞭驱赴，只许"娘家人"前行，不准后顾，10余俗人鸣枪助威，30余辆马车拉着青稞、施食尾随其后，一直送到名叫蚂蚁沟口的地方，青稞、施食倒入河中，花轿付之一炬。此时，火枪齐鸣，数百僧人吼叫，威慑"阿伊班玛"永不能来寺院，围观群众如潮涌动。这种大规模的驱魔仪式只有大寺才有，因耗资颇多，且富迷信色彩，现已废止。

第五节　独特的艺术

在青海，遍布各地的藏传佛教寺院，特别是一些较大的古刹，可以说是一座座佛教艺术的宝库。在这里，保存了藏族等民族人民的多种艺术成果，充分体现了他们在艺术上的聪明才智。藏传佛教艺术，除前面述及的建筑方面的风格和特色外，还突出表现在绘画、雕塑、堆绣等方面。

一、绘画

绘画的种类很多，主要有壁画、卷轴画、图案画、细纱画、巴扎画等。

壁画 藏语称"德热"，是寺院中最主要的绘画形式，广泛地绘于主要殿堂、檐廊、回廊等的墙壁上。壁画有三种：一是壁面画，即在墙面上直接打上底色，上绘各种题材的画面，然后涂上清漆即成；二是布面画，根据墙面大小选取白布，经加工处理后绘上所需图画，再用木框镶嵌在墙壁上，称为"间堂壁画"；三是木版画，即选取适当面积的木板，先刨光处理，用胶和石膏粉合成的白浆打底，然后绘上图画，再将木板镶在墙壁上。壁画内容多取材于佛经故事和高僧业绩，以释迦牟尼十二宏化故事、二十一尊度母、长寿三尊、宗喀巴师徒三尊，十六尊者等最为常见，也有其他佛、菩萨、护法神等。壁画多工笔重彩，一般采用单线平涂、略加烘染和色块填色的手法，风格古朴，线条明快细腻，形象生动而略有夸张。青海现存壁画，以瞿昙寺壁画廊最出名。该画廊为壁面画，起自隆国殿右侧，环绕大小鼓楼、金刚殿、大小钟楼，到隆国殿左侧，共78间，总面积400多平方米，内容为释迦牟尼佛生平事迹画，用矿石颜料绘制，历500余年，色泽鲜艳如初。塔尔寺壁画亦画技高超，精美绝伦，誉为该寺艺术"三绝"之一。

卷轴画 是藏语称"唐卡"的一种，一般在布面、纸面上用彩色矿物颜料绘制，内容多为佛、菩萨和各种护法神像，经开光仪式后，作为殿堂和民间人家的供奉物。

图案画 是一种装饰艺术，多绘于寺院建筑物和日常用具上，内容丰富多彩，有供品、吉祥物、符咒、曼陀罗以及富有装饰性的山水、花草、鸟兽、虫鱼、水波、云纹、元宝、火焰、网纹、绵缎纹等等，它往往是壁画不可缺少的组成部分。

细沙画 用各色干细砂或白石灰等，在地面上单线条地描绘出各种图案，如吉祥结、妙莲、宝伞、右旋海螺、金轮、胜利幢、宝瓶、金鱼等吉祥物图案。画面美观大方，主要用于大型宗教盛会上，供大活佛等在上面足踩经过，因用细沙等所绘，故保持时间不长。

巴扎画 一种独特风格的装饰画，以菱形孔格花纹为主要表现形式。在喜庆节日期间，装饰于房舍内外、门、窗、柱、梁以及一些用具上，构图讲究，富有立体感。

二、雕塑

主要有泥塑、酥油花、木刻、砖雕、石刻等。

泥塑 主要用来塑立诸神佛像，分单色（多为金色）和彩色两种，以青海同仁地区吾屯的泥塑最出名。木刻主要是殿堂门楣、柱头等上的装饰性雕刻和少量木刻佛像，砖雕多见于建筑物，如屋脊上的花边、飞檐上的兽吻、墙壁上的浮雕等。最具特色的，要算酥油花和石刻。

酥油花 是一种油塑工艺技术，是以酥油为主要原料制作成的特殊艺术品，用来供佛和艺术鉴赏。酥油是对牛奶反复搅拌后提取的奶油，呈黄白色凝固状，柔软细腻，纯洁清香，本是高原民族特别是草原牧民的基本食物之一，藏传佛教兴起后，用它做成艺术品，作为正月祈愿法会上礼佛的珍品。其塑造工艺复杂独特，多在冬季严寒气温下制作，先将去除杂质的酥油浸泡在凉水中，长时间揉搓成膏状备用。塑造开始，艺僧先行沐浴发愿，进行宗教仪式，然后在气温零度以下的阴凉房间开始工作。首先根据所拟题材和设计的图案绑扎好基本骨架模型，其次用上一年旧酥油花掺和麦草灰，捣为黑色油泥，在模型上塑造雏形，第三步程序则在乳白膏状酥油中揉进各色矿物质颜料，分别调合成各色油塑原料，再用这些原料仔细地涂塑在雏形上，最后用金、银粉按需要勾勒定型，安装在酥油花架上，到固定时间展出。酥油花内容丰富，有佛教故事、历史故事、人物传记、菩萨佛像等，配以花草树木、飞禽走兽、楼阁台榭、行云流水等，随着时代推移和社会进步，又不断增添反映新生活的内容，使之更丰富多彩，富有生活气息。塔尔寺的酥油花，以造型栩栩如生、惟妙惟肖出名，与壁画、堆绣一起，称为该寺艺术"三绝"，每年有上下两个花院，塑造时保密，到正月十五日下午晚上，在九间殿山门前各自摆出花架，点灯供养，诵经祈祷，供游人信徒观赏，兼有比赛性质。

石刻　石刻的种类亦很多，最多见的是经文石刻称"石经"，嘛呢石刻称"嘛呢石"。石经伴随着藏传佛教的形成和藏传佛教文化艺术的发展而发展，到 18 世纪初，在青海藏族聚居区已相当普遍。主要是藏文经文凿刻，饰以佛像人物和装饰性图案，并多涂色彩，文字线条流畅，字体讲究，浮雕佛像精工细雕，神态逼真。青海泽库县和日乡境内的和日石经墙，是迄今发现的全国规模最大的藏传佛教经文刻石，规模大、字数多，誉为世界石书艺术之最，列为省级重点文物保护单位。石经墙位于和日寺后山山梁，全用经文刻石堆砌而成。墙分两段：一段长 200 多米，高 3 米，厚 2.5 米；另一段由三部经文的刻石构成，长 100 米。所刻佛经为藏文大藏经《甘珠尔》和《丹珠尔》各两套，另有《般若波罗蜜多经》《贤劫经》等 5 部，总字数约 2 亿，用去石料 3 万多块。另有约 2000 块石刻佛像、寺院图案、藏族宗教风情人物等。刻经字体工整，清晰秀丽；图像构图准确，线条自然。石经按正规经函装帧，宛如长条藏文经书，每函有经名，函间用花纹石板隔开，外用绘有花边的木板作箱。该经墙相传从清嘉庆年间开始雕刻，于 1955 年完成，历时 100 余年。天峻县结盛乡境内有座石经院，全部用刻有藏文经文的石板垒成，占地 0.2 公顷，经墙方形，周长 320 多米，高 2 米，厚 1 米，内外侧共有佛龛 460 个，中心空地上有高大的时轮塔，亦由经版石垒成。每块经版石约 30 厘米见方，字体清秀，内容为藏文大藏经，亦为青海著名的藏传佛教石书艺术景观。

嘛呢石是最常见的文字刻石，嘛呢指用藏文转写的梵文观音六字真言"嗡嘛呢叭咪吽"六字真言，或平行组合排列，或单字竖排，空间用八宝图案装饰，常用红色或彩色涂染，使字体更突出美观。嘛呢石堆在青海到处可见，最大的为玉树藏族自治州结古镇东新寨村的嘉那嘛呢堆。有"世间第一大嘛呢堆"之称。今玉树市下拉秀乡日直却哇干贝山上的嘛呢和佛经石刻亦颇负盛名，山上依天然山洞建有静房，静房附近有大小不等的十三组石块、石崖，上面除刻六字真言外，还有藏文《七字明咒》《百字经》《无量寿佛经》《长寿经》《忏悔经》等，由附近龙喜寺僧人巴多始刻于 20 世纪 40 年代，于 1958 年完成。

三、堆绣

这也是藏传佛教独特的一种寺院文化艺术。它用各种棉布、绸缎剪成所要求的各种图案形状，精心堆贴在布面或绸缎上，构成完整的画面，然后用彩线绣制而成，分设计、剪裁、堆贴、绣制等工序，先堆后绣，堆贴为主，绣制为辅，个别图案最后尚需上色装饰。堆绣类型大体上分平剪堆绣和立体堆绣两种。平剪堆绣如前所述，是将剪裁出的各色图案堆贴在设计好的白布上，再用彩线绣边即成。立体堆绣则在图像内垫上棉花和羊毛，使图像凸起，更富有立体感。堆绣题材主要是佛像和佛经故事，其中单幅堆绣多为各种佛、菩萨、罗汉、护法神、密宗金刚、八瑞相、宝马、白象、喷焰摩尼等，联幅堆绣则以佛教故事题材为主要内容。堆绣实际上是唐卡（卷轴画）的一种，唐卡有绘画唐卡、刺绣唐卡、织锦唐卡、贴花唐卡、珍珠唐卡、印刷唐卡等多种，其中贴花唐卡即堆绣唐卡，也称剪堆唐卡。刺绣唐卡，用布幔作底，上用各色丝线绣成；织锦唐卡，以缎纹为底，用数色丝线作纬，间错提花而成；珍珠唐卡，也称宝石唐卡，在五彩花纹上，用珍珠宝石连缀而成，是最珍贵的一种；印刷唐卡，将画好的图像刻成雕版，用墨彩印于薄绢或细布上，然后着色装裱而成；绘画唐卡，即前文所说，直接绘画于布幔上。绘制唐卡，工作前须专心修行数日，以静性凝神，成画后要延请高僧活佛诵经开光，在唐卡背面加盖活佛的金汁或朱砂手模，用各色丝缎加边，画面上套上面纱和飘带，上下两端缝上银和铜饰的木轴。唐卡经开光仪式，即成供奉之物，兼有宣扬教义、装饰殿堂之功用。堆绣唐卡面幅大小不一，小者仅十几平方厘米；大者数百平方米，是大型法会上晒大佛用的堆绣像。塔尔寺有释迦牟尼像、狮子吼佛像、弥勒佛像和宗喀巴大师像等四幅大佛像，一般宽约 20 多米，长 30 多米，其面积之大，能遮盖住一座小山，是公认的堆绣艺术珍品。

青海黄南藏族自治州同仁县（藏语称热贡）境内的隆务河中游两岸，坐落着吾屯上下庄、年都乎、郭麻日、尕赛日等五个自然村。这里是享誉国内外的"热贡艺术"之乡，是"人人会作画，家家以艺术为职业"的著名画乡。热贡艺术大约始于元代，兼收并蓄西藏绘画艺术、四川甘孜木刻佛画艺术以及敦煌、国外艺术画风，结合青海各地民间艺术风格，经过长期总结、提炼，从而形成藏传佛教艺术的一个重要流派。热贡艺术品类多样，主要有彩绘、雕塑、堆绣、砖雕、石刻、木刻、酥油花、建筑装饰等，其中以绘画、雕塑为主，是一种综合性艺术，在许多方面有独到之处，被誉为"我国民族艺术宝库中的一颗瑰丽的明珠"。热贡艺人足迹踏遍甘、青、川、藏、内蒙古等地，有的还出国到印度、尼泊尔、蒙古、美国、英国、巴基斯坦等国作画，他们的作品遍及国内和世界各地。近年来创作出 500 米的长幅唐卡，由藏传佛教各教派艺人参加，全面反映我国涉藏地区的宗教文化，可以说是一项名震世界的壮举。

第六节　现代其他名僧

青海藏传佛教界向以多出名僧享誉国内外。各大寺院学制完备，寺僧戒行严谨，潜心五明文化，这种传统造就出无数高僧大德。特别是青海特殊的地理位置使历史上中央王朝都把经营青海作为安定边陲的施政方略，针对藏、蒙古、土族人民普遍信仰藏传佛教的实际，多次封授重要宗教人物。中央王朝的重视进一步促进了藏传佛教学僧对佛学的深造研修，除了许多大活佛，一些普通学僧苦读经论，学有所成，甚至任职西藏格鲁派的最高僧职甘丹赤巴，成为达赖的经师。清代，七世达赖的经师阿旺却丹（1677—1751 年）、八世达赖的经师阿旺曲扎（1707—1778 年）、九世和十世达赖的经师阿旺年智（1746—1824 年），近现代著名佛学大师喜饶嘉措（1883—1968 年）等，均为青海籍一般僧人，因苦学成名，取得转世活佛资格。青海藏传佛教史上的名僧，除在前文有关章节所述外，现代史上尚有以下著名人物。

古浪仓·久哲切央多杰（1871—1933 年），青海藏传佛教宁玛派大活佛，今尖扎县古浪堤人，藏族，为古浪仓·纳措让卓的转世，5 岁坐床。一生精通藏医、佛学和天文历算。1916 年被国民政府封为"宁海红教总佛长""呼图克图大喇嘛"。曾兴办民族教育，为患者施药治病，赴藏劝说西藏地方政府维护国家统一，著有《藏医验方新编》《藏文字典》等。

喜饶嘉措（1883—1968 年），爱国佛教大师。循化县道帏人，藏族，学经于古雷、拉卜楞、哲蚌等寺。1915 年春，获拉仁巴格西学位。1916 年至 1931 年，主持校勘藏文大藏经《甘珠尔》部，十三世达赖封"坚华杰贝罗哲"（意为悦智文殊）佛号。1936 年起，任国立中央、北平、清华、武汉、中山等五所大学西藏文化讲座讲师，并任国民参政会参政员。1942 年，被授给"辅教宣济禅师"名号。1947 年，任蒙藏委员会副委员长。1950 年 10 月，当选为青海省人民政府副主席（副省长），兼任西北民族事务委员会副主任等职，曾为全国人大代表，全国政协常委。1952 年 11 月，与圆瑛、虚云、陈铭枢、赵朴初、巨赞等共同发起组织中国佛教协会，历任副会长、会长，兼中国佛学院院长，曾多次率中国佛教代表团出访东南亚各国。毛泽东主席称赞他是藏胞中有学问的人，是爱国老人。为表彰其爱国行为，周恩来总理赠明代隆庆大铜钟一口（重 2000 公斤）。著有《喜饶嘉措佛学论文集》《喜饶嘉措文集》（一、二、三卷）、《藏族文化概论》等。其故乡的古雷寺中，建有喜饶嘉措纪念堂。

桑热嘉措（1896—1982 年），青海化隆县人，藏族，早年学经于化隆乙什扎寺，1938 年获格西学位。1951 年参加创办《青海藏文报》，曾在长春电影制片厂从事翻译配音工作，获文化部金质奖章。历任青海省文教厅副厅长、厅长、青海省政协副主席、全国政协委员等职。著有《藏文文法》等。

根敦群佩（1903—1951 年），青海同仁县双朋西村人，自幼被认定为多扎活佛的转世，送到雅玛扎西其寺学经，后深造于支扎、拉卜楞等寺和西藏的哲蚌寺。1933 年，随印度学者热暌罗往印度，曾辗转于婆罗奈斯、加尔各答等地，学习梵文和英文，1945 年回国，到西藏各地考察。1946 年 4 月，被西藏地方政府捕入监狱，1950 年获释，翌年去世。他学习勤奋，知识渊博，善于思考，思维敏锐，精通藏、梵、英文，擅长摄影、绘画，对藏族历史、宗教、文学、美术、逻辑学、语言学、地理学等都有过深入的研究，曾根据敦煌、新疆等地出土的藏文吐蕃历史文献资料和西藏留存的吐蕃古藏文碑刻等写成著名的《白史》。这是一部研究吐蕃史的重要参考书。另有《龙树贡坚》《斯里兰卡纪事》《罗摩衍那传》《梵文宝藏》等 10 多种著作。

才旦夏茸·晋美柔贝罗哲（1910—1985 年），青海循化县人，为第五世才旦夏茸活佛，6 岁坐床，7 岁出家，师从晋美丹曲嘉措大师，苦学藏传因明、格鲁派法要经籍，精研中观、般若诸学，尤通藏文古体诗作、天文历算、藏文文法等，以博学朴实誉满四方。从 20 世纪 50 年代起，历任青海省人民政府翻译委员会副主任、青海民族学院和西北民族学院教授、中国民族语文协会理事、中国佛教协会理事、第六届全国政协委员、甘肃省佛协副会长等。一生著作宏富，在藏文古体诗作、文法、历史学、宗教学、宗教史、藏历、藏文书法、梵文等方面有不少论著和作品，由青海民族出版社出版其文集四卷，另有《丹斗寺志》《诗学通论》《藏文文法》《夏琼寺志》《藏族历史年鉴》《藏文字典》等专著 10 多种，还有各种藏、梵文字帖等。

嘉雅·洛桑丹贝坚赞（1916—1990 年），青海海晏县金滩人，蒙古族，为塔尔寺六世（计追认，为十三世）嘉雅活佛。1935 年任塔尔寺总法台，1939 年起担任第十世班禅额尔德尼的经师。新中国成立后，赞同班禅大师致电毛泽东主席、朱德总司令，祝贺中华人民共和国成立，并希望和致力于西藏早日解放。1951 年，随同班禅赴京，协商西藏和平解放事宜。20世纪 80 年代，多次陪同班禅副委员长到青、藏、甘、川等省（区）视察，协助大师落实中国共产党的民族、宗教政策，为加强民族团结、发展民族地区的经济、文化事业做了大量工作，先后任青海省人民委员会委员，第一、二届省政协委员，第四、五届省政协常委，第六届省政协副主席，青海省佛教协会副会长，中国佛教协会理事、副会长，第五、六、七届全国政协委员等职。

阿庆（1940—1990 年），青海囊谦县人，藏族，囊谦采久寺活佛，法名赤列更恰，精通佛学和藏族传统文化，擅长藏文书法、藏医、绘画，历任青海省政协常委、副秘书长，玉树州政协副主席和玉树州佛协副会长等职。曾一度应邀赴北京中国藏学研究中心进行康巴藏族历史和佛学研究，并执教于青海民族学院，长期搜集整理玉树地区的文史资料，参与编写《玉树藏族自治州概况》。

第七节 民间宗教活动

青海藏族、蒙古族、土族群众虔信藏传佛教，有很高的宗教热情。他们以活佛为精神导师，以"三宝"为皈依处，朝拜寺院、奉献财物布施，则是这种信仰的外化形式。同时，几乎家家设有小佛堂，供佛献祭、煨桑持幡、放禄马、转廓拉、诵常念经等等，且随处可见。此外，还有许多民间宗教活动，常见的有：

一、嘛呢康活动

各村一般都有自己的嘛呢康，通常每月初十、十五、二十九日举行三次例会，年内于农历正、十、腊月举行三次大型集会，称之为"嘛呢会"，历时 20 余天。会期，信众集会于各自的嘛呢康，念诵经文和六字真言，转动嘛呢轮，集体在嘛呢康饮食，气氛热烈，如同汉地庙会。

二、斋戒活动

各地每年有一至三日的斋戒日（时间不统一，多在四月份），谓之"娘乃"，每户至少一人参加，集体守斋。斋戒者断绝饮食（或第一天仅早晚饮茶，中午一食；第二天断绝饮食），禁止言谈，整天默诵六字真言和有关经文，意念专注，信仰笃诚。

三、祭俄博

俄博，藏语叫"拉则"，一般在山头，垒土石成堆，内埋喇嘛用辛红写有梵文咒语的柏木牌、八吉祥物、粮食、药物等，石堆上一般钉有方形木框，内插挂有哈达、羊毛、红布条等的木杆以及木制箭、剑等物。俄博，是当地山神的象征，这是藏族等地区原始本教自然崇拜的习俗，后来被藏传佛教所吸收。各地一般有自己的俄博，即保护神，在一定时候（各地时间不一，多在春、秋）村民前往祭拜。活动内容主要有煨桑、烧施食品、转廓拉（转经）和插木杆、木箭、木剑等，有些地方还有赛马、射箭等民间体育活动。

四、转山、转湖

转山也叫"朝山"，顺时针方向绕转"神山"，或步行，或边行边磕长头（也叫等身头）。有些地方形成节日活动，称"转山会"，家人带上帐篷炊具、佳肴美酒，前去赶会。届时，除转山拜佛，煨桑祭祀，尚有赛马、摔跤、射箭、跳舞等活动。青海影响较大的有阿尼玛卿山、年保玉则山、居岗山等地的朝山活动。转湖也称"谒湖"，亦为自然崇拜遗俗，和崇拜山岳、林木一样，以一些湖泊为自然神，骑马或步行到湖边，向湖磕头，抛掷哈达及各种祭物；或烧香煨桑，念诵经文；或以湖水净身，净祸除晦；有的骑马或徒步沿湖绕行。

五、绕塔朝佛

涉藏地区多佛塔，外刻佛像，内储佛经，为佛教标志之一，为信众所敬重，每见佛塔，必按顺时针方向绕塔一周，手捻念珠，口诵六字真言。朝佛除朝拜各寺院圣地外，尤以亲往西藏拉萨大昭寺朝拜释迦牟尼佛为一生中大事，常有人背负行装，长途跋涉前往，以遂夙愿，其中以磕长头到达为最虔诚。现多集体租汽车乘车前往，到达目的地后一般都献一定数额的布施物，将心愿祈祷于佛，直至财物用尽始归故里。无条件者则到塔尔寺等寺院进行朝佛活动。

六、延僧诵经

一般为超度亡灵，或治病驱邪，或祈祷父母健康长寿等，延僧来家诵经，举办有关的佛事活动。对所请僧人除饭食招待外，另付酬金，数额不定。较大的诵经活动亦请亲友、庄领参加，招待以饮食。另一种形式是委托寺院为之诵经，须向寺院提供费用，并向寺僧各发放一份布施。

七、临时性活动

每遇疾病蔓延、久旱不雨、有霜雹灾威胁、本地寺院活佛染疾或圆寂等，信众临时决定举办法事，诵经祈祷。

第八节　寺院经济

藏传佛教在青海传播以来，一直受到历代中央王朝和地方统治首领的支持，许多宗教界上层人士被授给法王（诺们汗）、帝师、国师、呼图克图、禅师、班智达等各种名号，或委任以各种僧职，在不少地区实行区域性的政教合一统治。在这种体制之下，许多藏传佛教教寺院实际上是一个个强大的经济实体，拥有相当数量的土地、牧畜、草场、园林、水源等生产资料，并有相当的商业资本。寺院土地和牲畜等的来源，一类是中央政府划拨给寺院，是免差的；一类是地方部落首领等作为布施物献给寺院的，但更多的是寺院通过自身发展或兼并而来的。寺院财产一直受到中央和地方政府的保护,类似记载不乏实例。比如明初,朱元璋在西宁卫设番僧僧纲司,是青海地方最早管理佛教的地方行政机构。瞿昙寺的创建者三罗喇嘛首任都纲,职能相当于土司,不仅管理宗教事务,并且还"约僧管民",统领"香部民户"和士兵。朝廷赐给瞿昙寺大片地盘,"东至虎狼沟,西至补端观音堂,南至大雪山,北至总处大河,各立牌楼为界,随诸善信,办纳香钱,以充供养。"[①] 这片土地,包括今乐都县湟水南部的下营、峰堆、城台、亲仁、曲坛、岗沟、桃红营、中坝等地,共7条沟,方圆百余里。明廷为使赐给瞿昙寺的土地不受侵犯,永乐六年(1408年),朱棣下谕旨"一应寺宇、田土、山场、园林财产,孳畜之类,诸人不许侵占骚扰……若有不遵朕命,不敬三宝,故意生事,侮慢欺凌以诅其教者,必罚无赦。"[②]永乐十六年(1418年)正月二十二日,又谕"所有佃户人等,供给寺内一应使用",[③]进一步明确寺属农民向寺院缴纳一定数量的钱粮柴草,并服一定的劳役。宣德二年(1427年)三月二日,明廷下令从西宁卫百户通事旗军下,调拨52名士兵给瞿昙寺,赐给士兵饷粮田地。这些士兵一为护寺,二为经营寺院土地,后来多成为寺院佃户。清初固始汗掌管青藏高原后,先后划拨给青海湟水流域的东科寺、佑宁寺、大通广惠寺等大片土地、草场,作为寺院给养地,并与五世达赖喇嘛和四世班禅联合颁发给寺产执照,保护寺院权益。史载固始汗亦十分崇拜夏茸尕布活佛,献给很多部落,曾为古鲁寺拨给属民100余户,作为寺属农牧民,称之为"拉德"。第二世夏茸尕布罗哲嘉措(1610—1659年)因调解巴燕和卡力岗部落(均在今化隆县境内)间的纠纷,二部落献甘塘、觉察、格秀、夏仲忽拉、隆村拉欧等村给夏茸尕布作为香火地。康熙十九年(1680年),第三世夏茸尕布

---

① 谢佐著:《瞿昙寺》,青海人民出版社1982年版,第30页,并参见该书附录《永乐六年瞿昙寺"皇帝敕谕碑"碑文》、《永乐十六年瞿昙寺"皇帝敕谕碑"碑文》《瞿昙寺前山门"皇帝敕谕匾"文》。

②③ 谢佐著:《瞿昙寺》,青海人民出版社1982年版,第30页,第25页、第26页。

阿旺罗桑丹贝坚赞（1660—1728年）以戴青昂锁为施主，征收贵南茫拉川、沙沟及同德县境内巴曲河流域以东，化隆巴燕以西广大地区的僧税，修建德千寺，实际上这些地区成为德千寺的香火地。正是由于朝廷的封赏和地方官员、部落头人的奉献布施，使青海藏传佛教寺院都拥有相当的寺产和属民，许多寺院豪富一方。清雍正年间罗卜藏丹津事件后，清朝一度严格规定了寺院僧人的数量和用度，往日给寺院缴纳的钱粮税赋改交地方官管理，寺院经济受到一定限制，但不久有关规定即被取消，寺院的僧数和寺产又不断扩展，寺院的各种特权一直保持到1958年宗教制度民主改革。在此之前，青海不少藏传佛教寺院与其辖区内各部落的关系，大体上有三种：一是"塔哇"，意为住在寺院周围的农牧民，对寺院有直接人身依附关系，耕种寺院土地，或放牧寺院牲畜，为寺院承担差役；二是"拉德"，意为教民，主要是蒙藏王公贵族献给寺院的"香火庄"（寺属民户），对寺院亦有人身依附关系，部落的草场土地属于寺院保留原来的部落组织，由寺院派人充当部落首领头人；三是"米德"，意为俗民，保留部落组织形式，土地和百姓属于世袭土官头人，对寺院没有人身依附关系，但在宗教上皈依某一寺院，对寺院承担一定的经济义务，如轮流负担大型宗教法会活动的经济开支等。青海东部农区原有的部落组织形式逐渐消失，寺院与附近农民形成租佃关系，即寺院将自己的土地租给各族农民耕种，收取地租，农民成为寺院的佃户。东部不少寺院也有一定数量的"塔哇"，直接为寺院种地放牧。

综观旧时各寺的经济收入，主要来源有：

一、土地收入

据青海省财政厅1955年3月1日公布的不完全统计数，全省藏传佛教寺院共占土地348844亩，占全省总耕地面积的5.08％。寺院的土地分公有和喇嘛私人所有两种，大部分出租给佃农，一般按每亩地20斤左右收取租粮，另收一定的菜油、干草等。

二、牧业收入

据20世纪50年代不完全统计，全省藏传佛教寺院共占有牲畜58万多只（按1匹马折羊7只、1头牛折羊3只计）。牲畜种类有马、牛、骡、驴、羊、骆驼等，牛又分犏牛、牦牛、黄牛、尕力巴牛（牦牛和黄牛的杂交牛）等，羊分绵羊和山羊。寺院的牲畜既是生活资料，又是重要的生产资料，一部分由寺属"塔哇"放牧，一部分出租给附近的农牧民，定期向寺院缴纳菜肉、酥油、牛奶、牛羊毛、皮张等实物。

三、商业收入

旧时，较大的寺院都有一定的商业资本，兼营商业，有的寺院专门设有管理商业的机构，有负责商业活动的管家和喇嘛。寺院经商的形式一般有四种：一是由寺院筹资，在寺周或其他地方设立商号，常年从事商业活动；二是寺院将集体的资金贷给善做生意的僧人，满期还本，利润双方平分；三是寺院投资给当地商贾经营商业，所得利润按合同分成（一般是四六分成）；四是寺院和商人合股经商，所得利润按股分成。各寺经济实力不等，经营方式也不尽相同。一些寺院除经营商店外，还有专人搞贩运生意，往返于印度、尼泊尔、西藏、内蒙古、甘肃及祖国内地其他地方，贩运羊毛、药材、皮张、布匹、茶叶、牲畜、糖等生活用品和金银宝器、珊瑚、玛瑙等装饰工艺品，有的甚至倒卖枪支、弹药等。

四、布施收入

收取布施是寺院经济收入的一条重要途径，施主上至皇帝、王公、贵族、千百户，下至一般农牧民群众，所献布施有财有物，金、银、钱币、珠宝、土地、牲畜、绸缎、茶叶、酥油、食物等等，无所不包。除收受施主的主动布施奉献外，寺院还每年派出僧人，深入到本地农牧区和川康、甘肃、内蒙古等地化缘，化缘时一般持有本寺书写的化布施缘由的印信文书。以往一些出名寺院布施收入可观，据青海人民出版社 1987 年版《塔尔寺概况》，青海蒙古和硕特部"亲王达什巴图尔、额尔德尼济农等为（塔尔寺）大金瓦殿的改建一次捐赠黄金上千两，白银上万两，西藏郡王颇罗鼐一次捐献白银两万两，六世班禅在塔尔寺时几次向僧人发放布施，一次就用银 6790 多两。……十三世达赖喇嘛来寺时捐献白银 3500 两，七世章嘉呼图克图捐献白银 2000 两，九世班禅被国民党政府封为西陲宣化使以后来塔尔寺，几次布施给塔尔寺的银圆总数在 3000 元左右。"[①] 该寺每年春秋两季都要派出一部分僧人到各地去化布施，仅"1954 年塔尔寺化得的布施为羊 15000 只，牛 1500 头，马 300 匹，银圆 3600 元，银锭 25 个，其他还有氆氇、呢子、绸缎、皮张、茶叶、酥油、青稞几万驮。"[②] 直至 1957 年，塔尔寺每年所化布施的"总值都在 20 万元以上。"[③]

五、宗教活动收入

寺院举办定期的大型法会或有关佛事活动，一般从所属部落、村庄改取一定财物，作为经济开支的补充，或由各部落、村庄轮流负担费用，提供饮食。信教群众家中有事，如超荐亡魂、念平安经、祛病消灾等，请僧人到家诵经、做法事，除供给僧人的食用外，还要献给僧人一定的酬金。有的信徒因家中有事，常在寺院许愿，事后还愿，也按自己财力向寺院捐赠财物。

六、放债收入

---

① 青海省社会科学院塔尔寺藏族历史文献研究所编著：《塔尔寺概况》，青海人民出版社 1997 年版，第 151 页。

②③ 青海省社会科学院塔尔寺历史文献研究所编著：《塔尔寺概况》，青海人民出版社 1987 年版，第 151 页。

放债取息也是寺院集体和个人的重要收入。寺院公众和活佛、管家等私人将其钱、粮、酥油、茶叶、布匹等有息转借给农牧民和小商贩，利息各地各寺不等，一般钱月利 2 分至 5 分，粮年息 10% 左右。《青海藏族蒙古族社会历史调查》称，放债的利率一般三种：年利 25% 为"白利息"（鲁乎格）；50% 为"黑利息"（鲁乎奴乎）；35% 为"花利息"（鲁乎恰）。[①] 放债时，由债权人、债务人和中间人（保人）三方订立借契，写明数额、利率、借还日期等，认可画押。期满后，由债务人还本付息，如不偿还，则由中间人负责索取。确实无力偿还，经说和调解，将本利相加重新立契，新约仍若不能兑现，则以土地、房屋、牲畜、树木等作价抵债。《黄南藏族自治州概况》称，"隆务寺的高利贷遍及同仁、泽库两县，高利贷的剥削收入占全寺总收入的百分之五十左右"。[②] 仅此可知，一些富裕寺院的放债收入是很高的。

七、正常劳动收入

部分寺院开设有藏医诊所、印经院等，通过看病治病，印刷出售佛教经籍、图像等，取得一定收入。有些寺院有自己的艺僧，外出绘画、雕塑、缝纫等，也是寺院经济收入的一种补充。

八、其他收入

有的寺院还出租房屋、铺面等，有的开办有油房、水磨等，有时通过罚款等手段获取一些收入。有的寺院在其辖区内占有水源，农、牧民用水时须向寺院交付钱粮。塔尔寺祈寿殿（花寺）的汉文碑记载："查卑寺之嘉牙滩、海玛沟、蛤蟆台、大小阶模各牧地尽有泉源，聚流成河，南川籍

---

① 《中国少数民族历史调查丛刊》修订编纂委员会，青海省编辑组：《青海藏族蒙古族社会历史调查》，青海人民出版社 1985 年版，第 14 页。

② 《黄南藏族自治州概况》编写组编：《黄南藏族自治州概况》，青海人民出版社 1985 年版，第 32 页。

灌二十余堡田地,每年轮纳屯粮五千余石,草五万余束。"①《塔尔寺概况》称,"仅此一项,塔尔寺一年即可收入粮食数十万斤"。②

20世纪50年代宗教制度改革后,废除了藏传佛教寺院的封建特权和剥削制度,寺院经济的构成发生了根本性变化。特别是从70年代末开始,宗教信仰自由政策得到进一步贯彻落实,宗教活动纳入了正常轨道,各级政府提倡寺院走以寺养寺的道路,动员组织在寺人员进行力所能及的生产劳动,兴办社会服务和公益事业,为当地的现代化建设贡献力量。广大宗教职业人员响应政府号召,坚持走自食其力的道路,他们在寺管会的组织下,积极开办商店、旅舍、藏医诊所,大力发展旅游事业,自己购置汽车等交通工具,开展运输业,封山育林,绿化荒山坡地,修桥筑路,大搞公益事业。有些寺院因生活需要,有少量土地和牲畜,他们在努力种好农田、办好牧场的同时,还以商养寺,广开其他收入渠道。一些有条件的寺院还组织有一技之长的宗教人员,从事雕塑、绘画等工艺品生产。总之,在宗教与社会相适应方面迈出了可喜的步伐。

①青海省社会科学院塔尔寺历史文献研究所编著:《塔尔寺概况》,青海人民出版社1987年版,第146页。

②《塔尔寺概况》,青海人民出版社1987年版,第146页。

汉传佛教篇

传播概况

　　青海也是汉传佛教传播较早的地区，境内部分汉族群众信仰汉传佛教。据1990年第四次人口普查，居住在省内的汉族2580419人，占全省总人口的57.9%。汉族主要分布在西宁和海东地区，因此，汉传佛教的传布区主要在河湟流域的农业区。相传约在4世纪前东汉末年及两晋时期，即有汉僧从内地来青海活动，今扎藏寺所在的湟源县巴燕乡莫尔吉沟口一带，早在东汉末年传有汉僧建过僧舍。东晋安帝隆安三年（399年），平阳郡（今山西省临汾西襄垣县）汉僧法显（约337—422年，俗姓龚）与法友慧果、道整、慧应、慧嵬等，从长安启程，沿"丝绸之路"往印度取经，曾途经青海的乐都、平安、大通、门源、扁都口，再从张掖沿河西走廊，穿越西域，逾葱岭到北印度一带的佛教圣地取经。今平安县的夏宗寺，是一座历史悠久的藏传佛教寺院，该寺相传法显一行曾在这里活动，留有遗迹。宋代，这里即建有静房，可能与法显或其他汉僧的活动有关。北魏泰常五年（420年），汉僧昙无竭（法勇），幽州黄龙（今辽宁朝阳）人，集结僧猛、昙朗等25人西行求法，经过青海河南（吐谷浑领地）出西海郡（青海湖西），过流沙往印度求经。北魏孝明帝神龟元年（518年）十一月冬，敦煌人宋云与洛阳崇立寺汉僧惠生，受王命出使西域并往印度取经，从洛阳出发，翌年四月，途经青海西宁、湟源、赤岭（今日月山），越大非川（今海南州境）至吐谷浑国都城伏俟城（今青海湖西共和县石乃亥乡境内的铁卜恰古城）。从法显到惠生，这些人都曾在青海驻锡活动，传播佛教。这时，在乐都、西宁等地已有神祠和佛寺供他们挂单。从今西宁市北山的土楼观（古称北禅寺）北魏石窟壁画来看，北魏时期青海确已有汉传佛寺。到了唐武则天时，湟水流域的鄯州（今乐都）建有佛教大云寺。今民和慈利寺不远处的药水泉地方，当地传说唐代名医孙思邈曾来这里采药，孙思邈因为唐王治病有功，被封为"西北药王"，受赐黄衣、黄帽、黄鞋，当地人在他采药时住过的石洞上建一殿堂，后来发展成"药神寺"。藏史记载，唐会昌年间吐蕃达磨赞普禁佛，西藏僧人藏饶赛等3人逃来青海，后定居丹斗，收徒穆苏萨拔（后通称喇勤·贡巴饶赛），晚年为之授比丘戒，因凑不够5人之数，便从西宁地方请来汉僧果旺、基班2人为尊证师，说明在唐末河湟流域已有受过比丘大戒的汉僧，并且在数量上多于藏僧。此后唃厮啰政权时期，河湟流域佛教极盛，李远《青唐录》有过详细描述。根据当时唃厮啰政权的性质，虽所建寺院多属藏传佛寺，但很可能有一些汉传佛寺。据一些可信记载，明、清两代，汉传佛教在青海东部地区进一步传播，建立过一批寺院，如明洪武二十三年（1390年）建成西宁洪通寺，明万历二十八年（1600年）建乐都西来寺，明崇祯十四年（1641年）前后建西宁莫家寺，清康熙六年（1667年）建西宁雷鸣寺，康熙三十八年（1699年）建西宁印心寺，另有西宁葆宁寺、崇兴寺、普济寺、九华寺，西宁甘露庵、南禅寺、广济寺、铁佛寺、正觉寺、塔院、广嗣宫等。但汉族群众泛神崇拜较深，纯佛教的社团、寺院不多，释道混杂，多神论色彩甚浓，无正规的僧团组织。所传宗派多属禅宗，西宁印心寺是该宗最大的寺院，并在西宁、互助、贵德等地成立过佛教会。公元 20 世纪 20 年代以来，内地汉传佛教天台、净土、法相、贤首诸宗一些和尚先后来青海传教，改建佛教社团，招徒授法，在西宁、湟中、湟源、大通等地曾形成一定影响，多有皈依者，并成立了一些佛教居士林，但多未建立起自己体系的寺院。公元 20 世纪 40 年代，天台宗心道法师吸收藏传佛教密宗的一些法要，创法幢宗。1948 年在西宁沈家寨的园树庄建成法幢寺，这是目前在西宁地区汉传佛教信徒的重要活动场所。

汉传佛教在青海的历史久远，后又有不少内地僧侣来青海传教，但信教人数、寺院数量规模等，远不及藏传佛教。据中共青海省委统战部和青海省宗教事务局公元 1996 年对全省宗教活动场所及宗教职业者的调查汇总表，截至公元 1995 年年底，全省信仰汉传佛教的群众约 145000 人，其中西宁地区 65800 人，海东地区 51700 人，海南地区 25080 人，海北地区 2750 人；汉传佛教居士共 1900 人，其中西宁 1100 人，海东 800 人。全省共有汉传佛教寺院 19 座（内海东 1 座和海南 2 座共 3 座寺院为自行开放寺院），其中西宁 3 座，海东 13 座，海南 3 座；共有汉传佛教职业人员 28 人（内男 17 人，女 11 人），其中西宁 9 人（内男 5 人，女 4 人），海东 16 人（内男 9 人，女 7 人），海南 3 人，均为男性。现全省汉传佛教寺院共占地 36.11 亩，建筑总面积 12271.69 平方米。公元 1978 年后在落实宗教政策、恢复建寺过程中，共投资人民币 1615700 元，其中一半用于修缮，一半用于重建或新建。从上述数据看出，青海汉传佛教出家人很少，主要是在家居士和其他信教群众，寺院规模很小，并无正规的学经制度，按藏传佛教的规制来看，只是一些佛堂或宗教活动点。

宗派及其传人

汉传佛教在青海传播的宗派，主要有禅宗、天台宗、法相宗、贤首宗、密宗、净土宗、法幢宗等。

禅宗　禅宗在青海传入的时间最早，西宁北山的北禅寺早期即属禅宗寺院。北禅寺，亦称"北山寺"，寺内遗存隋、唐、五代、宋、元、明各代的壁画，证明其历史悠久。明洪武年间，经当地千户张铭扩建，取名"永兴禅寺"。永乐十四年（1416年），明廷敕赐"永兴寺"。清宣统年间，由魏僖等倡捐钱粮，重修山根灵官殿。宣统二年（1910年），由西宁葆宁寺僧人徐仁溥修佛阁，添修山门、斋舍。寺处土楼山腰，岩壁形似神佛、动物、宝塔、楼阁。中为称作"露天金刚"的主体建筑，两则有自然形成的洞窟，经人工凿修成祠堂、佛阁，并盖有楼台、亭榭，悬崖间架有长廊、栈道，护以栏杆，将总称"九窟十八洞"的各个部分连成一体。山顶有寿宁塔，始建于明初，1915年重修。每当朝晖夕照，山姿塔影，颇为壮观。这里本为当地汉族和藏族群众进行佛事活动的场所。明末清初，一些道士上山居住，遂成佛道混一之地。1979年，西宁市人民政府鉴于当时的实际情况，将北山寺划归道教界使用，正式改名"西宁北山土楼观"，现为道教圣地。清末，北禅寺住持申和尚，与统领寺的顾大师、山陕会馆的柴和尚等有法嗣关系，他们与印心寺的牛金星以及近代的天真、源森等都是较出名的禅宗和尚。天真，原系甘肃永登宏善寺和尚，20世纪20年代初来西宁，初住西宁隍庙街的甘露庵，后移居隍庙，多次举办法会，弘广禅宗，后回宏善寺，80多岁圆寂。其弟子源森（1911—1990年），甘肃永登县坪城乡人，俗姓袁，法号慈舟，8岁由当地印三和尚剃度入宏善寺为僧，属北禅临济派。1930年任永登县崇庆寺住持。1937年来青海塔尔寺礼佛，经西宁著名居士杨香斋、李德渊挽留，长住青海，担任青海省佛教会会长。1940年往四川什邡县罗汉寺华西佛学院，修学窥基所创法相宗教理。1944年后，游方于甘肃榆中、青海贵德和互助等地，讲经弘法，后住西宁甘露庵。1950年4月，被选为西宁市人民政府委员。1953年6月，往北京出席首届中国佛教协会代表会议，被选为理事。1956年当选为西宁市政协常务委员。1958年被遣回原籍，1962年平反，曾任西宁市政协委员。1966年再次被遣回原籍，1979年重回西宁市，住普济寺，增补为市政协委员。1980年选为全国佛协理事，公元1984年增选为省政协委员。1987年成立西宁市佛教协会，被选为首届会长。源森上师品德高尚，修学精进，佛学知识广博，兼通中医医术，常为群众医病以结佛缘。青海汉传佛教禅宗的著名寺院有西宁的葆宁寺和印心寺。葆宁寺位于西宁市玉井巷北侧城墙根和北门外香水园，历史久远，原在一处。明洪武十四年（1381年），耿秉文建西宁新城时，将该寺一分为二。清康熙十二年（1673年）维修重建，共3院，主体建筑有大佛殿、韦陀殿。中院东西有画廊，彩绘有佛陀应化事迹图。侧院建观音堂、子孙庙及禅院。据《西宁府续志》，康熙年间重修葆宁寺者为旭止。旭止（1630—1698年），俗姓刘，名照昱，12岁削发为僧，后曾游历东南各省，巡礼佛教圣地，返回后兴建葆宁寺，从金陵请来檀香木佛像 4 尊，从北京请来明代版《大藏经》一部。当时葆宁寺戒律甚严，受戒者云集。民国时期，因常年失修，寺宇衰败，现仅存遗迹。印心寺古址在今西宁市南大街，由佛敏建于清康熙三十八年（1699 年，亦云在乾隆年间）。寺院分山门、中院和后院三部分，山门处塑四大天王像，中院为韦陀殿，后院为两层佛殿，供有释迦牟尼佛像。南北两厢楼房 12 楹，贯串前后院。北楼储藏经书，南楼储藏经版。两楼下面佛堂内供十八罗汉塑像，南楼下厢房有门通禅院。在清代，印心寺在西宁佛寺中首屈一指，是最主要的禅宗寺院，惜后毁坏，现不复存在。倡建者佛敏，甘肃天水人，系蜀汉将军姜维（伯约）的后裔，7 岁出家为僧。《西宁府续志》载他研习佛经，刻苦修炼，以"发明心性之旨，以格致诚为正本，不杂寂灭禅语"，著有《心经直解》《溪山咏》四卷。

法相宗 亦称"唯识宗"或"法相唯识宗"，为窥基所创。20 世纪 30、40 年代，无名大师和陈玙居士钻研其经籍，结合藏传佛教显宗经论进行研修，有一定建树，但未能建立起自宗寺院，在汉族信徒中影响不大。无名大师，原籍湖北，俗姓陈，名名文，字智博，因不透露其法号，人称"无名大师"。幼年在湖北出家，后受具足戒，专心研究佛学，曾去德格、结古等寺，依止诸大论师，悉心研习藏传佛教显宗经论，通晓汉、藏、梵、英四种文字。30 年代初到西宁，任青海省政府秘书，担任翻译，并在中学任教。30 年代中期，供职于护送九世班禅的专使行署，著有《经籍论藏》。陈玙，字美如，是一位著名居士，毕业于宁海蒙番师范学校，曾往青海化隆支扎寺研究佛学，学习藏传佛教格鲁派五部大论，后游学青海格鲁派诸大寺院及甘肃拉卜楞寺。晚年常住塔尔寺，专心研究《瑜伽师地论》，多次应邀参加塔尔寺大乘显宗讲经法会。他精通汉、藏文字，家藏许多汉藏两种文本的法相典籍，博通唯识、中观诸学，为有真才识学的佛教学者，著有《法相捷要辑录》，已佚。

贤首宗 即华严宗，因以《华严经》为主要经典，故名。青海由然僧传入。然僧，天津人士，早年为铸铁工。成年后从安徽沙山华严师出家，受具足戒。后赴广州观宗寺，拜依净权法师，受学华严教理。学有所成后去北京，于雍和宫拜依藏传密教喇嘛，学修大威德金刚法。在这期间，结识青海塔尔寺大喇嘛拉科活佛（为驻京呼图克图），对藏传佛教犹生兴趣，欲入藏求密法。后入藏途经青海，驻足塔尔寺拉科噶尔哇（活佛院），从阿嘉格西学经，一度在湟中鲁沙尔一带传播华严宗，祁生彦《青海的佛教宗派》说他初说华严，继说阿含，再说法华，后又说般若涅槃之教，受皈依者颇多，但亦未形成自宗的传承和寺院。

密宗 青海汉传佛教密宗源于藏传佛教。密宗是藏传佛教寺院中的重要一支，在藏族、蒙古族、土族地区多有其传承，青海汉族佛教信徒颇受其影响，但一直未形成汉传体系。20世纪40年代，有的僧侣开始在西宁佛教会为部分居士讲授《菩提道次第摄颂科释》，将藏传佛教阿底峡尊者、宗喀巴大师等所传三士道次第方面的基本知识介绍给汉族信徒，并授弥陀长寿合修法等一些简易修持法门，自此西宁转经寺成为青海汉传佛教密宗的活动道场。转经寺，亦名"藏经寺"，故址在今西宁市南大街西侧人民街路北，由土司李南哥建于明永乐十年（1412年），后成为今大通县东峡乡广惠寺的属寺，并供广惠寺僧人来西宁后办事寄宿。20世纪30年代后，西北汉传佛教居士林在此借住，这里遂成汉传佛教密宗的活动道场。50年代，青海菩提学会亦设于此。

天台和法幢宗 均由心道法师传入或首创。心道（1905—？年），俗姓李，汉族，原籍湖北松滋（一说湖北黄坡或黄陂）。1922年出家于原籍的岱辅庙，取名源福，字心道。同年冬，在湖北江陵章华寺依净月方丈受具足戒。1931年任福建鼓山佛学院教授、教务主任。1933年任汉口佛教正信会净土宗讲师。曾住持江西南昌圆通寺，以后又去广州观宗寺，受净权法师教导，以有学识辩才，得法师位。1934年3月来青海传教。6月，组织成立西山堡佛教居士林，宣讲《普门品》。8月15日，发起并组织青海佛教会。9月，在湟源讲《金刚经》。11月，在湟中韦家庄讲《佛说阿弥陀经》。1935年，辗转于湟中、西宁等地讲经。11月，在西宁人民街成立西北佛教居士林。12月，改组湟源佛教会为中国佛教会湟源分会，任理事长。1936年，先后主持成立西北佛教居士林镇海堡分林及后子河分林，然后离开青海，游历甘肃、新疆等地。公元1938年任西安大兴善寺方丈。1943年再次来青海。心道第一次来青海，传法于湟中、湟源、西宁等地，主要以天台、净土为教旨，在城镇、农村多有皈依者，建立了一些居士林。他第二次来青海后，往来于各藏传佛教高僧之间，并一度在塔尔寺学习密宗，有一定造诣，被恩久活佛和阿嘉活佛授"丹增堪布"（意为持教亲教师）的尊称。他由此得到启示，另辟传播佛教蹊径，创法幢宗，继西山堡佛教居士林、西北佛教居士林之后，又组织西方念佛会等，并聘请第九世班禅大师却吉尼玛任西北佛教居士林林护长，他自任主讲导师。1944年离开青海，前往兰州，正式打出"法幢宗"旗帜。此后，心道委托西宁居士林信徒在西宁沈家寨的园树庄修建法幢寺。

　　心道法师创法幢宗，当时虽曾受到一些佛教界人士的非议，但他的佛学造诣为信众所公认。他到处宣道说法，认为"心即佛，佛即心，心若觉悟，即是佛爷，心若迷信，即是众生，众生与佛只是在迷悟上的分别耳"。（上海书局《心道法师西北弘法记》）。[①] 同时，他极推崇净土法门，认为日念

---

① ②转引自彭启胜主编：《青海寺庙塔窟》，青海人民出版社1998年版，第10页。

万遍"南无阿弥陀佛",即可往生西方极乐净土,主张以正信、正解、正行、正果为主旨","自觉觉人,自度度人,同得阿耨多罗三藐三菩提为最后目的"。(上海书局《心道法师西北弘法记》)他所倡法要,简便易行,博得信众推崇,尤在劳苦民众中形成风气。其弟子有广化、广闻、广修、广增、融西、融泉、传灯、妙空、法通等。广闻,为比丘尼弟子,法号尘空,青海湟源县人,俗姓祁,16岁于湟源城听心道传教,发愿出家,于湟中鲍家寺削发为尼,后到西宁西山堡佛教居士林拜心道为师,一度游化湟源、湟中、大通、贵德等地,最后常住西宁,由她购寺基,于民国三十三年(1944年)在西宁西郊园树庄建法幢寺。他曾徒步乞化,先后参加了兰州、西安、宁夏、河西等地法会,于西安大兴善寺受具足戒,弟子众多。广化,西宁市人,从心道出家,曾跟随心道游化南方各省,归途中住持崆峒山寺,回青海后主持西宁甘露阉佛事。广修,号慧空,湟源人,人称"铁和尚",曾于湟源北山建寺,继承法席者有缔颥、缔愿等。传灯,法名广庆,西宁人,曾行化于宁夏、甘肃等地,后在西宁彭家寨主持庙宇佛事。广增,为传灯之子,从心道出家后,随师行化南方各省,拜高僧学佛,曾随师去香港传法。融泉,大通后子河人,出家后曾去青海共和县一格鲁派寺院学修,法名格登丹德尔。融西,湖南人,原系一儒生,后来青海大通县供职,仕途不畅,落魄后寄住大通,随心道出家,传播佛教,后卒于大通。妙空,青海西宁人,从心道法师出家后行化南方各省,曾任江西南昌圆通寺住持。法通,原籍北京,比丘尼,青年时为朝拜塔尔寺,徒步化缘来西宁,寄居法幢寺,后行化于西宁西川一带,朝拜巡礼塔尔寺、青海湖海心山、贵德珍珠寺,1981年去世于贵德县城。心道法师在青海布教期间,杨希尧、贾志洁、何礼丞、王兴亚、谭云亭、滕经伍等当时青海社会名流,均拜心道为师,皈依佛门,受居士五戒。

净土宗　亦称"莲宗"，唐代善导创立，后与禅宗、天台宗多有融合，是青海汉传佛教中流传最广的一个宗派。此宗不拘行、走、坐、卧，随时随地默念"南无阿弥陀佛"佛号，乘佛愿力往生西方净土，类似藏传佛教信仰者念诵观世音菩萨的"六字真言"，极为便利，为佛教的简易法门。因此，青海汉族信徒多奉此宗，或既修净土宗，也兼修佛教的其他宗派。青海西宁法幢寺和许多居士林皆按净土宗规矩行事，主要修学的经文除《阿弥陀经》《无量寿经》《观无量寿经》和世亲《往生论》外，还有印光法师（1861—1940 年）的《净土决疑论》《印光大师文抄》《印光大师嘉言录》等。

主要寺院及宗教团体

  青海历史上的汉传佛教寺院，除上文述及的西宁印心寺、葆宁寺外，尚有：崇兴寺，亦称"崇庆寺"，位于西宁隍庙街路北，建于明末清初，共两院，楼房建筑 1929 年后失修倒塌，现仅存遗迹；九华寺，位于西宁市南门外，由来青海的山陕帮商客集资兴建于清光绪二十年（1894 年）前后，共有大小房屋 34 楹，大殿内主供地藏王菩萨，寺设寄枢院 1 处，现亦消亡；雷鸣寺，位于西宁市南大街，清康熙六年（1667 年）创建，主体建筑大佛殿共两层，内塑佛像颇多，现仅存遗迹；莫家寺，位于西宁市莫家街，明崇祯十四年（1641 年）前后创建，原为当时副总兵莫与京所建宗祠，后演变为佛寺，内供三大菩萨像，现亦仅存遗迹；西宁甘露庵，位于西宁市隍庙街，建于明末，为汉传佛教尼姑庵，20 世纪 20 年代，一度作为私塾，30 年代末，青海省佛教会设于此，现消亡；西宁广嗣宫，亦为汉传佛教尼姑庵，位于西宁隍庙街，建于明末，为一四合院，内有大殿，公元 20 世纪 30 年代，西宁印心寺的韦陀像、葆宁寺的菩萨像等曾迁来这里供奉，现亦仅存遗迹。

现存的汉传佛教寺院主要有：

西宁法幢寺　位于西宁南川西路园树庄，距市区 2 公里，为汉传佛教尼姑寺。1944 年，心道法师委托其女弟子尘空创建，最初大殿 3 间、尼舍 14 间、伙房 2 间。20 世纪 50 年代关闭，60 年代部分毁坏，大殿幸存。1982 年重修，改建原有的三间大殿为大雄宝殿，砖木结构，面阔 5 间，进深 3 间半。1986 年后增修护法殿、报恩堂及东西厢房、尼舍、伙房等 30 余间。整个寺院占地约 5 庙，呈四合院格局，大雄宝殿飞檐秀出，山门顶书"同登彼岸"，布局有序，紧凑合理。现由尘空之徒润林主持寺务。法幢寺在教理上属天台宗，《妙法莲华经》(《法华经》)为主要的教义根据，主张"心是一切法"，"一切法是心"，强调"止观并重""定慧双修"的原则和修行方法。止即定，通过坐禅以求寂静；观即慧，指对"心"的内省功夫，即般若智慧；止观或定慧，互为因果，犹如一车之双轮，一鸟之双翼，须同时兼修，不可偏废。法幢寺念诵的经文，主要为《金刚经》《般若波罗蜜多经》《心经》《阿弥陀经》《观音经》《大势至菩萨元统章》《普贤行愿品》《观无量寿经》《无量寿经》等。法幢寺每年举行的活动主要是：(1)农历二月十九的观音圣诞会；(2)农历四月初八的释迦圣诞会，为全年最大的聚会，故称"大聚"；(3)农历六月十九的观音会。(4)农历七月十五的盂兰盆会(超度亡灵会)；(5)农历九月十九的观音圣诞会；(6)农历十一月十七的弥勒圣诞会；(7)农历十二月八的释迦圣诞会(小聚)。

西宁普济寺　位于西宁市南门外南山路南，清光绪二十三年(1897 年)，西宁信士杨进湘在当时的洋行经理范得璞等人的资助下督率绅民初建。寺院东侧，有寄骨寺，清乾隆四年(1739 年)西宁金事杨应琚护修"漏得园"而成，是寄存尸骨的地方。普济寺建成后，信士沈复从天津汇银 300 两，以为看守灵柩及殓骨之费，实由普济寺兼管寄骨寺。普济寺原主供地藏王菩萨和观世音菩萨，20 世纪 20 年代初，西宁印心寺住持将该寺十八罗汉塑像迁来普济寺供奉。1979年后，由源森住持寺务，现有正殿1座，僧舍数间。

乐都西来寺 位于碾伯镇东关，明万历二十八年（1600年）由信士杨蕃等募捐修建。建筑规模宏大，由山门、金刚殿、关圣殿、东廊房、土地殿、观音殿、佛殿等组成，共占地2100余平方米，多为歇山顶式建筑，原供有许多泥塑佛像。后塑像、壁画等被毁，建筑幸存。1982年后，经文物保护单位重新修整，成为乐都县的博物馆，陈列有乐都地区出土和收藏的部分珍贵文物以及原寺院遗存的24幅明代卷轴佛像画等。

湟中法幢寺 位于湟中县多巴镇通海东村，1935的修建，占地面积2666平方米，1988年6月恢复活动。

湟源观音阁 位于湟源县治城关镇南小路，1926年修建，占地面积687平方米，1986年1月恢复活动。

湟源小寺 位于湟源县寺寨乡小寺树，占地300平方米，1990年10月恢复活动。

贵德大佛寺 位于贵德县城河阴镇城关，占地1133平方米，1992年5月恢复活动。

青海汉传佛教团体主要有居士林和佛教会。

居士林 主要在西宁、湟中、湟源、大通等地，大部分是心道法师来青海传教后成立，较出名的有：湟中西山堡的西山居士林，1934年7月12日由鲁沙尔镇李来鹏、鲁沙尔小学校长咸子元倡导成立，地址设在普济寺；湟源女居士林，1934年12月成立；西北佛教居士林，1935年11月在西宁成立；通海居士林，1936年2月成立，地址在湟中通海；后子河居士林，1936年4月成立，地址设在大通后子河的关帝庙，当时的主事人为李永华、胡锦云、李光汉等。以上居士林中，规模较大的是西北佛教居士林。该居士林在杨希尧（民国时期曾任青海省教育厅厅长）和心道法师倡导下于 1935 年 11 月在西宁成立，初址在转经寺（大通广惠寺的属寺），后移至隍庙街，由杨希尧担任理事长。常务理事有：郭麟、祁锡三、彭良臣。日常作朝暮课诵、焚香礼佛的男女居士百人左右。农历四月初八为纪念佛祖释迦牟尼诞辰，礼佛的居士和信众多达数千人。在这里，部分居士还修学藏传佛教显密经论。1958 年后停止活动。1987 年 9 月 30 日，西宁市人民政府将居士林遗址定为市级文物保护单位。

佛教会 主要有青海省佛教会，1934 年 12 月 8 日在西宁隍庙街先哲祠成立，会址设在甘露庵，首任公长天真（甘肃永登县宏善寺和尚），后由源森任会长；湟源佛教会，1934 年 9 月成立，会址在县城隍庙，首任会长王维岱，副会长卢兆枢、张世瑞。

青海省佛教协会于 1981 年 8 月在西宁成立，隶属青海省宗教事务局。首任会长夏茸尕布，副会长古嘉赛、阿嘉、孙果（兼佛协秘书长）、却西、秋吉、参直合、尕布藏、嘉雅、克增隆柔尖措。常务理事 32 人，理事 52 人。1985 年易名为中国佛教协会青海省分会。同年 10 月召开第二次全省佛教协会代表会议，增选松布为副会长，增补龙德海为副会长兼秘书长。1991 年 10 月，召开第三次全省佛教协会代表会议，选举阿嘉为会长，却藏、夏日东、群增多杰为副会长，群增多杰兼秘书长，张星为副秘书长。1997 年 10 月，召开第四次全省佛教协会代表会议，阿嘉连任会长，副会长为桑杰、仲确、秋吉、旦贝尼玛、嘉赛、那日加木措、仁青南加、尕藏多杰、尕布藏、却西，桑杰兼任秘书长，金迈为副秘书长。出席这次会议的代表共 184 人，其中藏传佛教格鲁派代表 111 人，宁玛派代表 30 人，噶举派代表 11 人，萨迦派代表 5 人，觉囊派代表 5 人；汉传佛教僧人和居士 7 人；本教代表 3 人；其他代表 12 人。

附　录

大 事 记

○公元 399 年（东晋安帝隆安三年），法显、慧果、道整等赴印取经，途经青海活动。

○公元 420 年（北魏泰常五年、东晋恭帝元熙二年），汉僧法勇、僧猛、昙朗等赴印求法，途经青海传播佛教。

○公元 518 年（北魏神龟元年），汉僧宋云、惠生西行求经，来青海活动。

○公元 641 年（唐太宗贞观十五年），唐文成公主进藏联姻，途经青海玉树巴塘的贝沟，命随行工匠于当地丹麻岩雕刻大日如来佛及其八大弟子像，于卓玛邦杂山根建扎丹拉康，于扎隆沟建嘉斯塔，于邦同滩建格则塔。

○公元 710 年（唐中宗景龙四年），唐金城公主进藏联姻，途经玉树巴塘，修盖大日如来佛堂，后通称"文成公主庙"。

○公元 9 世纪前叶，吐蕃军民来青戍边，于今贵德河阴镇建米纳塔，于今同仁县吾屯下庄建贡巴娘哇寺。

○约公元 841 年（唐武宗会昌元年），吐蕃达磨赞普禁佛，西藏禅僧藏饶赛等绕道逃来青海，先后避居尖扎阿琼南宗、洛多杰扎岩，化隆丹斗、东麻囊，乐都央宗坪，互助红崖子沟口的玛尔藏岩一带传教，藏传佛教前弘期结束。

〇约公元846年（唐会昌六年），拉隆·贝吉多杰刺杀达磨赞普，逃来青海，曾活动于玉树下拉秀、循化孟达和同仁等地。

〇公元892年（唐昭宗景福元年），喇勤贡巴饶赛生于今化隆县丹斗寺所在地黄河南岸循化县的加秀村，后拜依藏饶赛等为师，受比丘戒。

〇公元930年（后唐明宗天成五年）喇勤贡巴饶赛定居丹斗弘法，化隆丹斗寺、互助白马寺、乐都央宗坪寺、同仁当格乙麻寺等相继形成。

〇公元975年（北宋太祖开宝八年），喇勤贡巴饶赛卒于白马寺。

〇公元978年（北宋太平兴国三年），喇勤贡巴饶赛的卫藏弟子卢梅等返回西藏。弘法于卫、藏、康区，复兴佛教，藏传佛教后弘期开始。

〇公元1068年（北宋神宗熙宁元年），达查益西生格建囊谦达那寺经堂。

〇公元1074年（北宋熙宁七年），农历六月，宋神宗向岷州新置寺院赐名"广仁禅院"。

〇公元1132年（南宋高宗绍兴二年），伽当巴·德谢喜巴建西康噶陀寺，后为青海宁玛派主寺之一。

〇公元1143年（南宋绍兴十三年），直贡噶举派创始人仁钦贝隆生于青海玉树西航村。

〇公元12世纪前叶，撒东肖噶上师建青海玉树地区囊谦的乜也寺。

〇公元12世纪中叶，噶玛噶举派创始人都松钦巴·却吉扎巴来青海玉树传教，建成禅古寺。直贡噶举派创始人仁钦贝建玉树巴塘的卓玛邦杂寺。

〇公元1188年（南宋孝宗淳熙十五年），帕摩竹巴弟子桑结叶尔巴·

益希则巴扩建囊谦达那寺，使之成为著名的叶尔巴噶举派寺院。

○公元 1190 年（南宋绍熙元年），建囊谦赛佐强寺。在此前后，巴绒噶举派创始人达玛旺秋弟子直希热巴于今囊谦县香达乡建杂毛寺，其弟子勒巴尕布在今香达乡建根蚌寺，巴若多杰在香达建让直寺，释迦多杰在今杂多县苏鲁乡建邦囊寺。

○公元 1239 年（南宋嘉熙三年），阔端部将多达那波率军进藏，焚玉树当卡寺。

○公元 1247 年（南宋理宗淳祐七年），萨班衮噶坚赞在凉州（甘肃武威）与阔端会晤，后建青海贵德珍珠寺（藏语称觉觉拉康）。

○公元 1264 年（南宋理宗景定五年、元至元元年），元朝设总制院，八思巴领总制院事，掌管全国佛教及吐蕃事务。是年，八思巴从大都返藏途经青海玉树，于称多嘎哇隆巴沟聚众讲经，改歇武多干寺（原奉宁玛派）为萨迦派寺院。勒巴尕布的再传弟子鲁梅多杰任根蚌寺住持。

○公元 1268 年（南宋度宗咸淳四年、元至元五年），八思巴弟子阿尼胆巴·衮噶扎巴（通称胆巴）建称多尕藏寺，继修称多邦夏寺、玉树隆庆寺。八思巴再次途经称多讲经。

○公元 1270 年（南宋咸淳六年、元至元七年），胆巴陪侍八思巴到大都，拜见忽必烈。

○公元 1274 年（元至元十一年），八思巴再次返藏途经玉树囊谦，向根蚌寺赠法螺一对，并于宗达寺讲经，向该寺赠度母像、净水壶，封赏宗达寺活佛。胆巴代管元朝宗教事务。

○公元 1281 年（元至元十八年），胆巴作为佛教代表赴长春宫参加佛道辩论。

○公元 1282 年（元至元十九年），西藏萨迦派大喇嘛噶希巴随其家族从萨迦迁来循化。

○公元 1287 年（元至元二十四年），胆巴弟子桑哥（青海化隆籍）任元朝尚书丞相，兼总制院使。

○公元 1288 年（元至元二十五年），元朝所设总制院易名"宣政院"。

○公元 1295 年（元成宗元贞元年），胆巴住持大护国仁王寺。

○公元 1296 年（元元贞二年），胆巴弟子昂卡拉巴建玉树达杰寺。

○公元 1301 年（元成宗大德五年），青海同仁隆务寺初建，名"智卡贡康"，奉萨迦派。

○公元 1303 年（元大德七年），胆巴病逝上都，元朝赐谥"大觉普慈广照无上帝师"。

○公元 1309 年（元武宗至大二年），曲结顿珠仁钦法王生于青海同仁夏卜浪村。

○公元 1318 年（元仁宗延佑五年），仁巴洛同多杰建囊谦东囊拉钦寺。

○公元 1341 年（元惠宗至正元年），曲结顿珠仁钦建同仁夏卜浪寺。

○公元 1346 年（元至正六年），多丁益西迥乃建今玉树杂多县的格那寺。

○公元 1349 年（元至正九年），曲结顿珠仁钦建昂拉赛康后，于今化隆查甫建夏琼寺。

○公元 1357 年（元至正十七年），宗喀巴大师降生于今湟中县塔尔寺所在地鲁沙尔镇。

○公元 1359 年（元至正十九年），西藏噶玛噶举派黑帽系第四世活佛若必多杰应召赴京途经青海，传教、活动于今夏宗寺、佑宁寺及湟中西纳川一带，曾在夏宗寺为宗喀巴授近事戒。

○公元 1363 年（元至正二十三年），宗喀巴于夏琼寺削发为僧，以曲结顿珠仁钦为师学经。

○公元 1364 年（元至正二十四年），今玉树囊谦县的吉周寺建成。

○公元 1370 年（明太祖洪武三年），三木旦仁钦重修同仁隆务寺。

○公元 1372 年（明洪武五年），宗喀巴大师奉师命离夏琼寺赴西藏学经。

○公元 1379 年（明洪武十二年），宗喀巴母亲香萨阿切于儿子降生处建莲聚塔，是为塔尔寺的最早建筑。

○公元 1381 年（明洪武十四年），宗喀巴在西藏雅隆的南杰拉康寺从楚臣仁钦受比丘戒。

○公元 1382 年（明洪武十五年），果洛喇嘛群本于今班玛县的阿什姜建宁玛派的智格果寺。

○公元 1385 年（明洪武十八年），曲结顿珠仁钦卒。夏琼寺造其灵塔供奉。

○公元 1386 年（明洪武十九年），青海苏莽噶举派创始人帐玛赛·罗舟仁钦生于囊谦。

○公元 1389 年（明洪武二十二年），明朝封乐都瞿昙寺的开创僧三罗喇嘛桑杰扎西为西宁卫僧纲司都纲。

○公元 1390 年（明洪武二十三年），建西宁汉传佛教洪通寺。

○公元 1392 年（明洪武二十五年），三罗喇嘛桑杰扎西于今乐都县曲坛乡建成瞿昙寺。宗喀巴大师苦修于西藏的奥喀曲垅地方。

○公元 1397 年（明洪武三十年），四川邓柯地方僧人求吉昂江扎巴来青海玉树年措部落传教，倡建今称多县的色航寺。

○公元 1398 年（明洪武三十一年），西藏萨迦派大喇嘛当钦哇·嘉囊喜饶坚赞来青海玉树地区传教，建玉树结古寺。宗喀巴著《缘起颂》。

○公元 1402 年（明惠帝建文四年），宗喀巴著《菩提道次第广论》。

宗喀巴弟子东宗·喜饶坚赞正式建循化文都寺成格鲁派寺院。

○公元 1406 年（明成祖永乐四年），宗喀巴著《密宗道次第广论》。

○公元 1408 年（明永乐六年），宗喀巴写成《中论广释》等。明永乐帝颁旨保护瞿昙寺寺产。

○公元 1409 年（明永乐七年），宗喀巴首创拉萨正月祈愿大法会，格鲁派形成。

○公元 1410 年（明永乐八年），明朝封西纳喇嘛却帕坚赞为国师，赐土地、百姓及象牙印章。

○公元 1412 年（明永乐十年），明朝封瞿昙寺的班丹藏卜为"灌顶净觉弘济大国师"，赐金印；封索南坚赞为"灌顶广智弘善国师"，赐象牙印；封西纳喇嘛却帕坚赞为禅师。土司李南哥建西宁转经寺。

○公元 1414 年（明永乐十二年），帐玛赛·罗舟仁钦建囊谦苏莽囊杰则寺。宗教巴大师辑成《集密四注合编》。

○公元 1415 年（明永乐十三年），宗喀巴弟子释迦也失赴京途经青海，沿途传播格鲁派教法。宗喀巴弟子绛央曲结·扎西贝丹建哲蚌寺。

○公元 1416 年（明永乐十四年），明朝向西宁永兴禅寺赐额"永兴寺"。

○公元 1418 年（明永乐十六年），明朝封青海丹斗的马尔藏活佛为"广济妙净国师"。

○公元 1419 年（明永乐十七年），宗喀巴弟子代玛堪钦元登巴改建称多拉布寺为格鲁派寺院。

宗喀巴大师圆寂于西藏甘丹寺。释迦也失建拉萨色拉寺。

○公元 1425 年（明仁宗洪熙元年），乐都瞿昙寺竖立碑记，现存于碑亭。

○公元 1427 年（明宣宗宣德二年），明朝派太监侯显经青海去西藏，"慰诸番僧"。明朝再封西纳喇嘛却帕坚赞为"通慧净觉国师"，赐银印。却帕坚赞于湟中西纳川建西纳寺。

　　○明宣德年间（1426—1435年），明朝封隆务寺高僧罗哲僧格为"弘修妙悟国师"。贵德贡巴寺形成。

　　○公元1433年（明宣德八年），释迦也失第二次赴京途经青海民和转导，指示弟子释迦崔臣建宗摩卡丹曲塔尔林寺。

　　○公元1435年（明宣德十年），大慈法王释迦也失在京圆寂，遗体被运至宗摩卡丹曲塔尔林寺供放，形成弘化寺。

　　○公元1447年（明英宗正统十二年），僧人扎公索南巴邦建曲麻莱的江让寺。求吉巴顶嘉措（一云扎干）建曲麻莱的夏日寺。

　　○公元1451年（明代宗景泰二年），噶玛丁增上师建囊谦桑买寺。

　　○公元1511年（明武宗正德六年），俄金塔生上师建囊谦郭欠寺。

　　○公元1531年（明世宗嘉靖十年），宗达寺僧人安旺更噶木久建囊谦热拉寺。

　　○公元1559年（明世宗嘉靖三十八年），内蒙古河套土默特首领俺答汗拥众入据青海湖地区。

　　○公元1560年（明嘉靖三十九年），仁钦宗哲坚赞于宗喀巴母亲所建塔侧建禅房，聚僧修禅。

　　○公元1573年（明神宗万历元年），俺答汗再次运兵青海，寻找藏僧问道，皈依佛教。

　　○公元1575年（明万历三年），俺答汗之子丙兔于青海湖附近察卜齐雅勒地方建寺，公元1577年建成，明神宗赐额"仰华寺"。

　　○公元1576年（明万历四年），三世达赖喇嘛索南嘉措应俺答汗邀请离拉萨来青海。是年，建成玉树热艾寺。

　　○公元1577年（明万历五年），仁钦宗哲坚赞建塔尔寺弥勒殿，塔尔寺初具规模。仰华寺建成。

○公元 1578 年（明万历六年），春，三世达赖喇嘛进入青海境，于玉树上年措（今称多县）向诸弟子授戒，今称多色航寺、曲麻莱的夏日寺和巴干寺等均奉格鲁派。农历五月，三世达赖喇嘛与俺答汗相会于仰华寺，互赠惠号。三世达赖为诸蒙古王公及其子弟授戒灌顶，在黄艾川新建彭措南杰林寺。是年建囊谦池秀寺。

○公元 1579 年（明万历七年），三世达赖在仰华寺向第二世东科尔活佛云丹嘉措等授比丘戒。夏，俺答汗听从三世达赖奉劝返回河套本土，东科尔·云丹嘉措奉达赖命随往内蒙古传教。秋，明朝派人封三世达赖，三世达赖离措卡往理塘、昌都地区传教建寺。

○公元 1581 年（明万历九年），曲哇仓一世洛桑丹贝坚赞生。三世达赖喇嘛捐资铺盖夏琼寺灵塔殿部分金顶。

○公元 1582 年（明万历十年），冬，三世达赖应请去内蒙古参加俺答汗葬仪，从昌都再次来青海，抵措卡火洛赤牧地。

○公元 1583 年（明万历十一年），三世达赖由申中昂锁请至塔尔寺驻锡。三世达赖指示申中等五部族头人扩建塔尔寺，向塔尔寺赐吉祥天女和自像卷轴画等。同年，三世达赖巡礼夏琼、丹斗、喀地喀等寺，赐金改建夏琼寺曲结顿珠仁钦灵塔，并去今互助县佑宁寺、门源县仙米寺等所在地指示建寺。

○公元 1590 年（明万历十八年），塔尔寺建三世达赖灵塔及灵塔殿（遍知殿）。

○公元 1591 年（明万历十九年），九年，明朝出兵西海，进攻蒙古族，焚毁仰华寺。

○公元 1594 年（明万历二十二年），西纳喇嘛班觉坚赞与其侄班觉仁钦建塔尔寺护法殿。

○公元 1600 年（明万历二十八年），建乐都汉传佛教西来寺。

○公元 1602 年（明万历三十年），四世达赖云丹嘉措自内蒙古赴藏坐床，途经今佑宁寺所在地哲加，传播佛教。

○公元 1603 年（明万历三十一年），四世达赖驻锡塔尔寺，指示整顿寺规、筹建经院。

○公元 1604 年（明万历三十二年），西藏第七世嘉色活佛端悦却吉嘉措来青海，主持修建郭隆寺（后清朝赐名佑宁寺）。第十世噶玛巴活佛却英多杰降生于青海果洛班玛。

○公元 1607 年（明万历三十五年），隆务寺第一世夏日仓活佛噶丹嘉措生。

○公元 1612 年（明万历四十年），塔尔寺显宗经院建成，鄂色嘉措任首任法台，开讲经学法之制，塔尔寺成为格鲁派正规寺院。

○公元 1615 年（明万历四十三年），第三世东科尔活佛杰瓦嘉措应请去厄鲁特蒙古传教。

○公元 1616 年（明万历四十四年），豆后漏喇嘛于今贵德县东沟乡建铁瓦寺。

○公元 1623 年（明熹宗天启三年），门源仙米僧人衮噶嘉措请来西藏叶尔巴寺的拉日堪钦·才旦顿珠建仙米寺。丹仁巴建夏琼寺显宗经院。

○公元 1625 年（明天启五年），明朝天启皇帝给青海隆务寺赐"西域胜境"匾。

○公元 1626 年（明天启六年），小松布·丹却坚赞创建仙米寺显宗经院。

○公元 1630 年（明毅宗崇祯三年），夏日仓一世噶丹嘉措建隆务寺显宗经院。

○公元 1632 年（明崇祯五年），小松布·丹却坚赞建仙米寺大经堂，使之成为门源境内最大的格鲁派寺院。

○公元 1635 年（明崇祯八年），青海喀尔喀部蒙古首领却图汗派其子阿尔斯兰将兵万人入藏。四世班禅罗桑却吉坚赞和五世达赖阿旺罗桑嘉措及其襄佐索南群培派遣青海郭隆寺僧人赴新疆求援于厄鲁特蒙古。德格白利土司占领青海囊谦地区，毁根蚌寺。

○公元 1636 年（明崇祯九年），和硕特蒙古首领固始汗乔装商客秘往拉萨，会见四世班禅和五世达赖，受号"丹增曲结"（持教法王），与格鲁派首领结成同盟。

○公元 1637 年（明崇祯十年），固始汗自新疆南下，入据青海，联合准噶尔部巴图尔洪台吉灭却图汗，占据青海湖等地区后，向郭隆寺、东科尔寺、扎藏寺等广赠寺产，并向玉树称多的东程寺等赠金字大藏经等。五世达赖弟子扎藏曲结·加央喜饶北迁塔雁静房，正式建成扎藏寺。

○公元 1638 年（明崇祯十一年），西藏吉雪活佛丹增罗桑嘉措向郭隆寺转赠土地、百姓。

○公元 1639 年（明崇祯十二年），固始汗进兵康区，次年擒杀白利土司顿悦多杰。

○约公元 1641 年（明崇祯十四年），建西宁汉传佛教莫家寺。

○公元 1644 年（明崇祯十七年），赞布·顿珠嘉措建门源珠固寺。夏日仓一世噶丹嘉措建隆务寺大经堂。循化古雷寺改宗格鲁派。蒙古族僧人霞巴丹津扩建道希汗禅师的修行静房成都兰寺。

○公元 1645 年（清世祖顺治二年），建成青海民和地区的弘善寺。

○公元 1646（清顺治三年），第二世拉莫（夏茸尕布）活佛罗哲嘉措建尖扎古鲁寺。

○公元 1647 年（清顺治四年），东科尔四世多居嘉措扩建丹麻一世崔臣嘉措所建今甘肃天祝的天堂寺，成为青海东科尔寺属寺。固始汗会同达赖、班禅向郭隆寺颁发寺产执照。

○公元 1649 年（清顺治六年），却藏活佛南杰班觉建互助却藏寺。西纳活佛列巴嘉措建塔尔寺密宗经院。

○公元 1650 年（清顺治七年），赞布·顿珠嘉措建大通东峡的郭莽寺（后清朝赐名广惠寺）。

○公元 1652 年（清顺治九年），五世达赖喇嘛经青海塔尔寺进京觐见顺治皇帝，受封"西天大善自在佛所领天下释教普通瓦赤喇怛喇达赖喇嘛"，回藏亦途经青海，在青海湖畔祭海，曾向天堂寺赐额"扎西达吉林"。土观一世罗桑拉丹因宣谕噶尔丹功，清朝赏绣龙黄伞，封为"静修禅师"。

○公元 1653 年（清顺治十年），清朝授西纳喇嘛班觉彭措巡检司职，加封为"灌顶大国师"。

○公元 1654 年（清顺治十一年），丹麻一世崔臣嘉措于今互助县的巴扎乡建甘禅寺。

○公元 1657 年（清顺治十四年），西藏觉囊派主寺达丹丹曲林寺座主罗哲南杰来今四川壤塘、马尔康、阿坝等地传教。青海文都寺赛卡活佛索南嘉措建循化岗察寺。

○公元1659年(清顺治十六年)，东科尔四世多居嘉措奉清廷之召入京，受封"诺们汗"名号。

○公元 1662 年（清圣祖康熙元年），白玛仁增建西康佐钦寺，是为青海不少宁玛派寺院的主寺之一。

○公元 1665 年（清康熙四年），经墨尔根洪台吉提请，五世达赖向赤列伦珠授"敏珠尔诺们汗"名号。不久，敏珠尔诺们汗从西藏返回安多，主持郭莽寺寺务。清朝向东科尔四世多居嘉措授"蛮朱什哩禅师"（意文殊禅师）名号，赐封诰、印章。

○公元 1667 年（清康熙六年），建西宁汉传佛教雷鸣寺。

○公元 1673 年（清康熙十二年），重修西宁汉传佛教葆宁寺。

○公元 1677 年（清康熙十六年），第一世嘛呢哇活佛罗桑鄂色正式建成化隆金源的赛支寺。

○公元 1682 年（清康熙二十一年），第三世拉莫（夏茸尕布）阿旺罗桑丹贝坚赞于今尖扎县能科乡建成拉莫德千寺。

○公元 1683 年（清康熙二十二年），青海籍僧人阿旺罗哲嘉措出任西藏甘丹寺第四十四任甘丹赤巴。

○公元 1686 年（清康熙二十五年），章嘉二世阿旺罗桑却丹随甘丹赤巴罗哲嘉措前往蒙古调解喀尔喀部土谢图汗与扎萨克图汗之间的纠纷，受到清廷嘉奖。

○公元 1687 年（清康熙二十六年），贡依仓（柳家佛）一世根敦罗哲于今乐都县寿乐乡境内正式建成羊官寺。阿嘉一世喜饶桑布扩建塔尔寺大拉让。

○公元 1689 年（清康熙二十八年），阿嘉活佛喜饶桑布扩建塔尔寺大经堂。堪布呼图克图一世益希嘉措出任夏琼寺第二十四任法台，创办该寺印经院。

○公元 1691 年（清康熙三十年），年智嘉措扩建今共和县境内的当家日朝成当家寺。

○公元 1692 年（清康熙三十一年），五世达赖喇嘛向仙米寺阿穹二世丹增赤列嘉措授"额尔德尼达尔罕曲结"名号。当彩活佛罗桑多杰建塔尔寺小金瓦殿（大护法神殿）。

○公元 1693 年（清康熙三十二年），章嘉二世阿旺罗桑却丹奉清廷之召入京，受封为"扎萨克达喇嘛"，驻锡法源寺。

○公元 1695 年（清康熙三十四年），清朝向青海民和的弘善寺赐"慈云殿"匾。

○公元 1696 年（清康熙三十五年），第一世叶什姜活佛加央罗哲建同仁叶什姜寺。

○公元 1697 年（清康熙三十六年），章嘉二世阿旺罗桑却丹奉康熙帝命进藏，向刚公开的六世达赖仓央嘉措赍送金册金印，途经青海，劝谕和硕特蒙古诸台吉归附清朝。

○公元 1698 年（清康熙三十七年），清朝向塔尔寺赐"净土津梁"匾。西纳活佛阿旺罗桑扩建塔尔寺密宗经院经堂。

○公元 1699 年（清康熙三十八年），汉传佛教僧人佛敏建西宁印心寺。

○公元 1700 年（清康熙三十九年），内蒙古多伦诺尔汇宗寺建成，章嘉·阿旺罗桑却丹奉康熙帝命住持汇宗寺，掌管多伦诺尔喇嘛事务。

○公元 1702 年（清康熙四十一年），青海尖扎境内的桑主寺成为同仁叶什姜寺的属寺。

○公元 1703 年（清康熙四十二年），六世达赖仓央嘉措向隆务寺第二世夏日仓活佛阿旺赤列嘉措授"噶丹阿齐图额尔德尼诺们汗"名号,赐印鉴、华盖等物。

○公元 1705 年（清康熙四十四年），清朝封青海第三世夏茸尕布（拉莫活佛）阿旺罗桑丹贝坚赞为"扎萨克达喇嘛"。

○公元 1706 年（清康熙四十五年），清朝封章嘉·阿旺罗桑却丹为"灌顶普惠广慈大国师"，赐金印、封诰。自此，历辈袭此号。

○公元 1709 年（清康熙四十八年），青海郭密格西扎巴嘉措建贵德白马寺。

○公元 1711 年（清康熙五十年），却藏活佛倡建塔尔寺密咒经院（后为医明学院）。清朝扩建北京法源寺，赐名"嵩祝寺"，为历辈章嘉在京驻锡之所。

○公元 1713 年（清康熙五十二年），康熙帝巡幸多伦诺尔，授权章嘉"黄教之事，由藏东向，均归尔一人掌管"。

○公元 1714 年（清康熙五十三年），达什巴图尔卒，其子罗卜藏丹津继袭和硕亲王位。

○公元 1715 年（清康熙五十四年），土观二世阿旺却嘉措奉召入京，受封"呼图克图净修禅师"，受赐册印。

○公元 1716 年（清康熙五十五年），七世达赖喇嘛噶桑嘉措在罗卜藏丹津等青海蒙古首领迎请下从理塘来塔尔寺驻锡，以却藏二世罗桑丹贝坚赞和夏茸尕布三世阿旺罗桑丹贝坚赞为师受戒，学习经文。

○公元 1717 年（清康熙五十六年），西藏噶丹彭措林寺（原达丹丹曲林寺）高僧丹增南杰来朵麦地区传教，改果洛班玛阿什姜地方的智格果寺为觉囊派，移建亚尔塘滩，称亚尔堂寺。

○公元 1719 年（清康熙五十八年），塔尔寺拉科二世喜饶群觉受七世达赖喇嘛指派赴京向康熙帝请安，被留京当差，赏封扎萨克大喇嘛，奉旨管理热河喇嘛事务。

○公元 1720 年（清康熙五十九年），清朝正式册封噶桑嘉措为达赖喇嘛，赐金册、金印。农历八月，清以都统延信为平逆将军，统兵护送达赖喇嘛从塔尔寺启程进藏。土观二世阿旺却嘉措及甘珠尔大喇嘛等奉命专程从北京来青海，亦护送达赖入藏坐床。

○公元 1721 年（清康熙六十年），农历九月，七世达赖抵拉萨，在布达拉宫坐床。清朝决定废除西藏汗王和第巴制度。

○公元1722年（清康熙六十一年），农历十月，第三世夏茸尕布（察罕诺们汗）阿旺罗桑丹贝坚赞偕其侄赤钦加那巴（二世赛赤）去西藏朝拜七世达赖喇嘛。

○公元1723年（清世宗雍正元年），青海和硕特蒙古亲王罗卜藏丹津聚众起兵反清，湟水流域部分寺院卷入战事。清军攻破郭莽寺，诱杀却藏二世罗桑丹贝坚赞、丹麻一世崔臣嘉措等。

○公元1724年（清雍正二年），农历正月，清军攻破石门、祁嘉、郭隆、珠固、加多、天堂等寺，毁郭隆寺等青海湟北诸寺，寺僧避居各修行地。二月，战事基本平息。

○公元1725年（清雍正三年），年羹尧上疏《青海善后事宜十三条》，建议对藏传佛教加以限制。清朝设置驻西宁办事大臣，管理青海蒙古和藏族各部。

○公元1726年（清雍正四年），敏珠尔二世罗桑丹增嘉措奉召赴京。此后，青海湟北诸寺相继修复。第三世松巴（即松布）益希班觉任哲蚌寺郭莽扎仓堪布。自此称松巴堪布。农历九月，清朝派员在青海湖滨立碑，会盟祭海。

○公元1727年（清雍正五年），达鼐奏革西宁所属各寺院喇嘛旧日名目，收取前明所给敕印。夏四月，清陕甘总督奉谕保护蒙藏地区的藏传佛教。

○公元1730年（清雍正八年），四川壤塘建成青川觉囊派主寺藏哇寺，与却尔基寺、泽布基寺毗连，并称壤塘寺。

○公元1731年（清雍正九年），雍正帝向青海郭莽寺（亦名赛柯合寺）赐名"广惠寺"。

○公元1732年（清雍正十年），雍正帝赐名郭隆寺为"佑宁寺"。隆务寺首办正月祈愿大法会。

○公元 1734 年（清雍正十二年），清朝封章嘉·若贝多杰为"灌顶普惠广慈大国师"，赐金册、金印。农历八月，章嘉奉命陪同果亲王去四川泰宁惠远庙，探视七世达赖喇嘛，并护送达赖返藏。清朝授赛赤二世罗桑丹贝尼玛"慧悟禅师噶尔丹锡呼呼图克图"名号，自此赛赤驻京。第二世夏日仓阿旺赤列嘉措建隆务寺密宗经院。四川壤塘藏哇寺活佛阿西·更欧合来果洛甘德下藏科牧区传教，倡建藏科曲噶尔帐房寺，后发展成扎西曲朗寺。

○公元 1736 年（清高宗乾隆元年），东科尔五世索南嘉措于今湟源县日月乡重建东科尔寺。

○公元 1738 年（清乾隆三年），章嘉三世若贝多杰编《正字智者之源》，（亦称《正曲智源》）。

○公元 1739 年（清乾隆四年），早年学经于青海夏琼寺的阿旺却丹任第五十四任甘丹赤巴。是为七世达赖的主要经师，后为热振活佛。

○公元 1740 年（清乾隆五年），西藏颇罗鼐·索南多杰捐资重镀塔尔寺大金瓦殿金顶。

○公元 1741 年（清乾隆六年），章嘉·若贝多杰主持开始蒙译《甘珠尔》经工程。

○公元 1742 年（清乾隆七年），四川壤塘寺六世却尔基活佛额顿丹巴达吉生于青海班玛的要什道村。

○公元 1743 年（清乾隆八年），清朝向扎藏寺赐"佛光普照"匾。

○公元 1744 年（清乾隆九年），赛赤二世罗桑丹贝尼玛奉乾隆帝命改建北京雍和宫为喇嘛寺院，设立显宗、密宗、医明和声明经院。今青海都兰县的香日德寺建成。

〇公元 1745 年（清乾隆十年），囊谦然觉寺由香巴噶举派改奉乃多噶举派，改宗后仍设香巴噶举派禅堂。

〇公元 1746 年（清乾隆十一年），塔尔寺阿嘉二世罗桑丹贝坚赞奉召进京，受封"述道伯勒各图诺们汗"，给俸留京，驻雍和宫。

〇公元 1747 年（清乾隆十二年），拉萨下密院的曼仁巴·阿旺扎西建夏琼寺密宗经院。

〇公元 1748 年（清乾隆十三年），松巴堪布益希班觉的佛教史名著《印藏汉蒙佛教史·如意宝树》（通称《如意宝树史》）成书。七世达赖喇嘛向却藏三世阿旺图登旺秋授"阿齐图额尔德尼诺们汗"名号。七世达赖经师阿旺却丹捐银铺盖青海夏琼寺灵塔殿金顶。

〇公元 1749 年（清乾隆十四年），清朝向塔尔寺赐"梵教法幢"匾，向佑宁寺赐"真如权应"匾，封西纳喇嘛喜饶南杰为"西纳公"，并颁赐诏书。

〇公元 1751 年（清乾隆十六年），清朝向章嘉三世若贝多杰赐"振兴黄教大慈大国师之印"一颗。

〇公元 1757 年（清乾隆二十二年），七世达赖喇嘛于拉萨圆寂。年底，章嘉·若贝多杰奉乾隆帝命入藏，负责寻找、认定转世灵童事宜。是年，塔尔寺密咒经院改为医明经院，察柔旦巴晋美多杰建玉树拉秀地方的察柔寺。

〇公元 1759 年（清乾隆二十四年），章嘉·若贝多杰著《七世达赖喇嘛传》，认定七世达赖的转世灵童。

〇公元 1761 年（清乾隆二十六年），八世达赖向土观三世罗桑却吉尼玛授"显扬佛法额尔德尼诺们汗"名号，并赐印章及各种法器。土观受封后返回青海佑宁寺。

〇公元 1762 年（清乾隆二十七年），西纳喇嘛阿旺贝丹受到清朝册封，整修西纳寺。

○公元 1764 年（清乾隆二十九年），早年学经于夏琼寺的阿旺曲扎出任第五十八任甘丹赤巴。

○公元 1765 年（清乾隆三十年），清朝向却藏寺赐"广教寺"匾，许建"九龙壁"，后再赐"祥轮永护"匾。藏班智达一世丹巴嘉措于今同德县河北乡建石藏寺。

○公元 1767 年（清乾隆三十二年），清朝封第三世夏日仓活佛根敦赤列绕杰为"隆务呼图克图班智达"。

○公元 1769 年（清乾隆三十四年），阿柔格西坚赞鄂色建拉加寺。六世班禅罗桑丹贝益希向阿柔格西坚赞鄂色授"额尔德尼墨尔根堪布"名号，命按色拉寺杰巴扎仓教程规章创办拉加寺显宗经院。

○公元 1770 年（清乾隆三十五年），清朝为佑宁寺赐"广慧寺"匾。根敦丹贝尼玛建同仁雅玛扎西其寺。

○公元 1772 年（清乾隆三十七年），却藏活佛出任夏琼寺法台，后建夏琼寺大经堂和却藏活佛院。

○公元 1773 年（清乾隆三十八年），章嘉·若贝多杰校勘用蒙汉文字所译藏经，并用满文翻译藏经。第三世夏日仓根敦赤列绕杰建隆务寺时轮院。

○公元 1775 年（清乾隆四十年），土观三世罗桑却吉尼玛著《佑宁寺志》。

○公元 1779 年（清乾隆四十四年），六世班禅罗桑贝丹益希赴京途经青海，驻锡塔尔寺。

○公元 1781 年（清乾隆四十六年），清朝向敏珠尔三世阿旺赤列嘉措赐"净照大禅师"银印。嘉木样协巴二世晋美旺布著《塔尔寺志》。西藏噶丹颇章政府封第三世夏日仓为"额尔德尼诺们汗",封其襄佐为"吉饶图昂锁"。

○公元 1783 年（清乾隆四十八年），清朝封佑宁寺第二世王佛噶桑图登意希达吉为"王呼图克图"。

○公元 1785 年（清乾隆五十年），塔尔寺阿嘉三世罗桑加央嘉措奉召进京，受封"述道显能禅师""雍和宫和多伦诺尔掌印扎萨克达喇嘛"。

○公元 1786 年（清乾隆五十一年），佑宁寺第三世松巴（松布）益希班觉著《青海史》。

○公元 1787 年（清乾隆五十二年），却藏三世阿旺图登旺秋著《夏琼寺志》及《章嘉国师若贝多杰传》。

○公元 1788 年（清乾隆五十三年），四川壤塘寺第七世却尔基活佛生于青海果洛班玛的要什道村。乾隆帝向夏琼寺赐汉、满、蒙、藏四种文字合璧的"法净寺"匾。

○公元 1790 年（清乾隆五十五年），清朝向札雅寺赐"延禧寺"匾额。壤塘寺第三世藏钦活佛贡却晋美南杰生于果洛班玛要什道村。

○公元 1792 年（清乾隆五十七年），香萨二世罗桑达吉嘉措接替阿柔格西坚赞鄂色任拉加寺法台，成为该寺寺主活佛。

○公元 1793 年（清乾隆五十八年），清朝确定实行金瓶掣签制度，以确定蒙藏地区大活佛转世灵童。

○公元 1794 年（清乾隆五十九年），土观三世罗桑却吉尼玛著《章嘉国师若贝多杰传》。

○公元 1797 年（清仁宗嘉庆二年），噶玛噶举派黑帽系第十三世活佛堆督多杰在青海玉树的边钦寺圆寂。西纳活佛阿旺崔臣达吉建夏琼寺医明经院。

○公元 1799 年（清嘉庆四年），赛支寺嘛呢哇·罗桑丹贝尼玛著《丹斗寺寺规》。

○公元 1801 年（清嘉庆六年），土观·罗桑却吉尼玛著《宗教流派镜史》。

○公元 1802 年（清嘉庆七年），赛支寺嘛呢哇·罗桑丹贝尼玛撰《赵木川寺寺规》。

○公元 1804 年（清嘉庆九年），西康白玉寺活佛班玛多俄旦增来青海果洛久治地区传教。

○公元 1806 年（清嘉庆十一年），米纳五世崔臣丹贝尼玛重修贵德米纳塔，并鎏金。

○公元 1807 年（清嘉庆十二年），阿嘉三世罗桑加央嘉措应请去蒙古，任哲布尊丹巴四世罗桑图登旺秋晋美嘉措之经师，后因功受封"显能述道禅师"，加封为"诺们汗"。早年学经于夏琼寺的阿旺年智任第六十六任甘丹赤巴。

○公元 1809 年（清嘉庆十四年），塔尔寺铺盖小金瓦殿金顶。

○公元 1812 年（清嘉庆十七年），拉加寺第三世资玉乎活佛初建天峻汪什代海部落的阿汗达勒寺。

○公元 1817 年（清嘉庆二十二年），嘛呢哇·罗桑丹贝尼玛撰《尕洞寺经堂志》。第二世却西活佛建塔尔寺时轮经院。

○公元 1819 年（清嘉庆二十四年），才旦夏茸三世晋美图登诺尔布撰《土哇寺寺规》。

○公元 1827 年（清宣宗道光七年），色多五世益希图登嘉措首建塔尔寺印经院，刊印宗喀巴师徒著作全集。拉加寺西合作桑热著《历算概要》。

○公元 1828 年（清道光八年），清朝向乐都羊官寺赐"禧寿寺"金字紫匾。

○公元 1830 年（清道光十年），敏珠尔四世坚白却吉丹增赤列著《赠部洲广论》。

○公元 1832 年（清道光十二年），西宁办事大臣恒敬于青海湖东察罕城北修建海神庙。塔尔寺色多五世益希图登嘉措著《塔尔寺志》。拉毛班藏于囊谦喀建采久经堂，后成采久寺。

○公元 1833 年（清道光十三年），拉卜楞寺智贡巴·贡却乎丹巴绕吉始编《安多政教史》。

○公元 1849 年（清道光二十九年），才旦夏茸三世晋美图登诺尔布著《才旦夏茸传略》。俄昂群佩倡建果洛久治贾果昂果曲噶尔寺，后发展成尖姆寺。

○公元 1856 年（清文宗咸丰六年），才旦夏茸三世撰《才旦寺寺规》。阿旺贡却任亚尔堂寺寺主，尊为"贾喇嘛"，次第建该寺度母、尊胜、金刚橛大塔。

○公元 1857 年（清咸丰七年），四川白玉寺拉智活佛来果洛。于今久治县达日塘建白玉寺，后发展成果洛境内最大的宁玛派寺院。

○公元 1859 年（清穆宗咸丰九年），壤塘寺第八世却尔基活佛牟盘曲吉贤巴生于青海果洛班玛的要什道村。

○公元 1863 年（清同治二年），西藏热振活佛阿旺益希崔臣坚赞从拉萨出走，途经青海，驻锡塔尔寺。

○公元 1864 年（清同治三年），清朝向今玉树称多县的拉布寺赐小金匾。

○公元 1865 年（清同治四年），智贡巴所著《安多政教史》成书。

○公元 1866 年（清同治五年），撒拉族马文义（马尕三）部攻破广惠、却藏、佑宁寺。

○公元 1873 年（清同治十二年）清朝通过西宁办事大臣锡英向拉布

寺赐"普济寺"匾额。

○公元 1880 年（清德宗光绪六年），今果洛达日县境内的查朗寺建成。

○公元 1883 年（清光绪九年），喜饶嘉措大师生于青海循化道帏。

○公元 1887 年（清光绪十三年），多合旦·班玛俄赛南杰建兴海多合旦寺。却藏活佛罗桑图登雪珠尼玛重修却藏寺。

○公元 1889 年（清光绪十五年），尼尔四世罗桑却吉尼玛建青海贵南茫拉的鲁仓寺。

○公元 1892 年（清光绪十八年），夏玛尔四世根敦丹增嘉措著《阿饶仓传》。

○公元 1893 年（清光绪十九年），改加·仓央嘉措建囊谦改加寺。

○公元 1894 年（清光绪二十年），夏玛尔四世著《诗格举例·甘露供》。来青山峡商客集资兴建汉传佛教九华寺于西宁城南门外。

○公元 1897 年（清光绪二十三年），西宁信士杨进湘等建西宁汉传佛教普济寺。

○公元 19 世纪末叶，加喇嘛阿旺仁钦桑布在今果洛甘德县境内建乃亥噶尔帐房寺，后发展成隆什加寺。

○公元 1903 年（清光绪二十九年），色多六世罗桑崔臣嘉措著《续修塔尔寺志》。夏玛尔四世根敦丹增嘉措建化隆支扎上寺。《白史》作者根敦群培生于青海同仁。

○公元 1904 年（清光绪三十年），农历二月，十三世达赖喇嘛从拉萨出发来西宁。五月，贵德厅同知余鼎铭诱杀尖扎古哇寺活佛，藏族群众纷起复仇，被清兵击败。

○公元 1905 年（清光绪三十一年），夏玛尔四世根敦丹增嘉措著《香萨活佛丹贝旺秋传》。今河南蒙古族自治县的香扎寺建成。

○公元 1906 年（清光绪三十二年），农历九月，十三世达赖喇嘛从蒙古返藏途经青海，驻锡塔尔寺。

○公元 1907 年（清光绪三十三年），农历十一月，十三世达赖喇嘛从塔尔寺启程去京，觐见光绪帝和慈禧太后，年底返回塔尔寺。

○公元 1908 年（清光绪三十四年），乔治活佛加华吉贝多杰主持久治白玉寺寺务。

○公元 1910 年（清溥仪宣统二年），古嘉赛·嘉赛洛旦、才旦夏茸·晋美柔贝罗哲生。玉树乃多寺第三世巴吾德庆活佛弟子白绍次然建杂多秋吉改寺。

○公元 1912 年（民国元年），民国政府封土观七世噶桑丹却尼玛为"圆觉妙智静修禅师"。

○公元 1915 年（民国四年），民国政府授给拉科活佛"虔修静善阐教禅师喇果呼图克图"银印。马麒筹设玉树、都兰理事，命其弟马麟为玉防支队司令，率部驻结古寺。色拉钦巴活佛建刚察大寺。喜饶嘉措大师获拉仁巴格西学位。

○公元 1916 年（民国五年），喜饶嘉措大师于拉萨开始校勘藏文大藏经《甘珠尔》部和《布顿全集》。国民政府封青海宁玛派大活佛古浪仓·久扎切央多杰为"宁海红教总佛长""呼图克图大喇嘛"。

○公元 1923 年（民国十二年），九世班禅却吉尼玛离西藏去祖国内地。阿饶仓三世罗桑隆朵丹贝坚赞于今兴海县境建赛宗寺。马麒之侄马步元部烧掠同德赛力亥等寺。

○公元 1924 年（民国十三年），今河南县达参寺建成。

○公元 1926 年（民国十五年），建湟源观音庵。

○公元 1928 年（民国十七年），九世班禅却吉尼玛任青海省政府委员。

〇公元 1929 年（民国十八年），兴海县赛宗寺建立显宗经院。

〇公元 1931 年（民国二十年），敏珠尔七世多杰加从北京返回青海，于大通广惠寺附近创办小学三处。十三世达赖喇嘛授给喜饶嘉措大师"坚华杰贝罗哲"佛号。

〇公元 1932 年（民国二十一年），佑宁寺第五世王佛阿旺钦饶嘉措著《佑宁寺续志》。西藏亲英集团以保护玉树苏尔莽地区的尕旦寺为名，令克色代本为敌前总指挥，率藏兵四千余名，进兵玉树，切断玉树通往西宁的交通线。

〇公元 1933 年（民国二十二年），第十三世达赖喇嘛土登嘉措圆寂。

〇公元 1934 年（民国二十三年），化隆土哇寺建印经院。湖北心道法师来青海传教，组织成立西山堡佛教居士林、青海佛教会、湟源佛教会等。农历四月，国民政府考试院院长戴传贤参观塔尔寺，赠献"护国保民"匾额。

〇公元 1935 年（民国二十四年），拉木登珠（第十四世达赖幼名）生于今青海省平安县石灰窑乡的红崖村（亦名当彩村）。5 月，九世班禅却吉尼玛在国民政府专使赵守钰护送下由内蒙古返藏抵达西宁，驻锡塔尔寺，设立班禅行辕。心道法师等倡导成立西北佛教居士林，是年，湟中多巴的法幢寺建成。东央喇嘛曼兰桑布任甘德乃亥噶尔帐房寺住持。

〇公元 1936 年（民国二十五年），四月，九世班禅离塔尔寺进藏。喜饶嘉措任北平、武汉等地五座大学西藏文化讲座讲师。镇海堡佛教居士林、大通后子河佛教居士林、湟中通海居士林等相继成立。

〇公元 1937 年（民国二十六年），西藏热振活佛派吉昌活佛等 4 人来青寻访十三世达赖的呼毕勒罕，于今平安县石灰窑乡当彩村找到灵童拉木登珠。12 月，九世班禅进藏途中圆寂于玉树结古寺。甘肃永登宏善寺汉僧源森来青礼佛长住。马元海部焚烧同仁达江寺，并掠德钦、宗吾、宗科日、古德、江龙尕萨尔等5寺。

〇公元1938年（民国二十七年），贡保慈丹（十世班禅幼名）生于循化文都。桑热嘉措获格西学位。马得胜骑兵团第六次攻打果洛，烧掠白玉、阿什姜贾贡巴、扎西果莽等久治、班玛境内5座寺院。

〇公元1939年（民国二十八年），7月，马步芳派马元海护送十四世达赖丹增嘉措入藏坐床，10月抵拉萨。国民政府派蒙藏委员会委员长吴忠信入藏主持坐床事宜。是年，马步芳军队焚同仁当格乙麻寺和曲库乎瓜什则寺。

〇公元1940年（民国二十九年），2月，十四世达赖在布达拉宫坐床。马得胜部洗劫玉树邦布寺。

〇公元1941年（民国三十年），寻获贡保慈丹为九世班禅的转世灵童，迎至塔尔寺供养。马步芳军队洗劫玉树赛航寺、拉秀寺和同德石藏寺。国民政府委员、著名书法家于右任来青参观塔尔寺，书赠"光明圣地"匾一方。

〇公元1942年（民国三十一年），国民政府向喜饶嘉措大师授"辅教宣济禅师"名号。8月28日，蒋介石、宋美龄一行参观塔尔寺，蒋介石书赠"佛法正宗"匾额一块。

〇公元1944年（民国三十三年），心道女弟子尘空于西宁西郊园树庄建汉传佛教法幢寺。

〇公元1945年（民国三十四年）根敦群培著《白史》。

〇公元1947年（民国三十六年），才旦夏茸五世晋美柔贝罗哲著《晋美丹却嘉措经师传》。

〇公元1949年（民国三十八年），6月3日，国民政府特准贡保慈丹为十世班禅额尔德尼，8月10日在塔尔寺坐床，不久移居海西香日德寺。10月1日，中华人民共和国成立。10月9日，班禅大师致电毛泽东主席和朱德总司令，表示拥护中央人民政府，希望西藏早日获得解放。

〇公元1950年，2月，由夏日仓七世罗桑赤列隆朵嘉措、当彩六世图丹晋美诺尔布和广惠寺显录活佛等组成赴藏促进和谈代表团，5月汇齐于都兰香日德寺，11月到达西藏。

〇公元1951年，春，西藏摄政达扎去职，第十四世达赖喇嘛亲政。2月，青海省人民政府公祭塔尔寺成吉思汗灵柩。4月，嘉雅活佛陪同十世班禅赴京，协商和平解放西藏事宜。6月，青海佛教界僧众响应政府号召，捐献抗美援朝"青海佛教号"飞机。12月，十世班禅及其随行人员从西宁出发进藏。12月14日，西北军政委员会副主席习仲勋访问塔尔寺，拜谒成吉思汗灵柩。是年，根敦群培卒，弟子夏尼巴·达哇桑布整理出其佛学著作《龙树贡坚》。

〇公元1952年，4月28日，班禅一行抵达拉萨，6月23日回到扎什伦布寺。是年，中国佛教协会成立，喜饶嘉措历任副会长、会长，兼任中国佛学院院长。

〇公元1953年，青海省人民政府拨出巨款补修塔尔寺大金瓦殿，并重新鎏金。甘德贡麻仓部落信众在隆什加滩建东央喇嘛纪念塔，是为隆什加寺定居处。

〇公元1954年，3月，成吉思汗灵柩从塔尔寺移回内蒙古，塔尔寺举行起灵大祭。9月，达赖和班禅联袂到北京，次第出席第一届全国人民代表大会第一次会议和全国政协二届一次全体会议，达赖当选为全国人大常委会副委员长，班禅当选为全国政协副主席。

〇公元1955年，化隆土哇寺首次印出《晋美三旦上师全集》15函。达赖、班禅莅临塔尔寺，礼佛颂经，驻锡7天。

〇公元1956年，4月，西藏自治区筹委会成立，达赖、班禅分别任主任、第一副主任。国务院副总理陈毅前往西藏途经青海，参观塔尔寺。才旦夏茸·晋美柔贝罗哲著《丹斗寺志》。11月，十四世达赖和十世班禅大师赴印访问，参加释迦牟尼圆寂2500周年纪念活动。

〇公元1958年，十世班禅大师在扎什伦布寺考取"噶钦"学位。10月，国务院副总理、国防部长彭德怀来青海视察，参观塔尔寺。年底，宗教制度民主改革开始。

〇公元1959年，3月5日，第十四世达赖喇嘛获"拉仁巴格西"学位，3月17日逃离拉萨。4月，十世班禅大师当选全国人大常委会副委员长。

〇公元1961年，3月4日，国务院公布塔尔寺为全国重点文物保护单位。

〇公元1966年，4月，中共中央总书记邓小平在国务院副总理薄一波、中共中央书记处书记刘澜涛等陪同下来青海视察工作，参观塔尔寺。6月，"文化大革命"开始，各寺院受到冲击。

〇公元1979年，各寺院相继开放，逐步恢复正常的宗教生活。

〇公元1981年，8月，青海省佛教协会成立。

〇公元1982年，2月23日，国务院公布瞿昙寺为全国重点文物保护单位。才旦夏茸·晋美柔贝罗哲所著《藏族历史年鉴》出版，《喜饶嘉措文集》亦开始陆续出版。

〇公元1983年，7月，中共中央总书记胡耀邦来青海视察，参观塔尔寺。9月，青海省藏语佛学院在塔尔寺成立。

〇公元1984年，才旦夏茸·晋美柔贝罗哲所著《夏琼寺志》出版。

〇公元1987年，《才旦夏茸文集》陆续出版。农历六月十五日，嘉雅活佛捐资建成塔尔寺立体时轮坛城。农历八月十五日，循化古雷寺喜饶嘉措大师纪念堂落成。是年，成立西宁市佛教协会。

〇公元1988年，十世班禅大师在北京黄寺创办中国藏语系高级佛学院，亲自担任院长。青海省社会科学院民族宗教研究所全面调查全省藏传佛教寺院的历史和现状。

○公元 1989 年，元月，十世班禅大师额尔德尼却吉坚赞在日喀则扎什伦布寺主持五至九世班禅大师合葬灵塔祀殿开光仪式。28 日，大师功德圆满，于扎什伦布寺德钦格桑颇章圆寂。青海省党政军各部门及佛教各寺院隆重举行悼念活动，文都寺始建大师灵塔殿。

○公元 1990 年，8 月 5 日，中共中央政治局常委乔石参观塔尔寺。

○公元 1991 年，循化文都寺十世班禅灵塔殿竣工。青海省公安厅组织人力调查全省藏传佛教寺院概况。

○公元 1992 年，6 月，国务院、青海省人民政府拨出巨款开工维修塔尔寺。维修过程中，得到香港知名人士邵逸夫先生的慷慨捐助。12 月 5 日，国务院副总理田纪云参观塔尔寺。

○公元 1993 年，西纳活佛洛桑旦贝坚赞重建西纳上寺。7 月 16 日，中共中央总书记、国家主席、中央军委主席江泽民视察塔尔寺，为塔尔寺酥油花展览馆题写馆名。

○公元 1995 年，5 月 11 日，国务院副总理吴邦国参观塔尔寺。

○公元 1996 年，中共青海省委统战部、青海省宗教事务局组织人力全面普查全省宗教活动场所及宗教职业人员。瞿昙寺在国家支持下开始维修工程。8 月，塔尔寺隆重举行维修工程竣工开光庆典。11 月 20 日，国务院公布隆务寺为全国重点文物保护单位。

参考资料

藏文书目

智贡巴·贡去乎丹巴绕布杰著:《安多政教史》,甘肃民族出版社,1982 年版。

才旦夏茸著:《藏族历史年鉴》,青海民族出版社,1982 年版。

松巴·益希班觉著:《如意宝树史》,西北民族学院 1979 年油印本;蒲文成、才让所译汉文本,甘肃民族出版社,1994 年版。

桂译师循奴贝著:《青史》,四川民族出版社,1985 年版。

章嘉·若贝多杰著,蒲文成译:《七世达赖喇嘛传》,西藏人民出版社,1989 年版。

土观·却吉尼玛著:《宗教源流镜史》,青海民族学院,1981 年油印本。

东嘎·洛桑赤列著:《论西藏政教合一制度》,民族出版社,1981 年版。

周加巷著:《宗喀巴大师传》,青海民族出版社,1981 年版。

五世达赖喇嘛著:《三世达赖喇嘛传》,德格木刻版。

才旦夏茸著:《夏琼寺志》,青海民族出版社,1984 年版。

阿旺罗哲扎巴著:《觉囊教法史》,壤塘木刻版及中国藏学出版社,1992 年版。

色多·罗桑崔臣嘉措著:《塔尔寺志》,青海民族出版社,1982 年版。

土观·罗桑却吉尼玛及王佛·阿旺钦饶嘉措著,尕藏、蒲文成等译注:《佑宁寺志》,青海人民出版社,1990 年版。

吉迈特却著:《隆务寺志》,青海民族出版社,1988 年版。

彭措才仁编著:《西藏历史年表》,民族出版社,1987 年版。

西藏自治区文管会编译小组编著:《教派源流》,西藏人民出版社,1984 年版。

五世达赖喇嘛著:《西藏王臣记》,民族出版社,1982 年版。

萨迦·索南坚赞著:《王统世系明鉴》,民族出版社,1981 年版。

《夏嘎巴传》,青海民族出版社,1985 年版。

《久美丹曲嘉措全集》,土哇寺木刻本。

有关寺院志藏文手抄本。

汉文书目

王森著:《藏传佛教发展史略》,中国社会科学出版社,1987 年版。

蒲文成主编:《甘青藏传佛教寺院》,青海人民出版社,1990 年版。

王辅仁著:《藏传佛教史略》,青海人民出版社,1982 年版。

[清] 张其勤原稿,吴丰培增辑:《清代藏事辑要》,西藏人民出版社,1983 年版。

《清实录》、祁韵士撰《皇朝藩部要略》、《清史稿》。

王辅仁、索文清著：《藏族史要》，四川民族出版社，1981 年版。

年治海、白更登主编：《青海藏传佛教寺院明鉴》，甘肃民族出版社，1993 年版。

陈庆英主编：《中国藏族部落》，中国藏学出版社，1991 年版。

吕铁纲、胡和平编：《法尊法师佛学论文集》，中国佛教文化研究所1990 年印行。

《中国大百科全书》总编委员会编纂：《中国大百科全书·宗教卷》，中国大百科全书出版社，1988 年版。

严正德、王毅武主编：《青海百科大辞典》，中国财政经济出版社，1994 年版。

《中国各民族宗教与神话大词典》编审委员会编：《中国各民族宗教与神话大词典》，学苑出版社，1990 年版。

陶长松等编：《藏事论文选·宗教集》，西藏人民出版社，1985 年版。

陈燮章等辑：《藏族史料集》，四川民族出版社，1982 年版。

蒲文成、拉毛扎西著：《觉囊派通论》，青海人民出版社，1993 年版。

青海社科院塔尔寺藏族历史文献研究所编著：《塔尔寺概况》，青海人民出版社，1987 年版。

杨贵明编著：《塔尔寺文化》，青海人民出版社，1997 年版。

黎宗华、李延恺著：《安多藏族史略》，青海民族出版社，1992 年版。

祝启源著：《唃厮啰——宋代藏族政权》，青海人民出版社，1988 年版。

段玉明著：《中国寺庙文化》，上海人民出版社，1994 年版。

青海省文学艺术研究所编：《文化研究资料》，1986 年印行。

周希武编著：《玉树调查记》，青海人民出版社，1986 年版。

黄奋生编著：《藏族史略》，民族出版社，1989 年版。

杨贵明、马吉祥编著：《藏传佛教高僧传略》，青海人民出版社，1992年版。

王昱主编：《青海方志资料类编》，青海人民出版社，1988年版。

谢重光、白文固著：《中国僧官制度史》，青海人民出版社，1990年版。

[清]萨囊彻辰著，道润梯步译校：《蒙古源流》，内蒙古人民出版社，1980年版。

马汝珩、马大正著：《厄鲁特蒙古史论集》，青海人民出版社，1984年版。

[清]长白文孚著，魏明章标注：《青海事宜节略》，青海人民出版社，1993年版。

王辅仁、陈庆英编著：《蒙藏民族关系史略》，中国社会科学出版社，1985年版。

唐景福编著：《中国藏传佛教名僧录》，甘肃民族出版社，1991年版。

《藏族学术讨论会论文集》，西藏人民出版社，1984年版。

牙含章编著：《达赖喇嘛传》，人民出版社，1984年版。

《藏族史论文集》编辑组编：《藏族史论文集》，四川民族出版社，1988年版。

松筠撰，《西藏研究》编辑部编辑：《卫藏通志》，西藏人民出版社，1982年版。

青海藏学研究会编：《青海藏学会论文选辑》，1983、1987年印行。

青海省政协文史资料委员会编印：《喜饶嘉措大师》。

青海民族学院民族研究所编印：《青海民族史料摘抄》。

杨贵明、景朝德编著：《青海塔尔寺维修志》，广东人民出版社，1996年版。

刘文璞、刘成刚著：《桑热嘉措传》，青海人民出版社，1994年版。

丹珠旺奔主编：《历辈达赖喇嘛与班禅额尔德尼年谱》，中央民族大学出版社，1998 年版。

《藏学研究论丛》编委会编：《藏学研究论丛》，西藏人民出版社，1990 年版。

《青海省情》编委会编：《青海省情》，青海人民出版社，1986 年版。

青海省玉树、果洛、黄南、海南、海北藏族自治州，海西蒙古族藏族自治州，化隆回族自治县，循化撒拉族自治县，河南蒙古族自治县等各自治州、自治县概况，均由青海人民出版社出版。

报刊资料

青海省社会科学院主办：《青海社会科学》。

青海省社会科学院编：《社会科学参考》。

青海民族学院主办：《青海民族学院学报》。

青海民族学院民族研究所主办：《青海民族研究》。

西藏社会科学院主办：《西藏研究》。

中国藏学研究中心主办：《中国藏学》。

甘肃省民族研究所主办：《甘肃民族研究》。

甘肃省藏学研究所主办：《安多研究》。

青海省文化厅编：《青海文物》。

初版后记

20世纪80年代后期，笔者开始对佛教特别是藏传佛教发生浓厚兴趣，曾与一些同行深入青海藏族聚居区，全面调查全省藏传佛教寺院的历史和现状，几乎跑遍了省内的寺院，在此基础上，主编出版《甘青藏传佛教寺院》，较全面地介绍了全省藏传佛教寺院的历史沿革、教派、归属、宗教活动、经济生活、建筑艺术、活佛系统等基本情况。就在那时，即萌发了写本反映佛教在青海传播历史方面的书的念头。此后，这个想法有幸被列为青海省哲学社会科学规划立项课题，在省社科规划办的指导关怀下开始了这项研究工作。自己在前期调查的基础上进一步补充调查，查阅藏汉文献档案资料，并梳理多年来相关的研究成果，历时数年，几经修改，终于完成初稿。后因各种原因，出版搁浅，其中周折，一言难尽，直到去年，得到省出版局巨伟副局长等领导关心，列入出版计划。欣喜之际，又获华夏英才基金支持，机缘始才成熟，本书乃得付梓。在本书即将与读者见面之际，谨向所有为本书撰写、出版给过关心支持、帮助的单位和朋友表示衷心感谢。

要写好一本反映全省范围内佛教传播历史的书绝非是一件容易的事，当课题确定后，我在实际着手写作时，才真正认识到以本人的学识和研究基础很难完成书名要求的写作任务。后来虽做了一定努力，但仅勾勒了一个佛教在青海传播的梗概。即使如此，书中错误难免，恳请读者斧正，更望后来的研究者补充完善。

作　者

2001年4月于西宁